国家社科基金
后期资助项目

比例原则

The Principle of Proportionality

刘权 著

清华大学出版社
北京

版权所有，侵权必究。举报：010-62782989，beiqinquan@tup.tsinghua.edu.cn。

图书在版编目（CIP）数据

比例原则/刘权著. —北京：清华大学出版社，2022.3（2023.12重印）
ISBN 978-7-302-59406-2

Ⅰ. ①比… Ⅱ. ①刘… Ⅲ. ①行政法-研究 Ⅳ. ①D912.104

中国版本图书馆CIP数据核字(2021)第215110号

责任编辑：朱玉霞
封面设计：傅瑞学
责任校对：宋玉莲
责任印制：曹婉颖

出版发行：清华大学出版社
网　　址：https://www.tup.com.cn，https://www.wqxuetang.com
地　　址：北京清华大学学研大厦A座　　邮　编：100084
社 总 机：010-83470000　　邮　购：010-62786544
投稿与读者服务：010-62776969，c-service@tup.tsinghua.edu.cn
质量反馈：010-62772015，zhiliang@tup.tsinghua.edu.cn
印 装 者：三河市东方印刷有限公司
经　　销：全国新华书店
开　　本：165mm×238mm　　印　张：21　　插　页：1　　字　数：360千字
版　　次：2022年3月第1版　　印　次：2023年12月第4次印刷
定　　价：89.00元

产品编号：092887-01

国家社科基金后期资助项目
出 版 说 明

后期资助项目是国家社科基金项目主要类别之一,旨在鼓励广大人文社会科学工作者潜心治学,扎实研究,多出优秀成果,进一步发挥国家社科基金在繁荣发展哲学社会科学中的示范引导作用。后期资助项目主要资助已基本完成且尚未出版的人文社会科学基础研究的优秀学术成果,以资助学术专著为主,也资助少量学术价值较高的资料汇编和学术含量较高的工具书。为扩大后期资助项目的学术影响,促进成果转化,全国哲学社会科学规划办公室按照"统一设计、统一标识、统一版式、形成系列"的总体要求,组织出版国家社科基金后期资助项目成果。

全国哲学社会科学规划办公室

子之武城,闻弦歌之声。夫子莞尔而笑,曰:"割鸡焉用牛刀?"子游对曰:"昔者偃也闻诸夫子曰:'君子学道则爱人,小人学道则易使也。'"子曰:"二三子!偃之言是也。前言戏之耳。"

——《论语·阳货》

对个人自由的限制从来不应超出必要的限度。警察不能用大炮打麻雀。

——[德]弗里茨·弗莱纳

序一　比例原则的力作

应松年[*]

被视为公法"帝王原则"的比例原则，在我国行政法中得到了最为广泛的适用。作为中国法学会行政法学研究会名誉会长，我很乐意为刘权博士的新著《比例原则》作序。据我所知，他在北大读书期间就开始研究比例原则，到中央财经大学法学院任教后也一直深耕此主题，发表的相关论文还曾获得我所设立的基金奖项——首届"应松年行政法学优秀成果奖"。

比例原则正在全球不同的法律体系和法律部门中广泛传播，在法律帝国中发挥着日益重要的正义实现功能。在我国，虽然直接写明"比例原则"一词的法律规范还不是很多，但蕴含比例原则核心要义的法律文本大量存在，如《行政处罚法》中的过罚相当原则、《行政强制法》中的适当性原则、《民法典》中的合法、正当、必要原则。在司法实践中，自最高人民法院作出比例原则适用第一案，即汇丰实业发展有限公司诉哈尔滨市规划局行政处罚案后，越来越多的法院开始适用比例原则进行裁判。比例原则不仅已成为法院评判行政行为实质合法性的重要准则，而且还被适用到民商事案件和刑事案件之中。作为自然正义化身的比例原则，必将在我国多个部门法中得到更加广泛深入的适用，相关学术研究应当作出有效的智识贡献。

读完刘权博士的《比例原则》书稿，发现该书存在很多亮点：

第一，视角新颖，方法多元。作者跳出了以司法为中心的法学传统研究范式——除了从法官视角，还从立法者、行政者的视角，全面研究了比例原则的适用。对于立法者、行政者如何运用比例原则进行理性的决策分析，对于法官如何进行客观公正的合比例性审查，本书从"线"和"面"上进行了融贯的全方位研究。作者综合运用规范分析法、比较研究法、理想模型法多种研究方法，尤其是运用交叉学科研究法，充分吸收经济学、政治学、社会学等学科的前沿理论，对比例原则的理性适用进行了富有挑战性的研究。在法学学科内部，作者并没有局限于宪法学与行政法学视野，对

---

[*] 中国政法大学终身教授，博士生导师，中国法学会行政法学研究会名誉会长。

比例原则在民法、刑法、诉讼法、经济法、财税法、国际法等多个部门法中的适用也作了相应探讨。

第二,见解独到,论证深入。全书提出了诸多创新性的观点,并进行了严谨细致的论证。前六章主要讨论"比例原则的精确化及适用方法",即如何使比例原则的适用变得更加客观公正。作者全面检视了比例原则的适用危机,构建了符合时代需求的现代"四阶"比例原则,并分别对目的正当性原则、适当性原则、必要性原则、均衡性原则的精细适用进行了深入论证。在该部分,作者除了主张引入经济学上的成本收益分析方法辅助合比例性分析外,还构建了比例原则的司法审查基准体系,有助于指引并规范合比例性司法裁量。该书后四章集中讨论"比例原则的适用范围与范式转换"。不仅对比例原则在行政法中的适用进行了群案实证研究,而且对比例原则在其他部门公法和私法中的适用进行了分析,并探寻了比例原则在我国的宪法依据,最终对政府行为的合法化范式提出了创新性的见解。

第三,资料翔实,行文流畅。本书属于世界法学前沿研究,作者充分运用德语、英语、中文等国内外一手学术文献,并结合最新的立法文本、司法判决、热点事例,对比例原则的适用进行了系统研究。全书近千个注释,旁征博引,条分缕析,论证有理有据。文字表达准确凝练,清新自然,既通俗易懂又不乏理论的深邃。该书可以称得上是"读者亲善型"作品的典范。

总体而言,《比例原则》一书对比例原则的理论与实践进行了全面研究,系统构建了比例原则适用的方法论体系。比例原则可以为权力和权利的正当行使,提供有效的方法论指引与行为准则。建设法治中国,使权力运行受到有效制约监督,使人民合法权益得到充分尊重保障,离不开比例原则的全面适用。发展数字经济,需要比例原则弥补数字时代流于形式的意思自治与契约自由的缺陷,以适度矫正实质不平等的私主体间日益严重失衡的态势。本书不仅深化了比例原则的现有理论,具有重要的学术价值,而且具有极强的应用价值,有助于深入推进法治国家、法治政府、法治社会一体建设。

本书是刘权博士对比例原则深耕细作数载的重要理论成果,值得细细品读。几近十年的写作时间,大量的国内外一手学术文献,国家社会科学基金的出版资助,也佐证了本书的品质。

江山代有才人出,刘权这一代青年行政法学者,已逐渐成长为新生的法学研究中坚力量。比例原则不仅仅属于行政法原则,其在公私法诸多领域都有广阔的适用空间与紧迫的适用必要。作为比例原则研究的基础性著作,我期待着本书能进一步推动比例原则的多学科研究。

2021 年初夏于北京世纪城

序二 理性究竟可以走多远

沈 岿[*]

阅读刘权博士《比例原则》一书,令我的思绪往两个方向散漫开来:一个是关于写书者的;一个是关于书的内容的。

2010年,正常的9月金秋开学季,我迎来了担任博导以来的第二个博士生。瘦瘦的身材,中等个子,如刀削过的清癯脸颊略显黝黑,语速快,词句经常如崩豆般跳出,时而夹杂着些许湖北口音,在一种质朴的礼节之中隐藏着初见的紧张、局促。这就是刘权博士给我留下的初步印象。

岁月如刀,却尚未在他身上显露;时间似水,倒是让他更加沉稳、成熟。博士毕业仅六年有余,刘权博士已经在同龄宪法与行政法学者中享有相当声誉。几年前,其所在中央财经大学法学院院长尹飞教授赞许有加地告诉我:"你带出了一个好学生!他已经成为中央财经大学首批青年'龙马学者'!"彼时,感谢中央财经大学的栽培之余,免不了一份自豪。

此后,刘权博士还曾经当面或电话里报告自己的发展,如《财经法学》副主编、数字经济与法治研究中心执行主任、人工智能与网络法教研室主任,等等。这些成就的取得,于我而言,意料中意料外皆有。意料中,是因为我深知其一贯品性,在学术上有持之以恒的努力和勤勉,在为人上有似乎与生俱来的平易和谦逊;意料外,是因为我并没有想到,在如此短的时间里,他敢于在极传统之博士论文题域外迈出一大步,去探索极新颖的研究领域,迎接完全崭新的智识挑战,尝试把握已经到来的未来。

当然,更让我高兴的是,刘权博士在比例原则主题上的持续耕耘及由此所获之丰硕成果。在欣然接受其邀请、为此书写序之际,好奇心驱使我在"中国知网"上进行了一番检索,[①]发现坊间已有比例原则专著的五位作者,[②]发表篇名中含"比例原则"一词的论文的数量皆不及刘权博士。其

---

[*] 北京大学法学院教授,博士生导师。
① 检索日期为2021年5月17日。
② 按出版时间顺序,五本有关比例原则的专著分别为:韩秀丽:《论WTO法中的比例原则》,厦门大学出版社2007年版;姜昕:《比例原则研究——一个宪政的视角》,法律出版社2008年版;许玉镇:《比例原则的法理研究》,中国社会科学出版社2009年版;蒋红珍:《论比例原则——政府规制工具选择的司法评价》,法律出版社2010年版;徐鹏:《海上执法比例原则研究》,上海交通大学出版社2015年版。

中,极接近其发表论文数的当属我国大陆地区研究比例原则的另一位青年翘楚——上海交通大学法学院的蒋红珍教授。截至检索日,刘权博士在毕业前即投稿并最终发表于《中国法学》2014年第4期的《目的正当性与比例原则的重构》一文,下载次数达8562次,被引次数达415次,在所有篇名含"比例原则"的论文中高居榜首。

手中所捧书稿,实是刘权博士九年多来集腋成裘式研究的结晶。最初,我向他提议博士论文选题研究比例原则与成本收益分析,希望其考察成本收益分析是否与比例原则相通,比例原则的最小侵害要求和均衡性要求是否都暗含成本收益分析,比例原则的适用是否可以通过吸收成本收益分析而更加精细,等等。他接受后,恰逢德国访学一年良机(2012—2013年),得以获取比例原则源起国第一手研究资料,与该国学者进行面对面沟通。归国后,他表示,比例原则与成本收益分析并不能完全相通,转而拟以比例原则精确化作为论文主题,成本收益分析会在个别章节中融入。我当然乐见其形成自己的独立学术判断。

与其他几本比例原则专著相比,刘权博士此书是我国大陆地区第一个明确提出"比例原则精确化"命题,并对其加以系统论证的。尽管其他论者也指出比例原则存在局限和不足,[①]却未有如刘权博士般直面这些问题、成体系地予以应对。于我浅陋所见范围内,其为论证该命题,充分学习、吸收域内外相关主题研究成果,在此基础上,作出以下若干在我国大陆地区可谓首创之贡献:

(1)第一个将目的正当性原则作为独立"一阶"引入比例原则,从而与传统"三阶"比例原则相区别,[②]且提供了具体细致的目的正当性判断方法与标准;

(2)第一个对适当性原则所内含的立法者、行政者之"事实预测判断余地",[③]指出有明显不当性审查、可支持性审查与强烈内容审查之审查类型的可能,且区分主观适当性审查和客观适当性审查之意义;

(3)第一个明确必要性原则的实质是"相同有效性"下的最小损害,又进而提出立法者、行政者更常面临之情境是"异同有效性",故对应地,需要以"相对最小损害性"与之相契。进而,给出了这两类有效性下不同最

[①] 参见姜昕:《比例原则研究——一个宪政的视角》,法律出版社2008年版,第170-171页;蒋红珍著:《论比例原则——政府规制工具选择的司法评价》,法律出版社2010年版,第109-115页。

[②] 与之不同,蒋红珍教授将目的正当性纳入传统"三阶"中的适当性原则予以考察。参见蒋红珍:《论比例原则——政府规制工具选择的司法评价》,法律出版社2010年版,第211-212页。

[③] 姜昕博士也提及"适当性原则可能因涉及预测及需要对事物本质进行判断而具有主观性",但并未就此展开且给出具体应对方案。参见姜昕:《比例原则研究——一个宪政的视角》,法律出版社2008年版,第170页。

小损害之计算公式,并揭示发端于美国法情境中的成本收益分析的作用——辅助但不能完全取代;

(4)第一个介绍了试图解决均衡性原则(狭义比例原则)空洞化问题的阿列克西式数学计算模式和贝蒂式商谈模式,指出成本收益分析方法可以辅助均衡性权衡,明确均衡性权衡考虑的成本不仅内含权利损害成本,也包括财政支出成本,同时给出了具体的均衡性判断公式和法则;

(5)第一个略带自我否定式地提出比例原则精确化存在价值理性缺失、成本收益分析量化困难以及未来事实不确定性等限度,而在这些限度上,唯有"商谈合法化范式"占位才能解决纷争。

坦率地说,刘权博士此书有着极高极强之学术性,读懂且融通其原理于实践中,并非一件易事。回溯历史,中国大陆地区行政法学曾经兴盛的平衡理论,主张权力与权利应当平衡、公共利益与个人权益应当平衡。这些核心倡议确可对抗国家权力、行政权力占据高度支配地位的传统,又不至于滑入另外一个过分消解权力的极端。但是,若其仅停留于此,基本会在具体情境、事项之中,于疑难的"如何平衡"问题上失语。比例原则、信赖保护原则、正当程序原则、平等对待原则、效能原则等一系列行政法一般原则,引入学术进而引入司法实务,为"如何平衡"给出了分析工具。只是,这些原则规范意涵的表述似乎都面临"供给了理性又供给不足"的问题,似乎都有进一步精确化,以及如何使精确化成果转化为更具操作性、更易为人接受的司法教义的使命。这个精确化的过程,就是提供更多理性思维路径和方式的过程。

然而,我曾经告诫刘权博士:"精确化可以走多远?理性可以走多远?"他已在此书中给出了回应。我亦略作补充。德国社会学大咖马克斯·韦伯曾经指出,人们的社会行为可以由下列情况之一或混合来决定:(1)工具理性的,即通过对外界事物的情况和其他人的举止的期待,并利用这种期待作为"条件"或者作为"手段",以期实现自己合乎理性所争取和考虑的作为成果的目的;(2)价值理性的,即通过有意识地对一个特定的举止的——伦理的、美学的、宗教的或作任何其他阐释的——无条件的固有价值的纯粹信仰,不管是否取得成就;(3)情绪的,尤其是感情的;(4)传统的,即由约定俗成的习惯决定。① 相比较而言,后三种情形都是非

---

① 参见[德]马克斯·韦伯:《经济与社会》(第一卷),阎克文译,上海世纪出版集团、上海人民出版社2010年,第114页。

理性的。他进一步阐述道：

如果完全理性地考虑并权衡目的、手段和附带后果，这样的行动就是工具理性的。这就涉及理性地考虑达到一个目的所要选择的手段，该目的与附带后果的关系，以及最后，各种可供选择的目的的相对重要性。……然而，从工具理性的观点来看，价值理性总是无理性的。的确，越是把据以采取的行动的价值观念提高到绝对价值的地位，与此相应的行动就越是"无理性的"。因为，行动者越是无条件地为这种价值观念献身，去追求纯粹的情操或美、追求至善或者为义务而献身，他就越不会考虑自身行动的后果。①

后人常把韦伯所述的两种理性分别称为"工具理性"和"价值理性"。对照观之，无论是比例原则初步引入所展示的规范意涵，抑或各位论者尤其是刘权博士此书的精确化努力，都基本是在韦伯式"工具理性"维度上展开的。传统均衡性原则的比喻式表达："不能用大炮打麻雀"，也只是用成本太大收益太小的工具理性来否定没有必要实现的目的；精确化的比例原则提炼目的正当性原则，考察立法者、行政者设定的目的是否违反宪法规定、侵犯基本权利、违背立法目的等，也只是用工具理性判断特定目的是否合乎既定的更优位的价值、价值等级秩序。

然而，无论是在哪个国度，"公认的"价值等级秩序都不是毫无争议的；更何况，在全球视野范围内，不同国度的政府和人民对本国"公认的"价值等级秩序亦有不完全一样的观念甚至信仰。以当前的新冠疫情防控为例，是跟踪每个人的行动轨迹、及时发现传染源、采取个人隔离乃至社区隔离方式阻断传染途径，从而换取绝大多数人的安全和行动自由，还是充分保证每个人的隐私、每个人的行动自由，不采取隔离措施，从而容忍几千万人感染、几十万人死亡的代价，抑或在这两类相对极端情境之间"取其中"，对于这个涉及价值理性的问题，各国已经提供了截然不同的答案。在这些答案之间，不存在道德的制高点，以指责他人的选择。甚至，刘权博士借鉴的"商谈合法化"路径解决价值理性冲突问题，都可能是理想化的，都有进一步研究探讨的空间。

至此，想起了青少年时代为之热血沸腾的裴多菲诗句："生命诚可贵，爱情价更高。若为自由故，两者皆可抛"。这样的价值理性选择的确是令人敬佩、敬仰的，可当有人选择生命高于爱情或爱情高于自由，你会作何评价？

---

① ［德］马克斯·韦伯：《经济与社会》（第一卷），阎克文译，上海世纪出版集团、上海人民出版社2010年版，第115—116页。

否定工具理性的万能,并不是主张精确化、理性化的努力是白费力气、徒增烦恼。没有让理性充分发挥、充分施展、充分闪耀,你又如何知道其能走多远,又如何知道在其边界处该何去何从。

读者明眼,识破我借写序偷运私货之动机,不当处,请谅解。

最后,祝贺刘权博士大作问世!期待其于学术之途撷取更多、更优果实!

2021 年 5 月 18 日
于北京大学法学院陈明楼

目 录

导论 追寻实质正义的比例原则 ········· 1
 一、合比例性分析的难题 ········· 1
 二、研究现状与研究价值 ········· 5
  （一）国外相关研究述评 ········· 6
  （二）国内相关研究述评 ········· 9
  （三）研究价值：可能的贡献 ········· 11
 三、框架结构与研究方法 ········· 14
  （一）框架结构 ········· 14
  （二）研究方法 ········· 17

第一章 比例原则的法理及其适用危机 ········· 19
 一、比例原则的规范原理 ········· 19
  （一）比例原则的内涵与"四阶"结构 ········· 20
  （二）比例原则的规范逻辑：损益平衡 ········· 30
  （三）与相关原则的学理区别 ········· 36
  （四）合比例性思想的历史源流 ········· 46
  （五）比例原则宪法地位的确立：德国药房案 ········· 47
  （六）比例原则的全球化：人权保障的利剑 ········· 53
 二、比例原则的精确性缺陷 ········· 64
  （一）合比例性分析技术与方法匮乏 ········· 65
  （二）语义上存在宽泛性与模糊性 ········· 65
 三、比例原则的适用困境 ········· 67
  （一）无法全面衡量客观利益 ········· 67
  （二）合比例性裁量的滥用 ········· 68
  （三）结果导向的合比例性分析 ········· 69
 四、比例原则精确化的必要性与内在需求 ········· 70

（一）比例原则精确化的必要性 …………………………… 71
　　（二）比例原则蕴含有精确化的内在需求 ………………… 72

第二章　目的正当性原则的引入及适用 …………………………… 74

一、传统比例原则中目的正当性原则的缺失 ………………… 74
二、目的正当性原则缺失的历史解读 ………………………… 77
　　（一）自由法治国下的立法目的和行政目的 ……………… 78
　　（二）实质法治国下的目的设定 …………………………… 79
三、目的正当性审查：比较法考察 …………………………… 81
　　（一）目的正当性一般审查 ………………………………… 81
　　（二）目的足够重要性审查 ………………………………… 83
　　（三）目的正当性分类审查 ………………………………… 85
　　（四）对目的正当性审查类型的评价 ……………………… 85
四、目的正当性原则引入比例原则的意义 …………………… 86
　　（一）有效限制目的设定裁量 ……………………………… 87
　　（二）实现实质正义，保障人权 …………………………… 88
　　（三）促进实质民主与良好行政 …………………………… 88
五、目的正当性的判断方法与标准 …………………………… 90
　　（一）查明真实目的 ………………………………………… 90
　　（二）目的正当性的综合评判 ……………………………… 91
　　（三）目的正当性原则与均衡性原则的关系 ……………… 96
六、以"四阶"比例原则实现自由、平等、博爱 …………… 97

第三章　适当性原则：实质关联性 ………………………………… 99

一、手段适当性：实现目的抑或促进目的 …………………… 99
　　（一）适当性原则的不同理解 ……………………………… 99
　　（二）手段对目的的促进：实质关联性 …………………… 101
　　（三）促进程度：有效性大小 ……………………………… 104
　　（四）适当性原则的科学分析：并非追求"帕累托最优" …… 104
二、适当性原则的科学价值 …………………………………… 105
　　（一）适当性原则是必要性原则的组成部分？ …………… 105
　　（二）适当性原则的否定与监督功能 ……………………… 106
三、手段适当性的司法审查困境 ……………………………… 108
　　（一）事实预测判断余地 …………………………………… 108

（二）对事实预测的不同审查强度 …………………………… 109
四、主观适当性和客观适当性的分类审查 …………………………… 111
　　（一）主观适当性和客观适当性审查的争论 ………………… 111
　　（二）客观适当性审查：正在生效的手段 …………………… 113
　　（三）主观适当性审查：已实施完毕的手段 ………………… 115

第四章　必要性原则："相同有效性"下的最小损害 …………… 118

一、必要性的判断难题：仅凭"法感"？ ……………………………… 118
二、必要性原则的内涵流变：从宽到窄 ……………………………… 122
　　（一）必要性原则的形成标志：十字架山案 ………………… 122
　　（二）必要性原则向最小损害性原则的转化 ………………… 124
　　（三）应当扩大必要性原则的内涵吗 ………………………… 125
三、最小损害性的判断前提："相同有效性" ……………………… 126
　　（一）相同有效性手段的损害比较 …………………………… 127
　　（二）异同有效性下的最小损害性：相对最小损害性 ……… 129
　　（三）手段的相对损害性计算公式 …………………………… 131
四、成本收益分析（CBA）的理论与实践 ………………………… 133
　　（一）成本收益分析的起源与发展 …………………………… 134
　　（二）成本收益分析的性质及其功能 ………………………… 137
　　（三）成本收益分析的实际操作 ……………………………… 141
　　（四）成本收益分析的司法审查 ……………………………… 143
　　（五）对成本收益分析的质疑与应对 ………………………… 147
五、比例原则和成本收益分析的异同 ………………………………… 149
　　（一）适用范围有差别 ………………………………………… 150
　　（二）价值取向不同：公平与效率 …………………………… 150
　　（三）分析方法不同：抽象权衡与具体计算 ………………… 151
六、"相同有效性"下的最小损害性：成本收益分析 ……………… 151
　　（一）成本收益分析可以辅助合比例性分析 ………………… 152
　　（二）必要性原则中的成本：权利损害成本 ………………… 152
　　（三）手段的最低有效性：最低可接受收益 ………………… 155
　　（四）相对最小损害性手段的确立 …………………………… 155
　　（五）必要性、最小损害性和理性 …………………………… 158

第五章 均衡性原则：成本与收益相称 …… 160

一、均衡性原则与权衡的非理性 …… 160
 （一）均衡性判断需要权衡 …… 161
 （二）均衡性权衡的非理性 …… 162

二、均衡性原则精确化的比较法考察 …… 163
 （一）数学计算模式：阿列克西的权衡法则与分量公式 …… 164
 （二）商谈模式：贝蒂的事实问题视角 …… 169
 （三）两种模式的优缺点 …… 171

三、均衡性原则的起源、本质及功能 …… 173
 （一）均衡性原则的起源 …… 173
 （二）均衡性原则的本质：目的必要性原则 …… 174
 （三）均衡性原则的功能 …… 175

四、均衡性原则精确化的新模式构建 …… 177
 （一）引入成本收益分析方法辅助均衡性权衡 …… 178
 （二）均衡性原则中的成本分析 …… 179
 （三）均衡性判断公式与均衡性判断法则 …… 182

五、均衡性、权衡与正义 …… 183

第六章 比例原则审查基准的构建与适用 …… 185

一、比例原则审查基准类型化的必要性 …… 185
 （一）有效弥补比例原则的空洞性缺陷 …… 186
 （二）公正实现能动主义下的司法监督功能 …… 187

二、比例原则审查基准类型化的比较法考察 …… 189
 （一）大陆法系比例原则的审查基准 …… 189
 （二）英美法系比例原则的审查基准 …… 191
 （三）比例原则在中国适用的审查基准 …… 193
 （四）对审查基准类型的比较分析 …… 194

三、合理构建比例原则审查基准的类型化体系 …… 196
 （一）比例原则三重审查基准的构建及适用 …… 196
 （二）适用比例原则审查基准的考量因素 …… 198
 （三）比例原则审查基准的效力 …… 201

第七章　比例原则在行政法中的适用 ……………………… 203

一、比例原则在行政法中的适用范围 …………………… 204
（一）比例原则适用第一案：汇丰公司案 ………… 204
（二）比例原则适用的行政领域 …………………… 208

二、合比例性审查的行政诉讼法依据 …………………… 216
（一）滥用职权与比例原则 ………………………… 217
（二）明显不当与比例原则 ………………………… 221

三、比例原则的审查标准与适用位阶 …………………… 224
（一）比例原则的审查标准 ………………………… 224
（二）比例原则的适用位阶 ………………………… 228

四、比例原则适用的举证责任 …………………………… 229
（一）目的正当性的举证 …………………………… 229
（二）手段适当性的举证 …………………………… 229
（三）手段必要性的举证 …………………………… 230
（四）手段均衡性的举证 …………………………… 231

五、合比例性审查强度 …………………………………… 232
（一）不予审查：一般不当 ………………………… 232
（二）合比例性审查：明显不当 …………………… 233
（三）区分强度对行政行为进行合比例性审查 …… 234

第八章　私法中比例原则的适用 ………………………… 240

一、比例原则适用范围的争论 …………………………… 240
（一）公法中比例原则的适用 ……………………… 240
（二）私法中比例原则的适用 ……………………… 250

二、比例原则应当适用于私法 …………………………… 252

三、权利滥用、权利边界与比例原则 …………………… 256
（一）禁止权利滥用的规范性质与地位 …………… 256
（二）权利滥用的重要识别标准：比例原则 ……… 262
（三）权利边界的合比例性划定 …………………… 268

四、比例原则的私法适用限度 …………………………… 272

第九章　比例原则的中国宪法依据 ……………………… 273

一、确立比例原则中国宪法依据的必要性 ……………… 273

（一）消除对比例原则适用范围与功能误解的客观要求 …… 274
　　（二）合宪性审查全面展开的现实需要 …………………… 275
二、比例原则宪法依据的争论及反思 ………………………… 276
　　（一）比例原则宪法依据的争论 …………………………… 278
　　（二）域外比例原则的宪法依据 …………………………… 281
三、通过宪法解释确立比例原则在中国的宪法地位 ………… 282
　　（一）"权利的限度"条款蕴含比例原则 ………………… 283
　　（二）"国家尊重和保障人权"条款蕴含比例原则 ……… 285
　　（三）比例原则在中国属于宪法基本原则 ……………… 288

第十章　合比例性、理性与商谈 ……………………………… 290

一、比例原则精确化的效用 …………………………………… 290
　　（一）增加法律的明确性与安定性 ……………………… 290
　　（二）提升说明理由的质量 ……………………………… 292
　　（三）减少权衡的非理性 ………………………………… 293
二、比例原则的精确化限度 …………………………………… 295
　　（一）数学计算与功利主义：价值理性的缺失 ………… 295
　　（二）成本与收益的量化局限 …………………………… 298
　　（三）未来事实的不确定性挑战——以风险预防为例 … 298
三、反思：合比例性与政府行为的合法性 …………………… 301
　　（一）形式合法化和实质合法化范式 …………………… 302
　　（二）趋向形式合法化的范式转换困境 ………………… 307
四、商谈合法化范式与比例原则的适用 ……………………… 309
　　（一）综合与超越：迈向商谈合法化范式 ……………… 309
　　（二）比例原则的适用：商谈与正义 …………………… 313

结语　理性迈向合比例性的法律帝国 ……………………… 316

参考文献 ……………………………………………………… 319

后记 …………………………………………………………… 332

导论 追寻实质正义的比例原则

一、合比例性分析的难题

全球正迈入以比例原则实现实质法治的正义时代。18世纪末期发源于德国警察法的比例原则,如今正以日益旺盛的生命力,在全球不同的法律体系、不同的法律部门中广泛传播与蔓延。"比例原则似乎具有非常强劲的势头,甚至可能是不可阻挡的力量。"[1]世界上越来越多的国家已开始将比例原则写入宪法、法律等成文法,越来越多的法院已开始适用比例原则进行裁判。即使是温斯伯里合理性原则发源地的英国,也已经开始逐渐接纳比例原则。比例原则在中国的适用已从行政处罚扩张到多种行政行为领域,其已成为法院评判行政行为实质合法性的重要准则。"比例原则是当代法律思想的关键角色,它是后实证主义与新中立主义法律观的方法论顶峰,可以有效统一实在法与自然法。"[2]作为自然正义化身的比例原则,对于规范与控制公权力,保障全球人权,起到了不可估量的积极作用。

比例原则要求行为者挑选有助于正当目的实现的必要手段,并且该手段造成的损害同其所促进的利益应当成比例。比例原则的本质在于调整手段与目的之间的理性关系,主要对目的正当性和手段适当性、必要性、均衡性进行客观评价。对于立法者、行政者来说,比例原则是一种重要的决策分析方法和行为准则,它有利于指引并规范立法裁量和行政裁量。当立法者、行政者在维护和促进公共利益时,通过对众多手段进行理性的合比例性分析,可以确保公民权利不被过度限制。对于法官来说,比例原则是一项重要的司法审查标准,它有利于司法权监督和制约立法权、行政权,从而有助于促进实质民主和良好行政,最终有利于实现实质正义。尽管比例

---

[1] Stephen Gardbaum, Positive and Horizontal Rights: Proportionality's Next Frontier or a Bridge Too Far? in Vicki C. Jackson & Mark Tushnet (eds.), Proportionality: New Frontiers, New Challenges, Cambridge University Press, 221(2017).

[2] Eric Engle, The History of the General Principle of Proportionality: An Overview, 10 Dartmouth L.J. 1, 2(2012).

原则被视为是公法的"帝王原则""皇冠原则",但比例原则在私法中也有广阔的适用空间,其可以为私主体行使权利提供方法论指引与行为准则。

然而,比例原则存在严重的精确性缺陷。正义的实现绝非易事,实现合比例性的道路布满了荆棘与坎坷。尽管比例原则似乎正成为法律帝国的基本原则,但其并非完美无缺。合比例性分析主观性过大,是比例原则面临最多的质疑。比例原则似乎只是一个"空壳"。对于究竟什么是合比例性,究竟如何判断目的正当性,如何判断手段的适当性、必要性、均衡性,比例原则并没有给出具体而明确的标准答案。首先,比例原则缺乏可操作性的分析技术与适用方法。尤其是在适用必要性原则和均衡性原则时,究竟如何判断和确立哪一个手段是必要的,所选的最小损害手段究竟是否具有均衡性,单纯依靠比例原则本身,往往无法得出正确的答案。合比例性分析者很多时候只能凭借"法感"作出判断。其次,比例原则在语义上存在宽泛性与模糊性。在内容表述上,比例原则用词过于抽象。究竟什么是必要性?如何判断最小损害?什么是均衡性?比例原则提供的标准并不明确。以至于有学者认为,比例原则所包含的"正当""适当""必要""衡平"其实都是老生常谈,属于一般的法理念。[①] 正如德国学者弗里茨·奥森布尔所言,比例原则"是对更有说服力的正义理念的瞬间抓取,但却没有为法律适用者留下什么,因为它只提供了准则,而没有提供具体的标准与尺度。"[②]

诚然,法律原则不是法律规则,精确性不足的比例原则存在较大的灵活性与弹性。合比例性分析者可以根据具体情形,进行开放的法律推理与价值判断,从而有利于实现个案正义。正如有学者所认为,比例原则体现了中国传统"执中行权"与"理一分殊"的精神,使得"特殊性与普遍性、灵活性与原则性、多样多变与一以贯之"可以相互结合。[③] 然而,法律原则也不能过于宽泛与模糊,否则不但实现不了法律原则应有的规范功能,而且还极易被滥用。比例原则的精确性不足既是其优点,同时也是其缺点。比

[①] 参见戴昕、张永健:《比例原则还是成本收益分析:法学方法的批判性重构》,载《中外法学》2018年第6期,第1522页。

[②] Fritz Ossenbühl, Der Grundsatz der Verhältnismäßigkeit (Übermaßverbot) in der Rechtsprechung Verwaltungsgerichte, 12 Jura 617, 620-621(1997).

[③] 杨登杰:《执中行权的宪法比例原则:兼与美国多元审查基准比较》,载《中外法学》2015年第2期,第389页。

例原则既可能有效建立双赢的局面,实现权力与权利的平衡,但同时也可能沦为践踏人权的元凶祸首。"比例原则不受限制的道德推理,可以实现最完美的正义,但同时也可能带来最糟糕的不正义。"①

比例原则存在适用危机。首先,精确性不足的比例原则,在适用时无法全面衡量各种客观利益。客观科学地评估不同手段的损害大小和相互冲突的多元利益,是比例原则适用者进行公正利益衡量的基本前提。由于缺乏可操作性的分析技术与适用方法,合比例性分析者往往"心有余而力不足",无法在具体情境中进行全面客观的利益评估。

其次,精确性不足的比例原则,容易造成主观裁量的滥用。比例原则的适用者极易打着"合比例性"的旗号而滥用权力。由于存在较大的判断空间,立法者、行政者在决定选择何种手段实现特定公共目的时,就存在滥用主观裁量的可能。法官动辄轻而易举地运用精确性不足的比例原则推翻所谓的"恶法",从而不仅可能破坏法律的安定性,而且还可能不当侵犯立法者的立法形成余地和行政者的专业判断余地。在民主转型或法治发展水平不高的国家,精确性不足的比例原则容易沦为法院卷入政治斗争的工具。"基于比例原则的内涵特征,适用该原则极其容易突破宪法边界进而步入民主政治领域。"②

最后,精确性不足的比例原则,容易造成结果导向的分析。立法者、行政者在裁量选择何种手段时,可能会事先确定好想要的"结果",然后再进行所谓的"合比例性分析"。对法官来说,结果导向的"合比例性分析",容易造成司法专断与司法腐败。"法官作为不完美的个体,品质和能力上都可能有缺陷,从抽象原则中求得妥当的判决是一项艰巨且有风险的工作,法官既需要协助,也需要有所制约。"③合比例性分析者总能找到一些合适的理由,来证立其所想要的"结果"具有"合比例性"。虽然不能说"结果"导向的合比例性分析总是不正确的,但却存在恣意与专横的危险,容易产生非理性。

因此,合比例性分析方法与技术的匮乏,语义上的宽泛性与模糊性,导致比例原则存在适用危机。精确性不足的比例原则,使得其适用者无法全

---

① Francisco J. Urbina, A Critique of Proportionality and Balancing, Cambridge University Press, 210(2017).
② 陈征:《论比例原则对立法权的约束及其界限》,载《中国法学》2020 年第 3 期,第 147 页。
③ 于飞:《公序良俗原则——以基本原则的具体化为中心》,北京大学出版社 2006 年版,第 3—4 页。

面衡量客观利益,容易导致合比例性裁量的滥用,极易造成结果导向的合比例性分析。如果比例原则被普遍滥用,将会带来全球性灾难,会损害法律的明确性与安定性,会使得当代全球民主法治遭到极大破坏,从而造成比例原则掩盖下的"暴力统治"。

正是由于认识到比例原则存在精确性缺陷,近些年有观点认为应当废除比例原则。如有学者认为,在客观、严谨、理性的外表之下,"比例原则存在严重的理论缺陷""无法全面关照决策者应考虑的各种成本、收益因素""其机械的四步分析法很容易误导法律人的理性思维",所以比例原则"不适合作为实质合理性分析方法",在给定分权结构的前提下,"为成本收益分析所取代"。① 还有类似观点认为,应当使用成本收益分析解构比例原则。② 此类观点是有失偏颇的,主张比例原则应当"退位",实际上并没有真正认清比例原则的规范本质与功能。虽然比例原则存在精确性缺陷,但仍然发挥着重要的规范功能。尽管成本收益分析可以辅助合比例性分析,但不应也无法取代比例原则。比例原则和成本收益分析在适用范围、价值取向、分析方法等方面存在重大差别。偏重于抽象权衡、更强调公平、更注重保障个人权利但精确性不足的比例原则,如果适度引入偏重于具体计算、更强调效率、更注重社会福利最大化的经济学中的成本收益分析方法,则有利于克服合比例性分析中的主观性过大弊端。主张废除比例原则,是因噎废食,犯了极端主义的错误。

合比例性就是正义。为了有效破解比例原则的适用危机,克服比例原则的精确性缺陷,维护比例原则的生命与美誉,应当不断推进比例原则的精确化。如果比例原则能够得到良好适用,那么将从根本上改变全球人权保障水平。实际上,比例原则蕴含有精确化的内在需求。比例原则结构中的"最小损害""成比例""均衡性"等术语,客观要求合比例性分析变得更加精确。深入挖掘目的正当性原则、适当性原则、必要性原则和均衡性原则的规范内涵,引入可操作的合比例性分析技术与适用方法,去除比例原则适用时存在的主观性过大与不确定性的弊端,可以减少精确性不足的比例原则可能带来的多种弊端,最终有利于充分保障公民的人格

---

① 参见戴昕、张永健:《比例原则还是成本收益分析:法学方法的批判性重构》,载《中外法学》2018年第6期,第1519—1545页。
② 参见黄铭辉:《成本效益分析在我国行政法上应用可能性之研究——兼论"比例原则"的解构》,中国台湾地区台北大学法学系2000年硕士论文。

尊严。

二、研究现状与研究价值

"我们生活在比例原则的时代"。① 比例原则从 18 世纪末的德国警察行政法原则迅速发展成为 21 世纪许多国家的宪法原则。比例原则不仅在德国具有宪法地位，而且在欧盟也具有"准宪法"地位，②其已经成为欧盟法的基本原则。在非欧盟的欧洲国家，比例原则也得到了适用。③ 除欧洲外，比例原则也在许多非欧洲国家得到了适用。从地域上看，比例原则的适用已遍布欧洲、美洲、大洋洲、非洲、亚洲五大洲。无论是大陆法系，还是英美法系，抑或其他法系，比例原则都得到了某种程度的适用。

比例原则的适用范围已从传统公法领域扩展至私法领域。比例原则在宪法、行政法、刑法、刑事诉讼法、民事诉讼法、经济法、财税法、国际法等领域中都得到了全部或部分适用。在私法中，比例原则也得到了日益广泛的适用。比例原则的传播开始脱离法系、国别和部门法分割的桎梏，似乎正在形成全球化浪潮下"法律帝国的基本原则"。④ 特别是自"二战"后，比例原则作为一种新自然法的人权保障思想，被日益提到新高度。世界上越来越多的法院开始试图通过运用比例原则，来及时纠正不合比例的公私法行为。以至于有学者认为，"没有某种形式的比例原则，宪法还可以存在的观点是逻辑不可能的。"⑤

比例原则已然成为全球性法律原则，正在对全球不同法律体系的不同法律部门产生着日益重要的影响。随着比例原则适用的地域与领域范围

---

① Aharon Barak, Proportionality: Constitutional Rights and their Limitations, Cambridge University Press, 457(2012).

② 2009 年生效的《欧盟基本权利宪章》(Charter of Fundamental Rights of the European Union)第 52 条第 1 款规定："对本宪章承认的权利与自由施加的任何限制必须由法律规定，并且应尊重权利与自由的本质。只有符合比例原则，在必要并且能真正满足欧盟所承认的公共利益的目的时，或出于保护其他人的权利与自由时，才能对权利与自由予以限制。"

③ 1953 年生效的《欧洲人权公约》(Convention for the Protection of Human Rights and Fundamental Freedoms)第 8—11 条规定，只有"在民主社会是必要的"才可以限制相关权利。欧洲法院(ECJ)和欧洲人权法院(ECHR)据此做了大量关于比例原则的判决。

④ 蒋红珍：《比例原则的全球化与本土化》，载《交大法学》2017 年第 4 期，第 6 页。

⑤ David M. Beatty, The Ultimate Rule of Law, Oxford University Press, 163(2004).

不断扩张,比例原则的精确性问题也日益凸显,逐渐受到国内外学者们的关注。

(一) 国外相关研究述评

自20世纪50年代以来,尤其是自1958年德国联邦宪法法院在药房案(Apotheken-Urteil)中首次详细地阐释比例原则以来,[①]关于比例原则的研究文献开始大量出现。以著作为例,德国早期关于比例原则有代表性的文献如:《比例原则在行政法手段必要性中的意义》《比例原则是否约束立法者对基本权利的侵犯?》《过度禁止与宪法:比例原则与必要性原则对立法者的约束》《比例原则》《强制执行中的比例原则》《权衡国家:合比例性作为正义?》等。[②] 随着比例原则的全球传播,国外学者们对比例原则的研究也日益升温。

自进入21世纪以来,特别是近些年来,国外关于比例原则的研究文献如雨后春笋般增长。以德国为代表的国家出现了一大批研究比例原则的文献,涉及多个部门法。代表性的著作如:《比例原则:新前沿与新挑战》《比例原则和权衡之批判》《比例原则与法治:权利、正当理由与推理》《比例原则的结构》《国家组织法中的比例原则》《欧洲经济行政法中的合比例性:欧洲法院的审查强度研究》《过失合同法中的比例原则:关于合同权利与义务的私法内在边界的教义学》《比例原则的宪法结构》《比例原则:宪法权利及其限制》《合比例性分析和司法审查模式:一个理论与比较的研究》《比例原则与宪法文化》《国际人权法中的评价余地:尊让与比例原

---

① BVerfGE 7, 377-Apotheken-Urteil.

② Rupprecht von Krauss, Der Grundsatz der Verhältnismässigkeit in seiner Bedeutung für die Notwendigkeit des Mittels im Verwaltungsrecht, Appel (1955); Ottmar Pohl, Ist der Gesetzgeber bei Eingriffen in die Grundrechte an den Grundsatz der Verhältnismäßigkeit gebunden? Kleikamp (1959); Peter Lerche, Übermaß und Verfassungsrecht: zur Bindung des Gesetzgebers an die Grundsätze der Verhältnismäßigkeit und der Erforderlichkeit, Carl Heymanns Verlag (1961); Lothar Hirschberg, Der Grundsatz der Verhältnismäßigkeit, Schwartz (1981); Eberhard Wieser, Der Grundsatz der Verhältnismäßigkeit in der Zwangsvollstreckung, Heymann (1989); Walter Leisner, Der Abwägungsstaat: Verhältnismäßigkeit als Gerechtigkeit? Duncker & Humblot GmbH (1997).

则》《国际法中的比例原则》等。①

从国外学者们对比例原则的研究可以发现,比例原则不仅在公法领域得到了研究,而且也在私法领域得到了研究;不仅在国内法领域得到了研究,而且也在国际法领域得到了研究。对于研究内容,在早期,国外学者的研究主要涉及比例原则的起源、内涵、适用范围、功能、是否约束立法权、与必要性原则的关系、与过度禁止原则的关系,以及比例原则在警察法、刑法、刑事诉讼法、核能法、罢工法等领域的具体适用等内容。在后期,国外学者对比例原则的研究则主要涉及比例原则的挑战、比例原则与权衡、比例原则与法治、比例原则与人权保障、比例原则与司法尊让、比例原则的比较法研究,以及比例原则在国家组织法、经济行政法、合同法、社会法、电信法、环境法、国际法等领域的具体适用等内容。

在对比例原则的这些研究中,国外一些学者已经认识到比例原则的精确性问题。例如,德国学者本哈德·施林克(Bernhard Schlink)认为,通过比例原则,"无法直接判断一项手段是否适当,以及是否是最小损害。"② 比利时学者瓦特·范·格文(Walter van Gerven)认为,比例原则缺乏"精确性与明晰性(precision and clarity)"。③ 英国学者凯·穆勒(Kai Möller)认为,"要求同样有效但侵害更小的传统的最小损害性原则,在某种程度上表述

---

① Vicki C. Jackson & Mark Tushnet (eds.), Proportionality: New Frontiers, New Challenges, Cambridge University Press (2017); Francisco J. Urbina, A Critique of Proportionality and Balancing, Cambridge University Press (2017); Grant Huscroft, Bradley W. Miller, Grégoire Webber, Proportionality and the Rule of Law: Rights, Justification, Reasoning, Cambridge University Press (2016); Laura Clérico, Die Struktur der Verhältnismäßigkeit, Nomos Verlagsgesellschaft (2001); Andreas Heusch, Der Grundsatz der Verhältnismäßigkeit im Staatsorganisationsrecht, Duncker & Humblot (2003); Katja Hauke, Verhältnismäßigkeit im europäischen Wirtschaftsverwaltungsrecht: eine Untersuchung zur Kontrolldichte des Europäischen Gerichtshofs, Peter Lang (2005); Michael Stürner, Der Grundsatz der Verhältnismäßigkeit im Schuldvertragsrecht: Zur Dogmatik einer Privatrehtsimmanenten Begrenzung von vertraglichen Rechten und Pflichten, Mohr Siebeck (2010); Matthias Klatt and Moritz Meister, The Constitutional Structure of Proportionality, Oxford University Press (2012); Aharon Barak, Proportionality: Constitutional Rights and their Limitations, Cambridge University Press (2012); Benedikt Pirker, Proportionality Analysis and Models of Judicial Review: A Theoretical and Comparative Study, Europa Law Publishing (2013); Moshe Cohen-Eliya and Iddo Porat, Proportionality and constitutional culture, Cambridge University Press (2013); Andrew Legg, The Margin of Appreciation in International Human Rights Law: Deference and Proportionality, Oxford University Press (2012); Michael Newton and Larry May, Proportionality in International Law, Oxford University Press (2014).

② Bernhard Schlink, Proportionality In Constitutional Law: Why Everywhere But Here? 22 Duke J. Comp. & Int'l L. 291, 299(2011-2012).

③ Walter van Gerven, The Effect of Proportionality on the Actions of Member States of the European Community: National Viewpoints from Continental Europe, in The Principle of Proportionality in the Laws of Europe 37, 60 (Evelyn Ellis ed., 1999).

过分简单化。"必要性原则的问题在于经常存在侵害更小的可替代手段,但却存在某种缺点。其可以分为三种情况:第一,可替代手段侵害最小,但不同样有效;第二,可替代手段侵害最小,但需要耗费更多的附加资源;第三,可能存在更小侵害的手段,但却会对第三方产生负担。① 德国学者洛塔尔·希尔施贝格(Lothar Hirschberg)在其专著《比例原则》一书中认为,狭义比例原则过于宽泛,"不容怀疑的是:对于如何作出决定,狭义比例原则什么都没有说,它是'形式的''语义空洞的'"。② 尽管"狭义的比例原则使法官在当时的情况下作出公正的判决成为可能,并且可以缓和抽象的法律规定的生硬性。但与此同时,也存在负面评价的可能。"③

阿根廷学者劳拉·克莱里科(Laura Clérico)在《比例原则的结构》一书中认为,"如果适当性原则不被精确化(präzisieren),比例原则将失去它作为决定标准(Entscheidungskriterium)的效力。"④"如果最小损害性原则不被精确化,它则是一个软弱无力的准则。"⑤英国学者弗兰西斯克·J.乌尔维纳(Francisco J. Urbina)的著作《比例原则和权衡之批判》,对比例原则进行了系统性批判,他认为因比例原则授予了法官"太宽泛的裁量"而容易产生负面效果,比例原则的适用存在"不受约束的道德推理",其对人权的保障需要"更精确的指引"。⑥

认识到比例原则存在精确性缺陷的大多数学者,并没有给出详细可行的解决办法。少数国外学者提出了比例原则精确化的建议。例如,为了减少比例原则适用中权衡的恣意与专横,德国学者罗伯特·阿列克西(Robert Alexy)提出了两个权衡法则与两个分量公式,从而试图通过数学计算判断何谓合比例性。⑦ 与阿列克西的路径相似,为了增加比例原则权衡的理性,德国学者马提亚斯·克莱特(Matthias Klatt)、莫里茨·迈斯特(Moritz Meister)在《比例原则的宪法结构》一书中,也试图运用分量公式,

---

① Kai Möller, Proportionality: Challenging the critics, 10 Int'l J. Const. L. 709, 714 (2012).
② Lothar Hirschberg, Der Grundsatz der Verhältnismäßigkeit, Schwartz, 212(1981).
③ Lothar Hirschberg, Der Grundsatz der Verhältnismäßigkeit, Schwartz, 212(1981).
④ Laura Clérico, Die Struktur der Verhältnismäßigkeit, Nomos Verlagsgesellschaft, 27(2001).
⑤ Laura Clérico, Die Struktur der Verhältnismäßigkeit, Nomos Verlagsgesellschaft, 85(2001).
⑥ Francisco J. Urbina, A Critique of Proportionality and Balancing, Cambridge University Press, 197-198(2017).
⑦ Vgl. Robert Alexy, Theorie der Grundrechte, Suhrkamp Verlag, 146 (1986). Robert Alexy, On Balancing and Subsumption. A Structural Comparison, 16Ratio Juris433, 446 (2003). Robert Alexy, The Construction of Constitutional Rights, 4 Law & Ethics of Human Rights20, 30(2010).

精确化比例原则的适用。① 加拿大学者戴维·M.贝蒂(David M. Beatty)则采取了与前面一些学者完全不同的方法,为了有效避免比例原则适用时的主观性与不确定性问题,在《终极法治》一书中,贝蒂认为应当将比例原则的适用转化为事实问题,引入商谈,让当事人就所争议的问题进行平等辩论,从而就能使比例原则的适用变得更加客观。② 可以预见,随着比例原则的全球化进程不断加快,势必会出现更多的比例原则适用争议,国外学者们对比例原则精确化的问题研究必将日益增多。

(二)国内相关研究述评

在中国,宪法并没有直接明确规定比例原则,但如今已经有越来越多的法律、行政法规、地方法规、行政规章、内部行政规则等规范文本,开始规定比例原则的相关内容。不同部门法学者对比例原则的关注度越来越高。

新世纪之交,在汇丰实业发展有限公司诉哈尔滨市规划局行政处罚案中,最高人民法院作出了比例原则适用第一案,该案被看作是"比例原则在中国行政法领域得以确立的一个重要开端"。③ 虽然没有直接使用"比例原则"一词,但最高人民法院的判决明确体现了比例原则的核心要义:"规划局所作的处罚决定应针对影响的程度,责令汇丰公司采取相应的改正措施,既要保证行政管理目标的实现,又要兼顾保护相对人的权益,应以达到行政执法目的和目标为限,尽可能使相对人的权益遭受最小的侵害。而上诉人所作的处罚决定中,拆除的面积明显大于遮挡的面积,不必要地增加了被上诉人的损失,给被上诉人造成了过度的不利影响。"

---

① Vgl. Matthias Klatt and Moritz Meister, The Constitutional Structure of Proportionality, Oxford University Press, (2012).
② Vgl. David M. Beatty, The Ultimate Rule of Law, Oxford University Press, (2004).
③ 汇丰实业发展有限公司诉哈尔滨市规划局行政处罚案,(1999)行终字第 20 号。湛中乐:《行政法上的比例原则及其司法运用——汇丰实业发展有限公司诉哈尔滨市规划局案的法律分析》,载《行政法学研究》2003 年第 1 期,第 75 页。

比例原则适用第一案,掀起了中国学者对比例原则的研究高潮。① 学者们围绕比例原则的内涵、起源、发展、性质、功能、正当性基础、司法适用、同合理性原则的关系等方面,展开了大量卓有建树的研究。② 近些年,中国学者们对比例原则的研究出现了第二波高潮,涉及多个部门法。学者们不仅继续深入研究了宪法、行政法中的比例原则,而且还从刑法、诉讼法、经济法、劳动法、民法、合同法、国际法等多个领域,对比例原则进行了更广泛的跨学科研究。③ 相关争论对话日益深入,如比例原则与成本收益分析优劣之争、比例原则的公私法适用范围之争、比例原则的普遍性适用之争。

在当前的研究中,中国一些学者同样认识到了比例原则的精确性缺陷,并初步提出了精确化比例原则的一些建议。如蒋红珍认为,适当性原则存在"'假想式因果关系'的质疑和'主观化解释立场'的困境",应当引入立法事实论。均衡性原则存在主观性和利益衡量不足的缺陷,"引入一些交叉学科的方法就成为获取最佳利益衡量结果的'破冰'之旅。"④姜昕认为,比例原则具有主观性、富于弹性等方面的局限,会损害法的安定性和可预测性,所以主张"可以从成本与收益分析的角度考虑",以祛除比例原

---

① 在此之前,也有少许关于比例原则的文献。例如:[日]青柳幸一著:《基本人权的侵犯与比例原则》,华夏译,载《比较法研究》1988 年第 1 期;中国法学编辑部对比例原则的介绍如:《行政法中的比例原则》,载《中国法学》1990 年第 1 期;王桂源:《论法国行政法中的均衡原则》,载《法学研究》1994 年第 3 期。

② 参见黄学贤:《行政法中的比例原则研究》,载《法律科学》2001 年第 1 期;杨临宏:《行政法中的比例原则研究》,载《法制与社会发展》2001 年第 6 期;余凌云:《论行政法上的比例原则》,载《法学家》2002 年第 2 期;叶必丰:《行政合理性原则的比较与实证研究》,载《江海学刊》2002 年第 6 期;郑春燕:《必要性原则内涵之重构》,载《政法论坛》2004 年第 6 期;王名扬、冯俊波:《论比例原则》,载《时代法学》2005 年第 4 期;许玉镇著:《比例原则的法理研究》,中国社会科学出版社 2009 年版;蒋红珍著:《论比例原则——政府规制工具选择的司法评价》,法律出版社 2010 年版;姜昕著:《比例原则研究——一个宪政的视角》,法律出版社 2008 年版。

③ 参见姜涛:《追寻理性的罪刑模式:把比例原则植入刑法理论》,载《法律科学》2013 年第 1 期;陈璇:《正当防卫与比例原则——刑法条文合宪性解释的尝试》,载《环球法律评论》2016 年第 6 期;张明楷:《法益保护与比例原则》,载《中国社会科学》2017 年第 7 期;秦策:《刑事程序比例构造方法论探析》,载《法学研究》2016 年第 5 期;纪海龙:《比例原则在私法中的普适性及其例证》,载《政法论坛》2016 年第 3 期;郑晓剑:《比例原则在民法上的适用及展开》,载《中国法学》2016 年第 2 期;李海平:《比例原则在民法中适用的条件和路径——以民事审判实践为中心》,载《法制与社会发展》2018 年第 5 期;黄忠:《比例原则下的无效合同判定之展开》,载《法制与社会发展》2012 年第 4 期;韩秀丽:《论 WTO 法中的比例原则》,厦门大学出版社 2007 年版;徐鹏著:《海上执法比例原则研究》,上海交通大学出版社 2015 年版。

④ 参见蒋红珍:《论适当性原则——引入立法事实的类型化审查强度理论》,载《中国法学》2010 年第 3 期;蒋红珍著:《论比例原则——政府规制工具选择的司法评价》,法律出版社 2010 年版,第 315 页。

则的不确定性和主观性。① 王书成主张,"必须在法治的视域中寻求比例原则中利益衡量的具体法则,此可谓比例原则的关键课题之一。"② 柳砚涛、李栋认为,"客观衡量尺度和理性适用方法的缺失导致比例行政原则的适用不仅带有明显的主观性,而且存在逻辑瑕疵,"因而,应当"将经济学的'成本-收益'分析引入比例行政原则。"③ 张明楷认为,"比例原则缺乏明确性的标准"。④ 秦策认为,当前学界"缺乏对合比例量度的系统讨论","是否合乎比例需要得到客观的度量",如果这一问题如不能很好地解决,"所谓合乎比例的判断只能沦为一种主观的估计、推测"。⑤ 涂少彬认为,法学表达数学化可以提高法学的科学性,使基本价值的权衡与选择能够获得更为明晰的数据与数学化支持,比例原则"强烈表征了法学表达数学化的内在需求"。⑥

纵观国内外为数不多的相关研究可以发现,越来越多的学者特别是国外学者,已经开始认识到比例原则在适用时过于主观,容易产生不确定性,并认为应当精确化比例原则。然而,相关研究只是散见于相关文献中,当前对比例原则的精确化问题还缺乏全面系统的专门论述。对于比例原则精确化的方法,虽然一些学者提出引入经济学上的成本收益分析,但却只是初步的。对于比例原则精确化的限度及其克服,更是鲜有论述。因此,对于比例原则的适用危机及其不利影响,对于如何精确化比例原则以祛除合比例性分析时的主观性与不确定性,对于如何通过比例原则的精确化反思政府行为的合法化范式,需要全面系统地深入研究。

(三) 研究价值:可能的贡献

在国内外已有的研究基础上,本书拟对比例原则的理性适用进行详细深入的专门研究。本书的总体研究目标,是试图通过全面分析比例原则的精确性缺陷及其不利影响,系统提出比例原则精确化的有效方法,并反思比例原则精确化的限度,最终提出政府行为的商谈合法化范式。本书的研究价值或可能的贡献,主要体现在以下几个方面。

---

① 姜昕著:《比例原则研究——一个宪政的视角》,法律出版社 2008 年版,第 170—172 页。
② 王书成:《论比例原则中的利益衡量》,载《甘肃政法学院学报》2008 年第 2 期,第 29 页。
③ 柳砚涛、李栋:《比例行政原则的经济分析研究》,载《烟台大学学报(哲学社会科学版)》2011 年第 4 期,第 32—33 页。
④ 张明楷:《法益保护与比例原则》,载《中国社会科学》2017 年第 7 期,第 96 页。
⑤ 秦策:《刑事程序比例构造方法论探析》,载《法学研究》2016 年第 5 期,第 154 页。
⑥ 涂少彬:《论法学表达数学化的可能及限度——基于经济学与比例原则的切入》,载《法学评论》2020 年第 4 期,第 45 页。

1. 全面系统地提出了比例原则的精确性问题

本书首次全面系统地提出,比例原则存在精确性缺陷。合比例性分析技术与适用方法的匮乏,语义上的宽泛性与模糊性,导致比例原则存在适用危机。比例原则的精确性不足,使其在适用时存在无法全面衡量客观利益、容易导致合比例性裁量滥用、容易导致结果导向的合比例性分析等弊端,因而有必要推进比例原则的精确化。

2. 详细深入地研究了比例原则的理性适用方法

虽然国内外学者们提出了比例原则精确化的一些方法,但是对于比例原则的理性适用方法,亟待从整体上进行体系化研究。本书首次系统性地提出,应当将目的正当性原则纳入到传统的"三阶"比例原则之中,从而确立符合时代要求的"四阶"比例原则。对于如何更客观地判断手段的适当性、必要性、均衡性,本书提出了独到的见解。

其一,系统提出应引入目的正当性原则确立"四阶"比例原则,以完善比例原则的逻辑结构。目的是行为的出发点,目的正当是手段正当的前提。无论是立法目的,还是行政目的,都应当具有正当性。目的正当性审查可以限制目的设定裁量,有利于促进实质民主与良好行政,是实质法治的必然要求。在审查标准上,根据相应的客观事实,进行形式合宪性或形式合法性分析,往往就可以准确做出目的正当性判断。提出应处理好目的正当性分析与成本收益分析的关系,有净收益不等于目的就正当,否则容易陷入功利主义的泥淖。

其二,首次提出应区分情形,对手段进行客观适当性和主观适当性审查。适当性原则不属于"帕累托最优"判断,而属于客观因果关系分析,有助于促进科学立法和科学行政。对于正在发生效力的手段,应进行客观适当性审查,以决定是否应当继续适用该手段。对于已经实施完毕的手段,应进行主观适当性审查,以更好地尊重立法者、行政者的事实预测。

其三,系统提出判断"最小损害"的客观方法。必要性原则所指的最小损害性,并非是指手段的绝对最小损害性,而是指各种手段在"相同有效性"下的最小损害性。在判断何为必要性手段时,不应当忽略不同手段的有效性差别。如果通过成本收益分析方法,再借助于手段的相对损害计算公式,对异同有效性的手段进行损害大小比较,就能有效破解最小损害性难以客观判定的难题。

其四,全面提出均衡性原则的适用方法。均衡性原则的本质为目的必要性分析,其功能在于保障权利不被过度侵害和促进社会整体福利。通过吸收成本收益分析方法,并借助于均衡性判断公式,计算出某个最小损害性手段所促进的公共利益同其所造成的损害的比例值,然后再根据均衡性判断法则,可以辅助均衡性判断,减少权衡的非理性。

其五,系统构建了类型化的比例原则审查基准体系。法院在适用精确性不足的比例原则进行司法审查时,可能不当侵犯立法者的形成余地和行政者的专业判断余地,可能导致司法专断或司法腐败。即使适用的是同一个比例原则,但如果采用不同的审查基准,就可能得出截然不同的审查结果。为了更有效地弥补比例原则的精确性缺陷,为了更公正地实现法院的司法监督功能,有必要构建比例原则的宽松审查、中度审查和严格审查三种审查基准类型。

3. 尝试性地提出了政府行为的商谈合法化范式

尽管比例原则需要被精确化,通过适度引入成本收益分析方法,适当量化不同手段的成本与收益,可以提高比例原则适用的理性程度,增加政府行为的可接受性,但比例原则的精确化存在限度。数学计算导致的价值理性缺失、成本收益的量化困境、未来事实的不确定性挑战等因素,决定了比例原则不可能也不应当无限精确化。比例原则的精确化过程,实际上是试图把合比例性裁量降低到最低限度甚至没有的过程,其本质是试图消除政府行为实质合法化范式弊端,而向形式合法化范式转换的过程。然而,无论是形式合法化范式,还是实质合法化范式,都存在难以克服的缺陷。在疑难情形下通过商谈,而非仅仅只是过度追求比例原则的精确化,或许是获取合比例性"正解",实现理性的最佳方式。

综上,本书可能的学术贡献主要体现在全面系统地提出了比例原则的精确性问题、详细深入地研究了比例原则的理性适用方法、尝试性地提出了政府行为的商谈合法化范式等三大方面。

在中国全面推进依法治国、加快建设法治政府的新时代背景下,系统深入研究比例原则的适用危机,探寻合比例性分析的理性方法,对于规范与约束公权力行使,保障公民的人格尊严,提升政府行为的可接受性,无疑具有极为重要的应用价值。其一,可以为行政决策与行政执法提供参考。本书提出的相关方法,有利于使行政机关更好地适用比例原则,减少对公民损害过大的手段的产生,预防滥用职权的行为。其二,可以为司法审判提供参考。本书提出的比例原则分析框架与适用方法,有利于法官进行理性的合比例性分析,可以使司法更有力地监督与控制行政权,把行政权关进制度的笼子。其三,可以为合宪性审查提供参考。尽管容易被滥用,但被称为公法"帝王原则""皇冠原则"的比例原则,是被民主法治国家司法实践所反复证明的可以有效保障人权的利剑。随着中国合宪性审查制度的不断发展完善,比例原则必将成为全国人大宪法和法律委员会审查法律草案和法律合宪性的重要标准。本书系统提出的比例原则适用方法,有助于为中国未来的合宪性审查实践提供智识参考。

三、框架结构与研究方法

本书的核心命题为:精确性不足的比例原则存在适用危机,为了消除合比例性分析过大的主观性与不确定性,应当不断推进比例原则的精确化,但比例原则的精确化也存在限度,应当通过商谈予以克服。根据此核心命题,本书的框架结构安排与研究方法如下:

(一)框架结构

在框架结构安排上,本书共分为十章,实际上属于四大部分。第一大部分主要研究比例原则的基本原理、精确性缺陷、适用危机、精确化的必要性,为第一章。第二大部分主要研究比例原则的精确化方法,对比例原则的四个子原则的适用进行了详细论证,并构建了比例原则的多元审查基准,分为第二、三、四、五、六章。第三大部分对比例原则在公私法中的适用进行了系统实证研究,并分析了比例原则的中国宪法规范基础,分为第七、八、九章。第四大部分主要研究的是比例原则精确化的效用、限度及其克服,为第十章。每章主要内容如下。

第一章主要研究比例原则的法理及其适用危机。当代法学领域的比例原则,发源于18世纪末期的德国警察法。现代比例原则在规范结构上可分为四个部分:目的正当性原则、适当性原则、必要性原则和均衡性原则。比例原则的规范逻辑为权利的本位性、公共利益的非至上性和权利与公共利益的可权衡性。比例原则同合理性原则、过度禁止原则、不足禁止原则、过罚相当原则等原则,存在一定的联系与区别。比例原则的全球化已成为一种无法忽视的耀眼现象。比例原则的精确性缺陷主要体现为两个方面,即合比例性分析技术与方法匮乏和语义上存在宽泛性与模糊性。精确性不足的比例原则,使得其适用者无法全面衡量客观利益、容易滥用合比例性裁量、容易从结果导向出发进行合比例性分析。

第二章主要研究目的正当性原则的引入及适用。传统的"三阶"比例原则在规范结构上并不包括目的正当性原则,这与其产生时"无法律便无行政"的自由法治国历史背景有关。随着时代环境的变化,近些年来很多国家的法院实际上以不同的方式审查了公权力行为的目的正当性,归结起来可以分为三种类型：目的正当性一般审查类型、目的足够重要性审查类型和目的正当性分类审查类型。目的正当是公权力行为正当的前提，将目的正当性原则纳入比例原则之中从而确立"四阶"比例原则，有利于限制立法者、行政者的目的设定裁量，有利于实现实质正义，充分保障人权，还有利于促进实质民主和良好行政。法官在个案中首先应当查明立法者、行政者的真实目的，否定明显不正当的目的，然后以适度的司法克制与尊让综合评判目的的正当性。

第三章主要研究适当性原则的精确化方法。适当性原则要求手段与目的之间具有实质关联性，并非追求"帕累托最优"。由于是对手段的事实预测进行司法审查，所以适当性原则的适用被认为容易侵犯立法者的事实形成余地、行政者的专业判断余地。尽管在司法实践中，德国联邦宪法法院发展出了明显不当性审查、可支持性审查和强烈的内容审查三种审查基准，但适当性原则的适用仍然没能走出困境。对于正在发生效力的手段，应进行客观适当性审查；对于已经实施完毕的手段，应进行主观适当性审查。

第四章主要研究必要性原则的精确化方法，即如何更客观地确定手段的最小损害性。等同于最小损害原则的必要性原则，在内涵上经历了从"必要的目的与必要的手段"到"必要的手段"的转变。为了预防与控制公权力行使的恣意与专横，应客观化必要性原则。在判断何为必要性手段时，不应当忽略不同手段的有效性差别。如果通过成本收益分析方法，再借助于手段的相对损害计算公式，对异同有效性的手段进行损害大小比较，就能有效破解最小损害性难以客观判定的难题。

第五章主要研究均衡性原则的精确化方法。目前具体化均衡性原则的尝试主要可分为两种模式：一种是从权衡者角度出发的数学计算模式；另一种是从当事人角度出发的事实问题商谈模式。均衡性原则的本质为目的必要性分析，其功能在于保障权利不被过度侵害和促进社会整体福利。均衡性原则实际上是要求成本与收益相称。为了尽可能地消除均衡性判断的非理性，应当以权衡者和当事人为共同视角，构建出均衡性原则具体化的新模式。

第六章主要从司法者视角构建了比例原则的多元审查基准体系。构建类型化的比例原则审查基准体系，是弥补比例原则精确性缺陷以增加司法理性的需要，是公正实现能动主义下司法监督功能的需要。比例原则的全球化适用呈现类型化的趋势，对于限制权利的公权力行为进行不同强度的审查，已成为大陆法系和英美法系司法审查的共同特点。应确立比例原则的宽松审查、中度审查和严格审查三种审查基准类型,对公权力行为目的与手段进行不同强度的合比例性审查。

第七章主要研究比例原则在行政法中的适用。比例原则在中国的适用已从行政处罚扩张到多种行政行为领域,已成为法院评判行政行为实质合法性的重要准则。法院可以根据"滥用职权"和"明显不当"标准,对行政行为进行合比例性审查。对于目的正当性和手段的适当性、必要性、均衡性的规范认识还存在一定的分歧,审查标准并不统一。在合比例性举证责任上,一些案件并没有完全遵循行政诉讼举证责任倒置规则。在合比例性审查强度上,似乎大多是宽松审查或低密度审查。对于行政行为是否符合比例原则,法官在个案中有着巨大的裁量空间,但大多数判决论证说理还较为简单。

第八章主要研究私法中比例原则的适用。首先研究了比例原则的适用范围,对比例原则在宪法、行政法、刑法、诉讼法、经济法、财税法、国际法等公法和私法领域的适用进行了系统考察。然后提出权利的相对性理论,决定了比例原则在私法领域有广泛的适用空间。结合中国《民法典》第132条和《宪法》第51条,对权利滥用、权利边界问题进行了深入探讨。最后提出无论是公权力机关识别权利滥用,或是划定权利边界,还是私主体行使法定权利,比例原则都可以提供有效的方法论指引与行为准则。作为公法"帝王原则"的比例原则,在私法中也有广阔的适用空间,但切忌无限扩大化适用,避免损害平等主体间真实的意思自治与实质的契约自由。

第九章主要研究比例原则的中国宪法依据。首先提出了探寻比例原则中国宪法依据的必要性,然后系统考察了比例原则宪法依据的争论,最后认为通过解释《宪法》第51条的"权利的限度"条款和第33条第3款的"国家尊重和保障人权"条款,可以得出比例原则在中国具有宪法依据,属于宪法基本原则。比例原则内置于权利和权力之中。无论是在关注公共利益的公法领域,还是在关注私人利益的私法领域,抑或是在关注国家利益的国际法领域,比例原则都有广泛的适用空间与紧迫的适用必要。

第十章主要研究合比例性、理性与商谈。精确化后的比例原则,有利于增加法律明确性与安定性、有利于提升说明理由的质量、有利于减少权衡的非理性。但是,由于功利主义的数学计算会造成价值理性的缺失、成本收益的量化困境以及未来事实不确定性,导致比例原则的精确化也存在限度。比例原则的精确化限度,实际上体现的是政府行为形式合法化范式与实质合法化范式的困境。无论再怎么精确化,比例原则的适用仍然无法摆脱可能导致非理性的实质权衡。获取合比例性的"正解",提供让利益相关方都高度信服的正当理由,最大程度地减少政府行为的合法性争议,或许需要超越形式合法化和实质合法化两种传统范式,迈向商谈合法化范式。

(二) 研究方法

本书属于世界法学前沿问题研究,充分运用了德语、英语、中文等国内外一手文献,并结合最新的法律文本、司法判决、热点事例,对比例原则理性适用进行了系统深入的专门研究。

1. 动态的决策过程视角

本书研究视角全面,跳出了大多以司法为中心的法学传统研究范式。即除了从法官视角,还从立法者、行政者的视角,全面研究了比例原则的理性适用。长期以来,研究者大多以司法为中心研究比例原则的适用,过多关注如何在司法审查中适用比例原则。以司法为中心的法学传统研究范式,往往呈现"点"的特征而缺乏动态的决策过程视角,从而导致对比例原则的研究视野不够全面,缺乏从"线"和"面"上进行融贯的体系性全方位研究。

比例原则不仅仅是法官判案的原则,更是立法者在制定法律、行政者在执行法律时,都应当遵循的法律原则。比例原则是所有公权力行使者的原则。立法者、行政者应当如何运用比例原则进行理性的决策分析,如何设定目的、如何从众多手段中选择一个有助于目的实现的最小损害手段、如何权衡手段所造成的损害同其所增进的公共利益之间的均衡性,都是值得研究的全新重要视角。

2. 多元的研究方法

(1) 交叉学科研究法。比例原则的精确化是一个跨学科的研究主题。为了发现比例原则精确化的有效方法,需要充分运用相关交叉学科的知识。在法学学科知识的基础上,充分运用经济学、政治学、管理学、社会学等交叉学科的前沿理论,实现跨学科知识的整合与增量。另外,在法学学科范围内,不同部门法也存在很大差别,本书研究涉及比例原则在宪法、行政法、刑法、诉讼法、经济法、财税法、民法、国际法等多个领域中的适用。

(2) 比较研究法。比例原则发源于18世纪末期的德国警察法,如今正在全球流行。本书充分研究了比例原则在世界上主要国家和地区的适用。既考察了比例原则在域外国家宪法文本中的规定,如《德国基本法》《加拿大权利与自由宪章》《南非共和国宪法》《希腊宪法》,也考察了相关国际法律文本中的比例原则,如《欧盟基本权利宪章》《欧洲人权公约》。

对比例原则的司法适用进行了比较研究,研究了德国联邦宪法法院、欧洲人权法院、加拿大最高法院、南非宪法法院、以色列最高法院、韩国宪法法院等域外法院的典型案例。在运用比较研究法的同时,实际上也涉及规范分析法和案例分析法。

（3）理想模型法。理想模型法是物理学中常见的一种研究方法,它通过把研究对象所具有的特征理想化,突出强调研究对象在某方面的特征或主要特征,有利于全力掌握研究对象在某些方面的本质特征。对于比例原则的精确化来说,特别是对于必要性原则和均衡性原则而言,为了认清究竟什么是最小损害性和均衡性,有必要运用理想模型法。本书确立了两种理想模型,即手段的相对损害性计算公式和均衡性判断公式。

另外,在研究过程中还涉及历史分析法、系统分析法、制度分析法等研究方法。

第一章　比例原则的法理及其适用危机

比例原则是自然正义的化身。"警察不能用大炮打麻雀""杀鸡焉用牛刀"，是对比例原则的形象表达。早在2000多年前，古希腊哲学家亚里士多德就提出了合比例性思想："公正就是某种比例。"[①]当代法学领域的比例原则(Der Grundsatz der Verhältnismäßigkeit)，发源于18世纪末期的德国警察法。1958年，"对整个基本权利教义学具有重要意义"的德国药房案，[②]标志着比例原则的最终形成。作为人权保障利剑的比例原则，从最初约束警察权的行政法原则，迅速发展成为约束一切国家公权力的宪法基本原则。作为公法"帝王原则"的比例原则，如今已日益超越法系、超越部门法而正在全球广泛流行，似乎有成为法律帝国基本原则的趋势。

然而，比例原则并非完美无缺，精确性不足是比例原则存在的最大问题。比例原则可以实现最完美的实质正义，但同时也能带来最糟糕的不正义。对于究竟什么是合比例性，比例原则本身并没有给出具体而明确的标准答案。合比例性分析技术与方法匮乏，语义上存在宽泛性与模糊性，导致比例原则面临适用危机。存在精确性缺陷的比例原则，使得其适用者无法全面衡量客观利益，导致合比例性裁量极易被滥用，容易造成结果导向的合比例性分析。精确性不足的比例原则可能会对当代全球国家的民主与法治产生极大的破坏性，从而造成比例原则掩盖下的"暴力统治"。

一、比例原则的规范原理

合比例性，或称为成比例，是日常生活中使用很频繁的一个词语。人们大多数时候基于自身的直觉或经验，就可以对做某事是否值得进行大致判断，当然有时也会通过对成本收益进行计算而后作出决定。法学领域的

[①] Aristotle, Nicomachean Ethics, translated and edited by Roger Crisp, Book V, Cambridge University press, 86 (2004).

[②] Timo Hebeler, 50 Jahre Apotheken-Urteil des Bundesverfassungsgerichts-Was ist geblieben? JA 413, 417 (2008).

比例原则,内涵博大精深,适用方法复杂多样。

(一) 比例原则的内涵与"四阶"结构

所谓比例原则,是指行为者应当选择有助于正当目的实现的必要手段,并且该手段所造成的损害同其所促进的利益应当成比例。比例原则的本质在于调整目的与手段之间的理性关系,追求损益平衡。比例原则包括目的正当性原则、适当性原则、必要性原则和均衡性原则四个子原则。

1. 目的正当性原则(Legitimer Zweck)

目的正当性原则,它要求行为者的目的是正当的。目的是行为的出发点,目的正当是手段正当的前提。无论是立法目的,还是行政目的,抑或是司法目的,都应当具有正当性。目的正当性审查可以限制目的的设定裁量,有利于促进实质民主与良好行政,是实质法治的必然要求。目的不正当的行为,无论采用何种手段,不管能带来多大的收益,都是令人不能接受的。在药房案中,德国联邦宪法法院通过考察相关历史资料,认定巴伐利亚《药房法》第3条第1款所欲达到的保护公众健康的目的属于重大公共利益,具有正当性。[①] 在 Kontostammdaten 案中,德国联邦宪法法院认为,"比例原则要求,侵犯基本权利必须服务于正当目的,实现目的的手段必须具有适当性、必要性与均衡性。"[②] 在合比例性分析适用位阶上,目的正当性审查可以起到一定的前端过滤作用。对于目的明显不正当的行为,法院可以直接否决,而无需浪费过多的资源进行手段正当性分析。正如巴拉克所认为,并非任何限制权利的目的都是正当的,目的正当性是"门槛要求"。[③] 目的正当是"二战"后各国宪法权利法律限制的比例原则的核心标准。[④]

在目的正当性的审查标准上,根据相应的客观事实,一般只需进行形式合宪性或形式合法性分析,往往就可以准确识别目的是否正当。在个案中,法官应查明立法者、行政者的真实目的,判断该目的是否同宪法、法律等相违背。宪法明确或默示反对的目的,或承认其是违宪的目的,都是不正当的目的。[⑤] 在大量简单案件中,目的是否正当其实并不难判断。例如对公民通信自由和通信秘密的侵犯,如果不是出于保障国家安全或者追查

---

① BVerfGE 7, 377- Apotheken-Urteil.
② BVerfGE 118, 168(193)-Kontostammdaten.
③ See Aharon Barak, Proportionality: Constitutional Rights and their Limitations, Cambridge University Press, 246(2012).
④ 参见范进学:《论宪法比例原则》,载《比较法研究》2018年第5期,第109页。
⑤ 参见王锴:《合宪性、合法性、适当性审查的区别与联系》,载《中国法学》2019年第1期,第17页。

刑事犯罪的需要，目的就是不正当的。① 再如政府大肆征地进行商业楼盘开发，尽管可以带来财政收入增加、房地产企业利润增长等收益，但由于征收目的不符合出于"公共利益"的需要，②所以征收不具有合法性。对于复杂的案件，出于对立法民主政治过程的高度尊重，出于对行政目的的设定的适度克制，目的正当性审查应把握一定的度。

在中国司法实践中，进行目的正当性审查的案例日益增多。如李皓诉佛山市国土资源和城乡规划局城乡建设案，原告认为被告颁发加装电梯的《建设工程规划许可证》，影响了其住宅的采光、日照。法院认为加装电梯是为了解决旧住宅楼中的人们上下通行便利，目的具有正当性，"行政行为涉及两个利益相冲突时，必须遵循比例原则。虽然加装电梯事项具有目的的正当性，但其本质是对原有建筑物规划的改变，在确需损害他人利益时，也应将损害降低至最小。"因此，法院最终撤销了规划许可。③ 在赵春华诉北京市通州区环境保护局案中，原告认为被告的强制检查行为不当，法院认为，"该行为追求的行政管理目的正当，手段亦符合必要性要求，……，故该强制检查行为符合比例原则的要求"。④ 再如汤兆明诉五莲县住房和城乡规划建设局行政强制案，原告认为被告行政目的明显违法，实则以拆危代替拆迁，法院认为，行政强制的设定和实施应当符合比例原则，被告作出的《危房拆除通知》，"行政目的不当"。⑤ 作为调整目的与手段关系的比例原则，当然应对目的正当与否进行评判，而不应仅仅只评价手段的正当性。

2. 适当性原则(Geeignetheit)

适当性原则，又称为妥当性原则或适合性原则，它是指手段应有助于正当目的的实现。适当性原则是对事实预测的规范，它要求手段与目的间存在实质关联性。适当性原则并不要求手段必须能完全实现所欲追求的

---

① 《宪法》第40条："中华人民共和国公民的通信自由和通信秘密受法律的保护。除因国家安全或者追查刑事犯罪的需要，由公安机关或者检察机关依照法律规定的程序对通信进行检查外，任何组织或者个人不得以任何理由侵犯公民的通信自由和通信秘密。"

② 《国有土地上房屋征收与补偿条例》第8条对征收的公共利益情形作了列举规定："为了保障国家安全、促进国民经济和社会发展等公共利益的需要，有下列情形之一，确需征收房屋的，由市、县级人民政府作出房屋征收决定：（一）国防和外交的需要；（二）由政府组织实施的能源、交通、水利等基础设施建设的需要；（三）由政府组织实施的科技、教育、文化、卫生、体育、环境和资源保护、防灾减灾、文物保护、社会福利、市政公用等公共事业的需要；（四）由政府组织实施的保障性安居工程建设的需要；（五）由政府依照城乡规划法有关规定组织实施的对危房集中、基础设施落后等地段进行旧城区改建的需要；（六）法律、行政法规规定的其他公共利益的需要。"

③ 李皓诉佛山市国土资源和城乡规划局城乡建设案，(2015)佛法行初字第452号。

④ 赵春华诉北京市通州区环境保护局案，(2019)京0112行初135号。

⑤ 汤兆明诉五莲县住房和城乡规划建设局行政强制案，(2015)日行终字第55号。

目的,只要手段有助于或能促进目的的实现即可。"哪怕是很小程度上促进目的的手段,也是符合要求的"。① 因为在很多情形下,能完全实现目的的手段可能并不存在,而且即使存在这样的手段,也往往由于会造成严重的损害而变得不可取。但如果手段与目的之间不存在任何关联性,手段根本无助于目的的实现,那么该手段就不符合适当性原则。德国联邦宪法法院经常以"客观不适当"(objective ungeeignet)、②"全然不适当"(schlechthin ungeeignet)、③"基本不适当"(grundsätzlich ungeeignet)④等词语,从否定角度来适用适当性原则。

正确适用适当性原则,有助于促进科学立法和科学行政。尽管在实践中,立法者、行政者所采取的手段完全无助于目的实现的情形并不多见,但仍然存在,所以认为适当性原则"形同虚设"的观点有失偏颇。⑤ 在放鹰打猎许可证案(Falknerjagdschein)中,为了使捕猎者有足够的武器使用知识以确保安全,德国一项法律要求申请捕猎许可的人必须通过一个射击考试。德国联邦宪法法院认为,针对放鹰捕猎者的射击考试和"立法者所意图的恰当从事这些活动"的目的之间没有关联性,因而不成比例地限制了公民依据基本法第2条第1款所保障的个性自由发展权,所以违宪无效。⑥ 在黑龙房地产开发公司诉万州区城乡建设委员会、区政府行政处罚案中,法院认为被告查处原告违法行为时,"涉案房屋已全部竣工,并已交付入住,无法通过拆除或者没收实物实现行政管理目的。"因此,被告采取没收违法收入的行政处罚违反了比例原则。⑦ 在肖鹏诉广州市交通委员会案中,法院认为,"针对被盗抢车辆所设置的限制措施无助于其所追求的行政目的的实现,违反行政比例原则。"⑧适当性原则所要解决的是手段与目的间是否存在实质关联性,属于客观因果关系的事实判断。

3. 必要性原则(Erforderlichkeit)

必要性原则,又称为最小损害原则或最小侵害原则,它要求行为者所

---

① Dieter Grimm, Proportionality in Canadian and German Constitutional Jurisprudence, 57 University of Toronto Law Journal, 390(2007).

② Vgl. BVerfGE 17, 306(317)-Mitfahrzentrale-Urteil.

③ Vgl. BVerfGE 19, 119(127)-Kuponsteuergesetz-Urteil.

④ Vgl. BVerfGE 70, 1(26)-Orthopädietechniker-Innungen.

⑤ 戴昕、张永健:《比例原则还是成本收益分析:法学方法的批判性重构》,载《中外法学》2018年第6期,第1528页。

⑥ BVerfGE 55, 159-Falknerjagdschein.

⑦ 参见黑龙房地产开发公司诉万州区城乡建设委员会、区政府行政处罚案,(2018)渝02行终136号。

⑧ 参见肖鹏诉广州市交通委员会案,(2017)粤71行终2203号。

运用的手段是必要的,手段所造成的损害应当最小。如果存在多个有助于正当目的实现的手段,就应当选择损害最小或没有损害的手段。必要性原则以权利为本位,不问"最大收益",只求"最小损害"。在效率与公平之间,必要性原则更强调公平,禁止过度损害。

在现代国家,权利的种类越来越多,但绝对的权利越来越少。政府出于公共利益的正当目的,可以对权利进行限制,但只能采用对权利产生最小损害的必要手段。在药房案中,对于必要性原则,德国联邦宪法法院认为:"只有没有其他可以不通过限制的手段或没有更小限制的手段,才能为了保护特别重大的公共利益而限制择业自由。"① 在比例原则中国适用第一案中,法院认为规划局的处罚决定违反了必要性原则。法院在判决书中写道:"规划局所作的处罚决定应针对影响的程度,责令汇丰公司采取相应的改正措施,既要保证行政管理目标的实现,又要兼顾保护相对人的权益,应以达到行政执法目的和目标为限,尽可能使相对人的权益遭受最小的侵害。而上诉人所作的处罚决定中,拆除的面积明显大于遮挡的面积,不必要地增加了被上诉人的损失,给被上诉人造成了过度的不利影响。"② 从判决书可以看出,法院认为规划局的行为不是损害最小的,不符合必要性原则,因而最终驳回了规划局的上诉。在郭建军与诸暨市国土资源局土地管理行政处罚纠纷上诉案,法院也表达了相似的观点。③

应当在相同有效性下比较不同手段的损害大小,即不应忽视手段的有效性差别。由于不同手段的适当性程度存在差别,损害更小的手段往往对目的的实现程度也小;而手段损害大的,往往能更大程度地实现目的。如果只是简单考虑手段的绝对损害大小,而不顾手段的有效性差别,就很可能导致公共利益受损。正如德国联邦宪法法院所认为,最小损害手段是指"不存在相同有效,但对基本权利没有损害或损害更小的手段"。④ 因此,如果多个适当性的手段均具有相同的有效性,只需要单纯地比较各种手段的损害大小,就可以确定出一个最小损害的手段。但如果手段的有效性不

---

① BVerfGE 7, 377(405)-Apotheken-Urteil.
② 汇丰实业公司与哈尔滨市规划局行政处罚决定纠纷上诉案,(1999)行终字第 20 号。关于此案的详细分析可参见湛中乐:《行政法上的比例原则及其司法运用——汇丰实业发展有限公司诉哈尔滨市规划局案的法律分析》,载《行政法学研究》2003 年第 1 期。
③ 郭建军与诸暨市国土资源局土地管理行政处罚纠纷上诉案,(2008)绍中行初字第 37 号。
④ BVerfGE 30, 292(316)-Erdölbevorratung. Vgl. BVerfGE 19, 330(337)-Sachkundenachweis; BVerfGE 25, 1(17)-Mühlengesetz; BVerfGE 40, 371(383)-Werbefahrten; BVerfGE 63, 88(115)-Versorgungsausgleich II; BVerfGE 70, 1(28)-Orthopädietechniker-Innungen; BVerfGE 90, 145(182)-Cannabis.

同,必要性原则则要求对各种手段进行"相同有效性"转化,然后再比较各种手段的损害大小,最终确定一个"相同有效但损害更小"的手段。"必要性"一词含义非常丰富,如果从广义角度理解,必要性原则可以等同于甚至更宽于比例原则的内涵。

4. 均衡性原则(Angemessenheit)

均衡性原则,又称为狭义比例原则,它要求手段所造成的损害同其所促进的利益成比例,禁止损益失衡。对于究竟什么是均衡性,或究竟什么是成狭义比例,缺乏明确的判断标准。德国联邦宪法法院经常用"均衡的"(angemessen)、"理智的"(vernünftig)、"期待可能性"(Zumutbarkeit)等词语判决某个手段具有均衡性,[①] 或者常用"超出比例"(nicht außer Verhältnis)、"不得过度负担"(nicht übermäßig belasten)、"不具有期待可能性"(nicht unzumutbar)等否定词语来判决某项手段不具有均衡性。[②] 均衡性原则的适用需要进行价值权衡。对于某个最小损害的手段,如果其所带来的收益,大于或远远大于其所耗费的成本,那么该手段就可能是可取的。但倘若某个最小损害的手段所带来的收益很少,耗费的成本却很多,收益与成本不成比例,那么采用该手段就不符合均衡性原则。

如果说必要性原则以权利为本位而更关注公平,那么均衡性原则则更强调权衡总体成本与收益,更注重实现一定的效率。即使某个手段是最小损害的,但如果该手段所造成的损害同其所促进的公共利益不成比例,也不具有正当性。尽管无法通过均衡性分析选择出最大净收益的手段,但却能够排除损益失衡的手段,阻止成本大但收益小的手段的采用。因而可以说,均衡性分析体现了效能原则,可以促进社会整体福利。

综上,比例原则可以分为目的正当性和手段正当性两大部分。目的正当性原则、适当性原则、必要性原则和均衡性原则,共同构成了现代"四阶"比例原则的规范结构。比例原则既不片面强调个人权利保障,也没有一味奉行公共利益至上,而是以利益平衡为价值追求。比例原则的四个子原则是有机统一的,具有递进的位阶关系。目的正当性原则规范目的设定裁量,从源头上阻止不正当目的产生。适当性原则要求手段与目的间存在

---

① Vgl. BVerfGE10, 89(108)-(Großer) Erftverband; BVerfGE84, 133(153)-Warteschleife; BVerfGE30, 292(316)-Erdölbevorratung.

② Vgl. BVerfGE9, 338(345)-Hebammenaltersgrenze; BVerfGE13, 97(113)-Handwerksordnung; BVerfGE19, 330(337)-Sachkundenachweis; BVerfGE49, 24(58)-Kontaktsperre-Gesetz; BVerfGE22, 380(385)-Dienstleistungspflichten von Kreditinstituten; BVerfGE29, 221(235)-Jahresarbeitsverdienstgrenze.

实质关联性,有利于促进科学立法和科学行政。必要性原则以权利为本位,要求手段是最小损害的,可以有效保障公民权利。均衡性原则要求全面考量手段的成本与收益,对相关损益进行审慎权衡,有利于促进社会整体福利。在适用位阶上,法官如果认为争讼行为符合比例原则,就必须进行全阶段适用即逐一论证。假设认为争讼行为违反比例原则,只需适用一个子原则即可,当然若适用多个子原则加强说理,则可以使合比例性分析结果更具有可接受性。

在适用范围上,比例原则是公法的"帝王原则",但也可以有限适用于私法。在公法领域,一切公权力的行使都不得违背比例原则。无论是行政权,还是立法权、司法权,抑或是监察权,在限制公民权利时均应遵守比例原则。无论是平时状态,还是紧急状态,都应受比例原则的约束。比例原则是自然正义的化身,只要还有人类的状态,就不能抛弃比例原则。紧急状态下公共利益的分量更大,公权力行为手段往往更为严厉,但仍要进行损益权益,不能无限拔高公共利益而不计任何损害成本采取不具有合比例性的措施。在私法领域,比例原则可以为权利的正当行使,提供有效的方法论指引与行为准则。如果公民行使权利超出必要边界,一旦案件到了法院,法官很可能就会以违反比例原则为由加以否定。在数字时代,网络平台对用户具有日益强大的控制力与支配力,传统的意思自治与契约自由日益流于形式,可以也应当运用比例原则矫正网络世界中利益日益严重失衡的态势。由此而言,比例原则既可以防止权力滥用,也可以规范权利滥用。无论是国家机关行使权力,还是公民行使权利,皆应有度,都不能违反比例原则。比例原则在私法中有广阔的适用空间。但比例原则在私法中适用应当有适当的边界,切忌无限扩大化。比例原则不能损害真实的意思自治与实质的契约自由。

对于比例原则的具体适用,德国著名学者哈特穆特·毛雷尔曾这样举例:行政机关为了防治周围环境的烟尘污染,命令工厂将其烟囱增高30米。只有在增加烟囱的高度确实有助于防治烟囱污染时,该命令才具有妥当性;只有在不存在其他更少负担的措施(例如烟囱最高15米或建设一个更为便宜的净化设施就足够了)的情况下,该命令才具有必要性;只有在费用与所追求的结果并非不相称时,该命令才具有狭义的比例性。①

再以黄海波被收容教育案为例,分析比例原则在立法与行政中的适用。2014年5月15日,北京警方接群众举报,某酒店有人从事卖淫嫖娼活

---

① [德]哈特穆特·毛雷尔:《行政法学总论》,高家伟译,法律出版社2000年版,第239页。

动。2014年5月15日16时许,朝阳区警方配合刑侦总队民警在北京市朝阳区华威桥工大建国饭店将黄海波和一女子当场抓获。经审讯,黄海波对嫖娼一事供认不讳,朝阳区警方遂对其作出15天行政拘留的处罚。2014年5月30日拘留期满,但黄海波并未被释放,又被采取收容教育措施6个月。2014年6月9日凌晨,黄海波工作人员代黄海波通过微博发布致歉函,"不会复议,不会上诉,也不希望任何人再借此事炒作。愿受处罚,一心改过。"2014年11月30日,黄海波从看守所释放,结束了6个月的收容教育。① 在中国,同世界上绝大多数国家一样,卖淫嫖娼行为属于违法行为。身为公众人物的著名演员黄海波,犯有嫖娼违法行为而被公安机关现场抓获。此案引发了全社会的广泛关注与讨论。那么,收容教育决定是否符合比例原则呢?

　　首先,收容教育是否符合目的正当性原则呢?对于收容教育的目的来说,应当区分两种目的:立法目的与执法目的。立法目的是有关收容教育法律所追求的目的,执法目的是执法机关即公安机关执行收容教育的目的,也可称为行政目的。只有立法目的是正当的,执法目的符合立法目的,收容教育才是正当的。对于收容教育的立法目的来说,1991年发布的《全国人民代表大会常务委员会关于严禁卖淫嫖娼的决定》第4条规定:"对卖淫、嫖娼的,可以由公安机关会同有关部门强制集中进行法律、道德教育和生产劳动,使之改掉恶习。"由此可知,收容教育的立法目的为"使之改掉恶习",即通过强制集中进行法律、道德教育和生产劳动,使卖淫、嫖娼人员改掉恶习。1993年国务院发布的《卖淫嫖娼人员收容教育办法》第1条对收容教育的目的又作了具体规定:"为了教育、挽救卖淫、嫖娼人员,制止性病蔓延,根据《全国人民代表大会常务委员会关于严禁卖淫嫖娼的决定》,制定本办法。"乍一看,作为国务院的行政法规对收容教育目的的表述,好像不同于前述目的。但实际上是相同的:通过收容教育,"使之改掉恶习",当然可以"教育、挽救卖淫、嫖娼人员,制止性病蔓延"。因此,收容教育的立法目的并没有违背宪法条文与宪法精神,是正当的。

　　但是,"使之改掉恶习"是否为"臆想"目的?在判断目的正当性时,应当辨别"臆想"目的,即判断公权力行为者所宣称的目的是否真的存在。

---

① 2014年12月1日凌晨,黄海波发声明向公众致歉:"各位好。事发至今,恍若隔世。关于我的事情终于可以亲自向大家有所交代。真诚地向全社会说一句:对不起!身为一个公众人物,愧对于观众朋友们的喜爱支持,也给合作伙伴们带来了重大损失和诸多困扰。事已至此,所有对我的惩罚,我全盘接受。未来,我将会用很长一段时间来反思和沉淀自己,并用实际行动回馈社会。"

如果某个目的没有目的性事实支撑,那么该目的就是一个"臆想"目的。因而,要进一步判断收容教育的立法目的是否正当,就应当考察其产生的历史背景。根据1992年中央办公厅、国务院办公厅和中央军委办公厅联合发布的《关于加强党政军机关所属旅馆管理严禁卖淫嫖娼活动的通知》显示,近年来,卖淫嫖娼等社会丑恶现象沉渣泛起,虽经不断打击和取缔,但发展蔓延的趋势仍未得到有效遏制。据不完全统计,1982年至1991年全国查获卖淫嫖娼人员68.2万余人,仅1991年就查获20.1万余人,比1990年上升46.1%,其中在旅馆查获的占47.2%。① 由此可知,支撑收容教育立法目的的目的性事实是存在的,立法者当时所追求的目的并不是"臆想"的,即使是时至今日,卖淫嫖娼活动依然比较常见,所以收容教育的立法目的即"使之改掉恶习",是具有正当性的,符合目的正当性原则的要求。那么,收容教育的执法目的是否正当呢?

作为负责执行收容教育的公安机关来说,其本应严格按照立法目的对卖淫、嫖娼人员,进行强制集中法律、道德教育和生产劳动,使之改掉恶习。但现实却是,执法机关经常背离收容教育的立法目的,而去追求不正当的行政目的。收容教育在具体执行阶段,执法目的很容易异化,收容人员容易被收容所当作谋利的工具。由于收容教育的适用条件没有明确统一的标准,执法机关拥有很大的自由裁量权。公安机关在决定是否进行收容教育时,容易滥用权力,存在权钱交易。一些公安机关往往借助性工作者不想被收容的心理,索要高额的贿赂。公安与性产业之间形成了复杂的利益链条。而且,在收容教育决定作出后的具体执行阶段,也存在追求不正当目的的可能性。收容教育的初衷在于教育,但被收容教育人员大部分时间都在劳动,而且还要经常加班,甚至是强迫劳动。

其次,收容教育是否符合适当性原则呢?由于缺乏足够的准确的数据,对于究竟有多少被收容者经教育后能"改掉恶习",无从准确得知,但经收容教育能够"改掉恶习"的真实比例应该不会很高。正如何海波教授所言:"被收容教育的卖淫人员总体上文化程度很低。她们没有一技之长,在劳动力市场上没有竞争优势,除了出卖身体找不到更好的挣钱途径",而且,由于"收容教育所面临警力不足,文化素质整体偏低,缺乏专业对口民警等问题",②再加上收容教育存在轻教育、重劳动的情形,导致试图通过收容教育使被收容者"改掉恶习"的效果不会很好。然而,这并不

---

① 《关于加强党政军机关所属旅馆管理严禁卖淫嫖娼活动的通知》,厅字[1992]9号。
② 何海波:《论收容教育》,载《中外法学》2015年第2期,第459-461页。

表明收容教育不符合适当性原则。因为适当性原则并不要求手段一定能完全实现目的,只要手段有助于目的的实现即可。收容教育虽然不能使所有被收容者都"改掉恶习",但至少可以使一些人"改掉恶习",所以收容教育手段是存在有效性的,只不过这种有效性程度很低而已。换言之,收容教育并非完全无助于"改掉恶习"这一目的的实现,它是有助于"改掉恶习"目的的实现的,它们二者之间存在实质关联性。因此,收容教育符合适当性原则。

再次,收容教育是否符合必要性原则呢?必要性原则充分体现了权利本位思想,它要求公权力的行使,如果对权利的限制是不可避免的,那么只能选择最小损害的手段,否则这种权利限制便是不正当的。根据《卖淫嫖娼人员收容教育办法》第7条规定:"对卖淫、嫖娼人员,除依照《中华人民共和国治安管理处罚法》第六十六条的规定处罚外,对尚不够实行劳动教养的,可以由公安机关决定收容教育。"第9条规定:"收容教育期限为六个月至二年。"而《治安管理处罚法》第66条规定:"卖淫、嫖娼的,处十日以上十五日以下拘留,可以并处五千元下罚款;情节较轻的,处五日以下拘留或者五百元以下罚款。"由此可知,对卖淫、嫖娼人员最长可以先行政拘留15天,然后还可以再给予6个月至2年的收容教育。也就是说,卖淫、嫖娼人员的一次违法行为,其代价可能是最长2年15天的人身自由限制。单纯就收容教育来说,其明显过于严厉。对于"使之改掉恶习"的目的来说,收容教育明显不是最小损害的。"客观上,这比因犯罪而判处的某些刑罚还要严厉,惩罚过重,不成比例。"[①]

在教育时间上,最短的收容期限也长达6个月,最长的长达2年,这明显过长,对被收容者会造成过大的损害。更为糟糕的是,被收容者在收容所里的合法权益得不到有效保障,比如被迫购买高价生活物品、缴纳一些强制检查费用。另外,被收容者的通信权、会见权也会受到不当侵害。在教育场所上,并不一定要强制收容到固定物理场所教育,完全可以通过网络现场视频、录播视频等更小损害的方式,对卖淫嫖娼人员进行教育。因此,对卖淫、嫖娼人员,由公安机关会同有关部门强制集中到固定物理场所,进行长达6个月至2年的法律、道德教育和生产劳动,对被收容者造成了过大的损害,不符合必要性原则。

最后,收容教育是否符合均衡性原则呢?对于收容教育来说,一方面是被收容者的人身自由权,另一方面是公共利益。对于被收容教育的卖

---

① 王逸吟:《收容教育制度该废止吗?》,载《光明日报》2014年6月10日,第10版。

淫、嫖娼人员而言,失去的是短则6个月、长达2年的人身自由,由此而造成的有形的利益损害和无形的精神损害,都是巨大的。然而,由此而带来的收益,却是相对很小的。"从行为的社会危害性程度来看,卖淫、嫖娼作为私下自愿进行的性交易行为,主要是一种不道德的行为,所侵害的是社会的良好风尚,并无直接的受害人,不直接侵害他人的合法权益,对社会秩序的破坏较轻,社会危害性总体较小。"① 具体来说,收容教育的收益可分为直接收益与间接收益。收容教育的直接收益是使卖淫、嫖娼人员"改掉恶习",但这种收益实际上是非常有限的,即收容教育的有效性是很差的。收容教育的间接收益是被设想为威慑即将卖淫、嫖娼的人员,净化社会风气,从而维护社会主流道德价值,维护婚姻家庭稳定,但这种收益究竟有多大也是值得怀疑的。因此,相对于对被收容者所造成的损害,收容教育所取得的收益是明显过小的。换言之,收容教育所造成的损害同其所带来的收益是不成比例的,不符合均衡性原则。

通过审视收容教育的实质合法性,可以发现收容教育违反了比例原则。首先,尽管实践中执法机关经常背离收容教育的立法目的,而去追求不正当的目的,但收容教育的立法目的"使之改掉恶习"具有正当性,符合目的正当性原则的要求;第二,收容教育并非完全无助于立法目的的实现,它是有助于"使之改掉恶习"目的的实现的,它们二者之间存在实质关联性,所以收容教育符合适当性原则;第三,对卖淫嫖娼人员实行长达6个月至2年的法律、道德教育和生产劳动,对被收容者造成了过大的人身自由、精神痛苦等损害,不具有最小损害性,不符合必要性原则;第四,收容教育对卖淫嫖娼人员所造成的损害与其所促进的公共利益不成比例,不符合均衡性原则。

2019年,实施20余年的收容教育制度终于寿终正寝。十三届全国人大常委会第十五次会议通过了《全国人民代表大会常务委员会关于废止有关收容教育法律规定和制度的决定》,自2019年12月29日起施行。不可否认,收容教育制度对于教育挽救卖淫、嫖娼人员,维护良好的社会风气和社会治安秩序发挥了重要历史价值。虽然收容教育制度被废止,但卖淫、嫖娼行为在中国仍然属于法律明确规定的违法行为。对卖淫、嫖娼行为,应当进行治安管理处罚。对于组织、强迫卖淫,引诱、容留、介绍卖淫,故意传播性病等犯罪行为,应当追究刑事责任。

---

① 黄华生:《收容教育的合法性审视与未来走向》,载《甘肃社会科学》2015年第3期,第102页。

（二）比例原则的规范逻辑：损益平衡

比例原则体现了平衡的理念，既不片面强调权利至上，也不唯公共利益是从，而是追求损害与收益的平衡。从比例原则的内涵与规范结构可以推导出，比例原则存在以下规范逻辑：权利的本位性、公共利益的非至上性和权利与公共利益的可权衡性。

1. 权利的本位性

比例原则的默认前提是个人权利不得受到随意限制，除非这种限制具有合比例性。比例原则的这种古典自由主义的理念，实际上体现的就是权利本位思想。

所谓权利本位，简单地讲，就是以公民个人权利保障为出发点与落脚点，而不是侧重于公民个人义务的履行。在作为政治共同体的民族国家产生之前，个人权利更多还是自然法意义上的权利，个人权利不仅种类少，而且也得不到有效地保障。直到18世纪前后，资产阶级的民主思想才极大地推动了权利概念的发展。现代意义上的权利概念是近代民主思想与资产阶级革命的产物。启蒙时代瑞士裔的法国思想家让-雅克·卢梭提出的"人民主权"思想对权利概念的发展至关重要，卢梭认为："要寻找出一种结合的形式，使它能以全部共同的力量来卫护和保障每个结合者的人身和财富，并且由于这一结合而使每一个与全体相联合的个人又只不过是在服从自己本人，并且仍然像以往一样地自由。"①人们通过让渡一部分权利与自由而联合起来签订契约，便产生了政府，而政府的主要职能就是确保个人更多的自由。正是"人民主权"思想的产生，才使得权利获得了更高的地位。人民成了国家的主人，政府只是仆人，而仆人只能为主人服务。权力是为权利服务的。

比例原则站在权利本位的立场上，要求国家公权力的运行必须以公民个人权利保障为根本出发点与最终落脚点。比例原则为权利限制设定了严格条件，仅仅只是出于促进公共利益，还不足以限制公民个人权利。必要性原则充分体现了权利本位思想。为了实现目的，必须择手段。为了实现某个特定的公共目的，如果对公民的个人权利的限制是不可避免的，那么只能选择最小损害的手段。如果能够同样实现目的，但还存在其他没有损害或更小损害的手段，就不符合必要性原则，对权利的限制就不正当。对权利限制的最小损害性的要求，体现的就是权利本位思想。均衡性原则

---

① ［法］卢梭：《社会契约论》（第一卷），何兆武译，商务印书馆1980年版，第23页。

进一步体现了权利本位思想。根据均衡性原则,公权力行为的手段即使是损害最小的,也不必然正当,还必须符合手段所造成的损害同其所增进的公共利益成比例的条件。如果手段带来的公共利益收益很大,但却对公民权利造成了过度侵犯,也是不正当的。

比例原则并不追求收益的最大化。它以权利为本位,或者说以人为本位,人只能作为目的,而不能作为达到目的的手段,这与功利主义学派有本质区别。功利主义学派代表人杰里米·边沁认为,政府的行为应当遵循最大幸福原则,"当一项行动增大共同体幸福的倾向大于它减小这一幸福的倾向时,它就可以说是符合功利原理,或简言之,符合功利。"① 功利主义学派的另一位代表人约翰·斯图尔特·穆勒也认为:"功利主义的行为标准并不是行为者本人的最大幸福,而是全体相关人员的最大幸福。"② 功利主义学派把"追求最大多数人的幸福"作为目标,为了实现"整体最大幸福",必然会导致把人当作达到目的的手段,从而必然牺牲个人权利,进而否定权利的本位性。当然,比例原则以权利为本位,并不是要求权利至上,也不表明权利绝对不可限制。比例原则并没有否定权利的相对性,而只是坚持权利的初显优先性,即一般情形下不得随意限制公民个人权利,但如果经过审慎地权衡公共利益与权利之后,认为侵害手段具有合比例性,则可以限制权利。

2. 公共利益的非至上性

比例原则直接否定了公共利益至上的观念。均衡性原则要求公权力行为手段所促进的公共利益与其所造成的损害成比例。如果手段导致损益失衡,就不得对权利进行限制。换言之,即使某个手段能促进公共利益,但如果其所造成的损害与带来的收益不成比例,该手段也是不正当的。比例原则打破了公共利益至上的神话,它要求国家在限制权利时必须公平权衡公共利益收益与公民权利损害,而并非只是唯公共利益是从。

公共利益优先于个人利益,长期以来在人类历史观念上占主导地位。"公共利益"的概念最早可以追溯到公元前5~6世纪的古希腊。古希腊特殊的城邦制度造就了一种"整体国家观",同"整体国家观"相联系的是具有整体性和一致性的公共利益。③ 在人类的神权统治和封建君主统治的时代,无论是在法律上,还是在道德上或者宗教信仰上,公共利益实际上是

---

① [英]边沁:《道德与立法原理导论》,时殷弘译,商务印书馆2000年版,第59页。
② [英]约翰·穆勒:《功利主义》,徐大建译,世纪出版集团、上海人民出版社2008年版,第12页。
③ 参见胡建淼、邢益精:《公共利益概念透析》,载《法学》2004年第10期,第3页。

一种强权性、等级性、单方性的话语表达,个人的自由意志与利益也因之而受到长期的压抑与扼杀。①

直至文艺复兴以后,个人的价值才逐渐受到了重视,公共利益也不再被认为是一种单方话语的表达。启蒙思想家卢梭认为,政府的目的是保障个人自由,政府应当按公意治理社会,"唯有公意才能够按照国家创制的目的,即公共幸福,来指导国家的各种力量",而公意"永远以公共利益为依归"。② 依据卢梭的观点,公共利益与个人利益具有一致性,保护公共利益最终是为了保护社会所有成员的个人利益。另一位法国启蒙思想家夏尔·德·塞孔达·孟德斯鸠认为,公共利益并不优于私人利益,"如果说,个人的私益应该向公共的利益让步,那就是荒谬背理之论"③。

公共利益至上的观念已经遭到民主法治国家的摒弃。由于公共利益具有公共性、整体性的特征,公共利益对于整个共同体的发展具有至关重要的作用,而且公共利益最终也会直接或间接地转化为个人利益,所以公共利益地位很高,但这并不必然推导出当个人利益与公共利益发生冲突时,就应当无条件地服从公共利益。在现代宪法保障基本权利的理念下,单纯为公共利益而牺牲个人利益,已经失去了社会正当性基础。如果坚持公共利益至上的理念,就必然会导致政府以促进公共利益为借口,广泛限制公民个人权利,从而使得公民个人权利名存实亡。

中国是一个有着漫长封建专制历史的国家,"旧中国留给我们的封建专制传统比较多,民主法制传统比较少"。④ 时至今日,权力本位观念在中国依然根深蒂固。虽然自"文化大革命"后恢复法制以来,中国社会主义法治建设取得了不小的成就,中国特色社会主义法律体系也已经建成,⑤但是,权利本位思想在中国还远远没有全面确立。公共利益至上的观念到处肆虐盛行,公民权利受到不当侵犯的现象时有发生。

比例原则并没有奉行公共利益至上的理念,它要求国家机关在运用公

---

① 参见杨寅:《公共利益的程序主义考量》,载《法学》2004年第10期,第7页。
② [法]卢梭:《社会契约论》(第一卷),何兆武译,商务印书馆1980年版,第39页。
③ [法]孟德斯鸠:《论法的精神》(下册),张雁深译,商务印书馆1995年版,第189页。
④ 《邓小平文选》(1975—1982),人民出版社1983年版,第292页。
⑤ 2011年3月10日,吴邦国在向十一届全国人大四次会议作全国人大常委会工作报告时宣布:"一个立足中国国情和实际、适应改革开放和社会主义现代化建设需要、集中体现党和人民意志的,以宪法为统帅,以宪法相关法、民法商法等多个法律部门的法律为主干,由法律、行政法规、地方性法规等多个层次的法律规范构成的中国特色社会主义法律体系已经形成,国家经济建设、政治建设、文化建设、社会建设以及生态文明建设的各个方面实现有法可依,党的十五大提出到2010年形成中国特色社会主义法律体系的立法工作目标如期完成。"

权力限制权利时,必须以促进公共利益为基本出发点,但必须认真对待权利。在确定公共利益是否能压倒个人权利时,比例原则要求立法者、行政者必须充分考虑其所要实现的公共利益的重要程度、被限制权利的性质与种类、限制的程度、限制所耗费的成本等多种因素。如果没有进行审慎的合比例性分析,限制权利的手段就可能违反比例原则而不具有正当性。对于法院来说,比例原则要求法官对立法者、行政者的行为进行合比例性审查,以监督其是否滥用了公共利益而不当限制权利。"没有任何其他主流理论能像比例原则那样被法官用来对抗政府行为的专断与不公。"①比例原则与公共利益至上是不相容的,比例原则蕴含了公共利益非至上的理念。

3. 权利与公共利益的可权衡性

权利与公共利益需要被权衡,而且可以被权衡。个人权利是公共利益的基础,公共利益的实现最终可以转化为个人利益,就此点来说,个人权利与公共利益具有一致性。然而,很多时候为了实现公共利益,就必须限制个人权利,此时公共利益与个人权利就发生了冲突。由于权利不具有绝对性,公共利益也具有非至上性,所以过度偏袒任何一方都是不正确的。德国 19 世纪著名法学家鲁道夫·冯·耶林所曾经说道:"正义女神一手提着衡量权利的天平,另一手握有为主张权利而准备的宝剑。无天平的宝剑,是赤裸裸的暴力;无宝剑的天平,则意味着法律的软弱可欺。天平与宝剑相互依存。正义女神挥舞宝剑的力量,同执掌天平的技巧得以均衡之处,便是完美的法律状态之所在。"②要解决权利与公共利益的冲突,使天平达到均衡之处,从而实现法律的健全状态,公平的权衡必不可少。通过对相互冲突的权利与公共利益作出孰轻孰重的审慎权衡,最终作出一个达至均衡的决定。

既然权利与公共利益需要被权衡,那么权利与公共利益是否可以被权衡呢?它们二者之间是否具有可比较性呢?反对权衡权利与公共利益的观点认为,权利与公共利益具有不可通约性(Incommensurability),二者没有可比较的共同尺度或基础,所以权衡是不可能的。权衡就像是"判断某个特定的直线是否比某个特定的石头更长。"③对于比例原则中的权衡来

---

① David M. Beatty, The Ultimate Rule of Law, New York: Oxford University Press, 173(2004).
② [德]鲁道夫·冯·耶林:《为权利而斗争》,刘权译,法律出版社 2019 年版,第 1 页。
③ Bendix Autolite Corp. v. Midwesco Enterprises Inc., 486 US 888, 897(1988).

说,由于"没有可识别的共同尺度,从比例原则中无法直接推论出答案。"①因此,"通过将所有利益都化约为共同的尺度,并通过机械的、量化的共同尺度来衡量不可通约的价值是不可能的"。② 这些观点几乎都认为,权利与公共利益具有不可通约性,所以无法通过权衡进行比较。

而另有学者认为,不可通约性并不代表不可比较性,应当区别不可通约性、不可比较性和权衡。对不可通约性的权利也是可以通过权衡进行比较的,"正如在一个给定的相关的覆盖价值(例如,维生素含量)面前,可以比较苹果和橘子一样。在一个给定的相关的覆盖价值面前,也是可以比较和权衡宪法权利的:满足或不满足的程度。"③阿列克西则明确反对不可通约性,他认为权利与公共利益具有可比较性,"宪法上的重要性可间接导致可比较性"。④ 同样,阿哈龙·巴拉克也认为,权利与公共利益之间是存在可比较的共同基础的,"共同的基础或共同的分母是存在的,它的形式是实现公共目的的社会重要性和保护宪法权利的社会重要性。"⑤按照阿列克西和巴拉克的观点,权利与公共利益具有不可通约性是不成立的,"宪法上的重要性"或"社会重要性"是权衡权利与公共利益的共同基础。因此,权利与公共利益二者间是具有可比较性的。

要判断是否可以权衡权利与公共利益,首先应当分析权利与公共利益的性质。对于权利,我们不应当混淆利益与价值,既不能将权利只看作为利益,也不能将权利只看作为价值。权利是客观利益与主观价值的结合体。"权利不是一种纯客观的东西,也不是一种纯主观的东西,而是一种主客观相结合的产物。权利是不同的利益与不同的价值的体现和产物。"⑥权利中的利益既包括权利实现后对权利者本人的利益,也包括权利实现后所产生的社会利益。对于公共利益而言,同样也是利益与价值的结合体。毫无疑问,公共利益中包含有利益,而且由于公共利益是由代表人民利益的国家来实现的,公共利益必然会体现国家的价值追求,所以公共利益中

---

① Grégoire C.N. Webber, The Negotiable Constitution: on the limitation of rights, Cambridge University Press, 97(2009).

② Stavros Tsakyrakis, Proportionality: An assault on human rights?: A rejoinder to Madhav Khosla, 8 I·CON 307, 471(2010).

③ Virgílio Afonso Da Silva, Comparing the Incommensurable: Constitutional Principles, Balancing and Rational Decision, 31Oxford Journal of Legal Studies 273, 301(2011).

④ Robert Alexy, On Balancing and Subsumption. A Structural Comparison, 16 Ratio Juris 433, 442(2003).

⑤ Aharon Barak, Proportionality: Constitutional Rights and their Limitations, Cambridge University Press, 484(2012).

⑥ 刘作翔:《权利冲突的几个问题》,载《中国法学》2002年第2期,第58页。

是包含价值的。

权利与公共利益的冲突,实质上是利益和价值的冲突。利益是可以衡量的,甚至很多时候是可以通过量化来进行比较的。对于价值冲突,不同的价值之间也是可以比较的。尽管权衡不是解决价值冲突的最好方式,但通过对不同的价值进行权衡也是可能获得正确性的。"价值无法量化或无法通约的问题只是法学界内部的观点,只要运用经济学与数学的方法,在当今大数据时代,价值无法量化或无法通约只是门户之见。"①权利与公共利益是可以进行比较的,对权利与公共利益进行权衡是可行的。

比例原则的规范逻辑同平衡论思想是相通的。平衡论是一种宏观的法治理念和指导思想,同管理论、服务论、控权论等学说,共同构成了中国行政法理论基础的重要学术流派。"平衡论也可称之为'兼顾论',即兼顾国家利益、公共利益与个人利益的一致。"②这种理论认为,"公共利益和私人利益的差别与冲突是现代社会最普遍的现象,正确处理利益关系应该是统筹兼顾,不可只顾一头。"③平衡论强调实现权力与权利的平衡,既要消极控制权力,又要积极发挥权力的作用;既要保障公民权利,又要防止权利滥用。比例原则要求以公民权利为本位,但又否定公民权利至上;比例原则认为公共利益很重要,但又排斥公共利益至上,主张通过权衡相互冲突的公民权利与公共利益,以最终达到均衡状态。比例原则体现了平衡论思想。在比例原则适用第一案中,最高人民法院指出,"规划局所作的处罚决定应针对影响的程度,责令汇丰公司采取相应的改正措施,既要保证行政管理目标的实现,又要兼顾保护相对人的权益,应以达到行政执法目的和目标为限,尽可能使相对人的权益遭受最小的侵害。"④立法者、行政者为了实现特定的正当目的,通过运用比例原则对相互冲突的权利与公共利益进行公正权衡,可以实现损益均衡。司法者通过运用比例原则,可以有效监督立法者、行政者,以确保权力与权利的平衡。

---

① 参见涂少彬:《论法学表达数学化的可能及限度——基于经济学与比例原则的切入》,载《法学评论》2020年第4期,第47页。
② 罗豪才、袁曙宏、李文栋:《现代行政法的理论基础——论行政机关与相对一方的权利义务平衡》,载《中国法学》1993年第1期,第54页。
③ 罗豪才、甘雯:《行政法的"平衡"及"平衡论"的范畴》,载《中国法学》1996年第4期,第53页。
④ 汇丰实业发展有限公司诉哈尔滨市规划局行政处罚案,(1999)行终字第20号。

(三) 与相关原则的学理区别

比例原则同合理性原则、过度禁止原则、不足禁止原则、过罚相当原则等原则，存在一定的联系与区别，在适用时不宜混同。

1. 比例原则与合理性原则

合理性原则要求政府行为合乎理性，它是规范裁量的实体性原则。对于什么是合理性原则，并没能形成一个统一的定义。简单来说，合理性原则就是指权力的行使应当符合理性，符合公平正义的基本观念。合理性原则在英国法律中具有重要地位，得到了广泛适用。

1948 年英国的温斯伯里案件首先确立了合理性原则，也称为温斯伯里不合理性原则。英国《星期日娱乐法》将星期日电影院开放合法化，授权核发执照的主管机关可以同时附加"其认为适当"的限制条件。原告是某电影院经营权人，被告温斯伯里市政委员会是依据《电影放映法》有权核发执照的主管机关。原告请求被告核准星期日开放使用电影院时，被告附有条件：15 岁以下儿童，不论是否由成人陪同，均不准入场。在温斯伯里案件中，格林勋爵提出了著名的判断不合理的标准，他认为裁量必须被合理地行使，应当考虑必须考虑的因素，不考虑不相关的因素。不合理是指行政机关的行为"是如此荒谬，以至于任何有理智的人都不会认为这属于行政机关的权限范围"。[①] 1985 年，迪普洛克勋爵在 GCHQ 案中进一步指出，"不合理"是指这样一个决定："如此无视逻辑或公认的道德标准，令人不能接受，以至于任何认真考虑此问题的正常人都不会同意它。"[②]随着判例的不断发展，合理性原则在英国的地位日益突出。

为了实现有效制约和规范行政权这一现代行政法任务，中国学者较早地就开始了研究合理性原则。早在 1983 年，龚祥瑞在其《比较宪法与行政法》一书中就提出了行使权力应当合理："权力必须合理地行使，同时法院也不能损害议会授予公共机关自由裁量的决定权，在法律合理性的范围内，行政机关享有真正的自由裁量权。"对于合理性的标准，龚祥瑞认为："凡基于法律授权适当行使的就是合理的，凡超越法权不适当行使的就是不合理的"。[③] 大约自 1988 年后，合理性原则在中国行政法教科书中被广泛使用。[④] 在合理性原则被引入中国的同时，德国比例原则也逐渐进入到

[①] Associated Provincial Picture House Ltd. v. Wednesbury Corporation [1948] 1 K.B. 223, 230.
[②] CCSU v. Minister for the Civil Service [1985] 1 A.C. 374, 410.
[③] 参见龚祥瑞：《比较宪法与行政法》，法律出版社 2003 年版，第 453 页。
[④] 参见应松年主编：《行政法学教程》，中国政法大学出版社 1988 年版，第 42 页。

中国学者的视野。较早见于 1988 年华夏所译的《基本人权的侵犯与比例原则》一文。① 随着中国对大陆法系尤其是对德国行政法学研究的不断深入，对比例原则的介绍与研究的学术论文愈发增多。然而，中国当前仍然只有少数行政法教科书直接使用了比例原则，②大部分教科书使用的是合理性原则。③ 除了使用习惯外，还有一个很重要的原因或许是由于 2004 年国务院发布的《全面推进依法行政实施纲要》规定了依法行政的六大原则，即合法行政、合理行政、程序正当、诚实守信、高效便民、权责统一原则，对行政法学者总结行政法的基本原则产生了直接影响。

对于比例原则与合理性原则的关系，当前存在四种有代表性的观点。（1）比例原则不同于合理性原则，二者可以同时存在。比例原则为评价手段与目的间的关系提供了相对客观的标准，合理性原则构成了评价个案总体情况的主观的、单方的标准，主要审查裁量过程是否发生偏差。"比例原则应当具有与合理性原则比肩的独立品格。"④对行政自由裁量的司法审查不仅仅有比例原则一把尺子，还有合理性原则这把尺子，"可以采用法律切割技术引入比例原则和不合理的原则的衔接适用，将不合理性原则作为博弈策略，用情境化的方法解决比例原则中的利益冲突。"⑤（2）合理性原则包括比例原则。比例原则只是合理性原则的部分内容，"我国行政合理性原则大体上可以概括为：行政行为的内容应当合理的基本规则，主要包括平等对待、比例原则和正常判断三个方面。"⑥比例原则其本身的具体性与法律规则更为相似，并不适合作为一项法律原则，所以比例原则可定位为附属合理性原则之下作为其辨识工具的"比例技术"。⑦ 还有学者认为，合理性原则也称行政均衡原则，是在合法性基础上进一步要求行政权力的行使必须综合权衡各种利益关系，确保其实体内容的均衡合理，具体包括

---

① 参见［日］青柳幸一：《基本人权的侵犯与比例原则》，华夏译，载《比较法研究》1988 年第 1 期。
② 参见姜明安主编：《行政法与行政诉讼法》（第七版），北京大学出版社、高等教育出版社 2019 年版；余凌云著：《行政法讲义》（第三版），清华大学出版社 2019 年版。
③ 参见王连昌主编：《行政法学》，中国政法大学出版社 1994 年版；应松年：《行政法与行政诉讼法》（第二版），法律出版社 2009 年版；叶必丰：《行政法与行政诉讼法》（第 3 版），中国人民大学出版社 2011 年版；《行政法与行政诉讼法学》编写组著：《行政法与行政诉讼法学》（第二版），高等教育出版社 2018 年版；章剑生著：《现代行政法总论》（第 2 版），法律出版社 2019 年版。
④ 余凌云：《行政法讲义》（第三版），清华大学出版社 2019 年版，第 89-90 页。
⑤ 谭冰霖：《行政裁量行为司法审查标准之选择——德国比例原则与英国温斯伯里不合理性原则比较》，载《湖北行政学院学报》2011 年第 1 期，第 55 页。
⑥ 叶必丰：《行政合理性原则的比较与实证研究》，载《江海学刊》2002 年第 6 期，第 123 页。
⑦ 参见翟翌：《比例原则的正当性拷问及其"比例技术"的重新定位——基于"无人有义务做不可能之事"的正义原则》，载《法学论坛》2012 年第 6 期，第 122 页。

平等对待原则、比例原则和信赖保护原则三项原则。① 此类观点均认为比例原则是合理性原则的一部分。(3)合理性原则等同于比例原则。当谈及合理性原则时,一些学者自动将其与比例原则相等同,不区分二者。(4)比例原则应取代合理性原则,二者不应同时并存。"展望比例原则在我国行政法中的发展愿景,应确立比例原则为行政法的基本原则,逐步替代合理性原则。"② 在当前背景下,行政权力的限制并非仅仅基于权力分立、权力相互制约精神的考量,英国合理原则出于"越权无效"的逻辑,"不能完全胜任人权保障的时代使命"。因此,应当基于人权保障回应政府权力的限制要求,从行政法整体精神及价值来说,比例原则更符合这一追求。"统一采用比例原则为评价基准更符合我国法治建设和人权保障的需要"。③ 由上可以发现,对于比例原则同合理性原则的关系,学界存在较大的分歧。

比例原则同合理性原则存在许多共通之处,都是规范权力适当行使的实体原则,都有利于保障人权,"都追求着一种实质的正义"。④ 在行政法领域,合理性原则和比例原则是对行政自由裁量权进行控制的主要标准,它们的共同本质是强调手段与目的的合理性,即成本与收益的合效益性。⑤ 尽管存在诸多共性,但比例原则不同于合理性原则,二者在适用标准、适用范围、适用方法等方面存在较大的区别。

其一,适用标准不同。从肯定角度而言,合理性原则要求政府行为合乎理性。从否定角度来说,不合理可以表现为目的或动机不正当、恣意、考虑了不相关因素、未考虑相关因素、反复无常、刚愎自用、不诚实、不适当、荒谬等多种标准。比例原则要求有助于正当目的实现的手段,对公民权利造成最小损害,并且该手段所造成的损害同其所促进的公共利益应当成比例。比例原则主要包括目的正当性原则、适当性原则、必要性原则和均衡性原则四个子原则。2004 年国务院《全面推进依法行政实施纲要》规定:"合理行政。行政机关实施行政管理,应当遵循公平、公正的原则。要平等对待行政管理相对人,不偏私、不歧视。行使自由裁量权应当符合法律目的,排除不相关因素的干扰;所采取的措施和手段应当必要、适当;行政机

---

① 周佑勇:《行政法总则中基本原则体系的立法构建》,载《行政法学研究》2021 年第 1 期,第 22 页。
② 黄学贤、杨红:《我国行政法中比例原则的理论研究与实践发展》,载《财经法学》2017 年第 5 期,第 5 页。
③ 参见杨登峰:《从合理原则走向统一的比例原则》,载《中国法学》2016 年第 3 期,第 87-89 页。
④ 王名扬、冯俊波:《论比例原则》,载《时代法学》2005 年第 4 期,第 22 页。
⑤ 参见赵娟:《合理性原则与比例原则的比较研究——一个以判例为基础的思考》,载《南京大学学报(哲学·人文科学·社会科学版)》2002 年第 1 期,第 47-54 页。

关实施行政管理可以采用多种方式实现行政目的的,应当避免采用损害当事人权益的方式。"通过此规定可以发现,在中国政府文件中,合理性原则对行政的要求至少可以分为公平、公正原则、平等原则、比例原则等内容。简而言之,虽然同比例原则的内涵有交叉,但合理性原则内涵更丰富,评价标准更多元。

其二,适用范围不同。尽管合理性原则最初主要是用来控制行政裁量的,但至少从其内涵可以发现,合理性原则可以评价所有国家机关的一切行为。比例原则虽然为宪法原则,规范所有国家行为,但目前主要还是适用于限制权利的公权力行为,强调"最小损害"。比例原则在授益行为、国家权力配置等领域的普遍适用还有待扩展。

其三,适用方法不同。比例原则侧重于评价手段与目的间的关系,既涉及事实认定,也涉及价值判断。虽然比例原则存在精确性缺陷,但相对来说更具有可操作性。逻辑严密的"四阶"合比例性分析框架,有助于减少适用的主观性。而合理性原则过于空洞,缺乏行之有效的分析方法,适用存在较大的不确定性。

尽管存在差别,但比例原则同合理性原则不断融合的现象日益明显,甚至有取代合理性原则的趋势。合理性原则发源于英国议会主权至上时代,体现了司法克制主义,对行政过于尊重,不利于更好地保障人权。1987年,英国确立了合理性原则的严格审查标准,对侵犯人权的案件进行了更高标准的审查。[①] 1998年,英国《人权法案》明确引入了《欧洲人权公约》中的大量人权条款,其已开始接纳比例原则。在2001年的戴利案中,库克勋爵提出,合理性原则的确立是"英国行政法中一个不幸的倒退的决定。"[②]英国最高法院法官Carnwath CVO勋爵甚至认为,"在现代法律中,温斯伯里合理性原则很难证明其正当性,其作为权威的日子可能已经屈指可数了。"[③]虽然存在很多相似之处,但比例原则很可能会取代合理性原则。[④] 尽管英国已经脱欧,但在不断重视人权保障的大时代背景下,比例原则在英国的勃兴和合理性原则的衰退似乎是不可避免的。

虽然具有相对的可操作性优势和广阔的适用空间,但比例原则并不是

[①] Bugdaycay v. Secretary of State for the Home Department [1987] AC 514, 531E.

[②] R (Daly) v. Secretary of State for the Home Department [2001] 2 AC 532.

[③] Carnwath, From Rationality to Proportionality in the Modern Law, 44 Hong Kong L. J. 447, 447 (2014).

[④] See Alex Gewanter, Has Judicial Review on Substantive Grounds Evolved from Wednesbury towards Proportionality, 44 Exeter L. Rev. 60, 75 (2017).

万能的,在一些领域仍然需要合理性原则发挥其独特的规范功能。在中国,合理性原则是比例原则最强大的竞争对手,但二者不应当是非此即彼、你死我亡的敌对状态。

2. 比例原则与过度禁止原则

过度禁止原则(Übermäßverbot),是指如果手段会造成过度损害,就应当禁止。对于什么是过度,根据《美国英语词典》的解释,过度是指:"(1)超出给定的程度、标准或限度,或超出普通的标准或比例;(2)超出道德与信仰的制定法,或超出正义、公平、礼貌、便利、实用的界限;(3)浪费的或不合理的;(4)激烈的或猛烈的。"[①]所谓过度禁止原则,就是指超出特定标准与限度的行为是无效的,应当予以禁止。这种度既可以表现为制定法上的标准与限度,也可以表现为制定法以外的尺度,例如自然法、道德等层面上的标准与限度。

一般认为,过度禁止原则就是比例原则。《美利坚合众国宪法》第八修正案(1791)规定了刑罚的过度禁止原则:"不得要求过多的保释金,不得处以过重的罚金,不得施加残酷和逾常的惩罚。"[②]此过度禁止条款被认为是比例原则在美国刑法中的应用。[③]《联邦德国基本法》第19条第2款规定了基本权利本质内容不得侵犯:"任何情况下都不得侵犯基本权利的本质内容(Wesengehalt)。"[④]从内容上看,基本权利的本质内容不得侵犯条款实际上体现的是过度禁止原则,即不得过度侵犯基本权利,超出基本权利本质内容限度的侵犯就是不正当的。然而,对于基本权利的本质内容是否可以侵犯,存在较大的争议,对于如何确定基本权利的本质内容也争论不休。例如,Lerche 认为应以禁止过度原则作形式判断,Dürig 认为基本权核心应以人性尊严与人权本质进行实质观察,Häberle 认为应以基本权核

---

① Noah Webster and John Walker, American Dictionary of the English Language: Exhibiting the Origin, Orthography, Pronunciation, and Definitions of Words, New York: Converse, 314(1830).

② Constitution of the United States (1787), Amendment VIII (1791).

③ See Charles Walter Schwartz, Eighth Amendment Proportionality Analysis and the Compelling Case of William Rummel, 71 J. Crim. L. & Criminology 378, (1980); Richard S. Frase, Excessive Prison Sentences, Punishment Goals, and the Eighth Amendment: "Proportionality" Relative to What, 89 Minn. L. Rev. 571, (2005); John F. Stinneford, Rethinking Proportionality under the Cruel and Unusual Punishments Clause, 97 Va. L. Rev. 899, (2011).

④ Grundgesetz für die Bundesrepublik Deutschland (1949), Art. 19(2).

心本质为界限基准，Schneider 认为应以基本权类型化为前提进行判断。①由于过度禁止原则与比例原则有某些重合之处，德国联邦宪法法院也经常以"超出比例"为理由作出判决，所以比例原则经常被等同于过度禁止原则。例如，著名德国学者彼得·乐雪认为，广义比例原则就是过度禁止原则，"过度禁止既包括必要性，也包括不成比例。"②在立法领域，过度禁止被等同于比例原则，主要审查立法干预基本权利的手段与所要实现的干预目的之间的比例关系。③ 比例原则与过度禁止原则有重合之处，也存在区别之处。

二者主要存在以下区别：第一，关注焦点不同。比例原则既关注损害又关注公共利益，它要求对所增进的公共利益与所造成的损害进行均衡性分析。而过度禁止原则只侧重于对单方损害的分析，它主要关注侵害或处罚是否过度。第二，评价角度不同。比例原则是一个从正面表述的原则，它可以从正反两个方面评价某个手段是否合比例，而过度禁止原则是一个否定性的原则，它并不直接评价如何对待不过度的行为。过度的一定应被禁止，但不过度的也不一定被允许。第三，调整对象不同。比例原则主要调整目的手段关系，它是关于在正当目的下如何选择必要手段的原则，而过度禁止原则不一定直接调整目的手段关系。因而，比例原则包含了过度禁止的思想，但与过度禁止原则还是存在区别的，不宜将二者等同。

3. 比例原则与不足禁止原则

不足禁止原则（Untermaßverbot），也称为禁止保护不足原则或不足之禁止原则，它要求政府采取一切必要措施保障公民的权利。国家既负有不恣意侵犯公民权利的消极义务，也负有促进公民权利实现的积极义务。不足禁止原则实际上是要求政府认真履行权利保护的宪法义务，积极发挥能动作用，主动采取各种必要措施，保障公民各种权利的有效实现。不足禁止原则适用于所有公权力行为者，包括立法者、行政者、司法者、监察者等。只要没有运用有效的必要手段，保障权利不力，都应受不足禁止原则的否定。不足禁止原则并不像过度禁止原则那样为国家行为划定了界限，而属

---

① Vgl. Herbert Krüger, Der Wesensgehalt der Grundrechte im Sinne des Art. 19 GG, DÖV 597, (1955); 陈慈阳：《基本权核心理论之实证化及其难题》（二版），翰芦图书出版有限公司 2007 年版；张翔：《基本权利限制问题的思考框架》，载《法学家》2008 年第 1 期；赵宏：《限制的限制：德国基本权利限制模式的内在机理》，载《法学家》2011 年第 2 期。

② Peter Lerche, Übermaß und Verfassungsrecht: zur Bindung des Gesetzgebers an die Grundsätze der Verhältnismäßigkeit und der Erforderlichkeit, Köln: Carl Heymanns Verlag, 21(1961).

③ 参见王锴：《合宪性、合法性、适当性审查的区别与联系》，载《中国法学》2019 年第 1 期，第 16 页。

于"命令要求",为国家课予了"行为义务"。①

在第二次堕胎案判决中,德国联邦宪法法院论述了不足禁止原则。"保护不足之禁止原则不允许随意放弃包括刑法在内的手段以及由此产生的对人之生命的保护效果。"国家应在规范上和事实上采取充分的保护措施。"确定具体保护的方式和范围是立法者的任务,宪法将保护义务视为目的,却不提供具体的保护方案,但立法者需要注意'保护不足之禁止'原则,受到宪法司法审查。国家必须考虑到相互冲突的法益,从而提供一种适当的保护,起决定作用的是保护本身即为有效。立法者采取的措施必须足以提供适当的、有效的保护并建立在认真查明事实以及合理进行估量的基础上。"②德国《刑法》第219条仅考虑到咨询的目的是为了保护孕育中的生命,但并没有赋予国家充分的权限和义务来确保对咨询机构的组织与监督,所以没有充分履行保护义务,违反了不足禁止原则。然而,不足禁止原则是否是一项独立的法律原则,在德国还存在一定的争议,并不像比例原则那样被公认为是宪法原则。

在中国,不足禁止原则更没有成为法定原则,虽然部门法的相关内容体现了不足禁止原则的内容,③但并不能说明其就是一项独立的原则。不足禁止原则或许没有独立存在的必要,似乎可以被比例原则的规范内涵所包含。通过解释比例原则,就可以把不足禁止原则囊括进去。比例原则的四个子原则,实际上包括了不足禁止原则的内容。换言之,比例原则可以适用于授益行为领域。

其一,目的正当性原则要求无论是侵害行为,还是授益行为,只能出于正当目的行使权力。对于积极作为的保护措施,目的也可能不正当。例如,出于照顾特定主体的利益、对不符合条件的主体进行保护、"权力寻租"等违法行为。对于没有履行保护义务的不作为,也可能存在不正当的目的,例如立法者、行政者被俘获故意不实施规制。因此,对于授益行为,也应当进行目的正当性评价。

其二,适当性原则要求国家所采取的某个手段,有助于保障权利。如

---

① 参见程明修:《禁止过度侵害与禁止保护不足》,载《月旦法学教室》2004年第17期,第11页。
② Vgl. BVerfGE 88, 203. 陈征:《第二次堕胎判决》,载张翔主编:《德国宪法案例选释:基本权利总论》(第1辑),法律出版社2012年版,第159-183页。
③ 如《妇女权益保障法》第2条第2款:"国家采取必要措施,逐步完善保障妇女权益的各项制度,消除对妇女一切形式的歧视。"《人民武装警察法》第23条第2款:"人民武装警察执行任务需要采取措施的,应当严格控制在必要限度内,有多种措施可供选择的,应当选择有利于最大程度地保护个人和组织权益的措施。"

果手段完全无助于权利的保障,手段和目的之间不存在实质关联性,那么该手段就是不符合适当性原则的。因此,所有有助于实现权利保障目的的手段,都应当是备选的手段。

其三,必要性原则要求国家运用必要的手段,最大程度地保障公民权利。对于授益行为而言,必要性原则要求国家采取最大有效性的必要手段保障公民权利。如果立法者、行政者采用的手段不是最大有效性的,对公民权利保护不足,没有最大程度地保障公民权利,所选手段就不是必要的手段,就可能违反必要性原则。对于什么是最大有效性的手段,需要立法者、行政者根据自身的专业知识、生活经验等多种因素,作出专业性判断。但最大有效性是相对的。因为手段的有效性越大,所耗费的财政支出成本、对其他主体的利益损害等成本往往就越大。立法者、行政者具有一定的目的设定余地,根据期待可能性,结合现实条件,可以设定权利保障的最低有效性目标。然后在此目标下,挑选出一个具有相对最大有效性的手段。对于司法者来说,在判断手段是否最大程度地保障了基本权利时,一般应当尊重立法者的形成余地,尊重行政者的判断余地。司法者不应当轻易以保护不足,没有采取更有效的手段,随意推翻立法者、行政者所选取的手段。

其四,对于授益行为来说,均衡性原则要求更有效的手段所耗费的财政支出成本、对其他主体的利益损害等成本,同其所保障的公民权利收益之间成比例。尽管公民基本权利可以得到很好地实现,国家对它负有积极保护的义务,但是积极保护成本太大,不符合均衡性原则,就不应当主动采取最大有效性的手段予以保护。

由上可知,不足禁止原则似乎没有必要成为一个独立的原则。通过对比例原则进行解释,特别是对必要性原则和均衡性原则进行解释,就可以把不足禁止原则吸收进来。适用于比例原则的审查标准与审查强度,似乎都可以适用于不足禁止原则。正如 Schlink 所认为:"比例原则明显具有更深层的涵义,它不仅是指过度禁止,而且还指不足禁止,即禁止国家应当行为而没有行为,或应当规制而没有规制。"[①]比例原则可以用于不足禁止的判断。"随着社会法治国的出现,国家对基本权利的给付和保护义务随之产生,从而禁止干预的过度变成了禁止给付和保护的不足。"[②]在行政法

---

① Bernhard Schlink, Der Grundsatz der Verhältnismäßigkeit, in: Peter Badura/Horst Dreier, Festschrift 50 Jahre Bundesverfassungsgericht, Klärung und Fortbildung des Verfassungsrechts, Mohr Siebeck, 445(2001).
② 王锴:《合宪性、合法性、适当性审查的区别与联系》,载《中国法学》2019 年第 1 期,第 19 页。

领域,对于侵害行政而言,比例原则既能够克服过度规制,也能够克服规制不足。① 比例原则中的保护不足禁止思想,决定了比例原则在授益行政或给付行政领域有广阔的适用空间。"比例原则在给付行政中适用具有充分的正当性,可以发挥其权力限制、裁量治理、法益均衡之功能,继而确保给付行政价值功能的发挥。"②

因此,比例原则同时包括了过度禁止和不足禁止的思想。比例原则既可以规范过度侵害权利的行为,也可以规范保障权利不足的行为。公权力行为者在选择手段实现某个特定的正当目的时,应当选择有助于目的实现的必要手段,并且该手段所造成的损害同其所促进的公共利益应当成比例。对于侵害行为而言,必要性原则要求手段具有最小损害性;对于授益行为来说,必要性原则要求手段具有最大有效性。

4. 比例原则与过罚相当原则

过罚相当原则要求处罚的设定和实施,同违法行为的事实、性质、情节以及社会危害程度相当。在行政法领域,过罚相当原则是设定和实施行政处罚的基本原则。凡是有权设定行政处罚的机关,在制定规则时都应合理设定行政处罚。在实施行政处罚过程中,为了避免处罚裁量畸轻畸重,行政处罚应受过罚相当原则的实体约束。《行政处罚法》第5条第2款规定:"设定和实施行政处罚必须以事实为依据,与违法行为的事实、性质、情节以及社会危害程度相当。"该条款被称为是行政处罚的过罚相当原则,类似于刑法中的罪刑相适应原则。③

通过分析相关立法可以得知,关于过罚相当原则和比例原则的规定,主要分为四种情形:一是仅规定过罚相当原则,不规定比例原则;二是仅规定比例原则的相关内容,不规定过罚相当原则;三是把过罚相当原则与比例原则相并列;四是规定过罚相当原则是比例原则适用的结果。在司法实践中,二者的关系并不清晰,有的案件将过罚相当原则等同于比例原则,有的案件则将过罚相当原则作为比例原则的法定依据,还有的案件将过罚相当原则中提及的违法行为考量因素作为比例原则适用时应当考虑的因

---

① [美]凯斯·R.桑斯坦:《权利革命之后:重塑规制国》,李洪雷、钟瑞华译,中国人民大学出版社2008年版,第204页。
② 梅扬:《比例原则在给付行政中的适用》,载《财经法学》2020年第4期,第80页。
③ 全国人大常委会法制工作委员会国家法、行政法室编著:《〈中华人民共和国行政处罚法〉释义》,法律出版社1996年版,第8-9页。

素。①《行政处罚法》只规定了过罚相当原则,并没有明确规定比例原则,大部分司法案例认为二者区别不大。

在陈超诉济南市城市公共客运管理服务中心行政处罚案中,三级法院判决都同时提到了过罚相当原则和比例原则。2015年1月7日,两名乘客通过网络召车软件与陈超取得联系,约定上下车地点,由乘客支付车费。当日11时许,陈超驾驶私人小汽车行至济南市火车西站时,被济南市客运管理中心的工作人员查明其未取得出租汽车客运资格证,驾驶的车辆未取得车辆运营证。济南市客运管理中心认为陈超涉嫌未经许可擅自从事出租汽车客运经营,对其下达《行政强制措施决定书》,暂扣其车辆。1月26日,向陈超送达《违法行为通知书》,认为其未经许可擅自从事出租汽车客运经营,拟决定处2万元罚款,没收违法所得。2月13日,济南市客运管理中心作出《行政处罚决定书》并送达陈超,以其非法经营客运出租汽车,违反本省相关规定为由,责令停止违法行为,处2万元罚款并没收非法所得。陈超不服提起诉讼。一审法院认为,"行政处罚应当遵循比例原则,做到罚当其过。"二审法院认为,"比例原则是行政法的重要原则,行政处罚应当遵循比例原则。"再审法院认为,"根据过罚相当原则,人民法院对行政处罚进行合法性审查,应审查其是否符合比例原则。"②本案中,法院认为过罚相当原则是比例原则的体现,在判决说理中并没有明确区分二者。

过罚相当原则和比例原则都是控制裁量的原则,可以有效规范公权力,但二者存在不同。第一,适用范围不同。过罚相当原则只是比例原则在处罚领域的具体体现。比例原则不仅适用于行政处罚,还广泛适用于行政强制、行政征收、信息公开、行政许可、行政协议、行政裁决、行政不作为等多种行政行为类型。③ 此外,比例原则在很多民主法治国家属于宪法原则,约束一切国家公权力,被称为是公法的"帝王原则"。而过罚相当原则只约束行政处罚行为。第二,适用方法不同。比例原则包含"四阶"规范结构,通过依次分析目的正当性和手段的适当性、必要性、均衡性,判断某一公权力行为是否正当,而过罚相当原则相对较为抽象,缺乏具体的逻辑分析框架。比例原则可以为行政处罚的设定和实施是否违反过罚相当原则提供有效的分析工具。在可以同样有效实现正当目的的情形下,行政机

---

① 参见杨登峰、李晴:《行政处罚中比例原则与过罚相当原则的关系之辨》,载《交大法学》2017年第4期,第10-11页。

② 参见陈超诉济南市城市公共客运管理服务中心行政处罚案,(2015)市行初字第29号、(2017)鲁01行终103号、(2018)鲁行申538号。

③ 刘权:《行政判决中比例原则的适用》,载《中国法学》2019年第3期,第86页。

关选择的行政处罚种类和幅度,应当造成最小损害,并且损害与公共利益的促进应成比例,否则就是违反了过罚相当原则。

比例原则具有独特的功能。区别于其他法律原则的不同之处在于,合比例性审查不是通过对手段本身的限制,而是通过对潜在的无限量的可选择手段的吸收与分析来实现的。在某种特别程度上,比例原则的最佳化功能在这个"创造过程"中得到了凸显。①

(四)合比例性思想的历史源流

比例原则的思想源流可追溯至古老的分配正义思想。早在两千多年前,古希腊哲学家亚里士多德认为分配应当适度平等,如果情况相同的人获得了不同的份额,或情况不同的人获得了相同的份额,就会引起抱怨与纷争。"分配的公正在于合比例性,违反比例就是不公正。"②虽然亚里士多德主要指的是分配平等,即分配的比例应当适当,但不合比例就是不公正的思想,同比例原则中损益不成比例的手段就是不正当的理论非常接近。亚里士多德抽象的分配正义思想,属于当代法律思想的一部分,并通过法律实践变得更为精确。③ 因此,亚里士多德"公正就是某种比例"的分配正义思想,是比例原则的最早思想起源。中国古代思想家,如孔子提出的"割鸡焉用牛刀"的观点,④也体现了合比例性的一些思想。

1215 年,英王签署的《自由大宪章》写明了某种合比例性思想。其第 20 条明确规定对自由人的惩罚应当与其罪行相适应:"自由人犯轻罪不应受惩罚,除非适合于其罪行程度;若犯重罪,则应按犯罪之程度予以惩罚,但是不应剥夺他基本生存所需要的。"⑤《自由大宪章》所包含的禁止过度惩罚的内容,与当代比例原则有相似之处。罪刑相适应原则已成为现代刑法的基本原则,实际上是比例原则在刑法中的体现。

中世纪经院哲学家、神学家圣托马斯·阿奎那的有关看法对合比例性

---

① Oliver Koch, Der Grundsatz der Verhältnismäßigkeit in der Rechtsprechung des Gerichtshofs der Europäischen Gemeinschaften, Duncker & Humblot, 284 (2003).

② Aristotle, Nicomachean Ethics 87 (Roger Crisp trans., Book V, Cambridge University press 2004).

③ See Eric Engle, The History of the General Principle of Proportionality: An Overview, 10 Dartmouth L.J. 1, 2 (2012).

④ 《论语·阳货》:子之武城,闻弦歌之声。夫子莞尔而笑,曰:"割鸡焉用牛刀?"子游对曰:"昔者偃也闻诸夫子曰:'君子学道则爱人,小人学道则易使也。'"子曰:"二三子!偃之言是也。前言戏之耳。"参见《论语》,陈晓芬译注,中华书局 2016 年版,第 232 页。

⑤ The Great Charter of King John, Granted June 15th, A.D. 1215.

思想的发展具有重要推动作用。他认为,合比例性是评价法律正义与否的重要标准,应从三方面评价法律是否正义:"第一,从目的上看,是否是为了公共利益;第二,从权力上看,是否超出了立法者的权力;第三,从形式上看,是否为了公共利益而给公民施加了合比例的同等负担。"①如果一项法律不符合这三个标准,就是不正义的。在目的方面,当权力者为了自己的贪婪与虚荣而非共同体的利益,将负担性的法律施加于公民时,该法律就因为目的不正当而不正义;在权力方面,立法者超出权限制定的法律是不正义的;在形式方面,当法律负担不成比例地施加于公民时,即使有利于公共利益,也是不正义的。虽然阿奎那并没有详细论证如何具体判断不成比例的法律负担,但其认为立法应具有合比例性的思想,无疑具有重要的历史与现实价值。

中世纪的正义战争理论包含了某种合比例性思想。根据正义战争理论,国家只有权衡了战争所带来的善与所产生的恶,在必要时才能发动战争。荷兰法学家、国际法之父胡果·格劳秀斯系统地阐述了正义战争理论,其中包含了某种合比例性思想。他认为,发动战争时应当权衡战争的善与恶,对战争进行目的与手段关系分析。"应当适当权衡手段与目的,以便确定不同情形中的比例。"②权衡战争所带来的善与恶,存在三种情形:如果善占优势,可以进行战争;当难以分辨善恶哪一方更占优势时,如果可以选择某种手段使善占优势,也可以进行战争;如果善与恶不成比例,手段乍看起来也不足以实现目的,但若向善的趋势与向恶的趋势的比例值,大于善与恶的比例值,或善与恶的比例值,大于向恶的趋势与向善的趋势的比例值,就可以选择战争。简而言之,战争的最终目的应当总是某种善,至少能抵消某些恶。国家只有为了善在必要时才能发动战争,而且还应权衡战争目的与手段关系,选择善与恶成比例的手段。格劳秀斯关于正义战争目的与手段关系的论述,体现了重要的合比例性思想。

(五)比例原则宪法地位的确立:德国药房案

当代法学领域的比例原则,发源于 18 世纪末期的德国警察法。1882年,普鲁士高等行政法院作出著名的十字架山案判决(Kreuzberg-Urteil),③

---

① Saint Thomas Aquinas, Treatise on Law 57 (Richard J. Regan trans., Hackett Publishing Company 2000).

② See Hugo Grotius, The Rights of War and Peace: Including the Law of Nature and of Nations 281-282 (A.C. Campbell, A. M. & David J. Hill trans., M. Walter Dunne 1901).

③ PrOVGE9, 353-Kreuzberg-Urteil.

标志着比例原则雏形的必要性原则的形成。十字架山案判决宣示了自由法治国的基本理念,认为政府只能消极地"依法律维护秩序",只有在必要时才可以限制公民的权利与自由。在很长一段时间内,比例原则仅仅只是等同于必要性原则。

1958年,德国联邦宪法法院作出了著名的药房案判决(Apotheken-Urteil),标志着比例原则的最终形成,并首次确立了比例原则在德国的宪法地位。药房案被看作是一个具有里程碑意义的案件,[①]"对整个基本权利教义学具有重要意义"。[②] 在药房案中,德国联邦宪法法院首次详细地阐释了比例原则,认为比例原则主要包括"合目的性""侵害最小性""成比例""期待可能性"等内容。

药房案的基本案情如下:原告药剂师于1956年向巴伐利亚州上巴伐利亚地区的特劳恩施泰因县申请新开一家药房的运营许可。上巴伐利亚政府拒绝了该申请,理由是根据巴伐利亚《药房法》第3条第1款的规定,核准新药房运营许可有两个条件:"(1)新设药房必须符合公共利益能确保对人们的药品供给安全;(2)有经济基础保障,并且不损害邻近药房的经济基础以至于使这些依规定已设立的药房的经济基础都得不到保障。"根据此规定,上巴伐利亚政府认为,申请新开药房不符合公共利益,因为特劳恩施泰因县只有约6 000人,现存的一家药房已足以供应药物,而且,新设药房的经济基础也得不到保障,从而容易导致不合法的药物供给,并且还会危及现存药房的经济基础,使其正常营业的基本条件都无法保障,故予以拒绝。而原告则认为自己的职业自由受到了侵犯,因为德国《基本法》第12条第1款规定:"任何德国人均有自由选择职业、工作岗位和培训场所的权利。职业从事可通过法律或依据法律予以规制。"所以原告认为巴伐利亚《药房法》第3条第1款因违反宪法而无效。

1. 职业自由的合比例性限制:择业自由与执业自由

对于职业自由,联邦宪法法院认为,《基本法》第12条第1款保护的职业自由是现代劳动分工社会中很重要的一项公民自由,是一项基本人权,它包括职业选择(Berufswahl,即择业)与职业从事(Berufsausübung,即执业)两个方面。根据此条规定,择业是"自由的",执业需要规制,此条实际上是要表明规制择业与执业的实质强度是不同的。"择业是个人自由作出

[①] Dieter Grimm, Proportionality in Canadian and German Constitutional Jurisprudence, 57 University of Toronto Law Journal 383, 385(2007).

[②] Timo Hebeler, 50 Jahre Apotheken-Urteil des Bundesverfassungsgerichts-Was ist geblieben? JA 413, 417(2008).

的自我决定行为,应尽可能地不受公权力干涉;而通过执业,个人直接参与了社会生活,为了他人利益与社会整体利益可以对执业进行限制。"① 因而,立法者对择业的规制应当受到更严格的限制,而对执业的规制所受到的限制则相对较小。"越是纯粹地规制执业,其自由度就越大;但是,越是更多的规制择业,其自由度就越小。"②

当择业自由与公共利益保护发生冲突时,联邦宪法法院认为应当在个案中仔细权衡:"完全自由地择业对社会的弊端与危险越大,需要保护的公共利益就越紧迫(dringlich)。如果要以尽可能有效的方式追求择业自由与公共利益(在社会法治国中具有同样的正当性),那么就应当仔细权衡相互冲突的与可能相互冲突的利益的重要性。根据对基本法的整体理解,公民个人自由具有最高价值,因而应尽可能地保持最大限度的择业自由,只有为了共同利益时才能限制择业自由。"③

"只有经过理智权衡公共利益认为限制具有合目的性(zweckmäßig)时,执业自由才可以通过'规制'予以限制。只有为了保护特别重大的公共利益时,才可以限制择业自由,也就是要在个人自由优先的前提下仔细权衡,只有没有其他可以不通过限制的手段或没有更小限制的手段,才能为了保护这种特别重大的公共利益而限制择业自由。如果能证明对择业自由的限制是不可避免的,立法者应当选择对基本权利侵害最小的方式。"④

2. 限制职业自由的分层审查

职业自由包括两种具体的自由,即择业自由与执业自由。立法者出于某种目的,可以对职业自由进行限制。对于职业自由的限制,联邦宪法法院进行了类型化思维,将职业自由的限制区分为三个层次:(1)执业自由限制;(2)择业自由的主观条件限制;(3)择业自由的客观条件限制。只有前一个层次的限制不能实现目的时,才能进行下一个层次的限制。根据这三个不同层次的对职业自由的限制,联邦宪法法院首次提出了限制职业自由的分层审查方法,即对职业自由限制的案件,应当区分三个层次,实行三种不同强度的司法审查。

(1)执业自由限制

对于执业自由的限制,联邦宪法法院认为立法者的权限最大。"在规

---

① BVerfGE 7, 377(403)-Apotheken-Urteil.
② BVerfGE 7, 377(403)-Apotheken-Urteil.
③ BVerfGE 7, 377(405)-Apotheken-Urteil.
④ BVerfGE 7, 377(405)-Apotheken-Urteil.

制纯粹的执业自由时,立法者最自由,因为他并没有影响职业的自由选择,而只是确定个人职业活动的种类与方式。在此处应当在较大程度上考虑目的适当性(Zweckmäßigkeit),以确定哪些执业条件可以消除执业对一般公众所带来的弊端与危险。为了提高职业的水平,并因而提升整体的社会服务质量,也可以限制执业自由。如果对基本权利的限制会造成过度负担和不具有可期待可能性(zumutbar),那么就是违宪的。"① 对于执业自由限制的司法审查,联邦宪法法院认为司法审查强度最低,具体的审查包括四个步骤:首先是目的正当性审查,只要是为了保护一般的公共利益的目的即可;其次是适当性原则审查,只要手段能宽泛的达到目的即可;之后便是必要性审查与均衡性审查。

(2)择业自由的主观条件限制

为择业自由设定主观条件,是对职业自由第二层次的限制。所谓职业自由的主观条件(subjektive Voraussetzungen),联邦宪法法院认为主要是以某种形式上的方式规定的职业进入的资格,它是出于事物的本质要求而作的某种限制,就像其他许多职业需要特定的经由理论与实务训练而获得的技术知识与技能一样,运营药房也需要这些条件,否则就是不可能或不适当的,或者会给社会公众带来危险。这种对自由的限制被证实是预防可能的弊端与危险的适当手段。"职业自由的主观条件的设定应当符合比例原则,主观条件不应当与所欲达到的适当执业的目的不成比例。"② 对择业自由的主观条件限制的审查强度相对较高。对于限制的目的,必须是为了特别重大的公共利益。对于手段的适当性,必须是被证实为能实现目的的适当手段。

(3)择业自由的客观条件限制

职业自由准入的另一种条件是客观条件(objektive Bedingungen),这种条件的设置严重限制了基本权利,即使符合所有主观条件也可能被禁止进入该职业。为满足主观条件付出越多的人,受到的侵害就越大。正是由于侵害的严重性,对职业自由的客观条件的设置要求更高。"对择业自由的限制只能基于必要性证据(Nachweis der Notwendigkeit)的特别严格的条件;只有出于特别重大的公共利益,为了预防有证据的或可能性极大的严重危险时,才能使这种对择业自由的限制正当化。为了一般的公共利益,或为了提高某项职业的社会声望,都不足以限制进入该职业的人员数量,

---

① BVerfGE 7, 377(406)-Apotheken-Urteil.
② BVerfGE 7, 377(407)-Apotheken-Urteil.

即使这些立法措施的目的在其他案件中可能被证明是正当的。"①联邦宪法法院接着指出,对择业自由的限制应当采取最小损害的手段。可以看出,对于择业自由的客观条件限制的司法审查强度是最高的。首先,在目的上,必须是为了特别重大的公共利益且预防严重的危险时才能实行此层次的限制。其次,在适当性审查上,要求手段能实现目的,如果不采用此手段就无法实现目的。

"在'第三阶段'即设定客观条件限制择业自由时,联邦宪法法院首先应当查明,是否有特别重大的公共利益处于危险之中,立法者究竟能否预防这种危险。除此之外,法院还必须查明,这种保护性限制是否是必须的,换句话说,法院必须查明,立法者是否必须通过设定客观条件而不是通过前两个阶段(即第一阶段的执业规制,第二阶段的择业自由的主观条件限制)进行保护性限制。"②

"在对职业自由第三阶段的规制中,有一种关于法院权限的反对意见:法院无法判断是否应运用某种特定的立法手段,因为法院无法知道是否存在其他同样有效的并且可以实现的手段;这不单单只是要判断总体的生活状况(Lebensverhältnisse),而且还是一个立法政治过程。"这种对联邦宪法法院狭窄权限的理解,认为法院广泛的审查权限会侵犯立法者的领地,与权力分立原则相违背。联邦宪法法院并不同意这种观点,"法院是相对于立法者保护基本权利的,法院必须能够监督出自基本权利解释的立法者应当遵守的界限。为了不让基本权利失效,就不应当剥夺法院来自基本法所分配的权利保护功能。"③因而,联邦宪法法院认为法院应当审查什么是最小侵害的手段,"如果让立法者自由选择同样有效的手段,在实践中就会导致对基本权利最强烈的限制,因为这最能有效地达到所要追求的目的。"④

3. 巴伐利亚《药房法》限制的合宪性

巴伐利亚《药房法》为新设药房设立了主观条件:(1)获得药剂师开业许可证(Approbation);(2)属于《基本法》第 116 条意义上的德国人;(3)拥有一段时间的剂师从业经历;(4)人品可靠并且适合经营药房。除此之外,该法第 3 条第 1 款还规定了上述的两项条件。联邦宪法法院认为,巴

---

① BVerfGE 7, 377(408)-Apotheken-Urteil.
② BVerfGE 7, 377(409)-Apotheken-Urteil.
③ BVerfGE 7, 377(410)-Apotheken-Urteil.
④ BVerfGE 7, 377(410)-Apotheken-Urteil.

伐利亚《药房法》第 3 条第 1 款所设定的两项条件是限制择业自由的客观条件,属于最严厉的限制手段。

对于巴伐利亚《药房法》第 3 条第 1 款的立法目的,根据巴伐利亚内政部的声明,"如果不限制药房数量,将会破坏药物供给,因而出于保护公众健康的原因,应当为新药房的开设设立必要的界限(notwendige Grenze)。"① 巴伐利亚州府的代表在听证会上也指出,此条的目的为"保持合理的药剂师数量,并因而保障公众健康。"② 联邦宪法法院认为,保护公众健康无疑是重大公共利益,有序的药物供给无疑也有利于保护公众健康。但是,这种最严厉手段的使用是否是"迫切需要的"(zwingend geboten)与"不可拒绝的必要性"(unabweisbar notwendig)?换言之,如果巴伐利亚《药房法》不设定限制,是否就会造成药房"无边际"(uferloser)、"无拘束"(hemmungsloser)、"无限制"(schrankenloser)的增加,从而必然破坏药物供给,给公众健康带来危险?

联邦宪法法院作了否定回答,主要理由为:(1)新设药房要求高投资,药剂师会权衡各种市场风险而决定是否新设药房;(2)药剂师的新生力量决定了新设药房的数量,只有经过训练的少数人才能成为药剂师;(3)缺乏客观的标准证明药房的增加会降低已有药房的运营能力(Leistungsfähigkeit);(4)职业道德降低的危险也同样存在于其他自由职业中,没有缺陷的道德不能作为职业准入的条件,经过严格训练的药剂师一般都有较好的社会声望;(5)没有事实证明,药房增多引起的药物过度供给会给公众健康带来危险。根据这些理由,联邦宪法法院认为,立法者对新设药房会带来危险的担心并不成立,也就是以客观条件限定择业自由的目不符合为了特别重大的公共利益且预防严重的危险的要求。而且,以最严厉的手段限制择业自由不具有必要性,立法者可以通过对纯粹执业的限制与设定择业的主观条件的方式予以规制,也可以规制药物生产商。

最终,德国联邦宪法法院作出判决,认定巴伐利亚《药房法》第 3 条第 1 款违宪,不符合比例原则,侵犯了原告依据《基本法》第 12 条第 1 款所享有的职业自由基本权利,应予以撤销。德国药房案判决首次详细阐释了比例原则,标志着比例原则的最终形成。

---

① BVerfGE 7, 377(413)-Apotheken-Urteil.
② BVerfGE 7, 377(414)-Apotheken-Urteil.

（六）比例原则的全球化：人权保障的利剑

比例原则的全球化已成为一种无法忽视的耀眼现象。作为人权保障利剑的比例原则，从最初约束警察权的行政法原则发展成为了宪法基本原则，如今正在全球广泛传播。合比例性分析被认为属于"宪法权利的全球模式"和"全球宪法政治模式"。① 比例原则甚至可能是"不可阻挡的力量"，成了全球"评价宪法和人权诉求的共同方法"。② 越来越多的国家和地区开始运用合比例性分析方法。比例原则的传播开始脱离法系、国别和部门法分割的桎梏，似乎正在形成全球化浪潮下"法律帝国的基本原则"。③

合比例性政府，成了宪法的设计目标。④ "比例原则是合宪性的普遍标准，它是每个宪法文本不可缺少和不可避免的部分。"⑤一些国家和地区的宪法文本直接规定了比例原则，另一些国家和地区主要通过司法判例，对宪法文本中相关条款进行解释而得出比例原则。

1. 通过制定法直接规定比例原则

在比例原则的全球化进程中，越来越多的国家和地区开始在制定法中明文规定比例原则。其中，少数国家的宪法文本直接写明了比例原则。例如，希腊《宪法》第 25 条第 1 款规定："根据宪法，直接由宪法规定或者在存在对法令有利的保留的情况下，由法令规定，并且在尊重比例原则的情况下，可以对这些权利施加任何种类的限制。"瑞士《宪法》第 36 条第 3 款规定："对基本权利的限制必须与其目的成比例。"罗马尼亚《宪法》第 53 条第 2 款规定："在民主社会中，上述限制仅在必要时方可加以适用。所采取的措施与相应事件之情形成比例，且应以无差别的方式加以适用，亦不得对受限制之权利和自由构成侵害。"阿尔巴尼亚《宪法》第 17 条第 1 款规定："对本宪法所规定的权利和自由的限制，只能因公共利益或者为

---

① Kai Möller, The Global Model of Constitutional Rights, Oxford University Press, (2015). Alec Stone Sweet & Jud Mathews, Proportionality Balancing and Global Constitutionalism, 47 Colum. J. Transnatl L. 72, (2008).

② Stephen Gardbaum, Positive and Horizontal Rights: Proportionality's Next Frontier or a Bridge Too Far? in Vicki C. Jackson & Mark Tushnet (eds.), Proportionality: New Frontiers, New Challenges, Cambridge University Press, 221 (2017). Vicki V. Jackson, Constitutional Law in an Age of Proportionality, 124 Yale L.J. 3094, (2015).

③ 蒋红珍：《比例原则的全球化与本土化》，载《交大法学》2017 年第 4 期，第 6 页。

④ See Vicki V. Jackson, Constitutional Law in an Age of Proportionality, 124 Yale L.J. 3094, 3106(2015).

⑤ David M. Beatty, The Ultimate Rule of Law, Oxford University Press, 162(2004).

保护他人的权利而由法律予以规定,限制应当与规定的情形成比例。"①由于宪法文本明文规定了比例原则,所以比例原则在该国必定属于宪法原则。

2009年生效的《欧盟基本权利宪章》对比例原则的发展具有重大价值。《欧盟基本权利宪章》首次以文本的形式,将比例原则的适用范围从权利限制扩大到权力配置、刑罚等领域。首先,对于权利限制,《欧盟基本权利宪章》第52条第1款规定:"只有符合比例原则,在必要并且能真正满足欧盟所承认的公共利益的目的时,或出于保护其他人的权利与自由时,才能对权利与自由予以限制。"该条款明确规定对欧盟公民基本权利的限制必须符合比例原则。任何公权力行为,只要限制了宪章所承认的权利与自由,都应受比例原则的约束。其次,对于权力配置,《欧盟条约》(强化版)第5条第4款规定:"在比例原则下,欧盟行为的内容与形式不应当超过达到条约目的的必要限度。欧盟各机构应当按照议定书《关于辅助原则与比例原则的适用》的规定适用比例原则。"②该条款涉及的是纵向权力配置问题,要求欧盟在处理自己权力与成员国权力关系时应遵守比例原则,不得过度侵犯成员国的自由。最后,对于刑罚,《欧盟基本权利宪章》第49条第3款规定:"刑罚的轻重不应当与犯罪行为不成比例。"该条款要求成员国无论是立法者在设定刑罚时,还是司法者在量刑时,都应遵循比例原则。由于《欧盟基本权利宪章》的实际地位相当于是欧盟的"宪法",因而可以说比例原则已经成了欧盟法的基本原则。

在比例原则全球化进程中,通过制定法尤其是宪法直接写明"比例原则""成比例"等词语,最有利于比例原则基本地位的确立,适用起来阻力也相对较小。既然比例原则是制定法所明确确立的基本原则,所有公权力行使者就都必须遵守。

2. 通过司法判例确立比例原则的地位

一些国家和地区并没有在制定法中明文规定比例原则,法官在个案中通过解释相关法律条款,确立了比例原则的基本地位。

(1) 解释"必要性"条款

法律文本中的"必要性"条款,经常被法院解释为比例原则。"必要性"条款大量出现在不同的法律规范之中。例如,1950年签署的《欧洲人

---

① 《世界各国宪法》编辑委员会编译:《世界各国宪法》(欧洲卷),中国检察出版社2012年版,第712、563、394、2页。

② Consolidated Version of the Treaty on European Union (2009), Art. 5(4).

权公约》第 8 至 11 条规定,只有"在民主社会是必要的",才可以限制相关权利。1957 年签署的《罗马条约》第 40 条第 3 款规定:"本条第 2 款规定的一般机构可以采取一切必要的措施实现本法第 39 条的规定。"1991 年签署的《欧盟条约》第 3b 条规定:"欧盟的任何行为都不应超出实现本条约目的的必要限度。"然而,对于究竟如何判断什么是"必要的",相关法律条款往往并没有给出具体的答案。法院对"必要性"条款进行解释,做了大量相关判决,认为限制权利的"必要"情形,就是应符合比例原则的情形。如在汉迪赛德案中,欧洲人权法院(European Court of Human Rights)认为:"施加于此领域的任何'程式''条件''限制''处罚',都必须与其所追求的正当目的成比例。"[1] 在施拉德案中,欧洲法院(European Court of Justice)认为比例原则是欧盟法的普遍法律原则,只有实现立法所追求的正当目的的手段是适当的与必要的,才可以对经营者施加经济负担。如果有多种适当性的手段,必须采用最小损害的手段,并且所施加的负担不得与所追求的目的不成比例。[2]

在欧洲以外的很多国家和地区,大量法律文本中也存在"必要性"条款,同样被法院解释为比例原则。以色列 1992 年实行的《基本法:人的尊严与自由》第 8 条规定:"不允许限制基本法保护的权利,除非为了达到适当的目的,并不超过必要的限度,由适合以色列价值的法律规定。"以色列《基本法:职业自由》第 6 条也作了类似的规定。以色列法院认为限制权利的"必要限度",就是比例原则。1995 年,以色列最高法院在本·阿提亚案中认为:"作为实定法,比例原则已被以色列法律体系所接受。"[3] 如今,比例原则在以色列法律中扮演了重要角色。马来西亚《宪法》第 10 条规定只能对权利进行"必要的限制",法院认为对基本自由的限制,"必须满足合比例性测试"。[4] 中国台湾地区"宪法"第 23 条的"必要性"条款,体现了比例原则:"以上各条列举之自由权利,除为防止妨碍他人自由,避免紧急危难,维持社会秩序,或增进公共利益所必要者外,不得以法律限制之。"1997 年,台湾地区"司法院大法官"在释字第 428 号解释中,认为"必要"的含义就是比例原则:"……,并为维持邮政事业之经营所必须,增进公共利益所必要,尚未逾越立法权自由形成范围,符合'宪法'第二十三条之比例

---

[1] Handyside v. the United Kingdom, (5493/72) [1976] ECHR 5 (7 December 1976).
[2] Case 265/87, Schräder v. Hauptzollamt Gronau, 1989 E.C.R. 2237, 2269.
[3] HCJ 3477/95 Ben-Atiyah v. Minister of Education, Culture & Sports (1995) isrSC49 (5) 1, 10.
[4] Mat Shuhaimi bin Shafiei v. Kerajaan Malaysia [2017] 1 MLJ 436.

原则,……"之后在多起案件中都进行了类似的解释。①

由上考察可知,"必要性"条款几乎都被法院解释为比例原则。宪法等制定法中的"必要性"条款解决的是权力行使的正当性问题,实质上涉及的是权力与权利的关系问题。公权力行使者只有在必要情形下,采取必要措施,才能对权利进行合理的内在与外在限制。法院在具体个案中,通过运用适当的解释方法与技巧,往往能够有效地从"必要性"条款中推导出比例原则。

必要性的涵义很丰富,主要包括必要的情形和必要的措施。必要的情形,一般是指出现特定事由而有必要实现某个目的,属于目的必要性判断。如《欧洲人权公约》第 8 条规定,只有"为了国家安全、公共安全或者国家的经济福利的利益考虑,为了防止混乱或者犯罪,为了保护健康或者道德,为了更好地保障他人自由或公共利益",才能干涉"私人与家庭的生活、通讯隐私"。罗马尼亚《宪法》明文规定了比例原则,同时其第 36 条第 1 款对"必要情形"进行了列举:"特定权利和自由的行使只能在必要时由法律加以限制,这些必要情形包括:为保护国家安全、公共秩序、公共健康或道德、公民的权利和自由;调查刑事案件;预防自然灾害、事故和极端严重的灾难后果。"必要的措施,是对手段正当性的要求。对于侵害行为而言,如果行使公权力没有采取最小损害的手段,造成了过度损害,那么该手段就是不必要的措施。对于授益行为而言,如果国家机关没有尽最大努力采取必要的措施,就是保护不足,应当予以禁止。比例原则中的必要性概念内涵很丰富,使得比例原则除了可以适用于传统的侵害行政或秩序行政领域,还可以广泛适用于授益行政或给付行政领域。"比例原则在给付行政中适用具有充分的正当性,可以发挥其权力限制、裁量治理、法益均衡之功能,继而确保给付行政价值功能的发挥。"②

(2)解释"合理限制"条款

制定法中的"合理限制"条款,经常被法院解释出比例原则。例如,加拿大 1982 年颁布的《权利与自由宪章》第 1 条规定:"在自由与民主社会中,只有能明确地被证立并由法律规定的合理限制,才能限制本宪章保障的权利与自由。"1986 年,加拿大最高法院在欧克斯案件中确立了比例原则,认为一旦认定目的足够重要需要对权利进行限制时,就应当分析限制

---

① 参见中国台湾地区"司法院大法官"释字第 428、436、445、471、476、554、564、588、659、733 号等。

② 梅扬:《比例原则在给付行政中的适用》,载《财经法学》2020 年第 4 期,第 80 页。

手段是否可以得到合理且明确地证立,即应进行合比例性分析。①

1996年南非《宪法》第36条第1款规定:"权利法案中的权利在法律的一般适用中可以被限制,但这种限制必须是在一个基于人类尊严、平等、自由的开放与民主的社会中,被认为是合理的与可证立的。限制权利时应当考虑所有相关因素:(a)权利的本质;(b)限制目的的重要性;(c)限制的本质与程度;(d)限制与其目的间的关系;(e)以最小损害手段达到目的。"该条款对限制权利应当考虑的因素作了明确规定,是比例原则在南非的宪法渊源。具体而言,限制目的的重要性体现了目的正当性原则和均衡性原则,限制与目的间的关系体现了适当性原则,以最小损害手段达到目的体现了必要性原则。自20世纪90年代中期以来,比例原则成了南非宪法法院进行合宪性审查的基石。澳大利亚2006年《人权宪章与责任法》第7条,规定了几乎与1996年南非《宪法》第36条完全相同的权利限制条款,法院认为应根据比例原则合理限制权利。②

(3)解释"法治国""本质内容"等条款

尽管比例原则发源于德国,属于宪法基本原则,但德国《基本法》并没有明文规定比例原则。1958年,德国联邦宪法法院在药房案判决中,提出限制基本权利应遵循比例原则,首次详细阐释了比例原则的内涵,认为比例原则主要包括"合目的性""侵害最小性""成比例""期待可能性"等内容。③ 1965年,德国联邦宪法法院阐述了比例原则的宪法依据:"比例原则产生于法治国原则,是基于基本权利自身本质的需要,作为表述公民对抗国家的一般自由诉求的基本权利,只有为了保护公共利益,才能被公权力合比例地予以限制。"④

除了"法治国"条款外,"本质内容"条款也被认为体现了比例原则。德国《基本法》第19条第2款规定:"任何情况下都不得侵犯基本权利的本质内容(Wesengehalt)。"虽然对该条款存在较大的争议,但从内容上看,该条款规定公权力不得过度侵犯基本权利,实际上正是比例原则的体现。⑤

---

① R. v. Oakes, [1986] 1 S.C.R.103 [Oakes].
② Mulholland v. Australian Electoral Commission, [2004] HCA 41.
③ BVerfGE 7, 377 (377 ff.).
④ BVerfGE19, 342 (348 f.).
⑤ 对于如何确定基本权利的本质内容存在争论。例如,Dürig 认为基本权核心应以人格尊严与人权本质进行实质观察,Lerche 认为应以禁止过度原则作形式判断,Häberle 认为应以基本权核心本质为界限基准,Schneider 认为应以基本权类型化为前提进行判断。Vgl. *Herbert Krüger*, Der Wesensgehalt der Grundrechte im Sinne des Art. 19 GG, DÖV 597, (1955);张翔:《基本权利限制问题的思考框架》,载《法学家》2008年第1期,第134页。

与此相似,韩国也存在"本质内容"条款。韩国《宪法》第 37 条第 2 款规定:"为了保障国家安全、维持秩序或为公共福利所需时,可以限制公民的自由和权利,但不得侵犯自由和权利的本质内容。"韩国宪法法院认为如果对权利进行"过度限制",侵犯其本质内容,就不符合比例原则。①

此外,与以上几个国家比例原则的产生路径与适用方法相似,比例原则还在新西兰、②巴西、③南美、④印度⑤等国家或地区得到了全部或部分适用。

综上,比例原则在全球越来越多的制定法中,得到了直接明文或间接隐含规定。有些国家和地区在制定法中直接写明了"比例原则""成比例"等词语,有些则是间接规定了比例原则的核心内容。即使明文规定了比例原则,也需要有效的司法适用,否则只是一纸空文。对于制定法间接规定比例原则的国家,需要法院通过高超的法律解释方法,确立比例原则的法定地位。从"必要性""合理限制""法治国""本质内容"等法律条款,解释出比例原则的情形最为多见。无论是制定法直接写明还是间接规定,都对比例原则在本国或地区的确立与发展至关重要。从整体上看,比例原则的全球化,主要呈现以下特点。

其一,比例原则的规范结构不断发展,实现了从必要性原则到"四阶"比例原则的转变。从分配正义的合比例性思想,到警察权行使应遵循的必要性原则,再到均衡性原则的形成,直至传统"三阶"比例原则的确立,最终到现代"四阶"比例原则的产生,比例原则在全球化进程中,内涵不断发展丰富,规范结构不断完善,顺应了不同时代的客观需求。

比例原则最初主要是指必要性原则即最小损害原则。在 1882 年的十字架山案判决中,普鲁士高等行政法院认为,没有进一步法律授权,警察不得采取不必要的措施追求公共利益。必要性原则体现了自由法治国的有限政府基本理念,认为政府只能消极地"依法律维护秩序",只有在必要时才可以合理限制公民的权利与自由,否则就是越权无效。1931 年颁布的

---

① 4 KCCR 300, 90 heonga 23, etc., June 26, 1992.

② See New Zealand Bill of Rights Act 1990, Art. 4. Ministry of Transp. v. Noort, [1992] 3 N.Z. L.R. 260, 282-85 (C.A.).

③ See Alonso Reis Freire, Evolution of Constitutional Interpretation in Brazil and the Employment of Balancing "Method" by Brazilian Supreme Court in Judicial Review, VIIth World Congress of the International Association of Constitutional Law Workshop 15: The Balancing and Proportionality in the Constitutional Review, Athens, June 14, 2007.

④ See Aharon Barak, Proportionality: Constitutional Rights and their Limitations, Cambridge University Press, 201-202(2012).

⑤ See S.R. Bommai v. Union of India (1994) 3 SCC 1 (India).

《普鲁士警察行政法》，明确了必要性原则要求政府采取最小损害性的手段。在很长一段时期内，比例原则一般只是等同于最小损害原则。

在"二战"后的 50 到 60 年代间，才发展出了狭义的比例原则即均衡性原则。之所以会产生均衡性原则，主要有以下几方面的原因：首先，是语言上的，将"比例原则"限定为最小损害原则，任何符合目的的手段总是可以被视为最小损害的手段；第二，"二战"后出现了大量有挑战性的问题，如果人们不想让行政决定不受控制，就必须继续发展"比例原则"的内涵；第三，立法者在设定限制措施时，为均衡性原则的产生作出了贡献；第四，德国州警察法对均衡性原则的采纳。① 均衡性原则是对公权力运行的更高要求，它认为最小损害的手段不一定就是正当的。即使是最小损害的手段，但如果其促进的公共利益同其所造成的损害不成比例，也是不正当的。现代国家更加重视保障公民基本权利，但大量宪法条款存在开放性、模糊性的特点，所以偏重权衡的具有较大价值判断空间的均衡性原则大放异彩。

随着实质法治和人权保障更加受到重视，目的正当性原则逐渐在很多国家和地区受到重视，现代"四阶"比例原则得以形成。无论是行政目的，还是立法目的，抑或司法目的、监察目的，所有公权力行为的目的都应具有正当性。将目的正当性原则纳入比例原则之中而确立"四阶"比例原则，有利于限制目的设定裁量，可以充分保障人权，还有利于促进实质民主和良好行政。目的正当是"二战"后各国宪法权利法律限制的比例原则的核心标准。② 越来越多的国家和地区在适用比例原则时，开始分析公权力行为的目的正当性。如加拿大法院认为，比例原则包括目的足够重要原则、合理关联性原则、损害尽可能少原则、均衡性原则等内容。③ 在韩国，比例原则包括目的正当性、手段适当性、手段成比例和手段最小损害性四部分，法院将均衡性原则置于最小损害原则之前。④

在比例原则的全球化过程中，不同国家对比例原则的内涵与结构认识并不完全相同，在适用方法上也存在一定的差别。有些国家对德国的传统比例原则进行了改造，另外一些国家则基本吸收了其内容。例如，1999

---

① Vgl. Lothar Hirschberg, Der Grundsatz der Verhältnismäßigkeit, 7-13(1981).

② 参见范进学：《论宪法比例原则》，载《比较法研究》2018 年第 5 期，第 109 页。

③ See Dieter Grimm, Proportionality in Canadian and German Constitutional Jurisprudence, 57 U. Toronto L.J. 383, 388 (2007).

④ See Kyung S. Park, Korean Principle of Proportionality, American Multi-leveled Scrutiny, and Empiricist Elements in U.S.-Korean Constitutional Jurisprudence, 1 J. Korean L. 105, 109 (2001).

年,英国在德弗雷塔斯案中确立了"三阶"比例原则:目的是否足够重要、手段与目的间是否有合理关联和手段是否超过必要的限度。① 马来西亚法院同样提出了类似的"三阶"比例原则:足够重要的目的、手段与目的间存在合理关联、手段与目的应成比例。② 对于包含目的重要性内容的"三阶"比例原则而言,实际上相当于现代"四阶"比例原则,因为目的重要性原则实际上包含了目的正当性原则和均衡性原则的内容。判断目的是否重要,当然首先需要分析目的正当性,然后分析目的是否足够重要而有必要实现,也就是需要分析实现目的所促进的公共利益同其造成的损害是否成比例,即均衡性原则分析。与英国相似,在中国香港,法院在冼有明案中认为比例原则包括目的正当性、合理联系、不超过必要的限度三个原则。③ 长期以来,香港法院赋予了"不超过必要的限度"过于宽泛的内涵。在希慎兴业公司案中,香港法院将均衡性原则作为一个独立的子原则提出来,作为第四步分析限制手段是否造成了不可承受的过度负担,具有里程碑意义。④ 经过长期发展的比例原则,在内涵上发生了很大的变化,最终形成了现代"四阶"规范结构:目的正当性原则、适当性原则、必要性原则和均衡性原则。

其二,比例原则的适用范围从公法不断扩张到私法。从发展历程上看,比例原则从最初的政治哲学原则,演变成为行政法原则,最终发展成为很多国家的宪法原则。事实上,比例原则不仅仅只是一个行政法原则。近些年来,比例原则越来越多地适用到了私法。权利的相对性理论,决定了比例原则在私法领域有广泛的适用空间。权利并不是绝对的,个人权利负有社会义务,出于维护社会正义的目的,个人权利应当自我限缩。⑤ 权利行使具有边界,不能超出必要的限度。如果权利冲突案件到了法院,比例原则是法院裁判的重要依据。立法者确立权利边界的基本标准为比例原则。如果立法者由于各种原因没有具体化基本权利的界限,公民也不能随意行使权利,而应根据一定的标准,在必要限度内行使权利。甚至有观点认为,比例原则可以广泛作用于民事立法、民事司法和民事行为等领域,具

---

① Elloy de Freitas v. The Permanent Secretary of Ministry of Agriculture, Fisheries, Lands and Housing and Others[1999] AC 69.

② Sivarasa Rasiah v. Badan Peguam Malaysia, [2010] 2 MLJ 333.

③ Solicitor v. Law Society (2003) 6 HKCFAR 570.

④ HKSAR V. Hung Chan Wa (2006) 9 HKCFAR 614. 参见郑琳:《基本权利限制之限制——比例原则在香港特区合基本法审查中的发展与启示》,载《财经法学》2019 年第 6 期,第 147-149 页。

⑤ 参见张翔:《财产权的社会义务》,载《中国社会科学》2012 年第 9 期,第 103 页。

备成为一项民法基本原则的地位和资格,①比例原则在私法中具有普适性。② 可以预见,比例原则在私法领域适用的情形会不断增多,但也不应无限扩张。比例原则不应侵犯真实的意思自治与实质的契约自由。

其三,比例原则在非大陆法系国家和地区的适用更加普遍。从地域上看,比例原则的适用已基本遍布全球。比例原则不仅在德国具有宪法地位,而且在欧盟也具有"准宪法"地位,其已经成了欧盟法的基本原则。除了欧洲之外,比例原则还在世界上其他许多非欧洲国家或地区,特别是在新兴民主法治国家或地区中得到了适用。无论是大陆法系,还是英美法系,抑或其他法系,比例原则都得到了某种程度的适用。在一些长期排斥甚至拒绝比例原则的国家和地区,比例原则也得到了一定程度的传播适用。

在英国,长期以来更习惯适用合理性原则。但近些年来,比例原则大有取代合理性原则的趋势。1948 年,温斯伯里案正式确立了合理性原则。③ 1985 年,迪普洛克勋爵进一步明确"不合理"的判断标准:"蔑视逻辑或公认的道德标准的决定是如此荒谬,以至于任何有理智的人都不会如此解决待决定的问题。"④为了更好地保障人权,1987 年,英国确立了合理性原则的严格审查标准(anxious scrutiny)。⑤ 1998 年,英国颁布《人权法案》,明确引入《欧洲人权公约》中的大量人权条款,使比例原则在英国的快速发展具备了重要的制度基础。尽管比例原则存在精确性缺陷,但相对于合理性原则更具有可操作性,适用的优势更为明显。

在美国,直接写明比例原则的成文法和判例并不多见,但实际上比例原则已经成了美国法的一个元素。美国《宪法》第八修正案规定的禁止过度刑罚,即"禁止过高的罚金与过高的保释金,禁止施予残酷且不寻常的惩罚",是比例原则在刑法中的体现。⑥ 自 20 世纪 90 年代起,美国法院在正当程序条款、征收条款、第一修正案、第十四修正案等多个领域都适用了比例原则。美国尽管并未明确形成以"比例原则"命名的宪法教义,但实质

---

① 参见郑晓剑:《比例原则在民法上的适用及展开》,载《中国法学》2016 年第 2 期,第 143-165 页。

② 参见纪海龙:《比例原则在私法中的普适性及其例证》,载《政法论坛》2016 年第 3 期,第 95-103 页。

③ Associated Provincial Picture House Ltd. v. Wednesbury Corporation [1948] 1 K.B. 223, 230.

④ CCSU v. Minister for the Civil Service [1985] 1 A.C. 374, 410.

⑤ Bugdaycay v. Secretary of State for the Home Department [1987] AC 514, 531E.

⑥ See Graham v. Florida, 560 U.S. 48, 59 (2010); United States v. Bajakajian, 524 U.S. 321, 321 (1998); Weems v. United States, 217 U.S. 349, 367 (1910). Richard S. Frase, Excessive Prison Sentences, Punishment Goals, and the Eighth Amendment: Proportionality Relative to What, 89 MINN. L. REV. 571, 651 (2005).

上比例原则在合宪性审查中得到了广泛适用,呈现出类型化的特点。比例原则的类型化运用始于洛克纳案,成熟于"三重审查标准"的确立。① 虽然还不能认为比例原则在美国无处不在,但完全否认比例原则在美国的存在肯定是站不住脚的。总体而言,美国宪法上的分类审查方法、行政法上的成本收益分析方法,同德国法中的合比例性分析有很多相似之处。有学者认为,相对于美国目前的宪法教义分析方法,比例原则有许多优点:合比例性分析更透明和公正;合比例性分析更注重事实与经验,从而更具有语境性;合比例性分析有助于消除无数其他宪法分析方法的不连贯性;合比例性分析更灵活;合比例性分析可以促进正义,被认为是"人民的律师"。尽管比例原则存在确定性不足、判断空间过大等缺点,但通过判例法可以逐渐克服,因而美国应当全面采纳比例原则。②

其四,比例原则审查基准呈类型化趋势。比例原则在全球化进程中,一个很重要的趋势就是合比例性审查基准的类型化。合比例性审查,是法官对立法行为、行政行为的正当性评价,但由于权力分立或分工的需要,法官又不能过度侵犯立法者的形成余地和行政者的专业判断空间,这就涉及合比例性审查强度问题。很多国家和地区在适用比例原则时,都确立了类型化的审查基准,但在具体适用时存在一些差别。

在德国药房案中,对于职业自由的限制,联邦宪法法院进行了类型化思维,将职业自由的限制区分为三个层次,提出了三种不同的审查强度类型。药房案确立的"三层"分类审查模式,具有极强的范例意义,虽然是对职业自由的保障而设,但却可以被普遍化而运用于各项基本权利限制的审查。③ 在此后的原油储存案、磨坊结构法案、共同决定法案、第一次堕胎案等多起案件中,④德国法院在适用比例原则时,发展出了明显不当性审查、可支持性审查和强烈的内容审查三种审查类型。在欧盟,作为基本法律原则,比例原则在适用时存在宽松审查、较为严格审查等多种审查基准

---

① 参见王蕾:《比例原则在美国合宪性审查中的类型化运用及其成因》,载《比较法研究》2020年第1期,第63页。

② See Mark S. Kende, The Unmasking of Balancing and Proportionality Review in U.S. Constitutional Law, 25 Cardozo J. Int'l & Comp. L. 417, 433 (2017).

③ 参见谢立斌:《药店判决》,载张翔主编:《德国宪法案例选释:基本权利总论》(第1辑),法律出版社2012年版,第65页。

④ Vgl. BVerfGE 30, 292 (317) -Erdölbevorratung; BVerfGE 39, 210 (230)-Mühlenstrukturgesetz; BVerfGE 50, 290 (334)-Mitbestimmungsgesetz; BVerfGE 39, 1 (42)-Schwangerschaftsabbruch I.

类型。①

在日本,法院确立了三重基准理论:合理性基准、严格的合理性基准和严格基准。合理性基准要求手段和正当目的间存在合理的关联性,即抽象性的、观念性的关联性,只要不是明显极为不合理即可。严格的合理性基准相当于是中度审查,其要求目的是重要的,手段与目的间应具有实质关联性。严格基准要求目的是为了必要的、不可或缺的"不得不具有的利益",限制手段则应限定在为达成目的所使用的必要最小限度内。②

美国法院对于限制权利的案件,主要以权利的种类和"可疑分类"为标准,发展出了三重审查基准:合理性审查、中度审查和严格审查,同德国比例原则的适用存在相似之处。基本权利的"王牌"观、"遵循先例"的传统、三权分立制衡的宪制,共同促成了比例原则的类型化运用。③ 有学者认为,比例原则对个人利益和政府利益考虑得更全面,合比例性分析更加透明,美国应当明确采纳比例原则以改善类型化审查。④

在中国台湾地区,比例原则结合审查基准的现象,被认为是比例原则发展最重要而有影响力的特点。从必要性原则的审查可以看出,审查标准的宽严区别,在一定程度上影响法官关于"系争手段必要与否"的心证形成。对于严格审查,更经常针对系争手段与其他可能之替代手段的实际效果与侵害强度进行比对;而对于宽松审查,则对于"必要性原则"的要求明显降低,只要手段相对于目的的达成"尚有必要""尚属合理",就算得上与"必要性原则"所要求的"最小侵害程度"相符。面对同一类型的基本权利,或者性质相似的基本权利限制,其所适用的审查强度未必一致。但类型化比例原则的根据不是很明确,影响审查标准选择的变量很多,例如权利的类型、限制方式、权力分立考量。任何一项影响因素,充其量只是决定审查标准的参考。有学者提出应构建三阶六层的"阶层式比例原则"。⑤ 总体来看,中国台湾地区大多数案件的比例原则审查,都在宽松与中度审

---

① See Paul Craig, EU Administrative Law (Second Edition), Oxford University Press, 591-640 (2012).
② 参见[日]芦部信喜:《宪法》(第六版),[日]高桥和之补订,林来梵、凌维慈、龙绚丽译,清华大学出版社2018年版,第78、96、101、178页。
③ 王蕾:《比例原则在美国合宪性审查中的类型化运用及其成因》,载《比较法研究》2020年第1期,第75页。
④ See Donald L. Beschle, No More Tiers? Proportionality as an Alternative to Multiple Levels of Scrutiny in Individual Rights Cases, 38 Pace L. Rev. 384, 435(2018).
⑤ 参见汤德宗:《违宪审查基准体系建构初探——"阶层式比例原则"构想》,载廖福特主编:《宪法解释之理论与实务》(第六辑),台湾地区"中央"研究院法律研究所筹备处2009年版,第39-45页。

查基准之间徘徊。宽松审查一直是最主要的选项,但中度审查标准则有越来越受青睐而频繁适用的趋势。①

比例原则在全球化进程中呈现类型化适用的特点,是司法能动主义下分层尊让的现实需要,体现了司法对立法和行政不同程度的尊重。但是,类型化的合比例性审查强度的区分标准是什么,究竟应当确立几种审查强度类型,如何防止类型化审查不当限缩挤压比例原则的个案权衡空间,在比例原则未来全球化进程中需要进一步探索。

综上,在全球化进程中,比例原则的内涵与结构不断发展成熟,实现了从必要性原则到传统"三阶"比例原则、再到现代"四阶"比例原则的转变。比例原则的适用范围在公私法领域不断扩张。在适用地域上,比例原则已经传播到了一些长期排斥甚至拒绝比例原则的英美法系国家和地区。在适用方法上,合比例性审查基准呈现类型化趋势。

比例原则的全球传播,是当代民主自由国家法律移植的成功典范。从18世纪末的德国警察法原则,迅速发展成为21世纪许多国家的宪法原则,可以说比例原则的全球化已经取得了巨大胜利。然而,机遇与挑战并存,比例原则并非完美无缺,其在适用时并非总能带来正义。

二、比例原则的精确性缺陷

比例原则自身存在严重的精确性缺陷。比例原则或许只是一个"空壳"。对于究竟如何客观判断合比例性,比例原则并没有给出具体而明确的标准答案。尽管比例原则被视为是公法的"帝王原则""皇冠原则",甚至被认为是人类社会的"终极原则",但比例原则过于抽象。比例原则缺乏"精确性与明晰性(precision and clarity)"。② 在德国学者弗里茨·奥森布尔看来,"比例原则就如同平等原则一样是一个空洞的形式(Leerformel),它是对更有说服力的正义理念的瞬间抓取,但却没有为法律适用者留下什么,因为它只提供了准则,而没有提供具体的标准与尺度。"③从整体上来看,比例原则的精确性缺陷主要体现为两个方面,即合

---

① 参见黄昭元:《大法官解释审查标准之发展(1996-2011):比例原则的继受与在地化》,载《台大法学论丛》2013年第2期,第247页。

② Walter van Gerven, The Effect of Proportionality on the Actions of Member States of the European Community: National Viewpoints from Continental Europe, in The Principle of Proportionality in the Laws of Europe 37, 60 (Evelyn Ellis ed., 1999).

③ Fritz Ossenbühl, Der Grundsatz der Verhältnismäßigkeit (Übermaßverbot) in der Rechtsprechung Verwaltungsgerichte, 12 Jura 617, 620-621(1997).

比例性分析技术与方法匮乏、语义上存在宽泛性与模糊性。

(一) 合比例性分析技术与方法匮乏

比例原则缺乏可操作性的分析技术与方法。对于如何挑选出一个具有合比例性的手段,比例原则本身并没有提供任何有效的工具。尤其是必要性原则和均衡性原则,适用起来更加困难。当立法者、行政者面对众多可能有助于实现正当目的的手段时,对于如何判断和确立哪一个手段是最小损害的,单靠必要性原则本身无法得出准确的答案。必要性中的"最小"损害如何认定?比例原则的适用者或许只能凭借"法感",才能从有助于实现目的的众多手段中挑选一个所谓的"最小损害"手段。"要求同样有效但侵害更小的传统的最小损害性原则,在某种程度上表述过分简单化。"①必要性原则并没有提供任何可操作的分析技术与适用方法,导致适用者无法对不同手段的损害大小进行计算和比较。

均衡性原则也存在和必要性原则同样的问题,即缺乏准确判定究竟什么是狭义合比例性的可操作的分析技术与适用方法。在数学中,比例可以计算成为具体的数值。虽然均衡性原则要求损害与收益成比例,但对于如何计算具体的比例值,均衡性原则并没有提供计算工具。"对于如何作出决定,均衡性原则什么都没有说。"②法官在进行合比例性审查时,也面临合比例性分析技术与方法匮乏的问题。对于立法者、行政者挑选的手段,究竟是否具有合比例性,法官往往无法进行有效的证实或证伪。

(二) 语义上存在宽泛性与模糊性

比例原则语义上存在宽泛性与模糊性。空洞的比例原则,并没有给出准确判断合比例性与否的标准答案。在内容表述上,比例原则用词过于抽象。尤其是对于必要性原则和均衡性原则,确实过于空洞。究竟什么是必要性?如何理解最小损害?必要性原则提供的标准并不明确。同样,均衡性原则的具体内涵究竟是什么并不明确。均衡性原则只是一个形式的原则,它本身并没有提供实质的内容标准。正如德国学者洛塔尔·希尔施贝格所认为,均衡性原则是"'形式的''语义空洞的'"。③ 有中国学者甚至认为,比例原则所包含的"正当""适当""必要""衡平"其实都是老生常

---

① Kai Möller, Proportionality: Challenging the critics, 10 Int'l J. Const. L. 709, 714 (2012).
② Lothar Hirschberg, Der Grundsatz der Verhältnismäßigkeit, Schwartz, 212(1981).
③ Lothar Hirschberg, Der Grundsatz der Verhältnismäßigkeit, Schwartz, 212(1981).

谈,属于一般的法理念。如果比例原则只是将四者拼接,却再无更多道理,或发挥不了特殊作用,那么根据"如无必要、勿增实体"的奥卡姆剃刀原理,比例原则就应当"退位"。①

语义上存在宽泛性与模糊性,导致合比例性分析存在较大的不确定性。例如,2019 年,中国香港高等法院对《禁蒙面规例》进行了合比例性分析。首先,《禁蒙面规例》的立法目的一是威慑不法分子,二是为案件的调查、起诉等活动提供便利,具有目的正当性。其次,禁蒙面手段有助于威慑暴力示威者,也有助于开展抓捕、收集证据等活动,符合适当性原则。再次,禁蒙面手段过于宽泛,"一刀切"的规定影响了合法示威者的正当权利,不符合必要性原则。最后,禁蒙面手段维护的公共利益同对个人利益造成的损害,没有达到合理平衡。因此,中国香港高等法院认为,《禁蒙面规例》通过禁蒙面的手段,同寻求达致正当的社会目的间有合理关联,但对基本权利所施加的限制超出了达到目的的必要限度,违反了比例原则。② 2020 年,香港高等法院上诉法庭对《禁蒙面规例》司法复核案作出判决,裁定《紧急情况规例条例》关于行政长官会同行政会议以"危害公共安全"为由订立紧急情况规例的内容符合基本法,援引该规例订立的《禁蒙面规例》继续有效。截然相反的裁判结果表明,比例原则在适用时存在过大的主观性与不确定性。

诚然,法律原则不是法律规则,比例原则作为法律原则,在用词表达上不可能像法律规则那样精确,以留给其适用者一定的开放空间进行法律推理和价值判断,从而实现个案正义。比例原则追求动态平衡,体现了中国传统"执中行权"与"理一分殊"的精神,使得"特殊性与普遍性、灵活性与原则性、多样多变与一以贯之"可以相互结合。③ 但是,法律原则用语也不能过于宽泛与模糊,否则不但实现不了法律原则应有的规范功能,而且还极易被滥用。比例原则的空洞性既是其优点,同时也是其被广为诟病的缺点。比例原则既可能有效建立双赢的局面,实现权利与权力的平衡,但同时也可能沦为践踏人权的元凶祸首。比例原则不受限制的道德推理,可以

---

① 参见戴昕、张永健:《比例原则还是成本收益分析:法学方法的批判性重构》,载《中外法学》2018 年第 6 期,第 1522 页。
② 香港高等法院原讼法庭(宪法及行政诉讼 2019 年第 2945 及 2949 号),参见 [2019] HKCFI 2820。
③ 杨登杰:《执中行权的宪法比例原则:兼与美国多元审查基准比较》,载《中外法学》2015 年第 2 期,第 389 页。

实现最完美的正义,但同时也可能带来最糟糕的不正义。① 如果比例原则能够得到良好的适用,那么将从根本上改变全球人权保障水平。倘若比例原则被普遍滥用,将会带来全球性灾难,会使得当代全球民主法治遭到极大破坏。

三、比例原则的适用困境

合比例性分析技术与方法的匮乏,语义上的宽泛性与模糊性,导致比例原则存在适用困境。立法者在进行立法裁量时,行政者在进行行政裁量时,司法者在进行司法裁量时,比例原则均缺乏良好的指引与规范向度。存在精确性缺陷的比例原则,不仅不利于正义决定的作出,而且还极易导致权力滥用。具体而言,比例原则的适用主要面临以下困境。

(一) 无法全面衡量客观利益

精确性不足的比例原则,在适用时无法全面衡量各种客观利益。当权力与权利、权利与权利之间产生了冲突,往往需要进行利益衡量。在现代社会,法律就是利益衡量,没有利益衡量就没有法律。②"无论立法、司法还是行政,其实质都是一种利益衡量活动,其共同的目标都是通过对各种利益冲突的权衡和估量,以促使各种利益尽可能最大化。"③因而可以说,利益衡量在"法律帝国"中无处不在。

作为公权裁量的基本准则,比例原则要求审慎的损益权衡。客观科学地评估不同手段造成的损害和带来的公共利益收益,是立法者、行政者运用比例原则进行公正利益衡量的基本前提。然而,对于如何确定拟实行手段可能造成的损害大小,如何评估拟实现公共利益的重要性,如何比较权利损害成本与公共利益收益,比例原则并没有为立法者、行政者提供直接有效的分析工具,从而无法有效评估相关客观利益。即使合比例性分析者希望通过比例原则来进行全面客观的利益衡量,但往往也"心有余而力不足",在具体情形中无法全面客观地评估相互冲突的多元利益,从而造成客观利益衡量不足的困境。

---

① See Francisco J. Urbina, A Critique of Proportionality and Balancing, Cambridge University Press, 2017, p. 210.
② 梁上上:《利益衡量论》,法律出版社 2013 年版,第 200 页。
③ 周佑勇:《行政裁量治理研究——一种功能主义立场》,法律出版社 2008 年版,第 86 页。

对于司法者来说,在具体个案中运用比例原则进行利益衡量时,同样也面临客观利益衡量不足的问题。在运用比例原则时,司法者的利益衡量不同于立法者、行政者的利益衡量,司法者是作为检验者或监督者进行利益衡量的。在裁判过程中,司法主体进行利益衡量是以判断主体的身份来运用比例原则,是对立法者、行政者的利益衡量的检验。① 尽管存在这种区别,司法者在运用比例原则时仍然需要进行全面客观的利益衡量,因为如果不这样,司法者就无法检测或监督立法者、行政者的利益衡量是否合比例。由于无法全面衡量客观利益,导致合比例性司法裁量极易招致争议。值得注意的是,法官在运用比例原则时,并不一定总会进行利益衡量。一般认为,均衡性原则的适用需要进行价值判断。立法者、行政者的行为可能无法通过目的正当性和手段的适当性、最小损害性审查,此时一般只需进行事实判断,而无需进行均衡性审查阶段的利益衡量。总而言之,比例原则"利益衡量不足",成本收益界定狭窄,效率观缺位。②

(二)合比例性裁量的滥用

裁量导致腐败,绝对的合比例性裁量导致绝对的腐败。过于抽象的比例原则,导致合比例性裁量空间巨大。裁量对现代国家是必要的,特别是人类社会自进入福利国家、风险社会以来,公权力机关的裁量的种类和范围日益扩大。现代国家的裁量无处不在,无孔不入。"而裁量之运用既可能是仁行,亦可能是暴政,既有正义,亦有非正义,既可能是通情达理,亦可能是任意专断。"③裁量在发挥其积极功能的同时,也存在被滥用的危险。"所有的自由裁量权都可能被滥用,这仍是个至理名言。"④作为当代国家规范与控制裁量基本标准的比例原则,由于其精确性缺陷,比例原则并没有提供具体的尺度与标准,从而无法有效规范与控制合比例性裁量。立法者、行政者在决定选择何种手段实现特定公共目的时,存在滥用裁量的可能。对于司法者来说,在运用比例原则时,"一直被认为过于主观和缺乏规则。"⑤客观利益的衡量不足,是由于比例原则缺乏可操作性的分析技术与

---

① 王书成:《论比例原则中的利益衡量》,载《甘肃政法学院学报》2008年第2期,第28页。
② 参见蒋红珍:《论比例原则——政府规制工具选择的司法评价》,法律出版社2010年版,第114-115页。
③ [美]肯尼斯·卡尔普·戴维斯:《裁量正义——一项初步的研究》,毕洪海译,商务印书馆2009年版,第1页。
④ [英]威廉·韦德:《行政法》,徐炳等译,中国大百科全书1997年版,第70页。
⑤ 谢立斌:《药店判决》,载张翔主编:《德国宪法案例选释:基本权利总论》(第1辑),法律出版社2012年版,第67页。

方法所致,而合比例性裁量的滥用,则是因为比例原则的适用者在主观上存在过错。

比例原则的适用者极易打着"合比例性"的旗号而滥用权力。对于适当性原则,在判断何为适当性时,存在较大的主观性。"适当性原则可能因涉及预测及需要对事物本质进行判断而具有主观性"。① 对于均衡性原则来说,由于其具有高度抽象性,从而使法律运用者有判断余地,以便在某种程度上可以脱离法律规则的约束。不管立法者是否事先规定或法官是否嵌入,均衡性原则使法官在当时的情况下作出公正的判决成为可能,并且可以缓和抽象法律规定的生硬性。但与此同时,均衡性原则存在负面评价(negative Bewertung)的可能。② 对于什么是"狭义的合比例性",立法者、行政者、司法者具有更大的主观判断余地,所以均衡性原则更容易被滥用。

因此,精确性不足的比例原则在适用过程中,存在被主观滥用的危险。比例原则在某种程度上表述过分简单化,内容含糊不清,导致合比例性分析存在过大的不确定性。③ 在当代民主法治国家,比例原则是检验公权力行为合法与否的基本工具,具有合比例性是公权力行为正当的首要实质理由。为了使自己的行为正当化,公权力行使者们很容易滥用比例原则,以符合比例原则为"幌子"而不当限制公民权利。"客观衡量尺度和理性适用方法的缺失",使得合比例性分析存在"明显的主观性"。④

(三) 结果导向的合比例性分析

比例原则容易造成结果导向的分析。国家机关总能找到一些所谓的"正当理由",来证立其所想要的结果具有"合比例性"。空洞的比例原则就好比一个大箩筐,什么都可以往里装。"比例原则是如此地含糊和前后不一致,以至于其适用最终成为了结果导向的分析(a results-oriented analysis)。"⑤

---

① 姜昕:《比例原则研究——一个宪政的视角》,法律出版社2010年版,第170页。
② See Lothar Hirschberg, Der Grundsatz der Verhältnismäßigkeit, Schwartz, 212(1981).
③ See Francisco J. Urbina, A Critique of Proportionality and Balancing, Cambridge University Press, 197(2017). Bernhard Schlink, Proportionality In Constitutional Law: Why Everywhere But Here? 22 Duke Journal of Comparative and International Law, 299(2011-2012). Kai Möller, Proportionality: Challenging the critics, 10 International Journal of Constitutional Law, 714 (2012).
④ 参见柳砚涛、李栋:《比例行政原则的经济分析研究》,载《烟台大学学报(哲学社会科学版)》2011年第4期,第32-33页。
⑤ T. Jeremy Gunn, Deconstructing Proportionality in Limitations Analysis, 19 Emory Int'l L. Rev. 465, 470(2005).

作为规范裁量的法律原则，立法者、行政者在运用比例原则时，本应当按照比例原则的"四阶"结构，依次对不同的手段进行适当性、最小损害性、狭义比例性分析，从而选择出一个合比例性的手段。但由于比例原则的精确性不足，立法者、行政者在裁量选择何种手段时，往往会事先确定好想要"结果"，然后再进行所谓的"合比例性分析"。虽然不能说这种事先确定好的"结果"总是不正确的，但却存在恣意与专横的危险，容易产生非理性。

对于司法者来说，在运用比例原则时，同样也存在结果导向的分析。在具体个案中，法官可能首先站在公民的立场事先确立一个"结果"，也可能首先站在立法者、行政者的立场而事先确立一个"结果"，然后再进行"合比例性分析"。因而，"法官事实上是在用比例原则来证立判决结果。所以适用比例原则并不是为了进行原则判断，而是用来证立所想要达到的结果。"[1]这样一来，由于结果导向的分析，比例原则在适用时就既容易导致法官的司法专断，也容易造成法官的司法腐败。司法专断不一定是为了追求金钱等非法目的，它可能是由于法官对事实或法律问题，进行了过于自信的判断，所以司法专断可能只是一种认知错误，而司法腐败则是因为法官为了追求金钱等非法目的，而故意作出的错误判决。无论是司法专断，还是司法腐败，法官在适用精确性不足的比例原则时，既可能不当侵犯立法者的立法形成余地和行政者的专业判断余地，也可能维护立法者、行政者的不当行为，使公民权利无法得到有效保障。简而言之，空洞的比例原则可能导致司法专断或司法腐败，可能被法官用来偏袒立法者、行政者，可能被用于保护自己。

比例原则存在适用危机。精确性不足的比例原则，使得其适用者无法全面衡量客观利益，容易导致合比例性裁量的滥用，极易造成结果导向的合比例性分析。

四、比例原则精确化的必要性与内在需求

合比例性就是正义，但要顺利实现正义，则需要不断推动比例原则的精确化。对于立法者、行政者来说，比例原则是一种重要的决策分析方法和行为准则。对于法官来说，比例原则是一项基本的司法审查标准，是对立法者、行政者的行为进行实质合法性审查的基本工具。然而，通往合比

---

[1] T. Jeremy Gunn, Deconstructing Proportionality in Limitations Analysis, 19 Emory Int'l L. Rev. 465, 471(2005).

例性的道路并非总是平坦宽阔,而是经常布满了荆棘与坎坷。比例原则需要被精确化。

(一) 比例原则精确化的必要性

为了克服比例原则的精确性缺陷,更好地发挥比例原则的规范功能,应当不断推进比例原则的精确化。精确性不足的比例原则容易造成法律不确定性的危险,破坏法律的明确性与安定性,会对当代全球国家的民主与法治产生极大的破坏性,从而造成比例原则掩盖下的"暴力统治"。

比例原则缺乏明确性的标准,是否合乎比例需要得到更加客观的度量。比例原则的适用存在"不受约束的道德推理",其对人权的保障需要"更精确的指引"。① 如果适当性原则不被精确化(präzisieren),比例原则将失去它作为决定标准的效力。② 如果必要性原则不被精确化,它则是一个软弱无力的准则。③ 对于均衡性原则来说,"必须在法治的视域中寻求比例原则中利益衡量的具体法则,此可谓比例原则的关键课题之一。"④

比例原则的精确化是维护其生命与美誉的需要。正是由于认识到比例原则存在精确性缺陷,近些年有观点认为应当抛弃比例原则。如有学者认为,比例原则存在"严重的理论缺陷"和"深刻的谬误",属于"前现代"的法律教义工具,无法全面考量各种成本、收益因素。比例原则"不适合作为实质合理性分析方法",经济学的成本收益分析才更适当。因此,应当"打破比例原则的桎梏""为成本收益分析所取代"。⑤ 还有类似观点认为,为了使利益衡量更加细致化与客观化,应当使用成本收益分析解构比例原则。⑥ 此类观点是有失偏颇的,主张比例原则应当"退位",实际上并没有真正认清比例原则的规范本质与功能。尽管成本收益分析可以辅助合比例性分析,但不应也无法取代比例原则。虽然比例原则存在精确性缺陷,但仍然发挥着重要的规范功能。主张废除比例原则,是因噎废食,犯了极端主义的错误。无论是对于立法者、行政者,还是对于司法者,比例原则都

---

① Francisco J. Urbina, A Critique of Proportionality and Balancing, Cambridge University Press, 197-198(2017).

② Laura Clérico, Die Struktur der Verhältnismäßigkeit, Nomos Verlagsgesellschaft, 27(2001).

③ Laura Clérico, Die Struktur der Verhältnismäßigkeit, Nomos Verlagsgesellschaft, 85(2001).

④ 王书成:《论比例原则中的利益衡量》,载《甘肃政法学院学报》2008年第2期,第29页。

⑤ 参见戴昕、张永健:《比例原则还是成本收益分析:法学方法的批判性重构》,载《中外法学》2018年第6期,第1519-1545页。

⑥ 参见黄铭辉:《成本效益分析在我国行政法上应用可能性之研究——兼论"比例原则"的解构》,中国台湾地区台北大学法学系2000年硕士论文。

具有重要的裁量指引与规范功能。而且,比例原则不仅有助于防止权力滥用,而且还可以规范权利滥用,比例原则在私法中有广阔的适用空间。为了有效发挥比例原则的预期规范功能,应当不断推进比例原则的精确化。

(二) 比例原则蕴含有精确化的内在需求

推进比例原则的精确化,是比例原则的内在需求。比例原则结构中的"最小损害""成比例""均衡性"等经济学术语,客观要求合比例性分析变得更加精确。通过仔细分析比例原则的要求,"可以发现它实际上是要政府做比较精确的计算。"[1]然而,比例原则"并没有借助数学上的比例概念获得任何客观性和确定性。"[2]法学表达数学化可以提高法学的科学性,展示价值观分歧的实质,剔除语义分析的模糊,可以使得基本价值的权衡与选择能够获得更为明晰的数据与数学化支持。比例原则"强烈表征了法学表达数学化的内在需求"。[3]

当立法者、行政者面对多种可能有助于拟追求目的的手段时,必要性原则要求他们在适当情形下进行科学计算,对多种不同的手段所造成的损害进行客观比较分析,以最终确定哪个手段是最小损害的。正如德国法学家希尔施贝格所言:"在一般情况下,立法者或规则制定者除了总体计算平均上的最小损害,以确定什么是最小损害的手段外,别无他法。"[4]当立法者、行政者挑选出最小损害的手段后,只有通过适用精确化后的均衡性原则,才可能对手段造成的损害同其所促进的收益是否成比例进行更加理性的判断。究竟是成多大的比例,在一些情形下或许需要得出准确的数值,才能使决策更加科学。对于法官而言,只有运用精确化后的比例原则,才能更好地对立法者、行政者所选择的手段进行合比例性监督,才能减少司法专断或司法腐败。

比例原则的精确化不仅具有必要性,而且具有可行性。"比例原则是一个太年轻的核心概念。"[5]虽然当代法律中比例原则的适用历史并不算

---

[1] 沈岿:《风险规制决策程序的科学与民主》,载沈岿主编:《风险规制与行政法新发展》,法律出版社 2013 年版,第 301 页。

[2] 戴昕、张永健:《比例原则还是成本收益分析:法学方法的批判性重构》,载《中外法学》2018 年第 6 期。

[3] 涂少彬:《论法学表达数学化的可能及限度——基于经济学与比例原则的切入》,载《法学评论》2020 年第 4 期,第 45 页。

[4] Lothar Hirschberg, Der Grundsatz der Verhältnismäßigkeit, Schwartz, 66(1981).

[5] Walter Leisner, Der Abwägungsstaat: Verhältnismäßigkeit als Gerechtigkeit? Duncker & Humblot GmbH, 39(1997).

长,但已经产生了大量关于比例原则的立法文本、行政资料、司法判决以及学术文献,而且由于不同学科的快速发展,特别是法经济学分析的兴起,为比例原则的精确化提供了有利条件,使比例原则的精确化具有可行性。

推进比例原则的精确化,可以有力破解比例原则的适用危机。比例原则本身并不存在"深刻的谬误",作为自然正义化身的比例原则,应当永远"在位"。比例原则的精确化不仅具有外在迫切性,而且也是合比例性分析的内在需求。通过深入挖掘发现目的正当性原则、适当性原则、必要性原则和均衡性原则的规范内涵,引入可操作的合比例性分析技术与适用方法,可以有效祛除比例原则适用时存在过大的主观性与不确定性的弊端,最终有利于充分保障每位公民的人格尊严。随着比例原则全球化的进程日益加快,深入推进合比例性分析的精确化已变得刻不容缓。

第二章 目的正当性原则的引入及适用

"警察不能用大炮打麻雀"①,是对比例原则的形象描述。警察用大炮打麻雀,不仅对麻雀造成了过度损害,而且还浪费了不必要的政府财政资源。然而,为什么要"打麻雀"?"打麻雀"的目的就一定是正当的吗?传统的"三阶"比例原则虽然是关于目的与手段关系的原则,但在规范结构上却并不直接评价目的的正当与否。目的是行为的出发点,目的正当是手段正当的前提。即使用一个正当的手段,但如果是为了去实现一个不正当的目的,也是无法令人接受的。比例原则本质在于调整目的与手段的理性关系,当然应对目的正当与否进行评判,而不应仅仅只评价手段的正当性。

传统的"三阶"比例原则在规范结构上并不包括目的正当性原则,这与其产生时"无法律便无行政"的自由法治国历史背景有关。随着时代环境的变化,近些年来很多国家的法院实际上以不同的方式审查了公权力行为的目的正当性,归结起来可以分为三种类型:目的正当性一般审查类型、目的足够重要性审查类型和目的正当性分类审查类型。目的正当是公权力行为正当的前提,将目的正当性原则纳入比例原则之中而确立"四阶"比例原则,有利于限制立法者、行政者的目的设定裁量,有利于实现实质正义,充分保障人权,还有利于促进民主反思,改善民主质量。法官在个案中首先应当查明立法者、行政者的真实目的,否定明显不正当的目的,然后以适度的司法克制与尊让综合评判目的的正当性。

一、传统比例原则中目的正当性原则的缺失

传统"三阶"比例原则的形成标志,是1958年德国联邦宪法法院作出的药房案判决。② 自药房案之后,大多数学者们基本都是将比例原则分为三个

---

① Fritz Fleiner, Institutionen des deutschen Verwaltungsrechts, neubearb. Aufl. 8., Tübingen: Mohr, 404(1928).

② BVerfGE 7, 377-Apotheken-Urteil.

子原则。例如,1973 年,德国学者埃贝哈德·格拉比茨在《联邦宪法法院中的比例原则》一文中认为,广义的比例原则包括适当性原则(Geeignetheit)、必要性原则(Erforderlichkeit)、狭义比例原则(Verhältnismäßigkeit im engeren Sinne)。[1] 1981 年,德国学者洛塔尔·希尔施贝格在其专著《比例原则》中也认为,比例原则要求具体案件中的手段具有适当性、最小损害性与狭义合比例性。[2] 中国学者们在引介德国的比例原则时,也基本上都是将其分为类似的三个子原则。[3]

由此可以发现,传统"三阶"比例原则并不包括目的正当性原则。如果说目的与手段关系自身包含着一个逻辑完备的论述体系的话,那么比例原则在适当性审查时,就对这个论述体系进行了"截流"。目的正当性成为比例原则审查的"绝迹之地"。[4] "任何不追求正当目的的决定显然是不合理的。"[5] 只有目的正当,才能产生正当的行为;如果作为起点的目的不正当,由此目的而产生的行为也就自然不正当。"目的审查将会使很多政府行为产生合宪性问题。"[6] 因此,如果比例原则不评价公权力行为的目的正当性,就会使很多目的不正当的公权力行为无法受到司法审查,从而使公民的权利得不到有效保障。

然而,对于究竟是否应将目的正当性原则纳入比例原则,目前还存在较大的争议,主要可以分为独立子原则说、前提说、包含说和否定说等代表性观点。

独立子原则说。该学说认为,目的正当性原则应作为比例原则的独立子原则。例如,德国著名学者斯特芬·德特贝克在其教科书中认为,比例原则的第一阶段应为目的审查(Zweckprüfung),"法院首先应当查明国家

---

[1] Vgl. Eberhard Grabitz, Der Grundsatz der Verhältnismäßigkeit in der Rechtsprechung des Bundesverfassungsgerichts, AöR98,570(1973).

[2] Vgl. Lothar Hirschberg, Der Grundsatz der Verhältnismäßigkeit, Schwartz, 50(1981).

[3] 参见黄学贤:《行政法中的比例原则研究》,载《法律科学》2001 年第 1 期;余凌云:《论行政法上的比例原则》,载《法学家》2002 年第 2 期;郝银钟、席作立:《宪政视角下的比例原则》,载《法商研究》2004 年第 6 期;蒋红珍:《论比例原则——政府规制工具选择的司法评价》,法律出版社 2010 年版;姜昕:《比例原则研究:一个宪政的视角》,法律出版社 2010 年版;韩秀丽:《论 WTO 法中的比例原则》,厦门大学出版社 2007 年版;姜明安主编:《行政法与行政诉讼法》(第五版),北京大学出版社、高等教育出版社 2011 年版。

[4] 蒋红珍:《论比例原则——政府规制工具选择的司法评价》,法律出版社 2010 年版,第 111 页。

[5] Julian Rivers, Proportionality and Variable Intensity of Review, 65(1) Cambridge L. J.174, 195(2006).

[6] Ashutosh Bhagwatt, Purpose Scrutiny in Constitutional Analysis, 85 Cal. L. Rev. 297, 301(1997).

活动的目的,……然后再审查这种目的是否合法或违法。……如果国家追求一个违法的目的,就会损害权利,这种国家活动也就不再具有合比例性。"①英国学者弗兰西斯克·J.乌尔维纳认为,比例原则本质上包括四个部分:正当目的、适当性、必要性与狭义比例性。② 原以色列最高法院院长阿哈龙·巴拉克在《比例原则:宪法权利及其限制》一书中也认为,适当性的目的应当是比例原则的应有组成部分。③ 谢立斌认为,"比例原则的审查包括四个步骤",④其中第一个步骤为目的正当性审查。

前提说。该学说承认目的正当性原则的价值,但认为不应将其纳入比例原则之中,而应作为合比例性分析的前提。如迪特·格林认为,"确定法律的目的是独立于比例原则测试中手段目的分析的,查明目的并不是比例原则的组成部分,而是比例原则的基础与起点"。⑤ 蒋红珍认为,应将目的正当性审查作为比例原则的"预备阶段"。目的正当性审查并不具有阶层秩序意义上的独立性,由此并不改变传统三分论的结构。当政府措施无法满足目的正当性审查时,应根据"不正当目的"或相关具体标准作出实质合法性判断的审查结论。⑥

包含说。该学说认为,传统比例原则本身就包括目的正当性原则。有观点认为,适当性原则已经包含了目的正当性判断。如杨登峰认为,"比例原则通常没有明确列明合目的性这一要件",但适当性包含目的正当性。⑦ 另有观点认为,均衡性原则包括目的正当性分析。如崔梦豪认为,"均衡性原则通过价值判断来审视行政主体目的的合理性"。⑧

---

① Steffen Detterbeck, Allgemeines Verwaltungsrecht: mit Verwaltungsprozessrecht, 10. Aufl., Beck, 67(2012).

② See Francisco J. Urbina, Is It Really That Easy? A Critique of Proportionality and 'Balancing as Reasoning', 27 Can. J. L. & Jurisprudence 167, (2014); Francisco J. Urbina, A Critique of Proportionality, 57 Am. J. Juris.49, 49(2012).

③ See Aharon Barak, Proportionality: Constitutional Rights and their Limitations, Cambridge University Press, 529-548(2012).

④ 谢立斌:《药店判决》,载张翔主编:《德国宪法案例选释:基本权利总论》(第1辑),法律出版社2012年版,第66页。

⑤ Dieter Grimm, Proportionality in Canadian and German Constitutional Jurisprudence, 57 University of Toronto Law Journal383, 388(2007).

⑥ 参见蒋红珍:《目的正当性审查在比例原则中的定位》,载《浙江工商大学学报》2019年第2期,第55页。

⑦ 参见杨登峰:《从合理原则走向统一的比例原则》,载《中国法学》2016年第3期,第98页。

⑧ 参见崔梦豪:《比例原则在行政诉讼中的适用——以28个典型案例为分析对象》,载《财经法学》2019年第2期,第141页。

否定说。该学说认为,比例原则不包括目的正当性原则。如阿列克西认为,将目的正当性原则作为合比例性分析的首要阶段是多余的,甚至还可能导致危险的理性判断。① 戴昕、张永健认为,目的正当性审查会使比例原则审查在第一阶段"即有很大概率会寿终正寝",会导致"合理性分析中出现客观性和逻辑性缺失的风险"。② 梅扬认为,目的正当性审查会挤压比例原则对裁量权治理功能的发挥空间,会使得目的正当性的道德直觉占据审查者的头脑,"将目的正当性纳入比例原则的作用范畴并无必要"。③

目的正当性原则具有日益重要的时代价值,应作为比例原则的首要子原则。政府是公共利益的代言人,政府的任何行为都必须是出于正当目的。立法者、行政者可以对公民权利进行限制,但是这种限制首先必须是出于正当的目的。"有必要判断每一个目的是否正当。"④只有正当的目的才能证明对基本权利的限制是正当的。⑤ "目的本身并非不受任何限制,目的本身必须符合宪法。"⑥目的和手段无法分离,为了更加全面和更有逻辑地分析目的手段关系,不宜将目的正当性原则作为"预备阶段"而与比例原则并列。传统"三阶"比例原则并不直接包含目的正当性审查要素,其三个子原则负有各自独特的功能。逻辑结构完整的比例原则,应包括目的正当性原则、适当性原则、必要性原则和均衡性原则四个子原则。

二、目的正当性原则缺失的历史解读

要弄清传统的"三阶"比例原则在规范结构上为什么不包括目的正当性原则,应当考察比例原则的起源与发展。

---

① See Robert Alexy, Proportionality and Rationality, in Vicki C. Jackson & Mark Tushnet ed., Proportionality: New Frontiers, New Challenges, Cambridge University Press, 14(2017).
② 参见戴昕、张永健:《比例原则还是成本收益分析:法学方法的批判性重构》,载《中外法学》2018年第6期,第1528页。
③ 参见梅扬:《比例原则的适用范围与限度》,载《法学研究》2020年第2期,第62页。
④ Kai Möller, Proportionality: Challenging the critics, 10 Int'l J. Const. L. 709, 712 (2012).
⑤ Dieter Grimm, Proportionality in Canadian and German Constitutional Jurisprudence, 57 University of Toronto Law Journal 383, 387(2007).
⑥ 许玉镇:《比例原则的法理研究》,中国社会科学出版社2009年版,第55页。

（一）自由法治国下的立法目的和行政目的

传统的"三阶"比例原则发源于18世纪末期的德国警察法。1791年，普鲁士改革家卡尔·戈特里布·斯瓦雷茨在一次报告中首次提出了必要性原则："只有在必要的(notwendig)情形下，国家才能限制公民自由，以确保所有人的自由与安全。"① 随后，1794年颁布的《普鲁士普通州法》第10章第17条以文本的形式规定了必要性原则："警察可以采取必要的措施，以维护公共安宁、公共安全与公共秩序，预防对公众或个人的潜在危险。"② 在此之后，必要性原则得到了广泛运用。

著名的普鲁士高等行政法院十字架山案的(Kreuzberg-Urteil)判决，标志着必要性原则的最终全面确立。该判决认为，没有进一步法律授权，警察不得采取不必要的措施追求公共利益，因而，"建筑规定超出了警察法应当遵守的法律界限"。③ 十字架山案判决是"实施与发展法治国家警察法原则的起点"，④ 它宣示了自由法治国的基本理念，认为国家只有在必要时，才可以限制公民的权利与自由。政府只能消极地"维护秩序"，而不能积极地"增进福祉"。如果政府要积极追求公共利益，必须有法律的授权。

1895年，首次将必要性原则称为比例原则的，似乎为德国行政法学奠基人奥托·迈耶。⑤ 自此之后，德国法院的判决以及相关文献开始大量使用比例原则这一称谓，但在内容上与必要性原则并无多大差异。1931年普鲁士颁布《普鲁士警察行政法》，进一步详细地以文本的形式规定了必要性原则，该法第41条第2款规定："如果有多种手段可以消除对公共安全、公共秩序的破坏，或能有效地防御危险，则警察机关应当尽可能地选择一种对相关人员与一般大众损害最小的手段。"⑥ 此条规定提出了最小损害原则，对必要性原则的内涵进行了深化，明确了如果警察机关有必要采取手段，只能选择最小损害的手段。

在相当长一段时间内，比例原则只是等同于必要性原则。从内容上看，必要性原则首先要求警察机关的行为必须有议会法律的授权依据，然

---

① Carl Gottlieb Svarez, Vorträge über Recht und Staat, Hrsg. von Hermann Conrad und Gerd Kleinheyer, Westdeutscher Verlag, 486 (1960).
② Allgemeines Landrecht für die Preußischen Staaten, §10 II 17.
③ PrOVGE9, 353(384)-Kreuzberg-Urteil.
④ Joachim Rott, 100 Jahre "Kreuzberg-Urteil" des PrOVG, NVwZ363, 363(1982).
⑤ Otto Mayer, Deutsches Verwaltungsrecht, Duncker & Humblot, 267(1895).
⑥ Das Preußische Polizeiverwaltungsgesetz, vom 1. Juni 1931, §41(2).

后再在此依据下权衡是否有必要采取相应手段,而不得积极主动促进公共利益。之所以产生这种情况,是与当时的历史背景分不开的。自 1789 年法国大革命以来,"自由、平等、博爱"思想在世界广泛传播,德国也深受其影响,开始实行民主法治,国家从政治专制的"警察国"迈入自由法治国。在此时期,国家活动的重点是不干预公民自由,国家职能仅限于维护公共安全与基本秩序。对于行政来说,行政职能极其有限,"无法律便无行政",一切国家行政必须符合法律,不得违反法律保留与法律优先原则。

由于自由法治国的行政只是对法律形式的、消极的、机械的执行,所以行政目的几乎都是由法律事先设定好的。国家行政对公民自由的侵犯只能在符合法律目的的情况下,在必要限度内以最小损害的手段为之。在自由法治国背景下,由于法律的至上性,立法目的几乎不会被质疑,行政机关也很难有自己的目的,所以在当时主要适用于警察行政法领域的比例原则,在形式的自由法治国背景下也就缺乏目的正当性原则得以产生的制度基础。

(二) 实质法治国下的目的设定

形式意义上的自由法治国对于削减"警察国"过于庞大的专制权力,确立和保障公民个人自由无疑具有重要意义。直到魏玛共和国末期,形式意义上的法治国理念还占据着主导地位。但是,由于过度形式化倾向,"对法治国家进行形式化的理解,最终导致法治国家蜕变成为'法律国家',甚至与法治风马牛不相及的'暴力国家'"。[①] 1933 年,德国纳粹政权粉墨登场,废止《魏玛宪法》,将所谓的民族、人民利益置于个人利益之上,政治领袖的个人意志以国家法律的形式出现。"在第三帝国时期(1933—1945),德国的法治国家沦为法制国家,任何内容,包括恶法,都可以成为法律的内容。"[②]"纳粹式的形式法治国",其实就是"形式法制国,实质专制国"。

鉴于纳粹政权的惨痛教训,德国 1949 年《基本法》将人的尊严作为第 1 条,人权保障成为一切国家机关的基本义务,真正意义上的实质法治国得以确立。"根据实质的法治国家概念,一切国家行为必须符合实质上的公正理念。"[③]实质法治国不再单纯地强调形式要素,而主张形式要素应为实质正义服务。公民基本权利具有约束所有国家活动的效力,只要是侵犯

---

① 邵建东:《从形式法治到实质法治——德国"法治国家"的经验教训及启示》,载《南京大学法律评论》(2004 年秋季号),法律出版社 2004 年版,第 165 页。
② 伯阳:《德国公法导论》,北京大学出版社 2008 年版,第 37 页。
③ 伯阳:《德国公法导论》,北京大学出版社 2008 年版,第 36 页。

了人的尊严,不当地限制了公民基本权利,哪怕是议会的立法,也是无效的。在实质法治国背景下,立法机关再也不能任意设定目的,行政机关的目的也不再完全由立法机关限定,行政机关可以自主设定自己的目的。

正是在由形式法治国向实质法治国转变的过程中,单纯的必要性原则无法有效规范"二战"后出现的大量具有挑战性的问题,所以才产生了狭义的比例原则。作为一个独立的法律原则,狭义的比例原则是在"二战"后的 50 到 60 年代间发展起来的。[①] 大约在 20 世纪 50 年代,德国一些法律中已开始出现类似狭义比例原则内容的条文。例如,黑森州 1950 年颁布的《黑森州公权力直接强制执行法》第 4 条规定:"在直接强制执行时,应当选择对相关方与公众损害最小的手段,并且损害与行为所追求的目的不能明显不成比例(Mißverhältnis)。"[②]1953 年,德国《联邦行政执行法》第 9 条规定:"强制手段应当与其所追求的目的成均衡性比例。强制手段应当尽可能最小损害相关方与公众的利益。"[③]1955 年,学者鲁普雷希特·冯·克劳斯在其名著《比例原则在行政法手段必要性中的意义》中使用了狭义的比例原则(Verhältnismäßigkeit im engeren Sinne)一词。[④] 自此之后,狭义比例原则得到了广泛的运用,它对政府公权力行为提出了更高要求:即使是正当目的,并非只要手段损害最小就一定要实现。

狭义比例原则的产生,似乎在某种程度上已经开始将公权力行为的目的纳入考量范围了,但是其仍然没有直接评价公权力行为目的的正当与否。狭义比例原则是对目的审查的"跳跃"。该原则要求公权力行为者拟采用的追求某个正当目的的手段不仅应当损害最小,而且其所增进的公共利益同其所造成的损害应当成狭义比例。狭义比例原则是在目的正当性的前提下,对公权力行为者限制公民权利目的的进一步评价,即评价正当目的是否有必要实现。如果符合狭义比例原则,目的与手段之间具有均衡关系,则该正当目的就有必要实现,反之则否。

或许有观点认为可以在狭义比例原则审查中同时审查目的正当性,但如果这样,就会造成比例原则适用逻辑的混乱,因为如果将目的正当性审查置于狭义比例原则中,那么前面两阶段的适当性审查、最小损害审查可

[①] See Lothar Hirschberg, Der Grundsatz der Verhältnismäßigkeit, Schwartz, 7-9(1981).

[②] Hessisches Gesetz über die Anwendung unmittelbaren Zwanges bei Ausübungöffentlicher Gewalt, vom 11. November 1950,§4.

[③] Verwaltungsvollstreckungsgesetz (VwVG) (des Bundes) (1953),§9.

[④] Rupprecht von Krauss, Der Grundsatz der Verhältnismässigkeit in seiner Bedeutung für die Notwendigkeit des Mittels im Verwaltungsrecht, Appel, 15(1955).

能就会白费精力。换言之,如果没通过目的正当性审查,就无须进行适当性审查、最小损害审查、狭义合比例性审查。因此,适用比例原则的完整逻辑顺序应当是先判断目的是否正当,然后判断手段是否适当、是否损害最小,最后判断手段与目的之间是否成狭义比例。

三、目的正当性审查:比较法考察

虽然传统的"三阶"比例原则在规范结构上并不包括目的正当性原则,但随着实质法治的重要性日益突出,目的正当性已经受到了全球重视。在近些年的司法实践中,越来越多的国家在运用比例原则的过程中,已经开始以不同的方式审查公权力行为的目的正当性。归结起来,对目的正当性的审查主要存在三种类型:第一种是以德国为代表的目的正当性一般审查类型,认为不违背宪法的目的就是正当的;第二种是以加拿大、英国等为代表的目的足够重要性审查类型,认为限制权利只有足够重要的目的才是正当的;第三种是以美国为代表的目的正当性分类审查类型,认为不同审查强度的案件,对目的正当性要求也不同。

(一)目的正当性一般审查

在德国,实际上早在1958年的药房案判决中,联邦宪法法院就已经进行了目的正当性审查,但没有受到充分关注。原告质疑巴伐利亚《药房法》第3条第1款限制设立新药房的规定违宪。为了查明此条的真实立法目的,联邦宪法法院考察了相关历史资料。根据巴伐利亚内政部的声明,"如果不限制药房数量,将会破坏药物供给,因而出于保护公众健康的原因,应当为新药房的开设设立必要的界限。"[①]巴伐利亚州府的代表在听证会上也曾经指出,此条的目的是为了"保持合理的药剂师数量,并因而保障公众健康。"[②]联邦宪法法院分析相关资料后,认为巴伐利亚《药房法》第3条第1款所欲达到的保护公众健康的目的无疑属于重大公共利益,保持有序的药物供给无疑也有利于保护公众健康,所以巴伐利亚《药房法》第3条立法目的是正当的。通过再审视药房案的判决可以发现,联邦宪法法院其实已经进行了目的正当性审查,但学者们对药房案的关注主要集中于对职业自由限制手段的适当性、最小损害性、狭义比例性审查。

---

① BVerfGE 7, 377(413)-Apotheken-Urteil.
② BVerfGE 7, 377(414)-Apotheken-Urteil.

近些年来,目的正当性审查在德国越发受到重视,目的正当性在联邦宪法法院中的表述也已越来越频繁。2004年,德国联邦宪法法院对住宅监听条款进行了目的正当性审查。联邦宪法法院首先指出:"住宅监听的限制措施是符合宪法的正当目的,"然后从可以预防犯罪等角度分析了住宅监听目的的正当性。最后,联邦宪法法院认为:"虽然追求正当目的,所运用的手段也具有适当性与必要性,但《刑事诉讼法典》§ 100c Abs.1 Nr. 3 条款规定的住宅监听只是部分的符合《宪法》第13条第(3)项对严重犯罪的住宅监听规定。"①最终,由于不符合《宪法》第13条第(3)项的规定,联邦宪法法院否定了住宅监听条款的效力。从此案可以看出,联邦宪法法院将目的正当性作为比例原则的第一个部分。在此之后的一系列判决中,联邦宪法法院也多次提及了比例原则中的目的正当性。例如,在2006年Rasterfahndung一案中,联邦宪法法院认为,"国家对基本权利的侵犯只能在正当的目的下,采用具有适当性、必要性、均衡性的手段。"②在2007年Kontostammdaten一案中,联邦宪法法院也认为:"比例原则要求,侵犯基本权利必须服务于正当目的,实现目的的手段必须具有适当性、必要性与均衡性。"③从德国联邦宪法法院近些年的案例中可以发现,目的正当性已成为比例原则的必然组成部分。立法者、行政者对公民权利进行限制时首先必须具备正当的目的,然后再选择适当性、必要性与均衡性的手段。

在欧洲,欧洲法院也作了类似于德国的目的正当性审查:"只有是追求与条约不冲突的正当目的,并且可以被公共利益所证立,限制自由才是正当的;如果符合此条件,达到目的的手段还必须适当,并且不能超出必要的限度。"④欧洲人权法院作法也相似,"欧洲人权法院并不是一开始就聚焦于手段的有效性,而是聚焦于所追求的目的的正当性。"⑤ 例如,欧洲人权法院在案件中认为:"……目的是正当的,符合公约第10条第2项为了保护民主社会中的道德的目的要求。"⑥

---

① BVerfGE109, 279(335)-Großer Lauschangriff.
② BVerfGE 115, 320(345)-Rasterfahndung.
③ BVerfGE 118, 168(193)-Kontostammdaten.
④ Case C-341/05, Laval un Partneri Ltd. v. Svenska Byggnadsarbetareförbundet and Others, 2007 ECR I-11767.
⑤ Jonas Christoffersen, Fair Balance: Proportionality, Subsidiarity and Primarity in the European Convention on Human Rights, Martinus Nijhoff, 166(2009).
⑥ Handyside v the United Kingdom, (5493/72) [1976] ECHR 5 (7 December 1976).

（二）目的足够重要性审查

1. 加拿大的欧克斯标准

在加拿大，最高法院在 1986 年的欧克斯案件中确立了四个欧克斯标准，或称为欧克斯测试标准。① 具体来说，欧克斯的四个标准为：（1）目的足够重要性原则：对权利限制的目的必须足够重要，该目的至少是紧迫与实质的。（2）合理关联性原则：对权利限制的手段与所追求的目的间有合理的关联，手段不能是专断的、不公平的或基于非理性考虑的。（3）损害尽可能少原则：对权利限制所造成的损害应当尽可能的少。（4）均衡性原则：手段所造成的损害与足够重要的目的所产生的效果成比例。第一阶层的标准即目的足够重要性原则，是审查公权力行为正当性的标准，它要求对权利限制的目的必须足够重要，目的必须是在自由与民主社会中具有紧迫性与实质性，否则限制权利便不正当。

欧克斯案件的基本案情为：大卫·埃德温·欧克斯（David Edwin Oakes）被发现持有 8 小瓶每瓶 1 克的大麻油与 619.45 加元，因而被指控违反加拿大《毒品控制法》，持有毒品意图非法交易。欧克斯辩称价值 150 加元的大麻油是自用的，619.45 加元来自一个工人的补偿金。根据加拿大《毒品控制法》第 8 条规定，被指控人应当提供证据证明自己持有毒品不是用于非法交易。欧克斯认为此条规定违宪，侵犯了《加拿大权利与自由宪章》第 11 条 d 款规定的无罪推定的权利。

在欧克斯案判决书中，加拿大最高法院大法官布莱恩·迪克森认为，在自由与民主社会中，一项权利限制要被合理且明确的证立，必须满足两个核心标准。"第一，限制宪章权利或自由的手段所要达到的目的必须足够重要（sufficient importance），以确保能压倒宪章权利或自由。"对于什么是足够重要的目的，迪克森认为，"至少相关目的在自由与民主社会中是紧迫与实质的（pressing and substantial），才能被认为是足够重要的。"另外一个标准就是，"一旦某个目的被认定为足够重要，接下来就应当分析所选择的手段是可以得到合理且明确的证立的。这就涉及'某种形式的比例原则测试'。"② 根据此两大标准，大法官迪克森从国际与国内两个层面进行了

---

① R. v. Oakes, [1986] 1 S.C.R.103 [Oakes].

② R. v. Oakes, [1986] 1 S.C.R.103 [Oakes].

论证,认定了议会减少毒品交易的目的是紧迫与实质的,符合限制权利所要求的目的重要性原则,因而目的具有正当性。但是,加拿大最高法院认为,《毒品控制法》第 8 条并没有满足合理关联原则,即限制公民权利的手段与减少毒品交易的目的不具有合理关联性,也就是公民持有毒品与试图交易之间没有合理关联。所以加拿大最高法院最终作出判决,认定《毒品控制法》第 8 条违宪。从此案件可以看出,加拿大最高法院将足够重要的目的作为公权力机关限制宪章权利的首要条件,如果政府为了不足够重要的目的而限制公民基本权利,其目的就是不正当的。

2. 英国的比例原则

英国是一个相对保守的国家,在司法审查中主要运用温斯伯里合理原则(Wednesbury reasonableness)审查政府行为的合理性,对比例原则长期持怀疑甚至拒绝态度。但近些年来,特别是从 GCHQ 案到《1998 年人权法案》(Human Rights Act 1998)颁布以来,英国法展现给我们的是一幅惊人的变化图景,其已开始逐步接纳比例原则。①

1999 年,在德弗雷塔斯(de Freitas)②一案中,克莱德勋爵确立了三阶测试的标准,可以说是德国比例原则的变体,其首要标准也是目的足够重要原则。在判决书中,克莱德勋爵提出,法院在确定对权利的某项限制是否是专断或过度时应当查明:(1)立法目标是否足够重要,以证立对基本权利的限制;(2)实现立法目的的手段与该目的间有合理关联;(3)对权利或自由的限制不能超过所要实现目的的必要限度。③ 通过此案的判决可以发现,足够重要的立法目的是限制基本权利的首要条件。

此外,澳大利亚、爱尔兰、以色列、南非等国家的法院也采用了与欧克斯标准相似的标准。④

---

① See Andreas von Arnauld, Theorie und Methode des Grundrechtsschutzes in Europa: am Beispiel des Grundsatzes der Verhältnismäßigkeit, 1 EuR 41, (2008). 此文的中文译文参见[德]安德烈亚斯·冯·阿尔诺:《欧洲基本权利保护的理论与方法——以比例原则为例》,刘权译,载《比较法研究》2014 年第 1 期。
② Elloy de Freitas v. The Permanent Secretary of Ministry of Agriculture, Fisheries, Lands and Housing and Others [1999] AC 69.
③ [英]威廉·韦德著:《行政法》,徐炳等译,中国大百科全书出版社 1997 年版,第 70 页。
④ See Sujit Choudhry, So What Is the Real Legacy of Oakes? Two Decades of Proportionality Analysis under the Canadian Charter's Section 1, 34 Sup.Ct.L.Rev. (2d), 501(2006).

(三) 目的正当性分类审查

美国的三重审查基准,实际上履行着类似于德国比例原则的部分功能。虽然美国权利法案并没有直接规定对基本权利的限制条款,但这并不表明不能够限制公民的基本权利。在司法实践中,根据权利的种类与"可疑分类"的标准,对基本权利限制案件的司法审查基准分为三种:最小审查(minimal scrutiny)、中度审查(intermediate scrutiny)与严格审查(strict scrutiny)。这三种不同的审查强度,对应着公权力行为的三种不同目的要求,以及三种不同的目的与手段之间的关系。

对于不同的案件,美国法院会首先确定适用何种审查强度,然后再根据不同的审查强度的要求,分类审查公权力行为的目的正当性。最小审查,主要涉及对经济性权利、财产性权利等的限制,以及不属于"可疑分类"与"准可疑分类"的分类,它要求公权力行为的目的必须是"正当的政府利益"(legitimate governmental interest);[1]中度审查,主要涉及对商业言论、公共论坛言论等的限制,以及基于性别或年龄等的"准可疑分类",它要求公权力行为的目的必须是"重要的政府目的"(important governmental objective);[2]严格审查,主要涉及政治言论、宗教信仰自由、结社自由、选举权、投票权、迁徙权等,以及基于种族、国别等的"可疑分类",它要求公权力行为的目的必须是为了"迫切的国家利益"(compelling state interest)、"紧迫的公共必要性"(pressing public necessity)、"实质的国家利益"(substantial state interest)。[3] 分类审查被认为是20世纪的一项重大的司法发明。不管是何种强度的司法审查,其本质都是对政府公权力行使的目的和对政府拟采用的手段与欲达到的目的之间关系的评价。审查政府公权力行使的目的是美国分类审查的必要元素。[4]

(四) 对目的正当性审查类型的评价

从以上不同国家的司法实践可以看出,虽然传统的"三阶"比例原则

---

[1] Erwin Chemerinsky, Constitutional Law: Principles and policies, 3rd Edition, Aspen Publishers, 677(2006).

[2] See Mississippi Univ. for Women v. Hogan, 458 U.S. 718, 724 (1982); Mathews v. Lucas, 427 U.S. 495, 508 (1976).

[3] See Aharon Barak, Proportionality: Constitutional Rights and their Limitations, Cambridge University Press, 284(2012).

[4] See Calvin Massey, The Role of Governmental Purpose in Constitutional Judicial Review, 59 S. C. L. Rew. 1, 17(2007).

在规范结构上并不包括目的正当性原则,但世界上已经有越来越多的法院,开始对公权力行为者的目的正当性进行不同方式的合比例性审查。

在德国,联邦宪法法院认为目的正当性是比例原则审查的第一阶段,在进行手段分析之前首先应当进行目的分析。至于如何判断目的正当性,联邦宪法法院只是简单地认为,只要经审查没有违背《基本法》的目的就是正当的。在加拿大等国家,法院将目的重要性提高到了很重要的高度,作为限制权利审查的第一步,在审查限制权利的案件时,法院首先会查明限制基本权利是否是出于保护足够重要的公共利益,也就是只有足够重要的目的才会被认为是正当的。以加拿大等国家为代表的目的重要性审查标准实际上是欠妥的,因为即使是基本权利,也可能被实行很轻微的限制,所以不能笼统地要求只要是限制基本权利,就必须出于保护足够重要的公共利益。况且,公共利益是否足够重要也不宜作为目的正当性的判断标准,因为目的正当性不同于目的重要性。

目的重要性是对正当目的的更高层次的要求,即只有在具备目的正当性的前提下,才有进一步探讨目的重要性的可能。换言之,目的正当性是目的重要性的判断起点。至于公权力者限制权利的目的是否重要,属于狭义比例原则的判断范畴。如果正当的目的很重要,对权利的损害也很大,但损益成比例,那么此种限制行为就具有正当性。当然,如果有法律明确规定只有为了重要的目的才能限制某项权利,此时目的重要性就成了目的正当性判断必须考量的因素。美国对目的正当性的审查,主要是根据司法实践的判例总结,归纳出了侵犯不同种类的权利应当遵循不同的目的。以美国等国家为代表的对目的进行三重分类的方法适用起来比较方便,大部分情形下主要根据被侵犯的权利种类就可以确定目的的要求,但也过于笼统,不利于个案变通。因为即使是同一项权利,也可能被不同程度的限制,因而就需要根据具体情形,实行不同强度的审查,从而对目的要求也就会不同。美国对目的正当性的分类审查,实际上是糅合了狭义比例原则的审查,或者说是将狭义比例原则的审查提前到了目的正当性审查之中。

四、目的正当性原则引入比例原则的意义

如果公权力行为的目的不正当,即使对公民权利实行最轻微的限制也是不允许的。只有公权力行为目的正当,才可能被允许限制公民权利。对立法者、行政者的目的进行正当性审查,可以有效限制目的设定裁量,实现实质正义,保障人权,并且还能促进实质民主和良好行政。

（一）有效限制目的设定裁量

传统的"三阶"比例原则是对手段选择裁量的规范，而目的正当性审查是对目的设定裁量的规范，它可以起到有效限制目的设定裁量的作用。裁量对现代国家是必要的，特别是自人类社会进入福利国家、风险社会以来，公权力机关的裁量的种类和范围日益扩大。现代国家的裁量无处不在，无孔不入，有利于实现个案正义。但裁量之运用也可能导致暴政和任意专断。① 裁量在发挥其积极功能的同时，也存在被滥用的危险。"所有的自由裁量权都可能被滥用，这仍是个至理名言。"②

在目的设定方面，该不该设定某个目的，如何设定某个目的，立法者、行政者都享有广泛的裁量空间，这当然有利于立法者、行政者有效地行使职能，实现特定国家任务。然而，正是由于存在广泛的目的设定裁量空间，无论是立法裁量，还是行政裁量，都存在被滥用的可能。特别是对于行政裁量，随着"政治与行政二分法"的逐渐衰落，目的设定已不再是立法者的专有职能，行政者也不再是单纯地通过选择手段执行立法者的目的，而是通过作出重大行政决策、制定行政规范等方式广泛设定行政目的。行政裁量急剧扩大，但又缺乏良好的内部自制与外部监督机制，从而使得行政裁量更易被滥用，行政者在设定行政目的时也更易滥用裁量，这已成为当代全球国家堪忧的一个糟糕事实。

行政裁量滥用在中国尤其突出。违法决策、不当决策十分常见，一些行政机关经常以"红头文件"的形式实现不正当目的。例如，2013年，某县政府以"红头文件"的方式，层层摊派烟酒销售，明确了各个乡镇应该完成的销售量，致使许多乡镇干部无心工作。③ 虽然当地政府声称其目的是为了刺激当地烟草消费，但从事后的记者调查可以发现，该县政府以"红头文件"的方式层层摊派烟酒销售的真实目的，实质上是为了获取烟酒销售商给予的"好处"。因此，通过法官对立法者、行政者的目的进行正当性审查，可以起到有效监督目的正当与否的作用，从而使得立法者、行政者在进行目的设定裁量时有所顾忌，避免随意设定目的。

---

① 参见［美］肯尼斯·卡尔普·戴维斯:《裁量正义——一项初步的研究》，毕洪海译，商务印书馆2009年版，第1页。
② ［英］威廉·韦德:《行政法》，徐炳等译，中国大百科全书出版社1997年版，第70页。
③ 徐海波、梁建强:《红头文件摊派卖烟，"县民"人均60包》，载《新华每日电讯》2013年10月30日，第004版。

(二) 实现实质正义,保障人权

由法官对立法者、行政者的目的进行正当性审查,可以实现实质正义,保障人权。在比例原则产生的形式法治国时期,政府的职能极其有限,立法者、行政者的规制行为还相对较少。然而,随着规制国的兴起,特别是自进入 21 世纪以来,政府所面临的各种问题相比以前来说更多、更复杂,各种各样诸如风险预防、环境保护、食品安全、公共卫生、安全生产之类的问题大量涌现,从而使得政府频繁通过限制公民权利的方式来解决这些问题。在当代国家,各种各样的立法规制与行政规制呈爆炸式增长,与之相随的便是大量的目的不正当的立法、行政规范的产生。

哲学家亚里士多德曾经说过:"法治应包含两重意义:已成立的法律获得普遍的服从,而大家所服从的法律又应该本身是制定的良好的法律。"①目的不正当的法律肯定不是良法,而大量"恶法"的存在以形式合法的方式不当地侵犯了公民个人权利,这和"纳粹式的形式法治"没有什么分别。将目的正当性原则纳入比例原则之中,首先能有效规范立法者、行政者的行为,从而可以直接提高代议制民主机关立法与政府立法的立法质量,预防减少"恶法"的产生。就此点来说,目的正当性原则有利于约束立法者、行政者在立法政治过程、行政过程中的行为动机,从而能够在事前和事中减少非正义的法律规范的产生。其次,作为一种重要的司法审查标准,目的正当性原则的公正适用有利于法官事后否定立法者、行政者制定的目的不正当的"恶法",祛除形式法治过于形式化的某些弊端,从而实现实质正义,最终有利于保障人权。

(三) 促进实质民主与良好行政

目的正当性审查有利于促进实质民主与良好行政。反对法院进行目的正当性审查的学者认为,由法院审查民主机构通过立法政治过程作出的立法目的的正当性,会破坏民主,造成"反多数"难题。例如,有学者认为法院审查目的就是重新设定目的,这会引发"宪法法院管辖权的政治问题或制度必要性问题。"②这种反对观点是难以令人信服的。法官通过司法审查推翻民主政治过程的立法,表面上看好像确实是侵犯了民主立法权,

---

① [古希腊]亚里士多德:《政治学》,吴寿彭译,商务印书馆 1983 年版,第 199 页。
② Jan Vollmeyer, Zweckprüfung und Zwecksetzung: wie weit gehen die legislativen Befugnisse des Bundesverfassungsgerichts, DÖV45, 59(2009).

但实际上并没有。

　　法官对立法目的进行正当性审查,不仅没有侵犯立法权力,更没有取代立法权力,而毋宁是对立法权的监督制约。正如德国联邦宪法法院在药房案中所指出的:"法院是相对于立法者保护基本权利的,法院必须能够通过解释基本权利,对立法者应当遵守的界限进行监督。"① 法官审查立法,可以使得立法者有机会对法律规范中的相关问题进行重新评价,并且有机会在将来对相关问题进行重新规范。因而,法官审查立法目的正当性的过程,实际上是一种促进民主反思的过程,可以起到改善民主质量的功能。

　　另外,当代国家行政机关制定的行政规范日益增多,而这些行政规范制定的民主程度并不高,普遍存在"民主赤字"的问题。通过审查存在"民主赤字"问题的行政规范的目的正当性,能有效监督行政机关,从而促进良好行政。

　　因此,目的正当性原则应作为比例原则的首要子原则。无论是立法目的,还是行政目的,所有公权力行为的目的都应纳入比例原则的审查框架。为了突出目的正当性原则的独特价值,也不宜认为传统比例原则包括目的正当性判断,实际上也无法囊括。虽然实践中一些法官在进行适当性原则审查时也会分析目的正当性,但并不必然总会如此,毕竟适当性原则关注的是手段与目的间的实质关联性。尽管均衡性原则涉及目的判断,但其重点并不在于目的正当性分析,而在于目的必要性或重要性判断,即如果某个最小损害的手段所造成的损害,同其拟追求的正当目的所带来收益不成比例,那么该目的就不具有必要性,不应予以实现。由此看来,对于目的必要性的价值判断,属于均衡性原则分析的任务。如果作为前提的目的本身不正当,就不用进入到均衡性原则审查阶段而分析目的必要性。目的正当是"二战"后各国宪法权利法律限制的比例原则的核心标准。② 传统比例原则"对目的正当性原则的忽视必须得到纠正"。③ 目的正当性原则是适当性原则、必要性原则和均衡性原则适用的前提。

　　实际上,关于比例原则中目的正当性的规定,中国相关法律文本中已经有相关规定。例如,2004 年国务院发布的《全面推进依法行政实施纲要》第 5 条规定:"行使自由裁量权应当符合法律目的,排除不相关因素的干扰;所采取的措施和手段应当必要、适当;行政机关实施行政管理可以采

---

　　① BVerfGE 7, 377(410)-Apotheken-Urteil.
　　② 参见范进学:《论宪法比例原则》,载《比较法研究》2018 年第 5 期,第 109 页。
　　③ 郑琳:《基本权利限制之限制——比例原则在香港特区合基本法审查中的发展与启示》,载《财经法学》2019 年第 6 期,第 151 页。

用多种方式实现行政目的的,应当避免采用损害当事人权益的方式。"此条实际上分别对政府行为的目的正当性和手段正当性提出了明确要求。再如,2011年国务院发布的《国有土地上房屋征收与补偿条例》第8条对征收的公共利益目的作了明确列举规定,违反法定情形进行征收就不具有正当性。2012年最高人民法院发布的《关于办理申请人民法院强制执行国有土地上房屋征收补偿决定案件若干问题的规定》第6条规定:"征收补偿决定存在下列情形之一的,人民法院应当裁定不准予执行:……(四)明显违反行政目的,严重损害公共利益;……"。随着法治中国建设的不断推进,对目的正当性进行规定的法律文本必将日益增多。

五、目的正当性的判断方法与标准

目的正当性审查已经成为许多国家的司法实践事实,将目的正当性原则作为比例原则适用的第一阶段,审查立法者、行政者的目的具有诸多价值。应当以科学的判断方法与标准,审查立法者、行政者限制公民权利目的的正当性。目的正当性分析需要客观的判断方法。在运用目的正当性原则审理个案时,法官首先应当查明立法者、行政者的真实目的,否定明显不正当的目的,然后以适度的司法克制与尊让综合判断目的的正当性。

(一) 查明真实目的

要判断公权力行为目的的正当性,首先应当查明真实目的。真实目的应当是立法者、行政者在作出限制公民权利决定的当时所欲追求的目的。一般来说,立法者、行政者在作出相关行为时,都有一个"宣称的目的"。但是却不能轻信这种"宣称的目的",因为在现实中,立法者、行政者所宣称的目的几乎没有不正当的,但却经常以所谓的"正当目的"掩盖"不正当目的"。例如,某市政府打着公共利益的旗号,为了修建603平方米的地铁出口而征地3.5万平方米。① 虽然政府宣称是为了修建地铁的公共利益,但是从建设规划来看,一座"商务办公大楼"将拔地而起。因此,该市政府征地的主观意图是为了获取商业利益,因而其真实目的不具有正当性。当然,该市政府的征地行为同时也违背了必要性原则。

---

① 参见刘俊:《新"贪吃蛇"游戏:一条地铁引发的拆迁博弈》,载《南方周末》2010年12月16日,第A04版。

查明立法者、行政者限制公民权利行为的真实目的并不是很容易。"因为真实目的(actual purpose)的决定因素并不取决于客观标准,所以查明真实目的实际上就变成了对公权力行为者的主观意图(subjective intentions)的调查——将各种不同的主观意图变为单一的真实目的的任务。"①在确定立法者、行政者限制公民权利的真实目的时,应当综合考察探究多种因素,根据立法者、行政者"宣称的目的"、法律的具体条款、立法背景资料、行政决定文书、实际行为的内容等,准确推断出真实目的。

(二)目的正当性的综合评判

查明立法者、行政者的真实目的后,就应当对这种真实目的进行正当性判断。但对于什么是正当的目的,并没有统一的判断标准。德国学者罗伯特·阿列克西认为,只要没有被宪法的侵害授权所排除,那么目的就是正当的。② 这种说法当然是正确的,但只是从反面否定了什么是不正当的目的,并没有表明什么是正当目的。还有一种观点可称为效果论,认为只要能取得好的效果与收益,不管目的为何都是正当的。③ 这种目的正当性的标准实际上就是功利主义与实用主义的标准,容易陷入道德与价值困境。

原以色列最高法院院长阿哈龙·巴拉克认为,应当建立权利的等级秩序,判断限制权利的目的是否正当应根据权利所属的分类。该学者将权利分为两大类:第一类为"基础的"或"高位阶的"权利,第二类为所有其他权利。限制第一类权利的目的必须是为了"紧迫的"或"实质的"公共利益,限制第二类权利的目的必须是为了"重要的"公共利益。④ 直接对权利进行等级分类并不容易,因为在抽象层面上无法判断哪个权利更重要,而且即使对某个被视为较为重要的权利的限制程度也可能是较轻的,此时就未必需要"紧迫的"或"实质的"的公共利益标准,而对某个被视为较为不重要的权利的限制程度可能较重,此时或许就需要"紧迫的"或"实质的"的公共利益的标准。

---

① See Calvin Massey, The Role of Governmental Purpose in Constitutional Judicial Review, 59 S. C. L. Rew. 1, 3(2007).

② See Robert Alexy, Verfassungsrecht und einfaches Recht: Verfassungsgerichtsbarkeit und Fachgerichtsbarkeit, VVDStRL61, 17 (2002).

③ See Calvin Massey, The Role of Governmental Purpose in Constitutional Judicial Review, 59 S. C. L. Rew. 1, 40(2007).

④ See Aharon Barak, Proportionality: Constitutional Rights and their Limitations, Cambridge University Press, 531-533(2012).

比例原则是规范所有公权力行为的基本准则,不管是立法者,还是行政者,不管是对基本权利的侵犯,还是对具体权利的侵犯,都不得违背比例原则。目的正当性是对目的的最低要求,它要求立法者、行政者所追求的目的符合有约束力的国际文件、宪法、法律、相关判例等所确立的基本价值,不得与这些基本价值相违背。总的来说,对于目的正当性判断,可从以下几方面进行:

首先,否定明显不正当的目的。虽然立法者、行政者所追求的目的大部分时候是明显正当的,但也存在明显不正当的情形。"法院在进行目的审查时,首先应当识别出那些天然不正当的政府目的,这些不正当目的试图正当化对某些特定权利的限制。"① 天然不正当的目的不一定有法律的明确排除规定,普通人凭经验与直觉有时就可以作出判断。例如,政府出台的具有地方保护主义或种族歧视内容的规定,就明显不正当。

其次,判断目的是否违反宪法规定。一切公权力行为目的都必须符合宪法。如果不以实现被宪法认可的目标为目的,即由宪法预设或至少被宪法允许的目标,那么国家则根本不得作为。对于宪法要求的目的,立法者应尽快实现;对于宪法禁止的目的,立法者不得实现;对于其他目的,原则上均落入立法者的目的的设定余地。② 例如,如果不是出于保障国家安全或者追查刑事犯罪的需要,就不得侵犯公民的通信自由和通信秘密。因为《宪法》第40条规定:"中华人民共和国公民的通信自由和通信秘密受法律的保护。除因国家安全或者追查刑事犯罪的需要,由公安机关或者检察机关依照法律规定的程序对通信进行检查外,任何组织或者个人不得以任何理由侵犯公民的通信自由和通信秘密。"另外,应判断立法者、行政者限制公民权利的目的是否违背有约束力的国际文件、相关判例等的明确规定。例如,《欧洲人权公约》第5条第1款第5项规定:"基于预防传染病传播的目的,可以对精神失常者、酗酒者、吸毒者或流浪汉予以拘留。"③ 如果不是出于预防传染病传播的目的而拘留这些人员,目的就是不正当的。

对于行政目的而言,不能违背立法目的。立法目的实际上构成了行政职权的内在的、实质的界限。超越了立法目的,就是越权。立法目的就像磁铁一样,强烈地吸引着裁量选择的方向和途径,以保证立法目的和个案

---

① Ashutosh Bhagwat, Purpose Scrutiny in Constitutional Analysis, 85 Cal. L. Rev. 297, 320 (1997).

② 参见陈征:《论比例原则对立法权的约束及其界限》,载《中国法学》2020年第3期,第146-164页。

③ Convention for the Protection of Human Rights and Fundamental Freedoms, Art. 5.

正义的最终实现。行政机关追求不正当目的主要有两种表现形式：一是具体裁量决定所追求的目的不是法律授权的目的，二是在追求法定目的的同时还存在着法律不允许的附属目的或隐藏目的。①

最后，综合判断目的正当性。如果没有发现目的是明显不正当的，也没有与相关法律文本明显相违背，就需要综合考察立法者、行政者行为当时的各种因素。法院在运用比例原则审查目的正当性时，应当区别立法者与行政者的目的。正如德国著名法学家本哈德·施林克所言："目的必须正当，但这对立法者的限定明显少于行政者与司法者。通过基本权利和权限规定可以阻止立法者对一些目的的追求。通过基本权利也可以阻止对另一些目的的追求，只要这些基本权利包含了明确的立法任务，或规定了含蓄的保护义务。但是，追求哪些目的，立法者是自由的。"②对于立法者以立法的形式限制公民权利来说，由于立法者的立法形成余地，再加上严格的立法程序保障，一般能够较好地保证目的正当性，所以应当高度尊重立法者的目的设定权，一般实行较为宽松的审查。对于立法目的，只要不能从宪法文本中证明其非正当，则可以推定立法目的具有正当性，且出于尊重立法者价值评判的考虑，证明和推定应以立法阶段的客观情形为准。③ 对于行政者限制公民权利的行为，特别是以政府立法形式限制公民权利的，由于存在"民主赤字"，而且由于缺乏严格的程序保障，所以应当加强目的正当性审查。

在判断目的正当性时，应当辨别"臆想"目的，即判断立法者、行政者所宣称的目的是否真的存在。如果某个目的没有目的性事实支撑，那么该目的就是一个"臆想"目的。例如，在某项传染病快速流行初期，政府为了预防疫情的扩散，出于保护公众健康的目的而迅速出台某项限制公民人身自由的措施。疫情是否正在扩散就构成了目的性事实。如果疫情确实正在扩散，事态紧急，那么政府限制公民人身自由的目的也就具有了正当性。但如果根本不存在所谓的疫情，或疫情根本不会在人与人之间传播，那么政府所追求的"为了保护公众健康"的目的就是"臆想"的目的，不具有正当性。

---

① 参见余凌云：《行政法讲义》（第三版），清华大学出版社2019年版，第170页。
② Bernhard Schlink, Der Grundsatz der Verhältnismäßigkeit, in: Peter Badura/Horst Dreier, Festschrift 50 Jahre Bundesverfassungsgericht, Klärung und Fortbildung des Verfassungsrechts, Tübingen: Mohr Siebeck, 450(2001).
③ 参见陈征：《论比例原则对立法权的约束及其界限》，载《中国法学》2020年第3期，第156页。

有净收益不等于目的就正当。应处理好目的正当性分析与成本收益分析的关系。不应认为只要能够带来净收益,符合成本收益分析,目的就是正当的,否则就容易陷入功利主义的泥淖。目的不正当的行为,不管能带来多大的收益,都是令人不能接受的。法律虽然不能忽视效率,但更应注重公平。

对于目的正当性原则的具体适用,以交通运输部强制安装车载导航事件为例进行分析。2012年12月31日,交通运输部发布了《关于加快推进"重点运输过程监控管理服务示范系统工程"实施工作的通知》,明确规定为确保北斗兼容车载终端安装进度,进一步支持国家北斗导航战略,自2013年1月1日起,各示范省份在用的"两客一危"车辆(旅游包车、三类以上班线客车和危险品运输车)需要更新车载终端的,应安装北斗兼容车载终端;所有新进入运输市场的重型载货汽车和半挂牵引车应加装北斗兼容车载终端,并接入全国道路货运车辆公共监管与服务平台;鼓励农村客运车辆安装北斗兼容车载终端。自2013年6月1日起,所有新进入示范省份运输市场的"两客一危"车辆及重型载货汽车和半挂牵引车,在车辆出厂前应安装北斗兼容车载终端,重型载货汽车和半挂牵引车应接入全国道路货运车辆公共监管与服务平台。凡未按规定安装或加装北斗兼容车载终端的车辆,不予核发或审验道路运输证。

那么,强制安装车载导航的目的是否正当呢?首先,应查明真实目的。通过直接考察交通运输部2012年12月发布的《关于加快推进"重点运输过程监控管理服务示范系统工程"实施工作的通知》的文件,可以发现这样的关于目的的表述:"做好应用推广工作是北斗导航系统可持续发展的根本保障。道路运输是卫星导航系统应用的重要领域,在道路运输行业成功开展北斗应用示范,不仅有利于增强行业安全监管和应急处置的能力,提升现代化管理水平,而且对北斗卫星导航系统产业化和可持续发展意义重大。"再通过考察交通运输部2013年1月发布的关于《道路运输车辆卫星定位系统北斗兼容车载终端技术规范》等两项技术规范的公告,也可以发现这样的关于目的的表述:"为进一步推进北斗卫星导航系统在交通运输行业的应用,部组织编制了《道路运输车辆卫星定位系统北斗兼容车载终端技术规范》和《道路运输车辆卫星定位系统北斗兼容车载终端通信协议技术规范》。"通过考察这两个文件的相关表述,可以初步得出交通运输部强制安装车载导航的目的,即其所宣称的目的为:应用推广北斗导航系统,使其可持续性发展得到根本保障。

那么,交通运输部相关文件所宣称的目的是否就是其真实目的呢?交通运输部相关领导在相关文件发布后的讲话,可以进一步验证相关文件所宣称的目的的真实性。2013年1月14日,交通运输部相关领导在电视电话会议上表示,"交通运输行业具有点多、线长、面广、移动的特点,目前90%的卫星导航民用用户集中在交通运输系统",所以应当将在交通运输领域强制安装车载导航"作为当前一项重大的政治任务,尽快实现在全行业普及使用北斗卫星导航系统终端。"从此发言可以得出,北斗导航系统的可持续性发展能否得到根本保障,主要取决于其是否能在交通运输系统得到运用,因为目前90%的卫星导航民用用户集中在交通运输系统,所以要在交通运输系统强制安装车载导航仪。

为了准确查明真实目的,需要进一步考察交通运输部推行强制安装车载导航的行政实践。根据目前现有的信息,并没有发现交通运输部试图通过强制安装车载导航获取不正当利益,例如为了获取巨大的资金收益,不存在以"合法"目的掩盖非法目的的事实,所以其所宣称的目的就是其真实目的。

通过考察交通运输部发布的相关法律文本、相关领导的发言以及交通运输部的行政实践,可以得知交通运输部强制安装车载导航的目的为:应用推广北斗导航系统,使其可持续性发展得到根本保障。那么,此目的是否具有正当性呢?为什么要应用推广北斗卫星导航系统使其得到可持续性发展呢?北斗卫星导航系统(BeiDou Navigation Satellite System,简称"BDS"),是中国自行研制的全球卫星定位与通信系统。该系统由空间端、地面端和用户端组成,可在全球范围内全天候、全天时为各类用户提供高精度、高可靠定位、导航、授时服务,并具短报文通信能力。2000年,中国建成北斗导航试验系统。2012年12月27日,北斗导航系统正式对亚太地区提供服务。北斗卫星导航系统(BDS)、美国全球卫星定位系统(GPS)、俄罗斯格洛纳斯系统(GLONASS)和欧盟伽利略定位系统(Galileo),是联合国卫星导航委员会认定的全球卫星导航系统的四大核心供应商。

据相关统计,GPS已垄断了中国95%以上的导航终端,在中国占有市场绝对垄断地位。GPS在中国的广泛普及,加大了国家、企业和个人信息安全的外部威胁。诸如,中国的电信系统、金融系统、电力系统以及互联网领域,之前普遍用的是GPS授时,GPS的授时系统一旦出现问题,造成的损失难以估算。在军事领域,依赖GPS将对国防安全造成极大损害。一些与现代化军事装备有关的信息处理,如果过度依赖GPS系统,一旦GPS系统无法使用或美国停止导航信号的播发,甚至在信号中加入干扰,就会让使用国在军事上陷入极大的被动。① 因此,在中国应用推广北斗卫星导航系统,能够有效消除由于过度依赖 GPS 而存在的安全隐患。对于在中国应用推广北斗卫星导航系统的具体战略意义,相关专家从八个方面作了系统阐释,认为在中国建设北斗卫星导航系统:(1)提高中国国际地位的重要载体;(2)促进和推动经济社会发展的强大动力;(3)推动中国信息化建设的重要保证;(4)应对重大自然灾害的生命保障;(5)增强武器效能,维护国家安全的根本命脉;(6)抢占有利轨道位置资源的重要举措;(7)中国履行航天国家国际责任的需要;(8)对提升中国航天的能力,推动航天强国建设意义重大。②

由上分析可知,交通运输部强制安装车载导航的目的,即应用推广北斗导航系统,使其可持续性发展得到根本保障,具有正当性。至于强制安装车载导航的手段是否具有正当性,则需要根据适当性原则、必要性原则和均衡性原则进行进一步分析。

(三) 目的正当性原则与均衡性原则的关系

目的正当性原则是判断立法者、行政者的目的是否正当的原则,它是比例原则保障权利的首要前提。均衡性原则聚焦于判断立法者、行政者的正当目的是否有必要实现,它是比例原则保障权利的最后屏障。

在自由民主社会中,公民自由是具有优先性的。立法者、行政者只有在必要时才能限制公民权利,也就是说并不是任何出于正当目的的公权力行为都应当是要实现的,限制公民权利的目的还应当具有必要性。对于那些琐碎的、价值不大的目的即使是正当的,也是没有必要去实现的。立法者、行政者如果去追求没有必要实现的正当目的,不仅可能会侵犯公民的自由,而且还会浪费人力、物力、财力等财政资源,并且使得该解决的问题由于被忽视而得不到及时解决。

判断某一正当目的是否有必要实现,应当综合考虑拟实现目的所促进的公共利益的重要性、拟实现目的所造成的损害的大小性、被限制权利的种类与性质等多种因素。而对于这些因素的判断,实际上就是损益均衡的判断,所以均衡性原则本质上是一种目的必要性原则,它是分析某个正当目的究竟有没有必要实现的原则。因此,均衡性原则分析必须建立在目的

---

① 参见魏香镜、栾相科:《北斗应用,守土有责》,载《南方日报》2013 年 5 月 27 日,第 A17 版。

② 伍轩:《北斗导航八大战略意义》,载《瞭望》2012 年第 44 期,第 8 页。

正当性原则的分析基础之上。如果公权力行为者的某一目的不正当,法官就无须进行适当性原则分析、必要性原则分析,更不用进行均衡性原则分析。

六、以"四阶"比例原则实现自由、平等、博爱

我们不应仅仅只关注政府"如何做",而且还应关注政府"为什么做"。对于政府的公权力行为,既要进行手段审查,也要进行目的审查。正在全球民主法治国家广泛传播的比例原则,是调整目的与手段关系的最重要的基本准则,但在规范结构上却并不直接评价目的正当性,从而直接导致很多目的不正当的限制公民权利的公权力行为得不到有效规范。因而,应当完善比例原则的逻辑结构,将目的正当性原则作为比例原则的第一部分,即完整的比例原则应当包括四个部分:目的正当性原则、适当性原则、必要性原则和均衡性原则。目的正当性原则,要求公权力行为必须出于正当的目的。

在个案中,法官应当认真审查立法者、行政者的公权力行为目的的正当性。在审查标准上,根据相应的客观事实,进行形式合宪性或形式合法性分析,往往就可以准确做出目的正当性判断。如果少数情况涉及实质正当性分析,只要把握适当的度,目的正当性审查并不会涉及过多的价值判断,并不会使比例原则审查瘫痪在第一阶段。所谓的"规范性挤压合理性"现象,"其自身根本无力解决的规范张力",[①]基本不会出现在目的正当性审查之中。完全不审查立法者、行政者的目的是缺乏理论与实践基础的,然而,法院也不宜全面审查立法者、行政者的目的。"目的审查并不是给了司法一张空白支票,而让某个法官基于理性审查政府目的的。"[②]在进行目的正当性审查时,法院应当把握对立法者、行政者目的正当性审查适当的度,应当对立法政治过程的结果保持高度尊重,对行政者的专业判断结果予以适度尊让。

比例原则在当代民主法治国家中有着不可低估的地位,它是人权保障的利剑。在司法实践中,中国法官基于朴素的正义直觉,在越来越多的判

---

① 戴昕、张永健:《比例原则还是成本收益分析:法学方法的批判性重构》,载《中外法学》2018年第6期,第1528页。

② Ashutosh Bhagwatt, Purpose Scrutiny in Constitutional Analysis, 85 Cal. L. Rev. 297, 320 (1997).

决中已经开始运用比例原则的相关内容进行说理。① 越来越多的国家或地区已经开始将比例原则写入宪法或相关法律文本之中。"越来越多的法院,几乎所有的宪法法院,正在采用比例原则作为它们宪法裁决的主要支柱。"②中国应当早日全面适用比例原则。"比例原则在哪里得到了严格实施,哪里的自由、平等、博爱就会兴盛。"③而这是以逻辑结构完善的比例原则为前提的。让我们以逻辑结构完善的"四阶"比例原则,去建立一个自由、平等、博爱的社会。

---

① 例如,汇丰实业公司与哈尔滨市规划局行政处罚决定纠纷上诉案,(1999)行终字第20号;王丽萍诉中牟县交通局行政赔偿纠纷案,(2002)牟行初字第04号;陈宁诉辽宁省庄河市公安局不予行政赔偿决定案,(2002)大行终字第98号;郭建军与诸暨市国土资源局土地管理行政处罚纠纷上诉案,(2008)绍中行初字第37号;何某甲与舟山市定海区城市管理行政执法局等不履行规划行政强制法定职责纠纷上诉案,(2012)浙舟行终字第15号;杨政权与肥城市房产管理局信息公开上诉案,(2013)泰行终字第42号。

② [以色列]摩西·科恩-埃利亚、易多波·拉特:《比例原则与正当理由文化》,刘权译,载《南京大学法律评论》(2012年秋季卷),法律出版社2012年版,第35—36页。

③ David M. Beatty, The Ultimate Rule of Law, New York: Oxford University Press, 172(2004).

第三章 适当性原则：实质关联性

立法者、行政者设定了拟追求的正当目的后，就开始选择手段了。然而，可能会有很多手段都有助于实现同一个正当目的。那么，适当性原则所指的适当性是指手段必须完全实现目的吗？如果某个手段并不能完全实现目的，而只能在很小程度上促进目的的实现，能算适当性的手段吗？法官在审查手段的适当性时，是应当审查设定手段之时所预测的主观适当性，还是应当审查手段作出之后争讼时的客观适当性呢？

适当性原则并非是指手段应当完全实现目的。只要手段有助于目的的实现，哪怕程度非常小，也是符合适当性原则的。适当性原则具有否定排除与监督功能，尽管适用频率不高，但并不是多余的。由于是对手段的事实预测进行司法审查，适当性原则的司法适用存在困境。对于正在发生效力的手段，应进行客观适当性审查，以决定是否应当继续适用该手段。对于已经实施完毕的手段，应进行主观适当性审查，以更好地尊重立法者、行政者的事实预测。

一、手段适当性：实现目的抑或促进目的

适当性原则要求手段与目的之间具有实质关联性。不同手段对目的的促进程度会有所不同，即有效性大小存在差别。不管手段的有效性大小如何，只要有助于目的的实现，都符合适当性原则。至于手段的有效性大小究竟是多少，是否具有可期待性，则属于均衡性分析的任务。

（一）适当性原则的不同理解

"适当"一词在中国法律文本中是一个高频词汇，内涵丰富。对于适当性原则的规范内涵，归结起来主要有最广义说、广义说与狭义说三种理解。

1. 最广义说

最广义说认为，适当性包括合法性与合理性两个方面。政府行为只有

既合法又合理,才算适当。"适当性原则可以按合法性与合理性两个纬度展开"。[①] 如中国《宪法》第 108 条规定:"县级以上的地方各级人民政府领导所属各工作部门和下级人民政府的工作,有权改变或者撤销所属各工作部门和下级人民政府的不适当的决定。"《立法法》第 97 条规定:"……国务院有权改变或者撤销不适当的部门规章和地方政府规章。"在类似的这些法律规定中,不适当一般被认为包括不合法和不合理两个方面。

2. 广义说

广义说认为,适当性原则相当于比例原则。例如,有学者认为,适当性原则"主要由适用性原则、必要性原则和比例原则三部分组成。"[②]《行政强制法》第 5 条规定:"行政强制的设定和实施,应当适当。"此条款一般被认为是比例思想的原则性规定,"其所蕴含的精神内涵和价值取向正是强调目的与手段之间的合乎比例。"[③] 另外,国务院 2004 年发布的《全面推进依法行政实施纲要》第 5 条所规定的"所采取的措施和手段应当必要、适当",以及 2010 年发布的《关于加强法治政府的意见》第 16 条所规定的"行政执法机关处理违法行为的手段和措施要适当适度",似乎也采用了广义说的适当性原则。

3. 狭义说

狭义的适当性原则,仅仅是比例原则的一个子原则,它是指公权力行为的手段必须具有适当性,能够促进所追求的目的的实现。如有学者认为,适当性原则是指"行政机关拟实施行政行为,特别是实施对行政相对人权益不利的行政行为时,只有认定该行为有助于达到相应行政目的或目标时,才能实施"[④]。适当性原则是指"手段符合目的,或者说手段有助于目的实现"[⑤]。

最广义说的适当性原则实际上可以称为正当性原则,既包括合法性又包括合理性,内涵最为丰富。广义说的适当性原则不包括合法性原

[①] 卢群星:《论规范性文件的审查标准:适当性原则的展开与应用》,载《浙江社会科学》2010 年第 2 期,第 58-64 页。

[②] 刘夏:《德国保安处分制度中的适当性原则及其启示》,载《法商研究》2014 年第 2 期,第 136-142 页。

[③] 陈书全、刘天翔:《论比例原则对行政强制权的规制》,载《中国海洋大学学报(社会科学版)》2014 年第 5 期,第 102 页。

[④] 姜明安主编:《行政法与行政诉讼法》(第六版),北京大学出版社、高等教育出版社 2015 年版,第 74 页。

[⑤] 蒋红珍:《论适当性原则——引入立法事实的类型化审查强度理论》,载《中国法学》2010 年第 3 期,第 66 页。

则,主要是指实体合理性,相当于比例原则。狭义说的适当性原则,内涵最为狭窄,其仅仅是指手段对目的是适当的。那么,究竟应当采用哪种学说呢?

从词语上看,作为比例原则子原则之一,适当性原则中"适当性",对应的德文单词为 Geeignetheit,英文单词为 Suitability,意为适合。手段具有适当性,即手段应适合目的。由于最广义说和广义说的适当性原则内涵过于宽泛,而且狭义说的适当性原则的内涵与称谓已被广为接受,所以应从狭义说的角度理解适当性原则。所谓适当性原则,又称为适合性原则或妥当性原则,它是指行为手段应有助于目的的实现。

(二) 手段对目的的促进:实质关联性

适当性原则所指的适当性是指手段应当完全实现目的吗?答案是否定的。从理想上来看,当然应当选择能够完全实现目的的手段,但现实上却不大可能。这主要有两方面的原因,一方面是由于在很多情况下,能完全实现目的的手段其实并不存在。例如,政府想要寻找一个能够完全消除空气雾霾的手段是不大可能的。另一方面是因为即使存在能完全实现目的的手段,但往往由于此手段的运用可能会造成严重的损害而变得不可行。因此,只要手段不是全然实现不了目的,该手段就是符合适当性原则的。

从肯定角度来说,适当性原则要求手段与目的之间具有实质关联性。手段与目的之间的实质关联性,实际上就是手段与目的之间的客观因果关系,即手段可以直接促进目的的实现。因此,适当性原则并非要求手段能够完全实现所欲追求的目的,只要手段有助于目的的实现即可。如果手段与目的之间存在实质关联性,就可以认为该手段符合适当性原则。对于适当性原则的具体适用,德国联邦宪法法院在判决中经常以"能促进(fördern)所欲达到的目的"[1]的描述来表达适当性原则。在 Leberpfennig 一案中,联邦宪法法院认为,手段只有部分(zum Teil)有助于目的实现时,也是适当的。[2] 德国联邦宪法法院前法官迪特·格林认为:"德国宪法法

---

[1] Vgl. BVerfGE 30, 292(316)-Erdölbevorratung; BVerfGE 33, 171(187)- Honorarverteilung; BVerfGE 39, 210 (230)-Mühlenstrukturgesetz; BVerfGE 77, 84 (108)-Arbeitnehmerüberlassung; BVerfGE 81, 156(192)-Arbeitsförderungsgesetz 1981.

[2] BVerfGE 38, 61(91)- Leberpfennig.

院并不要求立法所选择的手段能够完全达到法律目的。"①

在肖鹏诉广州市交通委员会案中,原告肖鹏所有的银灰色五菱之光小面包车,于2013年10月15日在广州市越秀区沙涌南莲街矿泉中学后门河涌边停放时被盗。肖鹏向广州市公安局越秀区分局报案,该局矿泉派出所经立案侦查,于2013年11月24日抓获嫌疑人陈家良。陈家良供认其在2013年10月15日凌晨30分许在广州市越秀区沙涌南莲街矿泉中学后门河涌边盗窃肖鹏的上述车辆,并已销赃。因陈家良提供的销赃信息不全,广州市公安局越秀区分局未找回该车辆。广州市公安局越秀区分局刑警大队、矿泉派出所分别于2013年11月11日、2015年6月3日出具《被盗抢(抢劫)车辆证明》《情况说明》,对肖鹏车辆被盗窃情况作出证明。肖鹏的车辆被盗窃后,根据《广州市中小客车总量调控管理办法》,仅能取得增量指标申请资格及申请编码,并须凭该编码通过摇号或竞价取得增量指标,而不能直接取得中小客车指标并办理新车注册登记。肖鹏多次以信访方式向市交委要求取得中小客车指标,但均被拒绝。故肖鹏向原审法院提出本案诉讼,要求市交委受理其补领广州机动车号牌并申请一并对《广州市中小客车总量调控管理办法》第12条的规定进行合法性审查。

广州铁路运输中级法院经审理后认为,"行政行为应当有助于实现行政目的或者至少有助于行政目的达成",行政机关实施行政行为应兼顾行政目标的实现和保护相对人的权益,如果可能对相对人的权益造成某种不利影响时,应使这种不利影响限制在尽可能小的范围和限度。同样实施车辆总量控制的北京、天津均允许在已注册登记的车辆被盗抢后无法找回的情况下,车主可直接取得指标。被盗抢车辆属原存量机动车,车辆被盗抢后无法找回,车主如购买新车并直接取得指标办理注册登记,不会增加本市汽车保有总量,不会对《广州市中小客车总量调控管理办法》第1条、第2条所设立的政策目标的实现形成妨碍。第12条针对被盗抢车辆所设置的限制措施"无助于其所追求的行政目的的实现,违反行政比例原则,对被盗抢车辆车主的合法权利造成不当限制。"②

从否定角度而言,如果某个手段与所欲追求的目的之间没有关联,那么此手段就是不适当的。德国联邦宪法法院经常以"客观不适当"(objective ungeeignet)、"全然不适当"(schlechthin ungeeignet)、"基本不适

---

① Dieter Grimm, Proportionality in Canadian and German Constitutional Jurisprudence, 57 University of Toronto Law Journal 383, 390(2007).

② 肖鹏诉广州市交通委员会案,(2017)粤71行终2203号。

当"(grundsätzlich ungeeignet)等描述从否定角度来表述适当性原则。① 在放鹰打猎许可证案(Falknerjagdschein)中,德国联邦宪法法院认为,针对放鹰捕猎者的射击考试和"立法者所意图的恰当从事这些活动"的目的之间没有关联性,因而不成比例地限制了公民依据基本法第 2 条第 1 款所保障的个性自由发展权,所以违宪无效。② 对于行政行为而言,由于具体效果一般会及时显现,所以一旦某项手段被证实为不具有适当性时,行政者就应当立即去尝试其他手段。例如,在陈宁诉辽宁省庄河市公安局不予行政赔偿决定案中,为了达到救人的目的,庄河市公安局交通警察大队先采取了撬杠的手段,在实施无果后,又采取了气焊切割的方法。③

适当性原则也可称为关联性原则,它要求手段与目的之间存在实质的关联。"哪怕是很小程度上促进目的的手段也是符合要求的。"④只要能够判断出手段与目的之间存在实质关联性就已足够,即无论促进程度如何,只要有助于促进目的的实现,该手段就是符合适当性原则的。例如,对于某一正当目的 P,尽管手段 M_1 对目的 P 的促进程度不高,只能小部分地实现目的,但也符合适当性原则。同样,对目的 P 的促进程度相对高的手段 M_2、M_3 更是符合适当性原则的,因为它们更有助于目的的实现。(见手段适当性分析后图)

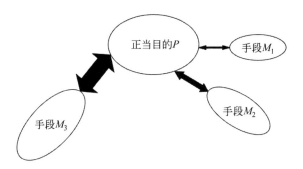

手段适当性分析后图

---

① Vgl. BVerfGE 17, 306 (317)-Mitfahrzentrale-Urteil. BVerfGE 19, 119 (127)-Kuponsteuergesetz-Urteil. BVerfGE 70, 1(26)-Orthopädietechniker-Innungen.

② BVerfGE 55, 159-Falknerjagdschein.

③ 陈宁诉辽宁省庄河市公安局不予行政赔偿决定案,(2002)庄行赔字第 1 号、(2002)大行终字第 98 号。关于此案的具体评述可参见:许福庆、李蕊:《交通警察施救行为过程中比例原则之应用——陈宁诉辽宁省庄河市公安局不予行政赔偿决定案》,载《中国行政审判案例》(第 1 卷),中国法制出版社 2010 年版,第 94-98 页。

④ Dieter Grimm, Proportionality in Canadian and German Constitutional Jurisprudence, 57 University of Toronto Law Journal 383, 390(2007).

（三）促进程度：有效性大小

不同手段对目的的促进程度会有所不同，即有效性大小存在差别。然而，立法者、行政者在选择手段时，并非总是应当追求高度有效性的手段。因为尽管手段具有高度有效性，但如果该手段不是最小损害的，或运用其所造成的损害同其所促进的公共利益不成比例，就不符合比例原则。例如，政府为了控制日益飙升的房价，通过价格管制将房屋价格限定得很低，这种手段显然具有高度有效性，可以一下子解决房价过高的问题，但由于造成的损害太大，破坏了正常的市场竞争秩序而不符合比例原则。相反，尽管手段是低度有效性的，但如果该手段是最小损害的，并且运用其所造成的损害同其所促进的公共利益成比例，那么就是符合比例原则的。

至于手段的有效性大小究竟是多少，也就是手段对目的的促进程度如何，则不是适当性原则所要解决的问题，而属于均衡性原则的任务。因为手段的有效性程度，实际是手段所能促进的公共利益大小的问题。低度有效性意味着对目的的实现程度低，高度有效性意味着对目的的实现程度较高，但都有助于实现目的。因此，在适用适当性原则时，只要能判断出手段与目的间存在实质关联性，不管该手段的有效性大小如何，都应当认为是符合适当性原则的，都应当将这些手段作为备选项。

（四）适当性原则的科学分析：并非追求"帕累托最优"

适当性原则所要求的实质关联性，实际上属于手段与目的间客观因果关系的判断，需要进行科学分析。适当性原则所要解决的是科学问题，直接关系到科学立法和科学行政。阿列克西认为适当性原则属于"帕累托最优"判断，可能并不妥当。在阿列克西看来，原则为最佳化命令，权利即原则，如果某个手段损害了一项权利，但不能促进任何原则或目标，那么该手段就应当被排除。他举例假设手段 M 无法促进 P_1 的实现，但却会损害原则 P_2，此时不采取该手段就对原则 P_1、P_2 都没有成本，如果采取该手段就会对 P_2 带来成本，所以从整体上考量应当放弃手段 M 以实现帕累托最优。[1] 事实上，放弃手段 M 是正确的，但原因并不是为了实现帕累托最优，而是由于其无法促进目的的实现。适当性原则所要解决的是手段与目的间是否存在实质关联性，属于客观因果关系判断。至于整体考量手段的成

---

[1] See Robert Alexy, Proportionality and Rationality, in Vicki C. Jackson & Mark Tushnet (eds.), Proportionality: New Frontiers, New Challenges, Cambridge University Press, 15(2017).

本收益,则属于均衡性原则所要解决的问题。

值得注意的是,事后证明不能实现目的的手段,并不必然表明该手段与目的之间就不存在实质关联性,事实上手段是可能有助于目的实现的,只是可能没有完全实现目的罢了。如陈宁诉辽宁省庄河市公安局案,警方先采取了撬杠等手段发现无法救出卡在车内的司机,之后采取对车辆损害更大的气焊切割手段救出了司机,这并不能说明先前所采取的撬杠等手段,同救出司机的目的之间就不存在实质关联性。[1] 撬杠等手段是有助于实现救出司机的目的的,只是效果非常不明显。事实上,在车身周围采取的包括撬杠在内的任何合乎常理的手段,都是有可能救出司机的,撬杠等手段同救出司机的目的之间并非毫无关联性。

二、适当性原则的科学价值

适当性原则直接关系到科学立法和科学行政。然而,对于适当性原则的独立地位存有一定的争议。一些观点认为,适当性原则无独立存在的必要。不符合适当性原则的手段确实很少,但不能因为适当性原则很容易被满足,就否定其独立地位。实际上,适当性原则具有否定排除与监督功能,可以指导立法者、行政者排除同目的间没有实质关联性的手段,有利于法官否定立法者、行政者所选择的不适当手段。

(一) 适当性原则是必要性原则的组成部分?

有观点认为,比例原则中的必要性原则可以囊括适当性原则。例如,德国学者乌韦·朗海勒肯认为,"适当性原则是必要性原则的组成部分,而不仅仅是其前提。"[2]英国学者朱利安·里弗斯也认为:"适当性原则可以归入到必要性原则之中。任何一个必要的国家行为,也就是达到目的的最小损害性的行为,当然首先是能实现目的的行为,它必须是适当的。"[3]诸如此类的观点认为比例原则只是"二阶"原则,因为比例原则中的必要性原则要求选择一个最小损害的手段,所以分析手段的必要性时必然涉及手

---

[1] 陈宁诉辽宁省庄河市公安局案,(2002)大行终字第98号。

[2] Uwe Langheineken, Der Grundsatz der Verhältnismäßigkeit in der Rechtsprechung des Bundesverfassungsgerichts unter besonderer Berücksichtigung der Judikatur zu Art. 12 Abs. 1 Satz 2 GG, Inaugural-Dissertation, 5(1972).

[3] Julian Rivers, A Theory of Constitutional Rights and the British Constitutions, in Robert Alexy, A Theory of Constitutional Rights, translated by Julian Rivers, Oxford University Press, xxxii (2002).

段的适当性,如果手段不具有适当性就谈不上最小损害性,因而无需将适当性原则作为一个独立的原则,适当性原则只是必要性原则的组成部分。另一些观点甚至认为,适当性原则没有价值,现实中再合理的公共决策也不可能百发百中,适当性原则注定要沦为"后见之明"的奴隶,适当性原则"形同虚设"。[①]

适当性原则和必要性原则各自关注的重点不同,不应当将适当性原则作为必要性原则的组成部分。适当性原则关注的是手段是否有助于目的的实现,其重点在于判断手段与目的之间的客观联系,而必要性原则关注的是"相同有效但损害更小"的手段的选择,其重点在于判断手段"相同有效性"和"最小损害性"。因此,应当将适当性原则作为比例原则的一个独立子原则。

(二)适当性原则的否定与监督功能

虽然适当性原则在适用中的地位确实没有必要性原则那么突出,但是作为对手段与目的之间关联性的判断,适当性作为一个独立原则还是有重要价值的。适当性原则具有无可替代的独立功能。

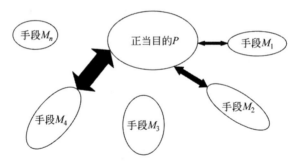

手段适当性分析前图

首先,适当性原则具有否定排除功能,可以指导立法者、行政者过滤不适当的手段。对于某项拟实现的目的,立法者、行政者可能会有很多手段可以选择,适当性原则有利于立法者、行政者首先排除没有实质关联性的手段,缩小手段的筛选范围。例如,对于某一正当目的 P,立法者、行政者有 M_1、M_2、M_3、M_4、……、M_n 等多种可能性手段选择。(见手段适当性分析前图)通过适当性原则分析,立法者、行政者可以排除与目的没有关联性的

[①] 戴昕、张永健:《比例原则还是成本收益分析:法学方法的批判性重构》,载《中外法学》2018年第6期,第1528页。

手段 M_3、M_n。

其次,适当性原则具有监督功能,有利于法官否定立法者、行政者所选择的不适当手段。虽然立法者、行政者选择的手段大多数情况下都是适当的,所选择的手段与所要达到的目的之间或多或少都会存在某些联系,但也存在明显不适当的情形。正如迪特·格林认为:"适当性原则可以排除一小部分失控的案件。"①

在少数案例中,法院会直接通过适当性原则判决立法者、行政者的手段不适当。例如,在某起同性恋案中②,政府禁止军队里的同性恋,认为军队里的同性恋"会给道德带来实质的和负面的影响,从而会影响战斗力"。在审理中,法官认为禁止同性恋的规定不是基于"身体承受力、勇气、可靠性和技能"的证据,而是对"同性恋的歧视态度"。禁止同性恋的规定缺乏事实证据,即禁止同性恋的手段对于提高战斗力的目的之间没有关联性,所以禁止军队里的同性恋的手段不具有适当性。因而,手段的适当性必须有一定的事实证据支撑,而不是凭空臆想的"关联性"。

再如,在禁止张贴政治性信息案中③,当事人不服政府禁止在公共汽车侧边张贴政治性信息的法律。加拿大最高法院认为,该法律所追求的"为了一个安全的受欢迎的运输系统"的目的是正当的,并且该目的是如此重要以至于可以限制表达自由,例如对挑起暴力或恐怖主义言论的限制。但是,政治性言论和不受欢迎的运输系统之间不存在直接的联系,所以禁止在公共汽车侧边张贴政治性信息和确保一个安全的受欢迎的运输系统之间不存在关联性。

将适当性原则作为一个独立的子原则,在分析手段目的关系时逻辑上会更顺畅,更符合人的思维方式。立法者、行政者首先设定一个正当目的,然后选择适当的手段,再从适当的手段中选择最小损害的手段,最后再判断该手段是否具有均衡性。因此,适当性原则具有自己的独立价值,并不是多余的。应当将适当性原则作为比例原则的一个独立子原则。

---

① Dieter Grimm, Proportionality in Canadian and German Constitutional Jurisprudence, 57 University of Toronto Law Journal 383, 389(2007).

② Smith and Grady v. the United Kingdom (1999) Application 33985/96 (European Court of Human Rights 27.09.99).

③ Greater Vancouver Transportation Authority v. Canadian Federation of students, [2009] 2 S.C. R. 295.

三、手段适当性的司法审查困境

由于是对手段的事实预测进行司法审查,适当性原则的适用被认为容易侵犯立法者的事实形成余地和行政者的专业判断余地。尽管在司法实践中,德国联邦宪法法院发展出了明显不当性审查、可支持性审查和强烈的内容审查三种审查强度,但适当性原则的适用仍然没能走出困境。

(一) 事实预测判断余地

手段适当性判断是对手段与目的之间的因果关系的判断,是对未来事实的预测,属于事实判断。而事实判断可能与客观真实不相符合,这主要包括两种情形。一种情形是主观原因造成的,立法者、行政者本来可以准确地预测事实,但由于立法者、行政者在进行事实预测时的恣意,没有认真进行事实调查和科学分析,从而导致所选择的手段是不适当的。另一种情形是客观原因造成的,即使立法者、行政者没有恣意,但由于立法者、行政者认识能力的局限性、时间精力的有限性和事物的复杂多变性等因素制约,在很多时候往往也无法准确预测事实。无论是哪一种情形,立法者、行政者都可能选择出与目的之间没有实质关联性的手段。这就需要法院对立法者、行政者的事实预测进行有效的司法审查,即法院应当对手段与目的之间的关联性进行检验。

长期以来,作为监督者的法院,在审查手段的适当性时,基本上是对立法者、行政者事前的事实预测进行司法审查。然而,法院在对手段的适当性进行司法审查时,面临着民主和权力分立的压力。基于民主的理念,立法者对事实预测享有自己的形成余地,特别是在科学存在不确定性而难以发现客观真实时,立法者可以对相关事实作出自己的评价预测。同时,由于立法者、行政者对事实判断的经验性、专业性更强,在某些领域对未来事实预测可能会更加准确,所以将判断余地留给他们有时更合适。因此,对手段适当性的司法审查,就不可避免地会涉及法官与立法者、行政者之间的关系问题。具体而言,法官应当如何对待立法者、行政者对于手段适当性的事实判断呢?法官对立法者、行政者基于经验性、专业性视角所作的事实预测应当审查到何种程度呢?又该如何审查呢?

（二）对事实预测的不同审查强度

针对立法者对立法事实的预测余地,德国联邦宪法法院在判决中发展出了三种不同类型的审查强度。在共同决定法案中,联邦宪法法院通过考察以往的案例,认为法院对立法者的事实预测的审查存在不同的标准:"从明显性审查(Evidenzkontrolle),到可支持性审查(Vertretbarkeitkontrolle),再到强烈内容审查(intensive inhaltlichen kontrolle)。"① 在判断手段是否适当时,德国联邦宪法法院并不是完全尊重立法者的事实预测判断权,但也不是一概地全面深入审查立法者的事实预测判断权,而是根据具体情形,发展出了三种不同的司法审查强度类型。

1. 明显不当性审查

明显不当性审查是对事实预测最低限度的审查,它要求立法者的事实预测不能存在明显的错误。在原油储存案中,德国联邦宪法法院认为,"只有立法者的考虑是如此明显的错误,以至于采取缺乏理智基础的措施时,立法者才逾越了判断余地。"② 在磨坊结构法案中,联邦宪法法院也提出了手段明显不适当标准:"立法者在经济政策判断的预测上是否合乎事理并且获得支持,只有是在充分利用法律公布当时的所有知识的基础上所采用的措施是明显不适当时,联邦宪法法院才可以否定。"③ 从这些案例可以发现,法院在运用明显性标准审查立法者的事实预测结果时,审查强度最低:只要事实预测不是显而易见的、一望即知的或毫无疑义的错误,就是可以接受的。

2. 可支持性审查

可支持性审查要求立法者的事实预测必须有可支持性的证据。在共同决定法案中,联邦宪法法院认为,立法者的决定必须是"基于合乎事理的可支持的判断(sachgerechte und vertretbare Beurteilung)"。因此,"立法者必须充分利用现有的可获取的知识来源(Erkenntnisquellen),以尽可能准确地评估其规制所造成的可能影响,并且避免违宪。这实际上涉及的是程序要求。只要满足这些程序要求,内容上可支持性的要求即已满足。"④ 可支持性审查要求立法者在选择适当性的手段进行事实预测时,应当充分运用各种方法,通过展开科学的调查、召开听证会、专业讨论会等方式,在

---

① BVerfGE 50, 290(333)-Mitbestimmungsgesetz.
② BVerfGE 30, 292(317)-Erdölbevorratung.
③ BVerfGE 39, 210(230)-Mühlenstrukturgesetz.
④ BVerfGE 50, 290(334)-Mitbestimmungsgesetz.

有可支持性的证据的基础上进行预测。如果立法者的事实预测缺乏相应的程序,没有可支持性的证据,那么这种预测结果就可能得不到法院的支持。

3. 强烈内容审查

强烈内容审查是对立法者事实预测最严格的审查。根据这一审查强度,法院应当对立法者的事实预测进行全面深入的审查,如果立法者没有相当可靠的证据,立法者的事实预测就会被否定。在第一次堕胎案中,联邦宪法法院认为:"所保护的法益在基本法价值秩序中的地位越高,国家就必须越认真地履行保护义务。无需多言,生命权在基本法秩序中具有最高价值,它是人性尊严的生命基础和其他所有基本权利的前提。"[①]如果立法者没有充分可靠的证据推论出废止刑罚而实行咨询制度的手段,会比实行刑罚更能有效地防止堕胎,这种预测就不会得到允许。强烈内容审查实际上是法官代替立法者进行了事实预测判断,属于最强力的实体审查。

以上三种不同类型的审查强度对手段适当性的要求不同。明显不当性审查要求手段不能是明显不适当的,可支持性审查要求手段的适当性必须有可支持性的证据支撑,强烈内容审查要求手段的适当性是高度确定的。对于何时应当使用何种审查强度,联邦宪法法院认为,不能一概而论,应当根据个案作区别对待。在共同决定法案中,联邦宪法法院认为,对于事实未来效果的预测判断,究竟是应由立法者作出,还是应由司法者作出,取决于多种因素,特别是取决于"所争议的事物领域的特性、作出正确判断的可能性、争议的法益的重要性"等因素[②]。这实际上是一种"功能法"视角,即认为哪个机关最可能作出正确决定,就应该由哪个机关作出最后决定。但"功能法"视角本身无法给出应当适用何种审查强度的答案,到最后只会成为法官手中的筹码,法官想采用哪种审查强度,就可以采用哪种审查强度。另外,明显不当性审查和可支持性审查的界限往往难以区分。

另有学者区分了适当性原则中的事实认定和预测决定,重构了审查强度。德国的三重审查强度理论无法摆脱审查者对基本权利受限制的程度进行预测的主观性,而且该理论并未完全阻止由审查者来认定基本权利的位阶,所以对立法者的审查强度将在很大程度上取决于审查者自身的预测和价值权衡结果,从而显然构成对立法者民主合法性的挑战。对于适当性原则审查而言,在预测决定问题上,应在一定程度上认可立法者的评估特

---

① BVerfGE 39, 1(42) -Schwangerschaftsabbruch I.
② BVerfGE 50, 290(333) -Mitbestimmungsgesetz.

权,原则上立法者作出准确预测的难度越大,其就应享有越多经验上的认识余地;在事实认定方面,立法者原则上并不享有任何认识余地,因为数据搜集、资料统计、实证调研等工作属于立法者的基础性工作,专业知识、时间压力、政治考量等因素均不得成为立法者错误判断和确认立法事实的借口。①

区分审查强度对手段的适度性进行审查,确实在某种程度上有助于尊重立法者的形成空间和行政者的判断余地,但也存在一些缺陷。除了尝试不同的审查强度外,实际上还需要根据争讼时手段的效力状态,确立主观适当性和客观适当性的分类审查模式。

四、主观适当性和客观适当性的分类审查

法官在审查立法者、行政者的手段适当性时,究竟是判断手段设定当时的适当性呢?还是审查争讼行为发生时手段的适当性呢?这实际上涉及的是手段的主观适当性还是客观适当性的问题,即手段是在主观上与目的应有关联性,还是在客观上与目的应有关联性。为了更好地实现适当性原则的规范功能,应当根据争讼时手段的效力状态,确立不同的审查模式。

(一) 主观适当性和客观适当性审查的争论

由于人类的认知局限性,对于事实预测的结果可能最终与客观实际不相符合。如果认为手段的适当性是主观适当性,那么只要立法者、行政者在行为当时经过科学地分析而预测手段具有适当性,不管事后客观实际效果如何,手段都应被认为是适当的。如果手段的适当性是客观适当性,那么手段只有在司法审查时被认为是适当的,即手段在事后客观效果上确实与目的间有关联性,手段才应被认为是适当的。因而,主观性的适当性是事前(ex ante)的适当性,客观适当性是事后(ex post)适当性。法院是审查手段的主观适当性,还是审查手段的客观适当性,可能会得到两种截然不同的结果。

假设有这么一个案例,立法者在 2021 年制定了的某部法律 L,采用了限制公民权利的手段 M,该手段经过了充分的专家论证,在当时被认为与

---

① 参见陈征:《论比例原则对立法权的约束及其界限》,载《中国法学》2020 年第 3 期,第 154-158 页。

目的之间存在实质关联性,所以具有适当性。但 2025 年甲某认为,通过事后的实施效果发现,法律 L 所采用的手段 M 与目的间没有任何关联性,是不适当的,不符合客观实际,所以诉求法院撤销该法律设定的手段 M。那么此时,法官该如何审查法律 L 所采用的手段 M 的适当性呢?是审查手段 M 在 2021 年法律 L 制定时的适当性呢?还是审查手段 M 在 2025 年争讼时的适当性呢?如果法官审查手段 M 在 2021 年法律 L 制定时的适当性,就属于审查手段的主观适当性,法律 L 符合比例原则,因为手段 M 在当时被预测是具有适当性的;如果法官审查手段 M 在 2025 年争讼时的适当性,那就属于审查手段的客观适当性,法律 L 违反比例原则,因为手段 M 事后被证明与目的间没有关联性。此案实际上涉及的是手段的主观适当性和客观适当性的问题,即手段是在主观上与目的应有关联性,还是在客观上与目的应有关联性。

对于法院在审查时,是以事前的主观适当性,还是以事后的客观适当性为依据,学者们有不同的意见。德国学者埃贝哈德·格拉比茨认为:"只要一个手段在事前判断是适当的,即使事后判断没有实现或不再促进拟追求的目的,也不应被认为是不适当的。"[1] 原以色列最高法院院长阿哈龙·巴拉克认为:"没有必要证明,目的能被事实上完全确定地被实现。"[2] 所以应当采用事前的适当性审查。而另有学者则认为,应当以法院裁判当时的一切客观资料,来评价手段是否客观上有助于目的的实现。[3]

不单是学者们对审查适当性的时间点的认识存在分歧,对于究竟是采用事前的主观适当性审查,还是事后的客观适当性审查,"联邦宪法法院也没有统一的立场"。[4] 在不同的案件中联邦宪法法院的做法不同,有时审查手段的主观适当性,有时审查手段的客观适当性。至于何时应当采用何种适当性审查,法院还没有明确的判断标准。一般情况下,如果被侵犯的权利越重要,被侵犯的程度越深,法院往往会采用客观适当性审查,以手段的事后实际效果为事实判断依据。

对手段的主观适当性和客观适当性的认识分歧,实际上源于分析问题的角度不同。具体来说,主张主观适当性审查的学者,大多是从民主和权

---

[1] Eberhard Grabitz, Der Grundsatz der Verhältnismäßigkeit in der Rechtsprechung des Bundesverfassungsgerichts, AöR98, 573(1973).

[2] Aharon Barak, Proportionality: Constitutional Rights and their Limitations, Cambridge University Press, 312(2012).

[3] Vgl. Albert Bleckmann, Allgemeine Grundrechtslehren, Heymanns, 259(1979).

[4] Eberhard Grabitz, Der Grundsatz der Verhältnismäßigkeit in der Rechtsprechung des Bundesverfassungsgerichts, AöR98, 572(1973).

力分立角度,认为法院应当尊重立法者、行政者的事实预测,为了不束缚他们进行大胆预测,法院不应苛求立法者、行政者的事实预测必须具有客观适当性。而主张客观适当性的学者,大多是从人权保障的角度出发,认为不管手段事前是否被预测为不适当,只要手段客观上不适当就是不正当的,这样有利于充分保障人权。

无论是主张对手段进行事前主观适当性审查,还是认为对手段进行事后客观适当性审查,都有一定的道理。为了最大程度实现适当性原则的规范功能,应当根据手段的效力状态,确定何种类型的审查标准。对于正在发生效力的手段,应进行客观适当性审查,以决定是否应当继续适用该手段。对于已经实施完毕的手段,应进行主观适当性审查,以更好地尊重立法者、行政者的事实预测。

(二) 客观适当性审查: 正在生效的手段

对于正在发生效力的手段,应进行客观适当性审查,即以手段实施后的客观效果来评价手段是否具有适当性。对尚未失效的手段进行客观适当性审查,不仅有利于保障立法者、行政者更加谨慎地进行事实预测,而且还能够促使其不断反思已经设定的手段,从而可以及时调整、变更、废除客观不适当的手段,有助于充分保障人权。

1. 减少适当性原则适用时的恣意

如果采用客观适当性审查标准,为了防止手段不在事后被法院否定,立法者、行政者就会更加认真科学地分析手段与目的之间的实质关联性,在选择手段时就会更加谨慎地进行事实预测,从而选择出适当性的手段的可能性就会大大提高。对于法官来说,就不会随意以自己的主观判断确定手段是否适当,而必须受手段事后的客观实施效果的约束。

2. 促进立法者、行政者不断反思

对正在生效的手段进行客观适当性审查,有利于促进立法者、行政者不断反思已经设定的手段,从而及时调整、变更、废除客观不适当的手段。在 Kalkar I 案中,德国联邦宪法法院认为:"如果立法者所作的决定,由于发生了当时没有预见到的变化,那么立法者有义务重新审查,在变化了的环境中是否仍然需要坚持最初的决定。"[①]随着社会情势的发展变化,在立法当时具有正当性的法律规范可能已变得不合时宜,此时就需要法律制定者及时进行立法后评估,及时修改、废除手段客观不适当的法律规范。因

---

① BVerfGE 49, 89(130)-Kalkar I.

此,对正在生效的手段确立客观适当性审查制度,有利于促进立法者、行政者不断反思。立法者、行政者既可能主动根据客观适当性原则调整、变更、废除客观不适当的手段,也可能根据法院的判决被动的调整、变更、废除客观不适当的手段。

3. 有助于充分保障人权

一项手段可能在设定当时被预测为是适当的,但由于事实预测的不确定性,事后的手段实施效果证明这种手段是不适当的。如果只是审查事前的主观适当性,那么就无法否定在客观上被证明为不适当的手段,此时就会出现这样的糟糕情形:手段在客观上不适当,在诉讼当时当事人的权利也受到了不当侵犯,但却得不到保护,因为依据主观适当性标准,这种事后的不适当性不能否定手段设定当时被预测为是适当的手段。而客观适当性审查不仅可以排除事前不适当的手段,而且还能排除事后被证实为不适当的手段。因此,对于正在发生效力的手段,如果只审查手段的主观适当性,是不能很好地保护人权的。

实际上,对正在生效的手段进行客观适当性审查,不但不会侵犯民主,反而还会促进民主,因为客观适当性标准的确立有利于立法者对自己先前的立法预测进行反思,发现民主过程中存在的问题,从而有利于改善民主质量。客观适当性原则不会侵犯立法者、行政者的专业判断余地,因为即使确立客观适当性原则,也不代表完全由法官来判断手段是否具有客观适当性。判断手段是否客观适当,需要当事人在法庭上平等"对话",共同发现客观真实。因此,对正在生效的手段,应当将手段的适当性审查定位为客观适当性审查。正如以色列最高法院法官在判决书中写道:"如果发生了社会变化,适当性审查不仅仅是理论检验,更应当是通过生活来检验。手段对目的的适当性应当以结果来检验。"[1]

回到上述案例,某部法律 L 采用的限制公民权利的手段 M,应在 2025 年争讼时进行客观适当性审查,即通过考察分析 2021 年到 2025 年期间手段 M 的客观实施效果,最终认定手段 M 是否具有客观适当性。如果只是以 2021 年法律 L 的制定为节点,认定当时手段 M 的选择属于合理的事实预测,具有主观适当性,就会导致不具有客观适当性的手段 M 得不到及时纠正。

判断手段的客观适当性,对立法者、行政者制定法律规范的行为来说,实际上是一种立法后评估,即对立法当时的事实预测进行反思,对法律规

---

[1] HCJ 6427/02 The Movement for Quality Government in Israel v. The Knesset.

范的实际效果进行跟进评估,以确定手段是否具有客观适当性。"宪法对立法者的约束不仅局限于颁布法律的那一刻,立法者必须始终保持法律的合宪性。"①如果经立法后评估后发现手段确实无法实现目的,立法者、行政者可以在争讼当时主动修改、废止相关法律规范。对于行政者的具体行为来说,手段的客观适当性判断,实际上是对手段的事后的客观效果的判断。

因此,对于手段客观适当性的审查,法官应当根据手段的事后客观效果予以判断。采用客观适当性原则后,法院的审查对象就不再是立法当时的事实预测结果,而是立法后评估结果。如果手段被事后的实践证明与目的间明显没有关联性,不管手段在当时是否具有主观适当性,法官都应当认定手段是不适当的,宣布相关法律规范违宪。这种违宪不是自始的违宪,而是嗣后的违宪。

(三)主观适当性审查:已实施完毕的手段

只要立法者、行政者经过审慎分析,在决定作出之时认定手段同目的之间存在实质关联性,就应当判定已经实施完毕的手段符合适当性原则。因为手段已经实施完毕了,如果再以事后的客观效果来判断手段选择当时事实预测的正确性,不仅起不到及时废除不适当手段的作用,还会损害立法者、行政者的事实预测余地。之所以对于正在生效的手段应进行事后客观适当性审查,就是为了及时阻止其效力的继续发生,此时对事实预测的尊重应当让位于人权保障。

对已实施完毕的手段的主观适当性审查,可以通过一则真实的事例来分析。2013年12月6日,湖南衡山县有位1个月大的婴儿疑似接种乙肝疫苗后死亡。12月9日,湖南常宁县有位8个月大的婴儿疑似接种乙肝疫苗后死亡。虽尚未查实具体原因,但为了控制可能存在的风险,12月13日,国家食品药品监管总局和国家卫生计生委暂停了涉事两个批次的乙肝疫苗使用。在此之后,广东中山、江门、深圳、梅州等地先后发生4例类似的死亡病例。12月20日,国家食品药品监管总局和国家卫生计生委采取进一步措施,发文要求暂停使用深圳康泰生物制品股份有限公司生产的乙肝疫苗。

在此事件中,在对死亡病例的检验结果出来之前,是无法准确确定婴

---

① 陈征:《第二次堕胎判决》,载张翔主编:《德国宪法案例选释:基本权利总论》(第1辑),法律出版社2012年版,第177页。

儿死亡是否是由于接种乙肝疫苗而引起的,所以就无法有效适用比例原则中的适当性原则,即无法确定暂停措施与保障婴儿生命安全之间是否存在实质关联性,国家食品药品监管总局和国家卫生计生委暂停所有疫苗的使用就受到了合法性质疑。面对质疑,国家食药总局相关负责人这样回应:"为了管控可能的风险,最大限度地保证儿童接种安全,我们认为这一措施是合适的,也是完全必要的。更是基于可能评估,反复权衡后做出的。"① 经过近一个月的检验,2014年1月3日,国家食品药品监管总局和国家卫生计生委通报,未发现康泰乙肝疫苗存在质量问题。②

假设康泰公司事后提起诉讼,认为国家食品药品监管总局和国家卫生计生委暂停使用乙肝疫苗的行政措施不符合适当性原则,要求赔偿损失。那么,法院该如何审理呢?

如果法院以暂停措施作出时为时间点进行审查,就可能认为暂停措施与保护婴儿生命的目的之间存在关联性,所以符合适当性原则,不应当给予行政赔偿;但如果法院以争讼时为时间点进行审查,就会认为暂停措施与保护婴儿生命的目的之间不具有关联性,因为事后的通报已明确康泰乙肝疫苗不存在质量问题,所以法院会做出不符合适当性原则的判断,认定不应当给予行政赔偿。就此案而言,暂停涉事两个批次的乙肝疫苗使用的手段在诉讼时已经实施完毕,所以应当进行主观适当性审查。如果法院经审查发现,在暂定手段设定当时,行政机关经过了科学、民主的决策,进行了合理的事实预测,那么暂停手段就符合主观适当性原则,行政机关不用承担法律责任。

综上,适当性原则要求手段和目的间具有实质关联性。立法者、行政者应当通过科学的方法进行事实预测,排除同目的不具有实质关联性的手段。法官对立法者、行政者设定的手段,应当区分情形进行客观适当性和主观适当性审查。对于正在发生效力的手段,应进行客观适当性审查;对于已经实施完毕的手段,应进行主观适当性审查。

对正在发生效力的手段实施客观适当性审查,或许对公权力行为者来说有点儿过于严厉。但毫无疑问的是,审查手段在争讼时的事后客观适当性,可以迫使政府事前进行更审慎的决策,从而有助于提高决策的科学性与民主性,进而有利于改善民主质量,提升行政水平。目前中国"拍脑袋"

---

① 蒋昕捷、袁端端:《"暂停所有批次产品使用,是完全必要的"——国家食药总局相关负责人回应乙肝疫苗事件》,http://www.infzm.com/content/96994,最后访问于2021年2月18日。

② 金振娅:《两部委通报:未发现康泰乙肝疫苗存在质量问题》,载《光明日报》2014年1月4日,第004版。

型的随意化决策、"一言堂"型的集权化决策还比较常见,从而使得很多决策严重缺乏科学性。一些手段根本实现不了目的,或事后被证明与目的间不存在实质关联性,却没有被及时废除,不仅损害了公民权利,而且还极大地浪费了有限的政府财政资源。根据事后的客观效果进行综合判断,客观适当性审查不必然会导致"注定要沦为'后见之明'"。[①]

在实践中,立法者、行政者所采取的手段与目的间完全没有关联性的情况虽然存在但并不普遍,所以实际上适当性原则发挥的作用非常有限。完全不符合适当性原则的案件并不是特别多。正如阿列克西所言:"适当性原则具有否定性标准的地位,它排除了不适当的手段。如此一个否定性的标准并不能解决所有问题,但它确实排除了一些手段。"[②]

[①] 戴昕、张永健:《比例原则还是成本收益分析:法学方法的批判性重构》,载《中外法学》2018 年第 6 期。

[②] Robert Alexy, A Theory of Constitutional Rights, translated by Julian Rivers, Oxford University Press, 398(2002).

第四章 必要性原则:"相同有效性"下的最小损害

通过适当性原则分析后,立法者、行政者排除了与目的之间没有实质关联性的手段,但还会剩下很多与目的间有关联性的手段,此时就需要对诸多手段进行进一步筛选,即对各种适当性的手段进行必要性分析。然而,由于缺乏可操作的分析技术与适用方法,现有的必要性原则形同虚置,无法有效得到适用。"虽然必要性原则被构想为作出决定的标准,但它却并不总是足以使决定作出。"① 究竟什么是必要性?为什么必要性就等同于最小损害性?如果有多种手段的损害大小不同,对目的的实现程度即有效性也不同,该如何确定最小损害性的手段?是否可以通过引入相对科学的成本收益分析方法,使手段最小损害性的判定更加精确呢?

等同于最小损害原则的必要性原则,在内涵上经历了从"必要的目的与必要的手段"到"必要的手段"的转变。为了预防与控制公权力行使的恣意与专横,应当努力寻求理性判断手段最小损害性的具体方法与标准。既然必要性原则要求选择最小损害的手段,就应当尽可能确定不同手段的损害究竟是多大,然后进行客观比较。在判断何为必要性手段时,不应当忽略不同手段的有效性差别。如果通过成本收益分析方法,再借助于手段的相对损害计算公式,对异同有效性的手段进行损害大小比较,就能有效破解最小损害性难以客观判定的难题。然而,由于存在量化困境和价值理性缺失,必要性原则的精确化也是有一定限度的。

一、必要性的判断难题:仅凭"法感"?

必要性原则(Der Grundsatz der Erforderlichkeit)要求有助于正当目的实现的手段具有必要性,对当事人造成的损害最小。如果有多种手段存在,应选择更温和的手段。必要性原则也称为最小损害原则,必要性对应

---

① Laura Clérico, Die Struktur der Verhältnismäßigkeit, Nomos Verlagsgesellschaft, 85(2001).

的英文单词为Necessity。

德国联邦宪法法院在多个判决中认为,必要性手段是"不存在相同有效,但对基本权利没有损害或损害更小的手段"。[①] 德国学者罗伯特·阿列克西认为,必要性要求选择"更少干涉强度的手段"。[②] 中国大多数学者也一般都认为必要性原则就是最小损害原则。例如,姜明安认为,必要性原则是指"行政机关实施行政行为,必须在多种方案、多种手段中选择对行政相对人权益损害最小的方案、手段实施。该原则亦称'最小损害原则'"。[③] 余凌云认为,必要性要求所要采取的手段在诸种可供选择的手段中是最温和的、侵害最小的。[④]

然而,为什么"必要性"就等同于"最小损害性"？在日常生活中,我们说某个手段是必要的,一般是指这个手段是"不得已"的手段,但这个手段却并不一定就是最小损害的。在决定是否采纳某个手段时,我们除了掂量手段的损害大小外,还会考虑手段带来的收益、手段耗费的成本、手段运用的时机等多种因素。

在英国,一些法院在近些年的判决中对必要性作了广义的理解。例如,在德弗雷塔斯案中,克莱德勋爵认为必要性原则是指"对权利或自由的限制不能超过所要实现目的的必要限度",[⑤]其包含狭义的合比例性。在中国台湾地区,法官在多个案件中将"必要性"条款解释为比例原则。[⑥]

等同于最小损害原则的必要性原则,存在精确性缺陷,其在适用时存在主观性过大的问题。对于究竟该如何确定最小损害,必要性原则却什么也没有说。必要性原则并没有为其适用者提供一个客观判断最小损害性的明确答案。"虽然必要性原则被构想为作出决定的标准,但它却并不总

---

① Vgl. BVerfGE19, 330(337)-Sachkundenachweis; BVerfGE25, 1(17)-Mühlenbauer gesetz; BVerfGE30, 292(316)-Erdölbevorratung; BVerfGE40, 371(383)-Werbefahrten; VerfGE63, 88(115)-VersorgungsausgleichII; BVerfGE70, 1(28)-Orthopädietechniker-Innungen; BVerfGE90, 145(182)-Cannabis.

② Robert Alexy, Constitutional Rights and Proportionality, 22 Revus J. Const. Theory & Phil. Law iv51, 53(2014).

③ 姜明安主编:《行政法与行政诉讼法》(第六版),北京大学出版社、高等教育出版社2015年版,第74页。

④ 余凌云:《论行政法上的比例原则》,载《法学家》2002年第2期,第33页。

⑤ See Lord Clyde in de Freitas v. The Permanent Secretary of Ministry of Agriculture (Antigua and Barbuda) [1998] UKPC 30, § 25.

⑥ 中国台湾地区"宪法"第23条:"以上各条列举之自由权利,除为防止妨碍他人自由,避免紧急危难,维持社会秩序,或增进公共利益所必要者外,不得以法律限制之。"相关案例可参见释字第436、471、476、544、551、554、578、584、603、702、718号等解释。

是足以使决定作出。"①由于缺乏可操作的分析技术与适用方法,在很多情形下,过于简单化的必要性原则不仅没有有效发挥其应有的规范功能,而且还极易被滥用,从而容易造成公权力行使的恣意与专横。

对于哪个手段是最小损害的,更多时候或许只能凭借"法感"。面对众多有助于正当目的实现的手段,立法者、行政者可能束手无策。虽然立法者、行政者凭借自己的专业知识和经验,在很多情形下确实可以选择出最小损害的手段,但往往只能凭借"法感",从众多可能有助于实现正当目的的诸多手段中挑选一个所谓的"最小损害"手段。然而,"法感"却并不总是靠得住的。正如德国著名法哲学家卡尔·拉伦茨所言:"仅诉诸法感是不够的,因为这是他个人的感觉,别人可能有相同的感受,也可能没有。没有人可以主张,他的感觉比别人的确实可靠。仅以法感为基础的判断,只有对感觉者而言显然是可靠的,对与之并无同感的人,则否。"②立法者、行政者认为某个手段是最小损害的,但当事人可能并不这么认为,法官也可能并不这么认为。况且,凭借"法感"判断某一个手段是否符合最小损害的标准,容易造成权力的任性行使,使人权受到不当侵犯。

法官在具体案件中也面临同样的必要性判断难题。在无法判断立法者、行政者所选择的手段是否是最小损害时,法官可能会采取回避的态度,将案件争议的焦点转移到是否符合狭义的比例原则。这一点在德国表现得尤为明显。在德国,大量的法律没能通过狭义比例原则的审查。③ 这或许与必要性原则缺乏可操作性有一定的关系。空洞的必要性原则容易造成结果导向的分析,不仅可能导致司法专断,使得法院"恣意以所谓的'最佳选择'或'正确做法',否定行政权或立法权所设定或所选择之价值标准",④侵犯立法者的立法形成余地和行政者的专业判断余地,而且还可能导致司法腐败,最终使公民权利无法得到有效保障。

国内外很多学者已经认识到了空洞的必要性原则存在主观性过大的缺陷。例如,德国学者本哈德·施林克认为,通过必要性原则,无法直接判断一项手段是否是最小损害。⑤ 英国学者凯·穆勒也持类似观点,他认

---

① Laura Clérico, Die Struktur der Verhältnismäßigkeit, Nomos Verlagsgesellschaft, 85 (2001).

② [德]卡尔·拉伦茨:《法学方法论》,陈爱娥译,商务印书馆2013年版,第5页。

③ See Dieter Grimm, Proportionality in Canadian and German Constitutional Jurisprudence, 57 University of Toronto Law Journal 383, 389(2007).

④ 林明锵:《比例原则之功能与危机》,载《月旦法学杂志》2014年第8期,第75页。

⑤ Vgl. Bernhard Schlink, Proportionality In Constitutional Law: Why Everywhere But Here? 22 Duke J. Comp. & Int'l L. 291, 299(2011-2012).

为,"要求同样有效但侵害更小的传统的最小损害原则,在某种程度上表述过分简单化。"①蒋红珍认为,"必要性原则以'目的-手段'关系的架构为其出发点,容易产生过度简单化的弊病",存在"精确性上的缺陷"。②郑春燕认为,最小损害原则缺乏"明确的可操作性"。③

对于必要性原则在适用时主观性过大的问题,学者们已经认识到了问题的严重性,近些年来开始尝试性地提出一些客观判断最小损害性的标准与方法。例如,阿根廷学者劳拉·克莱里科在《比例原则的结构》一书中认为,"如果最小损害原则不被精确化(präzisieren),它则是一个软弱无力的准则。"④胡建淼等认为,最小损害原则已经成为西方法治发达国家的普遍共识,行政强制中的最小损害应当从行为模式、行为类型、行为要素、行为过程等方面判断。⑤蒋红珍认为,针对必要性原则的司法适用困境,应当发挥"相同有效性"的功能性控制、确立不同的审查标准、合理配置举证责任。⑥郑春燕认为,最小损害原则在实践中可以细化为以下思路:以负担性措施代替禁止性措施、以指导性措施代替强制性措施、允许权利受损人先行选择"相同有效"的同类措施。⑦

纵观国内外学者对必要性原则的研究可以发现,对于为什么必要性原则就等同于最小损害原则则鲜有研究,对于客观化必要性原则的方法仍然研究得不够深入具体,提出的一些完善必要性原则的标准仍然缺乏可操作性。而且,在研究视角上,现有的文献大多以司法为中心,即以法官的视角研究必要性原则。但必要性原则不仅是法官的原则,更是立法者、行政者的原则。在中国全面推进依法治国、全力倡导把权力关进制度的笼子的背景下,系统深入探究精确化必要性原则的方法,不仅具有极大的理论价值,而且还具有重要的实践意义。

---

① Kai Möller, Proportionality: Challenging the critics, 10 Int'l J. Const. L. 709, 714 (2012).
② 蒋红珍:《论必要性原则的适用困境与出路》,载《现代法学》2006年第6期,第88页。
③ 郑春燕:《必要性原则内涵之重构》,载《政法论坛》2004年第6期,第121页。
④ Laura Clérico, Die Struktur der Verhältnismäßigkeit, Nomos Verlagsgesellschaft, 85(2001).
⑤ 参见胡建淼、蒋红珍:《论最小侵害原则在行政强制法中的适用》,载《法学家》2006年第3期,第19页。
⑥ 蒋红珍:《论必要性原则的适用困境与出路》,载《现代法学》2006年第6期,第89页。
⑦ 郑春燕:《必要性原则内涵之重构》,载《政法论坛》2004年第6期,第121页。

二、必要性原则的内涵流变：从宽到窄

在日常生活中，我们说某个手段是必要的，一般是从成本收益的角度所作的考虑，即如果某个手段会以较低的成本带来较大的收益，那么此手段就往往会被认为是必要的，就是值得运用的。例如，由于新冠肺炎疫情正在扩散，为了防止自己被传染，某甲觉得每天上班有必要打出租车或坐顺风车，而不应乘坐地铁或公交车。某甲之所以这样做，肯定是对不同通勤方式进行了成本和收益分析。日常用语中所说的手段必要性，不仅仅是指手段的最小损害性，其内涵要比比例原则中的必要性原则内涵更丰富，它既包括成本分析，也包括收益分析，实际上是相当于必要性原则和狭义比例原则的共同分析。如今比例原则中的必要性原则仅指手段的最小损害性，但并非从其产生之初就等同于最小损害性原则，必要性原则的内涵经历了从宽到窄的发展过程。

（一）必要性原则的形成标志：十字架山案

必要性原则产生于德国的自由法治国时期。在18世纪末期和19世纪初期，德国一些学者的论述和相关法律中，已经开始提及必要性原则，认为"只有在必要的（notwendig）情形下，国家才能限制公民自由，以确保所有人的自由与安全"。[①] 1882年，普鲁士高等行政法院作出著名的十字架山案判决，标志着必要性原则的最终全面确立。十字架山案判决认为，没有进一步法律授权，警察不得采取不必要的措施追求公共利益。

十字架山案的基本案情为：柏林市有一座"十字架山"，山上有一座建于1878年的纪念自由战争胜利的国家纪念碑。为了使柏林市民仰首即可看见此纪念碑，柏林警察当局颁布了一条建筑命令，规定"十字架山"附近居民所建的新建筑不能超过一定的高度。原告不服柏林警察当局的规定起诉至法院。在判决中，普鲁士高等行政法院认为柏林警察当局颁布的建筑命令不符合《普鲁士普通邦法》第10章第17条的必要性原则的规定，"并不是为了维护公共安宁、公共安全与公共秩序，也不是为了预防危险，

[①] Vgl. Carl Gottlieb Svarez, Vorträge über Recht und Staat, Hrsg. von Hermann Conrad und Gerd Kleinheyer, Westdeutscher Verlag, 486（1960）. Allgemeines Landrecht für die Preußischen Staaten (1794), § 10 II 17. Günther Heinrich von Berg, Handbuch des Teutschen Policeyrechts, Zweyte verb. Aufl., Hahn,（89-91）1802.

而只是为了促进公共利益。"①如果警察当局要采取措施促进公共利益,必须有法律的进一步授权。因而,普鲁士高等行政法院最终作出判决认为,"建筑规定超出了警察法应当遵守的法律界限",②警察当局无权设定此建筑限制。

十字架山案判决是"实施与发展法治国家警察法原则的起点",③它奠定了必要性原则在行政法中的地位,标志着必要性原则的形成。根据该案判决,如果政府要积极追求公共利益,限制公民的权利与自由,只有在必要时根据法律的授权才能为之。自此之后很长的一段时间内,必要性原则成为德国警察行政法的基本准则,任何警察行为都必须符合必要性原则。1928年,德国学者弗里茨·弗莱纳生动地描述了必要性原则:"对个人自由的限制从来不应超出必要(erforderlich)的限度。警察不能用大炮打麻雀。"④

作为自由法治国背景下消极行政的产物,从内容上看,必要性原则首先要求警察机关的行为必须有议会法律的授权依据,然后再在此依据下权衡是否有必要采取必要的手段,而不得积极主动促进公共利益。由此可以发现,在必要性原则的形成及发展初期,必要性原则是指:警察机关只有在必要的情形下,依据法律规定采取必要的手段限制公民权利与自由。在用词上有两种表达,在表达"必要的情形"时,一般用的是"notwendig",意为"必要的""必需的""必然的""急迫的";在表达必要的手段时,一般用的是"erforderlich",意为"必需的""需要的""不可缺少的"。

早期的必要性原则包括两个方面的内容:其一,政府权力的启动应当是在必要的情形下,不得随意干涉公民个人自由。在判断什么是"必要的情形"时,一般会考虑目的的重要性、紧迫性等因素。因此,"必要的情形"所指的必要性,实际上是目的的必要性,即有没有必要去实现某个目的,其主要考虑的是目的实现可能产生的收益大小。其二,如果符合必要的情形,目的有必要实现,启动后的政府权力就应当采取必要的手段干涉公民自由。在判断什么是"必要的手段"时,一般会考虑手段的种类、手段的损害大小等因素,所以此种意义上的必要性是指手段的必要性,其主要是考虑手段的损害大小。

---

① PrOVGE9, 353(377)-Kreuzberg-Urteil.
② PrOVGE9, 353(384)-Kreuzberg-Urteil.
③ Joachim Rott, 100 Jahre "Kreuzberg-Urteil" des PrOVG, NVwZ363, 363(1982).
④ Fritz Fleiner, Institutionen des deutschen Verwaltungsrechts, neubearb. Aufl. 8., Mohr, 404 (1928).

综上，早期的必要性原则内涵是很广的，可以概括为两方面的内容：目的必要性+手段必要性。目的必要性实际上成为后来的狭义比例原则的判断内容，手段的必要性实际上成为后来的必要性原则的判断内容。

(二) 必要性原则向最小损害性原则的转化

到了20世纪初期，随着自由资本主义向垄断资本主义的转变，各种社会问题大量涌现，政府职能急剧扩大。先前必要性原则中所要求的"必要的情形"条件似乎受到忽视，政府的行为一般都会被认为是目的必要的，所以对必要性原则关注的重点也逐渐转移到了手段的必要性上，而不再关注目的必要性。对于如何客观判断手段必要性，则缺乏明确标准。

最小损害手段的要求是在必要性原则的后期发展中才产生的。1931年，普鲁士颁布了《普鲁士警察行政法》(Das Preußische Polizeiverwaltungsgesetz)，进一步详细地以文本的形式规定了必要性原则。《普鲁士警察行政法》第41条第1款首先规定了必要性原则："警察处分如果不是基于警察法规定或某个特定的法律规定，但如果是必要的(erforderlich)，以维护公共安全、公共秩序，或预防具体情形中危害公共安全、公共秩序的特定危险，也是合法的。"紧接着，该法第41条第2款作了进一步规定："如果有多种手段可以消除对公共安全、公共秩序的破坏，或能有效地防御危险，则警察机关应当尽可能地选择一种对相关人员与一般大众损害最小的手段。"①此条规定应该是首次提出了最小损害原则，进一步明确了必要性原则的内涵，规定了警察处分应当是多种手段中最小损害的手段。自此之后，必要性原则就等同于最小损害原则。

随着自由法治国向实质法治国的不断迈进，政府职能进一步急剧扩张，国家对公民权利的干预更加广泛。仅仅靠手段必要性原则还不足以规范国家的公权力行使，政府在"必要的情形"下行使职能似乎又变得重要起来，即目的必要性原则似乎又变得重要起来。但此时目的必要性原则并不像之前那样包括于必要性原则之中，而是隐含于"二战"后的50到60年代间产生的狭义比例原则之中。

狭义比例原则是关于目的必要性的原则。它认为公权力行为的手段即使是必要的，也不必然正当，还必须符合手段所增进的公共利益同其所造成的损害成比例的条件。这实际上已包含了先前必要性原则所要求的

---

① Das Preußische Polizeiverwaltungsgesetz (1931), §41(2).

"必要的情形",即如果手段所增进的公共利益同其所造成的损害成比例,那么就是必要的情形,此时政府就有必要采取必要的手段。

因此,在狭义比例原则产生之后,必要性原则就是指手段最小损害原则。必要性原则完全成为对手段损害大小的事实判断,先前必要性原则所要求的"必要的情形"已转移到了狭义比例原则之中了。

通过考察必要性原则的内涵流变可以得出,德国法中的必要性原则是内涵缩小了的必要性,在用词上经历了从"notwendig + erforderlich"到"erforderlich"的转变,即从"必要的目的+必要的手段"到"必要的手段"的转变。发源于德国的必要性原则,由于历史环境的变化,在内涵上经历了从广义到狭义的变化,即必要性原则可以分为广义的必要性原则和狭义的必要性原则。形成初期的必要性原则是广义的,内涵较为丰富,它不仅评价手段的必要性,而且还评价目的的必要性。政治、法律、道德等相关因素都可以包括于广义的必要性原则之中。狭义比例原则产生之后,必要性原则就基本上变成狭义的了,仅仅是指手段的最小损害性,即只有某个手段是最小损害的,才是必要的。当代大多数法治国家所运用的必要性原则,一般是指狭义的必要性原则,即指手段最小损害性原则。

(三)应当扩大必要性原则的内涵吗

与德语单词必要性"erforderlich"相对应的英语单词是"necessary"。如果单纯从词义的角度,英语中的"necessary"和汉语中的"必要的"内涵都很丰富,更接近于发展初期的必要性原则的内涵,不仅仅是指手段的最小损害性。首先,不是最小损害的手段一定是不必要的。如果某项手段不是最小损害的,还存在其他更小损害的手段,那么此手段当然是不必要的。第二,必要的手段不应仅仅考虑手段的最小损害性,而且还应当考虑手段耗费的成本、手段带来的收益、手段的实行时机等其他因素。所以有些学者认为,必要性原则不单单是指最小损害性原则,还应当包括狭义的比例原则。[①] 还有学者认为,必要性"并不必然要或只能解释成'最小侵害'"。[②] 一些法院在判决中对必要性原则也作了扩大的理解,认为包括狭

[①] See Damian Chalmers et al., European Union Law, Cambridge University press, 449(2006). Takis Tridimas, The general principles of EU law, Cambridge University press, 91(2006).

[②] 黄昭元:《宪法权利限制的司法审查标准:美国类型化多元标准模式的比较分析》,载《台大法学论丛》2004年第33卷第3期,第83页。

义的比例原则。① 那么,有必要扩大必要性原则的内涵吗？答案是否定的。

应当对必要性进行狭义理解,将必要性原则仅仅限定为手段必要性原则,即选择最小损害手段的原则。将必要性原则限定为手段最小损害性原则,主要有以下几方面的原因：其一,将必要性原则限定为最小损害性原则,更有利于强调手段的最小损害性,突出公民权利的本位性。"这不仅符合古典自由主义的基本立场,也确实有利于保障人权。而这应该也是比例原则模式最吸引人之处"。② 其二,目的是否有必要实现属于狭义比例原则的判断范畴。狭义必要性原则主要是对不同手段的损害大小的经验判断与科学分析,其所不能解决的目的必要性判断正是狭义比例原则的使命。通过综合权衡各种因素,公正地进行利益衡量,狭义比例原则可以有效判断要不要选择某个必要的即最小损害的手段去实现某个正当目的。因而,将手段必要性与目的必要性二者区分开来,更有利于实现其各自的规范功能。其三,将必要性原则限定为最小损害性原则更加符合习惯。事实上无论是在德国,还是在其他大多数接受比例原则的国家,都习惯性地将必要性原则等同于最小损害性原则。

三、最小损害性的判断前提："相同有效性"

必要性原则要求立法者、行政者所运用的手段是最小损害的,这就需要立法者、行政者首先应确定各个手段的损害大小,然后再对这些不同的具有适当性的手段进行比较分析,以最终挑选出一个最小损害的手段。

比例原则在中国适用的第一案中,即在汇丰实业公司与哈尔滨市规划局行政处罚决定纠纷上诉案中,③最高人民法院在判决书中认为,规划局所作的处罚应"尽可能使相对人的权益遭受最小的侵害。而上诉人所作的处罚决定中,拆除的面积明显大于遮挡的面积,不必要地增加了被上诉人的损失,给被上诉人造成了过度的不利影响。"从判决书可以看出,最高人民法院认为规划局的行为不是最小损害的,给当事人造成了不必要的损

---

① See Lord Clyde in de Freitas v. The Permanent Secretary of Ministry of Agriculture (Antigua and Barbuda) [1998] UKPC 30, § 25.

② 黄昭元：《宪法权利限制的司法审查标准：美国类型化多元标准模式的比较分析》,载《台大法学论丛》2004 年第 33 卷第 3 期,第 84 页。

③ 汇丰实业公司与哈尔滨市规划局行政处罚决定纠纷上诉案,(1999)行终字第 20 号。关于此案的详细分析可参见湛中乐：《行政法上的比例原则及其司法运用——汇丰实业发展有限公司诉哈尔滨市规划局案的法律分析》,载《行政法学研究》2003 年第 1 期。

失,不符合必要性原则,因而最终驳回了规划局的上诉。在郭建军与诸暨市国土资源局土地管理行政处罚纠纷上诉案等多个案件中,法院也表达了与此几乎完全相同的观点。①

为了能够真正挑选出在客观上具有最小损害性的手段,在比较不同手段的损害大小时,不应忽略不同手段对目的实现程度的差别,即不应忽视不同手段的有效性差别。

(一)相同有效性手段的损害比较

对于某一个正当目的,如果有多个适当性的手段都能同等程度地促进,那么这些适当性手段的有效性就是相同的。此时只需要比较这些不同手段的原始损害大小,就可以选择出一个最小损害的手段。

假设对于实现某一特定公共目的 P,经过适当性原则分析后,立法者、行政者只有 M_1、M_2、M_3 三种适当性的手段可选择。如果手段 M_1、M_2、M_3 对权利的损害大小值 C_{r1}、C_{r2}、C_{r3} 分别为 30、50、60,它们都能完全实现目的,实现目的所带来的收益值均为 100。由于三种手段 M_1、M_2、M_3 的有效性是相同的,手段 M_1 的绝对损害又是最小的,所以在相同有效性下,手段 M_1 是符合必要性原则的最小损害性手段。

在相同有效性下判断手段的损害性,已在法院的判决中得到了多次体现。在药房案中,对于必要性原则,德国联邦宪法法院认为:"只有为了保护特别重大的公共利益时,才可以限制择业自由,也就是要在个人自由优先的前提下仔细权衡,只有没有其他可以不通过限制的手段或没有更小限制的手段,才能为了保护这种特别重大的公共利益而限制择业自由。"②在原油储存案中,德国联邦宪法法院认为,最小损害手段是"不存在相同有效,但对基本权利没有损害或损害更小的手段"③。在许多其他案件中,联邦宪法法院对最小损害性也有类似表述。④

---

① 参见郭建军与诸暨市国土资源局土地管理行政处罚纠纷上诉案,(2008)绍中行初字第37号;苏州鼎盛食品有限公司诉江苏省苏州工商行政管理局工商行政处罚案,(2011)苏知行终字第0004号;临洮县紫竹苑物业管理有限责任公司诉甘肃省临洮县质量技术监督局行政处罚案,(2014)定中行终字第30号;舟山市市场监督管理局金塘分局与邹学勋案,(2015)舟定行初字第7号。

② BVerfGE 7, 377(405)-Apotheken-Urteil.

③ BVerfGE 30, 292(316)-Erdölbevorratung.

④ Vgl. BVerfGE 19, 330 (337)-Sachkundenachweis; BVerfGE 25, 1 (17)-Mühlengesetz; BVerfGE 40, 371(383)-Werbefahrten;BVerfGE 63, 88(115)-Versorgungsausgleich II; BVerfGE 70, 1 (28)- Orthopädietechniker-Innungen; BVerfGE 90, 145(182)-Cannabis.

在王丽萍诉中牟县交通局行政赔偿纠纷案中,①行政机关由于没有选择相同有效性下最小损害的手段,最终被法院判决败诉。2001年9月27日,下岗工人王丽萍借用他人小四轮拖拉机,装载31头生猪,准备到开封贸易实业公司所设的收猪点销售。路上,遇被告县交通局的工作人员查车。经检查,县交通局的工作人员以没有交纳养路费为由,决定暂扣车辆。由于天气炎热,王丽萍请求把生猪卸下后再扣车,被告的工作人员却置之不理,强行摘下拖斗后驾车离去,最终导致15头生猪因受热中暑死亡。王丽萍向县交通局申请赔偿,遭县交通局拒绝,遂提起诉讼。在该案件中,县交通局在可以同样实现执法目的的条件下,有两种手段可供选择:一种手段是不卸生猪,直接扣车;另一种手段是先卸生猪,再扣车。第二种手段在相同有效性下,明显对当事人损害更小,但县交通局却采取了第一种手段,给当事人带来了更大的损害。法院最终认为,中牟县交通局的扣车行为,"不符合合理、适当的要求,是滥用职权",给当事人带来了更大的损害,所以应当给予行政赔偿。

在陈宁诉辽宁省庄河市公安局不予行政赔偿决定案中,法官在判决中也认为,手段最小损害性的判断应当以手段的相同有效性为前提。原告陈宁的丈夫韩勇驾驶的红旗牌出租轿车在庄河市发生交通事故,庄河市公安局交通警察大队赶到事故现场后初步查明,韩勇驾驶的红旗牌轿车已被撞变形,韩勇被夹在驾驶座位中,生死不明,需要立即抢救。为了尽快救出韩勇,警方先后采用了撬杠等方法,都不能打开驾驶室车门,最后采用了气焊切割的方法,在周围群众的帮助下,将韩勇从车中救出送往医院,到医院后发现韩勇已经死亡。虽然在气焊切割车门时采取了安全防范措施,但切割时仍造成了轿车失火。事后,原告陈宁要求庄河市公安局赔偿车辆被烧毁的损失,遭到庄河市公安局拒绝。陈宁不服,提出诉讼请求行政赔偿。

法院经审理后认为,在当时情形下,庄河市公安局采用气焊切割的方法,没有违反必要性原则。法官在判决书中写道:"虽然该措施后来导致了汽车的毁损,但由于当时情况紧急,无法采取其他更安全、有效的措施抢救韩勇。"②气焊割门符合必要性原则。交通警察并非一开始就采取气焊

---

① 王丽萍诉中牟县交通局行政赔偿纠纷案,(2002)牟行初字第04号。关于此案的具体评述可参见王伟:《执法机关严重违反比例原则暂扣车辆给当事人造成损失的应当承担赔偿责任——王丽萍诉河南省中牟县交通局交通行政赔偿案》,载《中国行政审判案例》(第1卷),中国法制出版社2010年版,第89-93页。

② 陈宁诉辽宁省庄河市公安局不予行政赔偿决定案,(2002)庄行赔字第1号、(2002)大行终字第98号。

割门这种损害较大的开门方式,而是采取撬杠等各种损害较小的开门方式,在其他方式不能奏效的情况下,不得已才采取气焊割门这种对被救人员生命和财产造成更大损害的方式。换言之,在当时情况下,在可以达成执法目的的方式中,气焊割门实际上已经是相对损害较小的方式,因为其他损害更小的方式无法实现执法目的。① 因此,在能同样达到及时救人目的的多种手段中,"破损汽车车门或者造成轿车毁损对他人利益的损害明显较小。"因而,法院最终认为,庄河市公安局交通警察大队所采用的手段并无不当。

在这些案例中,法院都认识到了应当在相同有效性下比较不同手段的损害大小。相同有效性是比较不同手段损害大小的前提。最小损害的手段,是指在相同有效性下的最小损害。如果不存在另外一个或一些能同样有效实现目的但损害更小的手段,那么此手段便是必要的。

(二)异同有效性下的最小损害性:相对最小损害性

最小损害性的判断前提是手段的相同有效性。然而,现实却经常是,不同手段的有效性往往是不同的,很少存在两个能完全同等程度实现目的的手段。损害小的手段可能对目的的实现程度较小,即有效性较小;损害大的手段可能对目的的实现程度更大,即有效性更大。因而,在判断某一个手段是否是最小损害时,往往会出现这样的窘境:对于某一个正当目的,有多种具有适当性的手段,但这些具有适当性的手段的损害均不同,有效性也均不同,而且这些不同的有效性又都是可接受的。那么,此时该如何从这些异同有效性手段中,选择出一个最小损害性的手段呢?

假设对于实现某一特定公共目的 P,经过适当性原则分析后,立法者、行政者只有 M_1、M_2、M_3 三种适当性的手段可选择。但这三种手段的损害不同,对目的的实现程度即有效性也不相同,但都是可接受的。假设手段 M_1、M_2、M_3 对权利的损害成本值 C_{r1}、C_{r2}、C_{r3} 分别为 30、50、60,它们对目的不同程度的实现所带来的收益值 B_1、B_2、B_3 分别为 35、50、80。手段与目的重合的部分表示对目的的实现程度,即手段的有效性程度。(见手段必要性分析前图)

通过比较可以发现,三种手段 M_1、M_2、M_3 的损害不同,有效性也不

---

① 参见许福庆、李蕊:《交通警察施救行为过程中比例原则之应用——陈宁诉辽宁省庄河市公安局不予行政赔偿决定案》,载《中国行政审判案例》(第1卷),中国法制出版社2010年版,第97页。

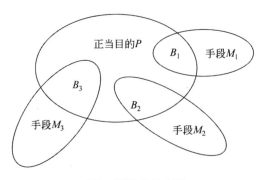

手段必要性分析前图

同。手段 M_1 的损害最小,对正当目的 P 的实现程度即有效性也最小;手段 M_2 的损害较大,对正当目的 P 的实现程度即有效性也较大;手段 M_3 的损害最大,对正当目的 P 的实现程度即有效性也最大。

此时应当选择何种手段呢?通过比较可以发现,三种手段 M_1、M_2、M_3 对权利的损害成本大小排序为:$C_{r1} = 30 < C_{r2} = 50 < C_{r3} = 60$,因为手段 M_1 对权利损害最小,所以肯定会有人毫不犹豫地认为,应当选择手段"最小损害性的"手段 M_1。其实并非如此,不能简单地将绝对损害性最小的手段 M_1 作为最小损害的手段,因为三种手段的有效性是不同的。直接将绝对损害性最小的手段 M_1 作为最小损害的手段,违背了最小损害性手段的判断前提:相同有效性。

当各种手段对目的的实现程度均不同时,即各种手段具有异同有效性时,在比较不同手段的损害性大小时,不能忽略手段的有效性程度。如果只是单纯地比较手段的损害性大小,而不顾手段对公共利益的促进程度,即手段的有效性程度,那么通过必要性原则选出的手段确实是绝对损害最小的,但对目的的实现程度却往往也是最小的。"在绝大多数案件中,最小损害的手段往往也是更低有效性的。"正是由于认识到此点,该学者甚至认为:"最好是放弃最小损害性和最小损害性手段的表述,因为这样容易产生误导,让人觉得只要有更小损害的可替代性手段,就应当采取此手段。"①

不顾手段的有效性,而只问手段的最小损害性,不利于积极立法和积极行政,最终不利于维护和促进公共利益。如果只强调采用绝对损害最小损害的手段,就会导致大量能更多地增进社会公共福利但损害较大的行为

---

① Tom Hickman, The substance and structure of proportionality, P. L. 694, 702、714 (2008).

得不到实施,从而大大束缚了立法者、行政者的手脚,最终使公民失去更多的利益。正如郑春燕所认为,如果不考虑不同手段的有效性差异,"仅要求在有效实现目标的多种手段中选择最小侵害的手段,则必要性原则就俨然成为'温柔立法'或'温柔行政'的代名词。"①也正如许玉镇所认为,如果只是单纯地比较损害大小,就可能否定高度有效性的手段,"将使得国家积极追求公益之实现的功能瘫痪,同时也可以使得更加无法采取充分有效的手段来履行其维护公益及私益免受危害之消极任务。"②

因此,必要性原则所要求的手段的最小损害性,不应当是无条件的绝对最小损害性,而应当是一种相对最小损害性。最小损害性原则,实际上是相对最小损害性原则。比较不同手段的损害大小,不能忽视不同手段对目的的实现程度差异,即不同手段的有效性差异。如果多个适当性的手段均具有相同的有效性,只是单纯的比较各手段的损害大小,就可以确定出一个最小损害的手段。倘若多个适当性的手段的有效性均不同,或只有部分手段的有效性相同,这些手段的不同有效性也都是可接受的,此时就需要将这些异同有效性的手段转化为"相同有效性"的手段,然后再选择出一个相对最小损害的手段。只有在"相同有效性"下比较不同手段的损害大小,才既能有效保障公民权利,又能兼顾公共利益,不至于选择出绝对损害最小但有效性却可能最低的手段。要判断何为相对最小损害性的手段,需要借助于相对最小损害性计算公式。

(三)手段的相对损害性计算公式

要比较各种不同有效性手段的损害大小,首先应当实现从手段的异同有效性向"相同有效性"的转化,即在1个单位"有效性"下比较不同手段的损害大小。

通过手段的相对损害性计算公式,可以将各种异同有效性的手段转化为"相同有效性"的手段。经过转化后,各种异同有效性的手段的绝对损害也就转化成为"一个单位有效性"下的相对损害,从而就可以在"相同有效性"下比较各种不同手段的相对损害大小,进而就能够从各种异同有效性手段中挑选出一个相对最小损害性手段。手段的相对损害性计算公式如下:

---

① 郑春燕:《必要性原则内涵之重构》,载《政法论坛》2004年第6期,第118页。
② 许玉镇著:《比例原则的法理研究》,中国社会科学出版社2009年版,第60页。

$$I = \frac{C_r}{B}$$

不同手段对目的的实现程度即有效性不同,实际上是不同手段的收益不同,用 B 表示;不同手段的损害不同,实际上是不同手段的成本不同,用 C_r 表示,C_r 是手段的原始的绝对的损害性大小。手段的相对损害性大小用 I 表示。假设手段 M_1、M_2、M_3 对权利的成本损害值 C_{r1}、C_{r2}、C_{r3} 分别为 30、50、60,对目的不同程度的实现所带来的收益值 B_1、B_2、B_3 分别为 35、60、80。

通过相对损害性计算公式,就可以得出不同有效性的手段在"一个单位有效性"下的相对损害,然后进行比较。对于三种手段 M_1、M_2、M_3 的相对损害值,我们可以进行如下计算:

$$I_1 = \frac{C_{r1}}{B_1} = \frac{30}{35} = 0.86$$

$$I_2 = \frac{C_{r2}}{B_2} = \frac{50}{60} = 0.83$$

$$I_3 = \frac{C_{r3}}{B_3} = \frac{60}{80} = 0.75$$

通过手段的相对损害性公式计算可以发现,三种手段 M_1、M_2、M_3 对的权利的相对损害性大小为:$I_1 > I_2 > I_3$。此结果表明,三种不同手段 M_1、M_2、M_3 在"相同有效性"下,手段 M_3 的相对损害性最小,所以手段 M_3 是必要性原则所要挑选的最小损害性手段,尽管手段 M_3 的绝对损害性是最大的。

但是,绝对最小损害的手段与相对最小损害的手段并不总是不一致的,也存在重合的情形,即在"相同有效性"下,相对最小损害的手段同时也是绝对最小损害的手段。再以三种手段 M_1、M_2、M_3 为例,如果对它们所造成的损害和收益进行不同赋值,会产生不同的结果。假设手段 M_1、M_2、M_3 对权利的损害成本值 C_{r1}、C_{r2}、C_{r3} 分别变为 30、40、80,它们对目的不同程度的实现所带来的收益值 B_1、B_2、B_3 分别变为 40、50、90。对于三种手段 M_1、M_2、M_3 的相对损害值,我们可以进行如下计算:

$$I_1 = \frac{C_{r1}}{B_1} = \frac{30}{40} = 0.75$$

$$I_2 = \frac{C_{r2}}{B_2} = \frac{40}{50} = 0.80$$

$$I_3 = \frac{C_{r3}}{B_3} = \frac{80}{90} = 0.89$$

在此种情形下,通过手段的相对损害性公式计算可以发现,三种手段 M_1、M_2、M_3 对权利的相对损害性大小为: $I_1 < I_2 < I_3$。此结果表明,三种不同手段 M_1、M_2、M_3 在"相同有效性"下,手段 M_1 是相对最小损害性的,而手段 M_1 同时也是绝对最小损害性的,此时就出现了绝对最小损害的手段与相对最小损害的手段重合的情形。

因此,在判断何为最小损害性手段时,关键在于在"相同有效性"下对各种不同的手段进行损害大小比较分析,而这种"相同有效性"下的损害大小分析又取决于不同手段的损害与收益分析。所以确定不同手段所造成的损害值与所带来的收益值,就成为准确判断哪种手段是相对最小损害的关键。而要确定不同手段的损害值和收益值,不通过科学的计算,是无法得出客观准确的结果的。在确定不同手段的损害与收益的方法上,美国行政法上的成本收益分析可资借鉴。

四、成本收益分析(CBA)的理论与实践

尽管比例原则在很多国家得到了广泛传播,但一直没有在美国得到明确而全面的适用。这或许同权利保护模式不同有关。美国宪法的发展先于行政法,而欧洲行政法的发展早于宪法,这一历史事实导致了不同的宪法权利观念和保护模式。美国宪法确立了权利种类,形成了特殊的权利保护观念,注重文本解释,注重类型化的司法审查,属于"权利的宪法模式"。相反,欧洲"权利的行政模式"强调比例原则教义,奉行宽泛的权利观,不重视发现权利的边界和文本含义,不过度强调解释和文本,甚至反对文本解释或原始意图解释,而更注重通过合比例性分析判断权力行使的正当性。[1] 当然,可能还存在很多其他原因,使得比例原则的全球化在美国似乎是个例外。在美国法上日益得到广泛运用的成本收益分析(Cost-Benefit Analysis),或许在某种程度上发挥着和比例原则相似的功能。成本收益分析不仅仅是经济学上的分析方法,其在美国行政法上也得到了广泛运用。

---

[1] See Moshe Cohen-Eliya and Iddo Porat, The Administrative Origins of Constitutional Rights and Global Constitutionalism, in Vicki C. Jackson & Mark Tushnet (eds.), Proportionality: New Frontiers, New Challenges, Cambridge University Press, 103-129(2017).

（一）成本收益分析的起源与发展

早在 1902 年，美国国会通过的《河流与港口法》(River and Harbor Act of 1902)就规定了成本收益分析。该法相关条文规定，"工程师委员会应当考虑工程的现有商业的数量与性质或即将受益的合理前景，和工程相关的最终成本，包括建设和维护成本，相关的公共商业利益，以及工程的公共必要性，建设、保持、维护费用的妥当性。"此条款应该可以看作为成本收益分析的最早规定。1936 年，美国国会制定的《防洪法案》(Flood Control Act of 1936)要求行政机关在防洪工程中权衡成本与收益，规定"防洪可能获得的收益应当超过估算的成本"。此规定进一步具体化了成本收益分析，规定政府行为的收益应当超过成本。尽管缺乏关于理论基础的共识，成本收益分析在 1960 年代还是获得了短暂的流行。到了 1970 年代，即使是经济学家与政府机关也开始怀疑其效用。伴随成本收益分析所产生的问题不是理论上的，而是实践的与意识形态的。总的来说，在 1980 年代以前，当评价规制和其他工程时，行政机关并没有系统地依靠成本收益分析。但自从里根总统和克林顿总统颁布行政命令后，行政机关对成本收益分析的运用才越来越普遍，国会也制定了许多法规要求行政机关运用成本收益分析。[1]

对于成本收益分析的发展最有影响的当属总统签发的行政命令。1974 年福特总统签发了 11821 号行政命令：《通货膨胀影响声明》要求规制必须考虑消费者、商业、市场或联邦、州和地方政府的成本，对劳动者、商业或政府任何层面生产力的影响等，这些规定可以看作是总统行政命令对成本收益的最早规定。[2] 1978 年卡特总统签发了 12044 号行政命令：《改善政府规制》，要求规制应当高效的实现立法目的，必须考虑相关的成本与影响。[3] 由于经济等因素的影响，此两项行政命令关于成本收益的规定并没有得到有效实施。值得注意的是，在用词上这两个行政命令使用的是成本(cost)与影响(effect)，而在行政命令中首次使用成本(cost)与收益

---

[1] Matthew D. Adler & Eric A. Posner, Rethinking Cost-Benefit Analysis, 109 Yale L.J. 167-171, 167 (1999).

[2] Gerald R. Ford, Executive Order 11821: Inflation Impact Statements, 3CFR203, 3(a)-(d) (1974).

[3] Jimmy Carter, Executive Order 12044: Improving Government Regulation, 3CFR152, 1 (1978).

(benefit)的则为 1981 年里根总统签发的行政命令。

1. 里根总统 12291 号行政命令

1981 年,里根总统签发著名的 12291 号行政命令:《联邦规制》,要求行政机关对重要规章的制定必须进行成本收益分析,提交重要规章的规制影响分析报告。该行政命令要求,除非政府规制的潜在社会收益超过潜在社会成本,否则就不应该采取规制行为。而且该行政命令还要求,在既定的目标下,如果有多种可选择的方式,应当选择社会成本最小的方式,并且使社会的净收益最大化。①

2. 克林顿总统 12866 号行政命令

1993 年,克林顿总统发布 12866 号行政命令:《规制计划与审查》,同样也要求行政机关制定重要的规章时必须进行成本收益分析,提交相关规制分析报告。该行政命令要求行政机关应以最大化的成本效益方式实现规制目的,每一个行政机关都应对规制的成本与收益进行评估,但也应认识到某些成本和收益很难量化。拟提议或采用的规制必须基于合理的决定,也就是收益证明成本是正当的,而且该行政命令还要求制定的规章对社会施加的负担最小化。②

3. 奥巴马总统 13563 号和 13610 号行政命令

2011 年,奥巴马总统签署 13563 号行政命令《改进规制和规制审查》,该命令是对 1993 年克林顿签发的 12866 号行政命令所确立的原则、框架、概念等的补充和重申。该行政命令特别强调行政机关必须对规制进行定量和定性的成本收益分析,规制只能基于合理的决定也就是收益证明成本是正当的(要意识到某些成本和收益很难量化),并且规制对社会的负担最小。而且,如果有多种可选择的规制方式,应当选择使净收益最大化的方式(包括潜在的经济、环境、公共卫生与安全等;分配影响;平等)。③

2012 年,奥巴马总统签署 13610 号行政命令《识别和减少规制负担》,特别规定为了减少不正当的规制负担与成本,行政机关应当运用成本收益分析对现存的重要规制进行回顾性审查(retrospective review),以决定"是

---

① Ronald Reagan, Executive Order 12291: Federal Regulation, 3CFR128, 2(a)-(e) (1981).
② William J. Clinton, Executive Order 12866: Regulatory Planning and Review, 3CFR638, 1b (1)-(12) (1993).
③ Barack Obama, Executive Order 13563: Improving Regulation and Regulatory Review, Federal Register, Vol. 76, No. 14, 3821 (2011).

否需要对这些规制进行修改、精简、扩大或废除"。① 13610 号行政命令扩大了成本收益分析的适用范围,即规定行政机关在进行重要规制前不仅应当进行事前的成本收益分析,而且还应当在规制期间进行事中的成本收益分析,以评估规制的客观效果。

经过百余年特别是自 1981 年以来的发展,美国的成本收益分析制度已较为完善。在组织机构上,美国建立了白宫管理与预算办公室(Office of Management and Budget,OMB),负责对联邦规制的成本收益分析进行审查,具体的审查工作是由设置于白宫管理与预算办公室中的信息与监管事务办公室(Office of Information and Regulatory Affairs,OIRA)来承担。OIRA 本身又分为三个办公室,其中之一为管制审查和文书工作办公室,主要管理对规章的审查。OIRA 管制审查和文书工作办公室分为三个部门:自然资源处;商业和土地处;人类资源处。这些不同的部门分别承担审查各自领域规章的职能。据统计,OIRA 平均每年审查 600—700 件重大规章。OIRA 可以对规章不作任何改变,也可以直接改变规章,或将其退回行政机关重新修改,或者劝说行政机关停止制定某规章。②

在适用情形上,行政机关必须进行成本收益分析的重要的规制主要有以下 4 种情形:(1)年度经济影响在 1 亿美元以上的规制,或在实质上对经济、经济部门、生产力、竞争、就业、环境、公众健康或安全,或对州、地方、宗族政府、共同体产生不利影响的规制;(2)造成了严重冲突,或者干预了其他机关已经执行或者计划执行的规制;(3)实质改变了资格授予、拨款、使用权费或贷款项目的预算或受众的权利义务;(4)在法令、总统优先权或本行政命令所确定的原则之外所引发的新的法律、政策问题。从这些适用情形可以看出,几乎所有重要的规制都必须进行成本收益分析。除日常的成本收益分析审查之外,作为一种行政向民主负责的机制,也作为一种行政自我反思机制,美国白宫管理与预算办公室每年都向国会提交成本收益分析年度报告。

---

① Barack Obama, Executive Order 13610: Identifying and Reducing Regulatory Burdens, Federal Register, Vol. 77, No. 93, 28469 (2012).

② Curtis W. Copeland, The Role of the Office of Information and Regulatory Affairs in Federal Rulemaking,33 Fordham Urb. L.J. 1257, 1257(2006).

（二）成本收益分析的性质及其功能

1. 成本收益分析的性质

对于成本收益分析的内涵，美国国会的法律与总统的行政命令都没有给出具体的界定，不同学者对其性质有不同看法。凯斯·R.桑斯坦认为成本收益分析是一项原则，其内容包括：(1)允许可忽略的规制需求；(2)授权行政机关准许"可接受"风险，远离"绝对"安全需求；(3)允许行政机关同时考虑成本与可行性；(4)允许行政机关权衡成本与收益。① 马修·D.阿德勒和埃里克·A.波斯纳认为，成本收益分析只是一个福利主义决定程序（a welfarist decision procedure）：第一，如果没有道义上的决定性，政府工程的总体福利（overall well-being）效果只是一个参考性因素。第二，在行政机关的多种选择情形下，成本收益分析是正当化总体福利的最佳决定程序。但这并不表明成本收益分析总是正当化总体福利的最佳选择。另一方面，相对于其他决定程序，成本收益分析具有某些明显的优势，这些优势表明成本收益分析将是常规适当的。② 理查德·R.泽布认为，如果伴随连贯一致的技术程序，成本收益分析可以被视为有用的科学分析工具，专业人士运用三项规则实施成本收益分析：(1)成本收益分析的角色是提供决定作出的相关信息，并不提供决定本身；(2)成本收益分析原则上依赖所有的现有价值，它既没有遗漏价值也不能创造或发展价值；(3)成本收益分析既依靠法律也依靠心理参考点。③

以上学者从不同的角度分析了成本收益分析的性质，都有一定的道理。事实上，成本收益分析具有多重属性。首先，成本收益分析是一种科学分析工具。它为决策者提供了一套数学计算方法，从而能较为准确地量化拟实施的规制可能耗费的成本和产生的收益，有利于决策者作出能提升经济效率和经济理性的科学决定。其次，成本收益分析是一种决策性程序。它是决策者作出某项决定前的一个步骤，有利于决策者在作出决定前进行更加客观化的利益衡量。对于美国行政法中的重要规制来说，成本收益分析是行政机关必须遵守的正当程序。最后，成本收益分析是一种实体性标准。它要求行政机关的规制必须是收益能证明成本是正当的，或者说

---

① Cass R. Sunstein, Cost-Benefit Default Principles, 99 Mich. L. Rev. 1651, 1654 (2001).

② Matthew D. Adler & Eric A. Posner, Rethinking Cost-Benefit Analysis, 109 Yale L.J. 165, 194-195 (1999).

③ Richard O. Zerbe Jr., Is Cost-Benefit Analysis Legal? Three Rules, 17 Journal of Policy Analysis and Management 419, 421 (1998).

规制成本与收益应当成比例,规制成本不能明显超过收益,并且还要求手段是最小负担的。因此,成本收益分析既是一种科学分析工具,也是一种决策性正当程序,还是一种实体性正当标准。

2. 成本收益分析的功能

成本收益分析之所以在美国行政法上得到广泛运用,其地位也有不断提高的趋势,主要是因为成本收益分析有着许多特有的积极功能。"成本收益分析之所以会大行其道,一方面在于它适应了规制缓和的需求,另一方面也是经济分析法学思潮在规制与行政法领域充分应用的结果。"①作为一种运用于法学领域的经济学分析方法,成本收益分析不仅能有效提高资源配置效率,而且还能优化行政规制,有助于预防行政机关滥规制与规制不作为。另外,正确运用成本收益分析,还能有效提升行政合法性,缓解当代行政饱受争议的"民主赤字"危机。

第一,提高资源配置效率。"成本收益分析的核心是配置效率的理念。"②经济学的成本收益分析是一个普遍的方法,其前提是追求效率的最大化,力图用最小的成本获取最大的收益。在市场完善的地方,个人的自利性将导致资源有效地分配,使资源配置效率较高。而当市场失灵时,政府就应介入规制。但政府在介入规制时,必然重新配置资源,随之而来的就会产生资源配置效率问题,也就是如何保障政府的资源配置效率更高。成本收益分析的有效运用,有助于使资源得到更有效地配置。政府欲实施某项规制,如果有多种手段可以利用时,此时就面临选择。"我们必须阐明一项特定干预相比于其他替代方案的更优越的效率,为此我们使用成本收益分析。"③政府如果运用成本收益分析,比较各种不同手段可能带来的成本与收益,从而放弃那些即使能够实现目的但成本明显过大的手段,最终确定一个收益证明成本是正当的最佳方案,进而也就实现了资源配置的较高效率,增加了社会总体福利。以美国联邦规制为例,在 2001 年 10 月 1 日到 2011 年 9 月 30 日 10 年间,103 件重要规章共产生的收益为 1410 亿~6915 亿美元,成本仅为 424 亿~663 亿美元。(见重要联邦规章总年度成

---

① 高秦伟:《美国规制影响分析与行政法的发展》,载《环球法律评论》2012 年第 6 期,第 97 页。

② Anthony E. Boardman, David H. Greenberg, Aidan R. Vining, and David L. Weimer, Cost-Benefit Analysis: Concepts and Practice, Upper Saddle River, Prentice Hall, 28(1996).

③ Anthony E. Boardman, David H. Greenberg, Aidan R. Vining, and David L. Weimer, Cost-Benefit Analysis: Concepts and Practice, Upper Saddle River, Prentice Hall, 2(1996).

本收益评估图)①

行政机关	重要规章数量	收 益	成 本
农业部	5	0.9~1.3	0.8~1.2
能源部	10	6.5~12.0	3.3~4.7
卫生与公共服务部	16	15.8~38.5	2.2~4.1
国土安全部	1	<0.1	0~0.1
住房与城市发展部	1	2.3	0.9
司法部	4	1.8~4.0	0.8~1.0
劳工部	7	6.8~19.8	2.1~5.0
运输部	27	16.1~27.9	7.9~15.7
环境保护局	30	84.8~565.0	22.3~28.5
运输部和环境保护局	2	6.1~20.7	2.0~5.2
总　　计	103	141.0~691.5	42.4~66.3

重要联邦规章总年度成本收益评估图（2001.10.01~2011.09.30，单位：10亿美元）

第二，优化行政规制，有助于预防滥规制和规制不作为。现代社会政府职能迅速扩张，为了应对各种危机与挑战，政府对经济与社会各领域进行广泛干预。尽管自20世纪70年代以来规制有所缓和，但现代国家中的规制总数量却日益增长，特别是自进入风险社会以来，规制更是呈爆炸式增长。毫无疑问，政府规制能够有效解决市场失灵、有利于公益性再分配、有利于实现集体愿望等功能，但这并不表明政府规制越多越好。政府规制数量的多与少并不重要，问题的关键在于规制过度与规制不足的局面并存。对于很多不需要规制的事项，政府却错误地实施了规制；对于很多亟需规制的事项，政府却忽略了。"如果没有对成本与收益的评估，如果没有尽可能的量化，基于证据的、数据驱动的规制是不可能的。"②自罗斯福新政到20世纪70年代，美国政府规制急剧增长，政府广泛干预经济与社会领域，造成规制负担。为了消除过度规制带来的不利影响，1981年里根总统签发12291号行政命令③，强调成本收益分析的价值，有效控制了行政机关的滥规制。由于成本收益分析实施的公开化、透明化，"能降低利益集团

---

① Office of Management and Budget, 2012Report to Congress on the Benefits and Costs of Federal Regulations and Unfunded Mandates on State, Local, and Tribal Entities, 13(2012).

② Cass R. Sunstein, Humanizing Cost-Benefit Analysis,2011Eur. J. Risk Reg. 3,6(2011).

③ Ronald Reagan,Executive Order 12291：Federal Regulation,3CFR128,2(a)-(e)(1981).

利用他们掌握的信息优势影响决策作出的机会",①从而可以减少"权力寻租"与"监管俘获",有效解决了利益集团难题,进而阻止了大量不正当的规制。

同样,成本收益分析也有助于预防规制不作为。"现存的规制结构并没有产生收集关于风险的准确信息的激励。"②成本收益分析能使一些不确定的风险量化,有效运用该分析方法能够获取更多的准确信息,从而使政府意识到问题的严重性,产生规制激励,进而促使政府主动去对某些长期忽视的问题进行规制。同样,在风险社会中,并非任何风险都应当规制,我们不应当对风险采取"零容忍"态度。"由于对某些特定事件的剧烈的情绪反应,人们经常错误地思考了某些风险的严重性。"③成本收益分析有助于帮助政府抵制根源于事实的错误观念的规制需求。因此,通过重视成本与收益,可以促进最明显需要的规制,阻止最明显不需要的规制,有利于寻找实现规制目标的成本最小的方法。④

第三,提升行政合法性。现代国家政府行政职能急剧扩张,行政机关已不再单纯消极执行法律,而是通过作出决策、制定规则等方式积极行政。以特定行政任务为导向的现代行政,再也无法仅仅通过"传送带"模式而获得合法化。"行政不仅应当具备形式合法性,而且需要体现民主性和理性。"⑤正是由于这种转变,使现代国家行政产生了深刻的合法性危机。现代行政不仅应当具备形式合法性,而且还需要实质合法性。

通过有效的公众参与,在一定程度上可以缓解现代行政的"民主赤字"危机,从而提升行政合法性,其属于通过程序而合法化的模式。而对于成本收益分析,则属于通过实体而合法化的模式。行政机关通过成本收益分析,对自己拟实施的行为的成本进行分析,并且评估其潜在的收益,从而不予实施那些虽然形式合法并能有效实现公益目的但成本与收益不成比例的行为,使实体结果能够更加接近行政正确性。虽然美国国会一些单行法也规定了成本收益分析,但对成本收益分析的规定主要还是来自于行政

---

① Eric A. Posner, Controlling Agencies with Cost-Benefit Analysis: A Positive Political Theory Perspective, 68 U. Chi. L. Rev. 1137, 1189 (2001).

② Cass R. Sunstein, Congress, Constitutional Moments, and the Cost-Benefit State, 48 Stan. L. Rev. 247 (1996).

③ George F. Loewenstein et al., Risk As Feelings, 127Psychol. Bull. 267(2001).

④ Cass R. Sunstein, Cost-Benefit Default Principles, 99 Mich. L. Rev. 1651, 1660-1662 (2001).

⑤ 王锡锌:《依法行政的合法化逻辑及其现实情境》,载《中国法学》2008年第5期,第69页。

系统内部,因而可以说成本收益分析是行政自我规制的有效工具。行政机关实施的成本收益分析,增强了其拟实施行为的经济理性,提高了行政效能,进而有力提升了现代行政的合法性。

(三)成本收益分析的实际操作

1. 成本收益分析的步骤

一般来说,一项完整的成本收益分析主要包括以下步骤:(1)目的确立阶段。在此阶段,政府首先应确立拟实现的目的。(2)调查阶段。调查确定各种可替代性手段,包括不采取任何措施的方案。(3)识别阶段。由于某项政府措施往往会涉及多方主体,牵涉多方利益,所以政府应当识别不同措施的可能影响主体,判断哪些主体将受损,哪些主体将受益。(4)赋值计算阶段。对各种不同主体的损害、收益依据某种标准,进行赋值计算。(5)汇总阶段。确立各种不同的可替代性手段所产生的各自的总成本和总收益。(6)敏感性分析阶段。敏感性分析是一种不确定性分析方法,主要解决成本、收益判断的不确定性问题,通过选取不确定性因素,计算不确定因素变动时对成本收益的影响程度。(7)确定具有最大净收益的手段。

2. 成本和收益的计算方法

对政府的某项工程或规制进行成本收益分析,关键是要尽可能准确地界定各项要素的成本与收益。对于成本来说,主要可以分为两类:权利损害成本和财政支出成本。权利损害成本是政府侵犯公民权利与自由所造成的损害,它是来自于公民的成本;而财政支出成本是来自于政府的成本,它是政府实施某项行为时所需要的人力、物力、财力等成本。在一些情形下,权利损害成本可能大于财政支出成本。例如,政府为了减少空气污染,对私家汽车实行单双号限行措施,相对于政府的执法等财政支出成本来说,私家车主的权利损害成本更大。而在另外一些情形下,政府财政支出成本可能大于公民权利损害成本。例如,政府为了预防疯牛病对国民健康的危险,而对所有进口商的牛肉进行检验,此时政府的财政支出成本就远大于对牛肉进口商的权利损害成本。

因而,在计算政府的某项工程或规制的成本时,不能忽视公民权利损害成本和政府财政支出成本任何一方,而应当进行同等科学计算。对于收益来说,由于政府只能追求公共利益,所以收益主要是公共利益收益,一般表现为各种不同社会主体的收益总和。对于成本和收益的确定,主要有以下几种方法:

(1) 市场评估法

对于具有市场价值属性的要素,可以根据市场的价格,对相关损害进行评估。例如,对于农民在行政征收中的权利损害,对被征收的土地可以依据市场价格进行评估。越来越多的权利损害,特别是经济性权利,甚至是生命权,[①]也都可以通过市场评估法确定价值大小。由于成本和收益会随着时间发生变化,同一项措施在不同的时期可能存在不同的成本和收益,此时就需要通过运用折现率[②](discount rate)确定成本和收益。

(2) 非市场评估法

当不存在相应的市场价格以评估成本和收益时,市场评估法就不起作用。此时评估成本和收益通常采用愿意支付(willingness to pay,WTP)和愿意接受(willingness to accept,WTA)两种方法。愿意支付是公民为了预防某种风险而愿意支付的最大成本,这种支付成本可以看作是某种商品或劳务的价值;愿意接受是公民容忍某种风险而愿意接受的最小成本。政府某项措施的收益是即将获得的好处或没有失去的损失,政府某项措施的成本是失去的损失或先前的所得。

3. 成本收益分析的实例

1991年,美国环境保护局(The Environmental Protection Agency,EPA)决定修改对饮用水中铅的规制的相关规章。EPA用了成本收益分析的方法分析是否需要修改相关规定。首先,对于成本,EPA认为主要包括:处理自来水系统中已被污染的水的成本、未来保持水质量的成本、替换含铅水管的成本、提示警告公众饮用水高含铅量的危害和告知采取预防的成本、监测饮用水质量的成本等成本,通过采用3%的折现率计算,EPA认为修改饮用水中含铅规定的成本约为42亿美元。对于收益,EPA主要是从可以避免的损失的角度来计算的。如果不修改饮用水中含铅的规定,每个小孩由于高含铅量而产生的治疗费用约为300~3 200美元,对每个小孩的铅危害的认知教育的费用约为5 800美元,由于含铅而每失去一个智商点(IQ point)的每个小孩未来收入损失约为4 600美元,每个成人愿意支付的预防心脏病的费用约为100万美元,每个成人因高血压的治疗和劳动力损失的成本约为628美元,造成死亡的损失每人约为250万美元。这些损失费用总计起来一共约为638亿美元。因此,EPA认为修改饮用水中含铅的

---

① 关于生命价值的计算,详细的可参见凯斯·R.桑斯坦:《恐惧的规则——超越预防原则》,王爱民译,张延祥校,北京大学出版社2011年版,第122-138页。

② See Edward R. Morrison, Judicial Review of Discount Rates Used in Regulatory Cost-Benefit Analysis, 65 U. Chi. L. Rew. 1333, 1333(1998).

规定,638亿美元的收益远大于42亿美元的成本,所以应当及时修改饮用水中含铅的规定。①

(四) 成本收益分析的司法审查

在美国国会制定的法律中,直接要求行政机关进行成本收益分析的并不多,但诸如"可行的""合理的""经济的""必要的""最小化的""最好的"等之类的不确定性概念却经常在法律中出现。行政机关为了执行法律,具体化这些宽泛模糊的法律概念,往往会运用成本收益分析制定一些行政标准,但也引发了很多争议。当然,关于成本收益分析的案件也不限于此。在司法实践中,当事人既有因为行政机关运用了成本收益分析而不服起诉行政机关的,也有因为行政机关没有运用成本收益分析而起诉行政机关的。法院对涉及成本收益分析案件的态度,也是一直在发展变化。

1. 美国纺织制造业协会诉多诺万案

在美国纺织制造业协会诉多诺万案中②,联邦最高法院对成本收益分析的态度较为消极,其认为如果国会意图让行政机关进行成本收益分析,它会将此意图明确地表明在法律中。如果国会法律没有明确要求成本收益分析,行政机关就不能或不应使用成本收益分析。

1970年《职业安全与健康法》(the Occupational Safety and Health Act of 1970)6(b)(5)条款要求劳工秘书设置"在现有的最好证据的基础上的最有保障的具有可行性"的标准,以应对有毒或有害物理因素。1978年,劳工秘书通过职业安全与健康管理局(the Occupational Safety and Health Administration,OSHA)设置了"棉尘标准",规定了不同操作条件下棉花行业棉尘的可允许暴露水平。此标准的设置大大提高了棉花行业的成本。代表棉花行业的上诉者质疑"棉尘标准"的有效性,认为《职业安全与健康法》要求职业安全与健康管理局阐述其标准反映成本与收益的合理关系,职业安全与健康管理局的"经济可行性"的标准没有实质证据支持。1979年哥伦比亚特区巡回上诉法院作出判决完全支持职业安全与健康管理局的标准,认为《职业安全与健康法》并没有要求职业安全与健康管理局比较成本与收益,国会自身平衡成本与收益并在6(b)(5)条款下授权职业安全与健康管理局采用最有保护性的可行性标准,职业安全与健康管理局的经

---

① See Matthew D. Adler & Eric A. Posner, Rethinking Cost-Benefit Analysis, 109 Yale L.J. 165, 172-173(1999).

② American Textile Mfrs. Inst., Inc. v. Donovan, 101 S. Ct. 2478 (1981).

济可行性的决定可以由作为整体的已记录的实质标准所支持。上诉者不服,遂上诉至美国联邦最高法院。

1981年联邦最高法院作出了最终判决,由大法官布伦南执笔的判决认为,如果国会意图让行政机关进行成本收益分析,它会将此意图明确地表明在法律中。对于"可行性"一词是否表明要求行政机关进行成本收益分析,大法官布伦南认为按其普通含义,"可行性"一词并不能被理解为表达了这样的国会意图。因此,6(b)(5)条款否定了国会要求行政机关进行成本收益分析的论点。

2. 防腐蚀配件方诉环境保护局案

尽管联邦最高法院认为行政机关使用成本收益分析必须有明确的国会法律规定,但是在一些案件中法院认为从国会法律中的模糊规定中可以推导出成本收益分析,从而要求行政机关使用成本收益分析。防腐蚀配件方诉环境保护局案属于此类案件的典型。[①]

《有毒物质控制法》(the Toxic Substances Control Act,TSCA)相关条款规定,如果使用某些物品会出现"不合理的"风险伤害健康或环境,行政机关应当采取"最小负担的"规制。1989年,环境保护局依据此法签署了一项禁止绝大多数含有石棉的产品的商业生产、运输、加工、分配的规章。原告不服向法院起诉,其中一项理由认为该规章的制定没有实质证据。

1991年,联邦第五巡回上诉法院作出判决认为,《有毒物质控制法》并不是要求零风险,而是要求环境保护局一旦确定了非零风险的可接受水平,就应该选择最小负担的方法以达到此水平。而在此案中,环境保护局选择了对石棉的现在与未来的使用的禁止,这是《有毒物质控制法》所列的可能手段中负担最大的。如果没有对不同规制手段的计算,环境保护局与法院都不可能知道什么是最小负担的手段。在计算什么是"不合理"时,环境保护局需要考虑任何拟实施行为的成本,以及"在考虑任一行为环境的、经济的、社会的影响后以合理的与审慎的方式实施本章。"虽然国会没有命令环境保护局进行详尽的、全面的成本收益分析,但它却要求环境保护局考虑规制方程的双方,并且拒绝环境保护局以任何成本追求工作场所风险的减少。环境保护局禁止任何石棉产品,基本上忽视了成本。所以最终法院判令环境保护局重新考虑其规制。

---

① Corrosion Proof Fittings v. EPA, 947 F.2d 1201, (1991).

3. 惠特曼诉美国卡车运输协会案

联邦最高法院对成本收益分析的态度较为保守，直到 2001 年在惠特曼诉美国卡车运输协会案中，[1]联邦最高法院才认为如果国会法律没有明确规定成本收益分析，行政机关可以不使用成本收益分析，其另一层含意就是即使没有国会法律的明确规定，行政机关也可以使用成本收益分析。

《清洁空气法》(the Clean Air Act, CAA)要求环境保护局设定国家环境空气质量标准(National Ambient Air Quality Standards, NAAQS)，其 109(b)(1)条款要求环境保护局设定的主要空气质量标准为"对保护公众健康是必要的""足够的安全边际"。1997 年环境保护局修订了臭氧和颗粒物环境空气质量标准。美国卡车运输协会对此修订的标准不服，基于几点理由向法院提出诉讼，其中一点理由就是认为环境保护局在设置 NAAQS 标准时没有使用成本收益分析。1999 年哥伦比亚巡回上诉法院对此案进行了两次审理，其判决均认为《清洁空气法》109(b)条款并没有许可环境保护局考虑实施这些标准的成本，所以环境保护局在设置 NAAQS 标准时可以不考虑成本。美国环境保护局局长惠特曼对此案的其他判决不服，遂诉至联邦最高法院。

2001 年联邦最高法院作出最终判决，由大法官斯卡利亚执笔的判决认为，《清洁空气法》109(b)(1)条款并没有明确要求环境保护局使用成本收益分析，所以环境保护局在设置 NAAQS 标准时可以不考虑实施成本。

4. 安特吉公司诉河流看护者案

在安特吉公司诉河流看护者案中，[2]最高法院对成本收益分析的态度更为积极。由大法官斯卡利亚执笔的判决认为，只要国会的法律没有明确禁止，行政机关就可以使用成本收益分析。

上诉者的发电厂建立了冷却吸水装置，通过对吸入屏的挤压或将水生生物抽吸到冷却系统中的方式冷却发电厂。而这些设备属于《清洁水法》(the Clean Water Act)的规制范围。根据 1326(b)条款的规定"……冷却吸水装置的设置地点、设计、结构及容量应当反映最小化环境不利影响的可用的最好技术。"为了保护水生生物在冷却时不被伤害或杀死，美国环境保护局根据此条规定并以 30 年的案例为基础设立了"可用的最好技术"的"国家性能标准"，规定大多数大型设施必须"从计算基准起减少水生生物的撞击死亡率 80% 至 95%"，并要求一些附属设施对此类生物的卷吸"从

---

[1] Whitman v. Am. Trucking Association, 121 S. Ct. 903, (2001).
[2] Entergy Corp. v. Riverkeeper, Inc. 129 S. Ct. 1498 (2009).

计算基准起减少60%到90%"。上诉者对此标准不服,认为环境保护局无权依据成本收益分析作出此项规定。2007年美国第二巡回上诉法院作出判决认为,1326(b)条款没有许可行政机关进行成本收益分析,并判决要求环境保护局明确在设定国家性能标准时是否依靠了成本收益分析。上诉者发电厂认为此判决并没有审查环境保护局基于1326(b)条作出的规制,遂不服上诉至美国联邦最高法院。

2009年联邦最高法院作出了最终判决,以5∶4的票数推翻了第二巡回上诉法院的判决。大法官斯卡利亚在判决中写道,第二巡回法院认为"'最小化环境不利影响的可用的最好技术'意味着这种技术在合理的行业成本下对环境的不利影响能达到最大的减少"的解释当然具有合理性。但是,紧接着他指出"最好的技术"也可以被描述为最有效率产生某些好处的技术。虽然在一般用语中人们当然可以用"最好的技术"指以最低的单位成本产生某些好处的技术,即使它相比于其他技术产生的好处量更少。1326(b)条款"最小化不利的环境影响"的表述表明,行政机关仍保留有自由裁量权以决定在特定条件下减少的损害的程度,这种决定当然可以包括从减少的损害中获得的收益和达到收益所需要的成本。因此,"可用的最好技术"一词,即使加上"最小化不利的环境影响"的表述,也并没有明确排除成本收益分析。

通过分析美国司法审查中的成本收益分析可以发现,法院对成本收益分析的态度是一个从否定到肯定的渐进过程,经历了从"如果国会法律没有明确规定,行政机关就不能使用",到"如果国会法律没有明确规定,行政机关可以不使用",再到"如果国会法律没有明确禁止,行政机关就能使用"的变化过程。

由于美国总统的行政命令规定了行政机关必须进行成本收益分析的情形,所以在具体案件中,如果行政机关没有依据法定情形进行成本收益分析,就不会得到法院的支持。但是,如果行政机关依法进行了成本收益分析,采取了收益大于成本的措施,也并不必然表明一定会得到法院的支持。因为在个案中,法官除了考虑经济因素外,还会考虑个人人性尊严、社会公平正义等因素。由于法官不是经济学家,绝大多数法官只懂法律而不懂经济,而且法院将来不会也不可能像行政机关那样雇佣大量懂经济的人进行成本收益分析,所以法官在审查行政机关的成本收益分析时存在知识上的局限。

(五) 对成本收益分析的质疑与应对

尽管成本收益分析在美国法上得到了广泛运用,但一直以来都充满质疑和批判。成本收益平衡可能导致"因分析而瘫痪"的情形,因此阻止了最需要的规制的实施。① 成本收益分析不可避免的青睐强大的产业,并且会导致放松规制。② 成本收益分析存在以下缺陷:只是反映现有的财富格局、具有价值无涉性及非道德性、当社会价值是适当时却使用了个人价值、忽视代际公平、折现率无视道德考虑、不识别包括"坏"功用的非道德价值、依靠市场价值比较了不可比较的和定价了不可定价的、缺乏关于偏好聚合的任何的科学方法、倾向于维持现状、缺乏讨论、忽视不可量化的价值等。③

不仅仅是学界,即使是成本收益分析的适用者也对其有一定的批评。负责对联邦规制进行成本收益分析审查的白宫管理与预算办公室在其对国会的年度报告中认为,许多规章的成本与收益根据现有的信息不能被量化或货币化,总的估算也没有抓住那些非货币化的成本与收益。为了实现法定任务,行政机关必须经常面对某些具有相当不确定性的可能后果。在一些情形中,对不同效果的量化是高度推测性的。例如,不大可能量化某些披露的需求的收益,仅仅因为此类需求的影响不能被提前详述。在另外一些情形中,特定种类收益(例如生态收益和国家安全收益)的货币化是一个重大挑战。④

这些质疑与批判大多数都有一定的道理。为了应对这些质疑与批判,美国行政法上的成本收益分析自身也在不断发展完善,从总统的行政命令中就可以看出。例如,对于某些不可量化的价值的批评的应对,克林顿和奥巴马总统的行政命令中都提到了应当意识到某些成本和收益很难量化,而且奥巴马总统在其行政命令中还强调,行政机关应当考虑那些很难或不可能量化的价值,包括平等、人的尊严、公平与分配影响。⑤

---

① Cass R. Sunstein, Cost-Benefit Default Principles, 99 Mich. L. Rev. 1651, 1663 (2001).

② Frank Ackerman, Lisa Heinzerling, Priceless: On Knowing the Price of Everything and the Value of Nothing, The New Press 277, 210-216 (2004).

③ See Richard O. Zerbe Jr., The Legal Foundation of Cost-Benefit Analysis, 2 Charleston L. Rev. 93, 112-113 (2007).

④ See Office of Management and Budget, 2011 Report to Congress on the Benefits and Costs of Federal Regulations and Unfunded Mandates on State, Local, and Tribal Entities, 4(2011).

⑤ Barack Obama, Executive Order 13563: Improving Regulation and Regulatory Review, Federal Register, Vol. 76, No. 14, 3821 (2011).

对于成本收益分析的质疑,学者们也提出了自己的完善建议。理查德·H.皮尔德斯和桑斯坦认为:"政策制定者应当把成本收益分析视为深思熟虑的决定作出的工具,而非必须遵从的唯一的客观分析模式。相反,政策制定者不仅应当评估成本收益分析的结果,也应审查成本收益分析没有囊括到的相关价值的可能性。"①埃里克·波斯纳认为,在下列情形下,成本收益分析是一项更为可取的工具:"(1)行政机关的目标偏离了国会或总统的目标;(2)国会或总统的目标接近效率,或更少干预会更有效率;(3)国会、总统的目标趋同;(4)规制行为能可靠的货币化;(5)监视行政机关的难度增加;(6)制裁行政机关或行政首长的难度下降。"②还有学者提出了商谈性成本收益分析(deliberative cost-benefit analysis)的概念,认为成本收益分析中应当有商谈,通过商谈"不仅可以教育市民,而且还能为市民提供机会反思并修正自己的价值偏好",有利于认清"公共物品的真实货币价值",有利于确立"适当的折现率与愿意支付的成本。"③

2017年,特朗普总统发布了13771号行政命令,36年来首次不再强调成本收益分析。该行政命令要求美国行政机构在颁布新规章时,应废除至少两项现行规章,并提交"年度规制成本报告"。该行政命令16次提到"成本",但却没有提及"收益"。13771号行政命令破坏了成本收益分析在监管政策制定中的使用,与其所依赖的功利主义理念相矛盾。OIRA通过发布指南强调需要衡量规制的收益和成本,试图缓和规制机构对非CBA的关注。④

在美国行政法上得到广泛运用的成本收益分析,尽管饱受争议,但毫无疑问的是,其有效运用不仅提高了资源配置效率,阻止了大量不正当的规制,激励了许多长期被忽视的规制,而且也大大提升了行政合法性。成本收益分析的积极功能也已经得到了美国联邦最高法院的认可。政府实施的行为必须以公益为目的,但这并不表明政府为了达到公益目的而可以不计成本与收益。如果政府拟采取的某项手段能有效实现公益目的,但由

---

① Richard H. Pildes & Cass R. Sunstein, Reinventing the Regulatory State, 62 U. Chi. L. Rev. 1, 72(1995).

② Eric A. Posner, Controlling Agencies with Cost-Benefit Analysis: A Positive Political Theory Perspective, 68 U. Chi. L. Rev. 1137, 1189 (2001).

③ Jennifer Nou, Regulating the Rulemakers: A Proposal for Deliberative Cost-Benefit Analysis, 26 Yale L. & Pol'y Rev. 601, 606, 607, 616 (2008).

④ See Stuart Shapiro, OIRA's Dual Role and the Future of Cost-Benefit Analysis, 50 ENVTL. L. REP. 10385 (2020).

于其所耗费的环境成本、经济成本、社会成本、对公民的权利损害成本等总成本明显过大,与其所产生的总收益明显不成比例,那么此时政府就应当更审慎地作出决定。成本收益分析有助于审慎决定的作出。

中国国务院 2004 年发布的《全面推进依法行政实施纲要》也对成本收益分析作出了相关规定:"积极探索对政府立法项目尤其是经济立法项目的成本效益分析制度。政府立法不仅要考虑立法过程成本,还要研究其实施后的执法成本和社会成本。"2010 年国务院发布的《关于加强法治政府建设的意见》相关条文也规定:"积极探索开展政府立法成本效益分析、社会风险评估、实施情况后评估工作。"另外,中国还有许多部门规章、地方政府规章、地方规范性文件也都对成本收益分析作出了简要规定。近些年,有学者主张在中国行政法中确立成本收益分析原则:"将经济学中的成本收益分析引入我国行政法学理论中,以科学的分析逻辑、精确的定量分析与规范的定性分析相结合为优势,弥补传统行政法科学性的缺失,使行政法的理论与实践中主观表达客观化,切实加强行政法解释的解释力,进而实现新行政法学方法论的变革。"①成本收益分析需要在中国发挥更大的作用,以使政府决策更加科学理性。

五、比例原则和成本收益分析的异同

成本收益分析和合比例性分析在某种程度上发挥着相似的功能。成本收益分析要求对社会的负担最小,即社会成本最小,这同比例原则中的必要性原则很相似。成本收益分析要求政府决策的收益必须能够证明成本是正当的,如果收益与成本不相称就是不正当的,这同比例原则中的均衡性原则很相似。就共同点来说,成本收益分析和合比例性分析都属于决策性分析工具,通过合理分析成本和收益、手段与目的之间的关系,它们都有利于决策者作出更加理性的、具有更高可接受性的决策。同时,成本收益分析和合比例性分析又都是一种内容很相近的实体性标准。成本收益分析要求决策者选择收益能证明成本是正当的手段,比例原则要求决策者所选择的手段造成的损害同其带来的收益成比例。

比例原则与成本收益分析各有优缺点,二者应当相互取长补短,而非

---

① 郑雅方:《论我国行政法上的成本收益分析原则:理论证成与适用展开》,载《中国法学》2020 年第 2 期,第 202 页。

彼此取代。一些学者主张以成本收益分析取代比例原则,①不仅可能过度夸大了成本收益分析的效用,而且或许也没有真正认清比例原则的本质与功能。成本收益分析不应也无法取代比例原则。

(一) 适用范围有差别

比例原则适用于一切公权力行为,但成本收益分析主要适用于于立法者、行政者的部分重大行为,并接受法院的司法监督。换言之,成本收益分析一般适用于影响众多社会主体的决策,具有一定的宏观性,但比例原则还可适用于影响单个公民的具体决定,如行政处罚、行政强制、政府信息公开。在适用事项上,虽然比例原则分析的一些方面与成本收益分析相似,但是比例原则还可能包括一系列其他问题,包括人权、中央与地方关系、司法尊让的适当性等。② 比例原则在大陆法系得到广泛承认,而成本收益分析则在英美有较多的应用。在欧盟一体化的过程中,成本收益分析与比例原则有一定的融合。《欧委会通讯》同时使用了合比例性和成本收益分析这两个概念。③

(二) 价值取向不同:公平与效率

成本收益分析更注重效率,要求政府行为应尽可能取得最大的净收益。成本收益分析追求社会总体福利最大化,本质上属于福利经济学方法。"成本收益分析的核心是配置效率的理念"。④ 通过三步法逻辑结构即事实认定的科学化过程、价值判断的民主化过程和替代性方案的形成过程,实用主义哲学定位的成本收益分析可以促进社会福利最大化。⑤ 正如有学者所认为,成本收益分析的主要思路是"判断何者更有助于促成社会福利最优"。⑥ 然而,比例原则是人权保障的利剑,更加强调公平,注重权利损害的最小化,要求政府采取的某项手段对公民损害是最小的,不能过

---

① 戴昕、张永健:《比例原则还是成本收益分析:法学方法的批判性重构》,载《中外法学》2018年第6期,第1519页。

② See T. Jeremy Gunn, Deconstructing Proportionality in Limitations Analysis, 19 Emory International Law Review, 467(2005).

③ 参见王贵松:《风险行政的预防原则》,载《比较法研究》2021年第1期,第56页。

④ Anthony E. Boardman, David H. Greenberg, Aidan R. Vining, and David L. Weimer, Cost-Benefit Analysis: Concepts and Practice, Upper Saddle River, Prentice Hall, 28(1996).

⑤ 参见郑雅方:《论我国行政法上的成本收益分析原则:理论证成与适用展开》,载《中国法学》2020年第2期,第201页。

⑥ 戴昕、张永健:《比例原则还是成本收益分析:法学方法的批判性重构》,载《中外法学》2018年第6期,第1525页。

度侵害公民权利,然后在此基础上追求社会福利最大化。深嵌在成本收益分析之中的最大化净收益价值选择,同比例原则强调个人权利保障的功能目标是相冲突的。

(三) 分析方法不同:抽象权衡与具体计算

虽然同为理性决策的分析方法,但成本收益分析偏重于定量分析,更侧重于具体的计算,试图通过数学计算分析某项决策的成本和收益,以判断某项决策是否有必要制定实施。如果成本收益分析不追求客观、精确的定量分析,那么成本收益的优势便荡然无存。成本收益分析被视为是有用的科学分析工具。[①] 比例原则偏重于定性分析,更强调抽象的权衡,试图通过主观的利益衡量和价值判断,对多种手段进行比较,以确保最终所选手段既能有力保障人权,又能有效促进公共利益。强调抽象计算的成本收益分析,同注重主观权衡的比例原则,在分析方法上存在重要差别。

最具侵略性和改革主义倾向的"法律经济分析",以法律为分析和批判对象,如果发现法律世界与经济学不符,就会认为法律世界是"非理性的"。主张用成本收益分析取代比例原则的观点,正是可能犯了这种极端主义错误。应当抛弃偏执的"法律经济分析",而更重视"法和经济学"。"法和经济学"抱着承认自己无知的态度承认法律世界,注重二者之间的双向互动,认为经济学理论可以被用来检验法律,但同时认为此种检验也时而会导致经济学理论的改变。[②] 因此,在特定情形下,成本收益分析可以辅助合比例性分析,但绝不能取而代之。

六、"相同有效性"下的最小损害性:成本收益分析

相比于偏重定性分析的比例原则来说,偏重定量分析的成本收益分析,在很多时候更具有客观性和精确性,从而有利于减少公权力行使的专断与恣意。对于最小损害性手段的挑选,即"相同有效性"下的最小损害性的判定,如果通过成本收益分析方法,再借助于手段的相对损害性计算公式,就能有效破解最小损害性难以判定的难题。

[①] See Richard O. Zerbe Jr., Is Cost-Benefit Analysis Legal? Three Rules, 17 Journal of Policy Analysis and Management, 421(1998).

[②] 参见[美]圭多·卡拉布雷西:《法和经济学的未来》,郑戈译,中国政法大学出版社2019年版,第3页。

（一）成本收益分析可以辅助合比例性分析

正是由于存在诸多共性，所以成本收益分析可以有效辅助合比例性分析，尤其是有助于辅助必要性原则和均衡性原则的适用。偏重于定性分析、更强调公平、更注重保障个人权利但相对空洞的比例原则，如果适度引入偏重于定量分析、更强调效率、更注重社会福利最大化的经济学中的成本收益分析，有利于使不同的手段具有共同可比较的数字化基础，有利于客观量化多元利益，从而可以弥补法律世界中合比例性判断的主观性过大缺陷。

比例原则由于用词表达的过于宽泛模糊性和缺乏可操作性的分析技术，不仅无法有效衡量各种客观利益，而且还可能被滥用，不利于科学理性决策的作出。定性分析离不开定量分析，以定量分析为基础的定性分析会更加精确。"将经济学的'成本-收益'分析引入比例行政原则，将确保其对公民利益与公共利益、个人权利与公权力的调整达到理性最优化。"[1]如果在空洞的比例原则中引入偏重于定量分析的更客观化、精确化的成本收益分析，不仅有利于量化各种多元化的客观利益，使各种可替代性方案具有共同的可比较的数字化基础，而且还能在某种程度上约束立法者、行政者裁量的恣意性，从而使得权衡会更加客观，进而有利于更加理性的决定的作出。

对于必要性原则来说，只有借助于成本收益分析，量化各种不同手段的成本和收益，然后再在相同有效性下比较各种手段的成本、收益，才能确定出相同有效性下最小损害的手段。正如德国学者洛塔尔·希尔施贝格所言："在一般情况下，立法者或规定制定者除了总体计算平均上的最小损害，以确定什么是最小损害的手段外，别无他法。"[2]

（二）必要性原则中的成本：权利损害成本

必要性原则要求手段对公民权利的损害最小，所以首先应当确定各种不同的具有适当性的手段对公民权利损害的大小，即权利损害成本大小。根据权利相对损害性公式，应当首先确定不同手段的权利损害成本值 C_r。对于权利损害成本的计算方法，可以依据被损害的权利的种类与性质，运

---

[1] 柳砚涛、李栋：《比例行政原则的经济分析研究》，载《烟台大学学报（哲学社会科学版）》2011年第4期，第33页。

[2] Lothar Hirschberg, Der Grundsatz der Verhältnismäßigkeit, Schwartz, 66(1981).

用成本收益分析中的市场评估法或非市场评估法计算。

对于政府某项措施的成本的种类,美国行政法中成本收益分析的成本,既包括手段对公民权利造成的损害成本,也包括政府实施手段的财政支出成本。那么,必要性原则是否应当审查政府实施某项手段的财政支出成本呢?对此有正反两种意见。持肯定意见的学者大多认为,除了判断手段对公民权利的损害是否最小外,还不应忽略政府实施某项手段所耗费的人力、物力、财力等财政支出成本。如果某项手段的财政支出成本过大,同样也是不符合必要性原则的。例如,许宗力认为,必要性原则就应当审查政府的公益成本,"其他可能手段的相同有效性,较少限制性,以及较少或至少相同的公益成本耗费等三者,共同构成适用必要原则审查的重点所在"。① 反对的观点则认为,对财政支出成本的审查"已超出必要性原则的审查范围。必要性原则并不会责备选择耗费较多税收的手段"。②

毫无疑问,当然不应忽略政府实施某项手段的财政支出成本。财政支出成本过大的手段,同损害过大的手段一样是令人难以接受的。在某些情形下,政府实施某项手段的财政支出成本可能大于甚至远远大于对公民权利的损害成本,例如疫情防控中的政府财政支出成本。因此,从效能角度考虑,当然应当重视政府实施某项手段的财政支出成本。但是,手段的财政支出成本确实超出了必要性原则的分析范围。因为必要性原则是以权利为本位的,它所要解决的问题是手段对权利的损害大小问题,即在相同有效性下哪个手段对公民的权利是最小损害的。如此一来,难道就不应当考虑财政支出成本吗?只要手段是最小损害的,就应当不计财政支出成本而去实现吗?

实际上,狭义比例原则可以解决某项手段的财政支出成本问题。如果某个最小损害的手段耗费的财政支出成本过大,就可能不符合狭义比例原则的要求。财政支出成本应当交由狭义比例原则来审查。为了充分体现权利本位的精神,必要性原则不应当考虑政府实施手段的财政支出成本,而只应当关注手段对公民权利的损害大小。

为了增加必要性分析的客观性,需要引入成本收益分析方法。但必要性分析不等同于成本收益分析,所以必要性审查并不属于"偏颇的成本收

---

① 许宗力:《比例原则之操作试验》,载《法与国家权力》(二),元照出版公司2007年版,第128页。

② Bernhard Schlink, Der Grundsatz der Verhältnismäßigkeit, in: Peter Badura/Horst Dreier, Festschrift 50 Jahre Bundesverfassungsgericht, Klärung und Fortbildung des Verfassungsrechts, Mohr Siebeck, 457(2001).

益分析"。批判者认为,必要性原则"过度纠结私人成本(private cost)有无最小化""忘记合理的公共政策应关注总体社会成本(social cost)",①是没有道理的,因为不符合必要性原则的规范本质。必要性原则以权利为本位,必要性分析的重点在于保障权利,而非提高效率。总体社会成本不属于必要性原则必须考量的因素。即使某个手段能带来更大的收益,但如果对权利的相对损害更大,就不符合必要性原则。

必要性原则体现了个人权利本位。效率并非必要性原则的直接追求。为了实现正当目的,必须选择必要手段。有观点认为,比例原则没有理解权利的本质,把权利降格为可以权衡的"利益",破坏了拥有权利的目的。②事实并非如此,比例原则是对权力"限制的限制",它确立了国家权力行使的限度。在现代国家,权利的种类越来越多,但绝对的权利越来越少。政府出于公共利益的正当目的,可以对权利进行限制。如果权力对权利的限制是不可避免的,那么只能采取对权利产生最小损害的必要手段。从此角度来说,必要性原则并没有降格与破坏权利,反而有利于保护权利。

在处理公平与效率的关系上,必要性原则更注重公平。必要性原则更关注"私权限制"成本,全面考量各种成本、收益因素,是必要性原则难以承受之重。张翔从个人自由角度,认为因重特大贪污受贿犯罪被判处死缓的犯罪分子减为无期徒刑后"不得减刑、假释","是一个非常严厉的手段,是对犯罪人人身自由的彻底剥夺",不符合必要性原则。③ 该观点并不存在"明显的逻辑谬误"。彻底的终身监禁侵犯了人身自由权的本质内容,确实违反了必要性原则所要求的对个人权利造成最小损害的标准。质疑者认为,比例原则"对私权减损之外各类成本收益因素选择性失明,由此导致的论证谬误明显到令人讶异的程度",④是不成立的。手段所造成的个人权利以外的成本,属于均衡性原则所要考量的因素。

---

① 戴昕、张永健:《比例原则还是成本收益分析:法学方法的批判性重构》,载《中外法学》2018年第6期,第1530页。
② See Alison L. Young, Proportionality is dead: Long live proportionality, in Grant Huscroft, Bradley W. Miller & Gregoire Webber (eds.), Proportionality and the Rule of Law: Rights, Justification, Reasoning, Cambridge University Press, 44(2014).
③ 张翔:《刑法体系的合宪性调控——以"李斯特鸿沟"为视角》,载《法学研究》2016年第4期,第59页。
④ 戴昕、张永健:《比例原则还是成本收益分析:法学方法的批判性重构》,载《中外法学》2018年第6期,第1531页。

（三）手段的最低有效性：最低可接受收益

必要性原则要求手段是"相同有效性"下的最小损害，那么这种"有效性"到底是多大程度的要求呢？如果某项手段的权利损害很小，收益很大，那么根据权利相对性损害公式，由于分子即权利损害成本 C_i 很小，分母即收益 B 很大，所以在相同有效性下，该手段的相对损害性就可能是最小的。在这种情形下，绝对最小损害的手段同时也是相对最小损害的手段，而且该手段的收益也是最大的，这是一种最理想的结果，因为该手段既最大限度地保护了公民权利，又最大程度地促进了公共利益。

但是，如果某手段的权利损害很小，收益也很小，那么根据权利相对性损害公式，由于分子即权利损害成本 C_i 很小，分母即收益 B 也很小，所以在相同有效性下，该手段的相对损害性也可能是最小的，但选择该手段所获得的收益也很小，甚至有时不能很好地促进目的。

因此，为了防止手段是相对损害性最小的，但却达不到立法者、行政者所期望的"有效性"程度的情形的出现，应当确立手段的最低有效性程度，即立法者、行政者应当确立手段对目的的最低限度的促进程度：手段的最低可接受收益。通过确定手段的最低可接受收益，必要性原则就可以有效地兼顾公共利益，立法者、行政者就可以在手段的最低可接受收益的条件下，选择出对公民权利相对损害最小但收益也相对较大的手段。

至于手段的最低可接受收益应当是多少，即手段究竟需要达到多大的有效性程度，则属于立法者、行政者的裁量范围，立法者、行政者享有判断和选择自由。立法者、行政者应当在具体情形下，综合考虑各种事实因素和法律因素，确定出手段的最低可接受收益。对于权利损害性公式来说，就是应当确定手段的最低可接受收益值 B_0。在进行手段的相对损害性公式计算时，首先应当排除收益值小于最小可接受值 B_0 的手段，然后再确定那些收益值大于或等于 B_0 的手段的相对损害性大小。

（四）相对最小损害性手段的确立

相对最小损害性手段的确立，关键在于确定不同手段的损害与收益。在对损害、收益的具体赋值与计算方法上，完全可以借鉴相对比较成熟的成本收益分析方法，通过市场评估法和愿意支付、愿意接受等非市场评估法，较为精确地计算出拟实施的某个规制的成本和收益。确定了各种不同手段的损害大小、收益大小以及最低可接受收益后，就可以运用手段的相对损害性计算公式，计算出各种不同手段的相对损害性大小，然后进行比较,最终选择出一个相对最小损害的手段。

再以三种手段 M_1、M_2、M_3 为例,假如通过计算它们的权利损害成本和收益,得知手段 M_1、M_2、M_3 对权利的损害成本值 C_{r1}、C_{r2}、C_{r3} 分别为 30、40、80,它们对目的不同程度的实现所带来的收益值 B_1、B_2、B_3 分别为 40、44、90。立法者、行政者所确立的手段的收益的最小的可接受值 B_0 为 42,即如果手段的收益低于 42 就是不可接受的,由于 $B_1 < B_0$,所以手段 B_1 的收益过小,不符合立法者、行政者所期望的最低有效性程度而应当排除。那么剩下的就只有 M_2、M_3 两种手段,此时就应当根据权利相对损害性公式,计算 M_2、M_3 两种手段的相对损害性大小:

$$I_2 = \frac{C_{r2}}{B_2} = \frac{40}{44} = 0.91$$

$$I_3 = \frac{C_{r3}}{B_3} = \frac{80}{90} = 0.89$$

通过以上的计算结果可以得知,手段 M_2、M_3 对的权利的相对损害性大小为:$I_2 > I_3$。此结果表明,手段 M_2、M_3 在"相同有效性"下,手段 M_3 的相对损害性最小,所以手段 M_3 是符合必要性原则的最小损害手段,尽管手段 M_3 的绝对损害性是最大的。虽然手段 M_2 是绝对最小损害的,但手段 M_2 的有效性很低,所以在"相同有效性"下,手段 M_2 的相对损害更大,所以不符合必要性原则。因此,通过必要性原则分析,手段 M_3 是符合条件的。(见手段必要性分析后图)

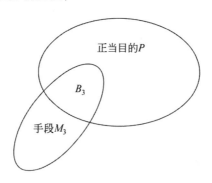

手段必要性分析后图

有学者举例假设手段 A 的成本为 100,收益为 150,手段 B 的成本为 1000,收益为 1100,认为采取手段 B "具有更高经济合理性",因为尽管采取手段 B 需要付出额外成本 900(1000-100),但可以获得额外收益 950(1100-

150），所以不应采取绝对损害成本更小的手段 A。① 然而，根据必要性原则，结合手段的相对损害计算公式，应当采取手段 A 而不是 B。因为在"相同有效性"下即获得同样收益，手段 A 的收益虽然较小，但其相对损害成本也是最小的。

$$I_A = \frac{100}{150} = 0.67$$

$$I_B = \frac{1000}{1100} = 0.91$$

尽管需要 100 成本的手段 A 获得的净收益为 50，但需要 1000 成本的手段 B 才能获得 100 的净收益，收益相对于成本是不成比例的。因此，采取手段 B 可以获取更多的净收益，但却更不公平，因为手段 B 的损害成本更大。

以上是立法者、行政者运用必要性原则选择出最小损害性手段的过程。对于法官来说，在适用必要性原则时有所不同。因为法官所要审查的只是一个手段，所以相对简单，法官只需要判断立法者、行政者所选择出的手段是否具有最小损害性即可，而不需要从众多的适当性手段中，挑选出一个必要的手段。法官只要发现还存在其他"相同有效"但更小损害的手段，就可以直接否定立法者、行政者所选择的所谓的"最小损害性"手段。由于科技进步等原因而出现更多的手段可选择时，立法者、行政者应当及时变更、废除原手段，重新依据必要性原则挑选出一个新的最小损害的手段。法官在司法审查时也应当判断是否有新的更小损害的手段可供采用。

需要说明的是，手段的相对损害性计算公式只是一种理想模型，因为在实际操作中，必然会面临不同手段的损害成本大小、收益大小的量化困境，但其仍然是具有很大价值的。因为在理论上，通过手段的相对损害性计算公式，有助于在同一个层面分析不同手段的损害性与有效性，可以破解异同有效性手段的损害大小难以同等比较的难题。在实践中，特别是对财产性权利的损害，手段的相对损害性计算公式是可以得到较为准确的运用的。而且，随着实践经验的不断丰富，手段的相对损害性计算公式会变得越来越具有可操作性。

将手段的最小损害性理解为相对最小损害性，在必要性原则分析阶段，确实可能选出能带来更多公共利益的手段，从而增加社会整体福利。

---

① 戴昕、张永健：《比例原则还是成本收益分析：法学方法的批判性重构》，载《中外法学》2018 年第 6 期，第 1531 页。

但如此一来,肯定有观点会认为,将手段的最小损害性理解为相对最小损害性,立法者、行政者所选择的手段就不一定是绝对最小损害的,反而还可能是绝对损害性最大的手段,虽然这样社会整体福利可能确实是提高了,但个人权利却可能由此而受到了更大程度的侵犯,这样就不能有效保障公民权利。这种担心是有道理的,但却是多余的,因为经过必要性原则分析后,还有狭义比例原则的适用。狭义比例原则需要进行审慎的损益权衡,它是对人权保障的更高要求。

(五)必要性、最小损害性和理性

非最小损害便是不必要。欲准确判断必要性,则需要理性。必要性原则是当代全球民主法治国家,在行使权力限制权利时所应当遵循的基本准则。政府在追求某个正当目的时,如果有多个适当性手段,就应当选择最小损害的手段。然而,由于缺乏可操作的分析技术与适用方法,空洞的必要性原则在很多情形下没能有效发挥其应有的规范功能,在适用时存在主观性过大而被滥用的弊端。为了预防与控制公权力行使的恣意与专横,充分保障每位公民的人格尊严,应当不断精确化必要性原则,努力寻求理性判断手段最小损害性的具体方法与标准。

必要性原则,实质上应当是相对最小损害性原则。必要性原则所要求的手段最小损害性,并不是无条件的绝对最小损害性,而是一种相对最小损害性。适用必要性原则的关键,在于在"相同有效性"下对众多手段进行损害大小比较。这样既能有效保障公民权利不被过度侵犯,又能有效兼顾公共利益,增进社会整体福利。必要性原则要求量化不同手段的损害大小以进行比较,并且充分考量不同手段的收益。准确计算手段的权利损害成本和收益,是准确判断手段是否具有最小损害性的前提。通过成本收益分析,科学准确地确定异同有效性手段的损害值与收益值的大小,再借助于手段的相对损害计算公式,就可以相对客观准确地挑选出一个最小损害的手段。

精确化后的必要性原则,在内涵上更加丰富,在适用上更加具有可操作性。精确化后的必要性原则不仅能减少其适用时的非理性,增加必要性分析的确定性,而且还因能提升说理质量而有利于实质民主和良好行政。然而,精确化必要性原则也是有一定限度的。一方面,在某些情形下,手段的损害与收益存在难以量化的困境;另一方面,对公民权利最小损害精确的数学计算,可能使必要性原则的适用走向功利主义,导致价值理性的缺失。

适用必要性原则,除了需要在"相同有效性"对不同手段的损害大小进行比较,还需要关注手段对不同主体造成的损害。事实上,手段必要性的判定要求识别出以多种方式交织在一起的相关利益,因为某个手段对某个群体来说可能是损害最小的,但对另一个群体而言却是损害较大的。在进行必要性分析时,首先要确定哪些群体的法律利益在当时受到损害,然后再分析和比较拟采用手段对相关利益主体所造成的损害大小。①

---

① Oliver Koch, Der Grundsatz der Verhältnismäßigkeit in der Rechtsprechung des Gerichtshofs der Europäischen Gemeinschaften, Duncker & Humblot, 286 (2003).

第五章 均衡性原则：成本与收益相称

最小损害的手段并不一定就是正当的。即使某项手段是最小损害的，但对当事人来说也可能过于严厉。而且，该最小损害手段还可能耗费过大的财政支出成本。立法者、行政者通过必要性原则分析，从众多适当性的手段中挑选出了一个最小损害的手段后，还需适用均衡性原则进一步分析手段的正当性。如果最小损害的手段过度损害了公民权利，导致损益不均衡，那么该手段就不应当被采用。因此，为了保障当事人的权利不被过度侵犯，并且不耗费过多的财政支出成本，需要运用均衡性原则继续分析最小损害性手段的正当性，即分析手段与目的间是否存在均衡性。均衡性原则并非片面强调公共利益至上，它要求公权力行为者在追求公共利益的同时，认真对待公民权利，审慎权衡相关利益。

然而，均衡性原则在适用时存在主观裁量滥用、客观利益衡量不足和"结果导向性"分析等弊端，有必要推进均衡性原则的精确化。目前精确化均衡性原则的尝试主要可分为两种模式：一种是从权衡者角度出发的数学计算模式；另一种是从当事人角度出发的事实问题商谈模式。均衡性原则的本质为目的必要性分析，其功能在于保障权利不被过度侵害和促进社会整体福利。为了最大限度地消除均衡性判断的非理性，应当以权衡者和当事人为共同视角，构建出均衡性原则精确化的新模式。在必要情形下，通过吸收成本收益分析方法，并借助于均衡性判断公式，计算出某个最小损害性手段所促进的公益与所造成的损害的比例值，然后再根据均衡性判断法则，具体权衡该最小损害性手段是否具有均衡性。

一、均衡性原则与权衡的非理性

均衡性原则（Der Grundsatz der Angemessenheit），它要求手段所造成的损害同其所增进的公共利益成比例。均衡性原则也称为狭义的比例原则（Proportionality stricto sensu）。然而，对于究竟什么是均衡性，多大程度上的均衡才算符合狭义的比例，均衡性原则并没有给出具体的答案。均衡性判断需要权衡,但权衡容易产生非理性。只有掌握了比例原则中利益衡量的具体法则,利益衡量才具有规范性,才会在法治的轨道上运行,否则只会陷入漫无目的的价值横飞。①

(一)均衡性判断需要权衡

在比例原则形成标志的药房案中,德国联邦宪法法院认为:"如果对基本权利的限制会造成过度负担和不具有期待可能性(zumutbar),那么就是违宪的。"②在通过主观条件限制职业自由时,联邦宪法法院进一步认为:"职业自由的主观条件的设定应当符合比例原则,主观条件不应当与所欲达到的适当执业的目的不成比例。"③"不具有期待可能性""不成比例""超出比例""不得过度负担"等否定性表述,④成为适用均衡性原则最常见的结果。因而,均衡性原则也经常被视为是一个否定性的原则。对于法官来说,如果经常从否定性的角度来适用均衡性原则,只要说理充分,并不会造成过大的危害。而对于立法者、行政者来说,在适用均衡性原则时,不仅应当从否定性的角度判断某一个手段是否不均衡,更应当从正面的角度分析某一手段的均衡性。因为只有从正面分析,立法者、行政者才能选择出具有均衡性的手段,才能最终确定一个合比例性的手段去实现拟追求的正当目的,从而使整个社会的公共利益得到最大限度地增加。然而,从正面分析手段的均衡性,则离不开权衡。

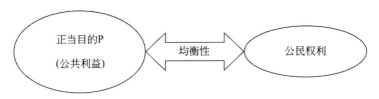

均衡性分析图

均衡性原则所要面对的一边是公共利益,另一边是公民权利。(见均衡性分析图)公共利益与公民权利并不总是冲突的。个人权利是公共利益

---

① 参见王书成:《论比例原则中的利益衡量》,载《甘肃政法学院学报》2008 年第 2 期,第 28 页。
② BVerfGE 7, 377(406)-Apotheken-Urteil.
③ BVerfGE 7, 377(407)-Apotheken-Urteil.
④ Vgl. BVerfGE 7, 377 (407)-Apotheken-Urteil; BVerfGE 9, 338 (345)-Hebammenaltersgrenze; BVerfGE 13, 97 (113)-Handwerksordnung; BVerfGE 19, 330 (337)-Sachkundenachweis; BVerfGE 49, 24 (58)-Kontaktsperre-Gesetz; BVerfGE 22, 380 (385)-Dienstleistungspflichten von Kreditinstituten; BVerfGE 29, 221(235)-Jahresarbeitsverdienstgrenze.

的基础,公共利益的实现最终可以转化为个人利益,就此点来说,个人权利与公共利益具有一致性。然而,很多时候为了实现公共利益,就必须限制个人权利,此时公共利益与个人权利就发生了冲突。均衡性原则所要面对的就是相互冲突的公共利益和个人权利。由于权利不具有绝对性,公共利益也具有非至上性,所以过度偏袒任何一方都是不正确的。在具体情形下,究竟是应偏向于公共利益,还是须侧重于公民权利,需要公平权衡。在均衡性原则分析中,对相互冲突的个人权利与公共利益,只有通过公平权衡,进行孰轻孰重的分析,才可能最终作出一个达至均衡的决定。

(二) 均衡性权衡的非理性

由于均衡性原则的空洞性,没有为权衡者提供具体的客观标准,所以在适用过程中容易被滥用,产生非理性。正如德国学者洛塔尔·希尔施贝格所认为,"均衡性原则只是一个形式的原则,它本身并没有提供实质的内容标准而使决定作出",不容怀疑的是,"均衡性原则是'形式的'、'语义空洞的'"。① 均衡性原则"并没有从正面具体而一义地解决'什么是比例'的问题。"②对于某个手段,如果权衡者想让其具有均衡性,那么他们总可以找到一些"正当理由"去支撑。同样,对于某个手段,如果权衡者想让其不具有均衡性,那么他们也可以找到另一些"正当理由"去支撑。

没有具体法则约束的权衡必然导致裁量滥用。无论立法者、行政者还是司法者,在进行均衡性裁量时,都应当受具体法则的约束。"均衡性原则在根本上是否符合作出法律决定所要求的客观性(Objektivität)和可靠性(Verläßlichkeit),是值得怀疑的。"③由于存在巨大的权衡空间,空洞的均衡性原则容易造成主观裁量滥用、客观利益衡量不足和"结果导向性"分析等弊端。然而,不能因为均衡性原则中的权衡存在非理性,就对其价值产生怀疑,甚至主张抛弃均衡性原则。"必须在法治的视域中寻求比例原则中利益衡量的具体法则,此可谓比例原则的关键课题之一。"④为了减少均衡性原则适用的非理性,有效发挥均衡性原则应有的规范功能,应当不断

---

① Lothar Hirschberg, Der Grundsatz der Verhältnismäßigkeit, Schwartz, 77、212 (1981).
② [日]田村悦一:《自由裁量及其界限》,李哲范译,王丹红校,中国政法大学出版社 2016 年版,第 194 页。
③ Bernhard Schlink, Der Grundsatz der Verhältnismäßigkeit, in: Peter Badura/Horst Dreier, ed., Festschrift 50 Jahre Bundesverfassungsgericht, Klärung und Fortbildung des Verfassungsrechts, Mohr Siebeck, 460(2001).
④ 王书成:《论比例原则中的利益衡量》,载《甘肃政法学院学报》2008 年第 2 期,第 29 页。

推进均衡性原则的精确化。积极探索均衡性权衡的具体约束因素与客观标准,有利于理性化均衡性原则中的权衡,最终有助于有效实现公共利益与公民权利的平衡。

二、均衡性原则精确化的比较法考察

对于究竟该如何精确化均衡性原则,或者说究竟该如何客观判定均衡性,法院并没有给出比较明确的答案。在德国,法院要么用"均衡的"(angemessen)、"理智的"(vernünftig)、"期待可能性"(Zumutbarkeit)等具有高度抽象性的词语[①]来认定某个手段具有均衡性,要么用"超出比例"(nicht außer Verhältnis)、"不得过度负担"(nicht übermäßig belasten)、"不具有期待可能性"(nicht unzumutbar)等不确定性否定词语[②]来裁决某项手段不具有均衡性。例如,在药房案中,德国联邦宪法法院认为:"如果对基本权利的限制会造成过度负担和不具有期待可能性,那么就是违宪的。"[③]

在中国极少数适用均衡性原则的案例中,法官也没有给出如何判断均衡性的具体法则。例如,在杨政权与肥城市房产管理局信息公开上诉案中,法官在判决书中写道:"当涉及公众利益的知情权和监督权与申请保障性住房人一定范围内的信息隐私相冲突时,应将保障房的公共属性放在首位,使获得这一公共资源的公民让渡部分个人信息,既符合比例原则,又利于社会的监督和保障房制度的健康发展。"[④]从这些简短的话语可以发现,法官显然进行了均衡性权衡,但法官并没有详细论证为什么涉及公众利益的知情权和监督权高于隐私权,即法官没有给出均衡性权衡的具体标准和论证过程。

通过考察国内外相关案例可以得知,司法实践并没有为均衡性原则的适用提供足够的判断均衡性与否的客观标准。对于学者来说,近些年来开始不断尝试具体化均衡性原则的方法,他们从不同角度提出了一些使均衡性原则的适用更具有理性的方法。但是对于究竟该如何精确化均衡性原

---

① Vgl. BVerfGE10, 89(108)-(Großer) Erftverband; BVerfGE84, 133(153)-Warteschleife; BVerfGE30, 292(316)-Erdölbevorratung.

② Vgl. BVerfGE9, 338(345)-Hebammenaltersgrenze; BVerfGE13, 97(113)-Handwerksordnung; BVerfGE19, 330(337)-Sachkundenachweis; BVerfGE49, 24(58)-Kontaktsperre-Gesetz; BVerfGE22, 380(385)-Dienstleistungspflichten von Kreditinstituten; BVerfGE29, 221(235)-Jahresarbeitsverdienstgrenze.

③ BVerfGE7, 377(406)-Apotheken-Urteil.

④ 杨政权与肥城市房产管理局信息公开上诉案,(2013)泰行终字第42号。

则,或者说究竟该如何客观判定均衡性,并没有形成一个统一的结论。归结起来,精确化均衡性原则的方法主要可分为两种模式:一种是从权衡者的角度出发,以德国学者罗伯特·阿列克西为代表的数学计算模式;另一种是从当事人的角度出发,以加拿大学者戴维·M.贝蒂为代表的事实问题商谈模式。

(一) 数学计算模式:阿列克西的权衡法则与分量公式

为了减少均衡性原则适用中权衡的恣意与专横,提升权衡的理性,阿列克西对均衡性原则的理性化作出了自己的独特贡献,提出了著名的权衡法则与分量公式。

1. 法律规则与法律原则的区分

阿列克西对均衡性原则的精确化,首先是从对规则与原则的区分开始的。同德沃金一样,阿列克西也认为,法律规范可以分为法律规则与法律原则,法律规则与法律原则是存在根本不同的。但是,阿列克西对法律规则与法律原则的性质认识不同于德沃金。阿列克西认为,"规则与原则区别的关键点在于,原则是最佳化命令(Optimierungsgebot),而规则具有确定性命令(definitive Gebot)的特征。"[①]由于法律规则与法律原则的性质不同,所以它们在适用上也不同。

存在质的差别的法律规则与法律原则,在适用方法上存在根本差别。"作为最佳化命令的原则规范,它可以不同程度被实现,其被实现程度不仅取决于事实上的可能性,而且取决于法律上的可能性。"而对于法律规则来说,则是以全有或全无的方式得到适用的。"如果要有效地适用一个规则,那么就应该严格地按其要求去做,不能多,也不能少。"[②]法律规则的适用过程就是一个形式演绎的过程,即依照三段论的格式进行形式推理:以法律规则为大前提,以相关事实为小前提,然后演绎推理得出结论。而法律原则的适用过程则是一个实质权衡的过程,单纯依靠三段论式的涵摄无法得到正确答案。法律原则的适用,需要实质的利益衡量与价值判断,以确定其实现程度。

2. 作为原则的基本权利

在分析了法律规则与法律原则的区别后,阿列克西提出了对当代法治

---

① Robert Alexy, Recht, Vernunft, Diskurs, Suhrkamp Verlag, 216(1995).
② Robert Alexy, Theorie der Grundrechte, Suhrkamp Verlag, 75-76 (1986).

国基本权利保护产生重大影响的独特命题,即宪法中的基本权利规范是法律原则,而非法律规则。"基本权利规范具有原则特征。"① 如果将基本权利规范视为法律规则,其最大的问题就在于"基本权利限制问题"。② 因为法律规则是以全有或全无的方式得到适用的,而将基本权利规范视为规则的适用无法满足此条件,所以应当将基本权利规范视为法律原则,视为一种最佳化命令。基本权利之间的冲突,基本权利与公共利益之间的冲突,实质上就是原则之间的冲突。而要解决原则之间的冲突问题,就需要实质权衡,以使其在事实上和法律上最大可能地实现。

3. 基本权利与比例原则

对于原则与比例原则之间的关系,阿列克西认为,从原则理论中可以推导出比例原则,从比例原则中也可以推导出原则理论。"原则的本质蕴含了比例原则,反之亦然。"③从原则在事实可能性上最大程度的实现要求,可以推导出适当性原则和最小损害性原则;从原则在法律可能性上最大程度的实现要求,可以推导出均衡性原则。反之,从比例原则的子原则中也能推导出原则的定义。因而,原则与比例原则是相互蕴含的。因为基本权利也是原则,所以基本权利和比例原则也是相互蕴含的。"作为原则的基本权利的重要性,源于它们与比例原则之间的无法区分的紧密联系。这种联系就是基本权利与比例原则的相互蕴含关系。"④

事实上,早在1965年的判决中,德国联邦宪法法院就作出了比例原则源自基本权利的论述:"比例原则源于法治国原则和基本权利自身的本质。"⑤正是由于基本权利与比例原则的相互蕴含关系,所以在适用基本权利规范时就是在适用比例原则。在解决基本权利与基本权利之间的冲突时,在解决基本权利与公共利益之间的冲突时,就应当遵守比例原则。"无论一项个人权利是否由于有利于集体利益或有利于他人权利而受到限制,这种限制都必然是不允许的和违法的,如果它是不适当的、不必要的和不成比例的。"⑥

---

① Robert Alexy, Theorie der Grundrechte, Suhrkamp Verlag, 100 (1986).
② Robert Alexy, The Construction of Constitutional Rights, 4 Law & Ethics of Human Rights 20, 23(2010).
③ Robert Alexy, Theorie der Grundrechte, Suhrkamp Verlag, 100 (1986).
④ Robert Alexy, The Construction of Constitutional Rights, 4 Law & Ethics of Human Rights 20, 24(2010).
⑤ BVerfGE 19, 342-Wencker (348-349).
⑥ Robert Alexy, Recht, Vernunft, Diskurs, Suhrkamp Verlag, 169(1995).

4. 权衡法则与分量公式

适用原则需要权衡,适用较为抽象的比例原则更需要权衡。而权衡是容易产生非理性的,所以主要通过权衡而得以适用的均衡性原则需要被精确化。

(1) 第一权衡法则和简单分量公式

针对均衡性原则中的权衡,阿列克西提出了权衡法则(Law of Balancing):"对一个原则的未满足程度或损害程度越大,满足另外一个原则的重要性就必须越大。"[①] 此权衡法则为实质的权衡法则(Substantive Law of Balancing),[②] 可称为第一权衡法则。由于阿列克西将基本权利视为原则,所以权衡法则实际上也可以表述为,对一个权利的未满足程度或损害程度越大,满足另外一个权利(或公共利益)的重要性就必须越大。

根据权衡法则,权衡可以分为三个步骤:① 确定一个原则的未满足程度或损害程度;② 确定满足另一个相冲突的原则的重要性;③ 确定满足相冲突的原则的重要性是否能证立对另一个原则的未满足程度或损害程度。[③] 据此,阿列克西提出了简单形式的分量公式(Weight Formula):[④]

$$W_{i,j} = \frac{I_i}{I_j}$$

$W_{i,j}$ 是分量公式的结果,所代表的是正在审查的受到侵害的原则 P_i 的具体分量。I_i 代表对原则 P_i 的干涉强度,I_j 代表的是与 P_i 相冲突的原则 P_j 实现的重要性。那么如何计算分量公式呢?阿列克西提出了三刻度(The Triadic Scale)模式,即对分量公式的变量进行赋值。根据不同的情况,可以赋予变量三种刻度:轻度(l)、中度(m)和重度(s),可分别用 2^0、2^1 和 2^2 表示,其数值分别为 1、2、4。具体来说,如果对原则 P_i 的干涉属于轻度(l)侵犯,就可以对代表原则 P_i 的干涉强度 I_i 赋值为 2^0。如果对原则 P_i 的干涉属于中度(m)侵犯,就可以对代表原则 P_i 的干涉强度 I_i 赋值为 2^1。如果对原则 P_i 的干涉属于重度(s)侵犯,就可以对代表原则 P_i 的干涉强度 I_i 赋值为 2^2。

[①] Robert Alexy, Theorie der Grundrechte, Suhrkamp Verlag, 146 (1986).
[②] Robert Alexy, On Balancing and Subsumption. A Structural Comparison, 16 Ratio Juris 433, 446 (2003).
[③] Robert Alexy, On Balancing and Subsumption. A Structural Comparison, 16 Ratio Juris 433, 437 (2003).
[④] Robert Alexy, On Balancing and Subsumption. A Structural Comparison, 16 Ratio Juris 433, 446 (2003). Robert Alexy, The Construction of Constitutional Rights, 4 Law & Ethics of Human Rights 20, 30 (2010).

根据分量公式的计算,如果原则 P_i 的具体分量 $W_{i,j}$ 大于 1,那么原则 P_i 就优先于原则 P_j,也就是对原则 P_i 的侵犯不符合均衡性原则;如果原则 P_i 的具体分量 $W_{i,j}$ 小于 1,那么原则 P_i 就不优先于原则 P_j,也就是对原则 P_i 的侵犯符合均衡性原则。根据三刻度模式,分量公式的适用就会出现 9 种情况:

对原则 P_i 的侵犯不符合均衡性原则,即原则 P_i 的具体分量 $W_{i,j}$ 大于 1 的情况有 3 种:

① $I_i: s, I_j: l$

② $I_i: s, I_j: m$

③ $I_i: m, I_j: l$

对原则 P_i 的侵犯符合均衡性原则,即原则 P_i 的具体分量 $W_{i,j}$ 小于 1 的情况也有 3 种:

④ $I_i: l, I_j: s$

⑤ $I_i: m, I_j: s$

⑥ $I_i: l, I_j: m$

无法判断对原则 P_i 的侵犯是否符合均衡性原则,即原则 P_i 的具体分量 $W_{i,j}$ 等于 1 的情况也有 3 种:

⑦ $I_i: l, I_j: l$

⑧ $I_i: s, I_j: s$

⑨ $I_i: m, I_j: m$

对于经过计算后发现原则 P_i 的具体分量 $W_{i,j}$ 等于 1 的情况,就无法判断原则 P_i 是否优先于原则 P_j,或者说无法判断对原则 P_i 的侵犯是否符合均衡性原则。此时,就出现了权衡的僵局。对于权衡的僵局,阿列克西在其《宪法权利理论》英文译著"补遗"中认为,可以通过民主的原则解决。①

对于简单形式分量公式的具体适用,阿列克西举了德国联邦宪法法院泰坦尼克(Titanic)判决的例子。②《泰坦尼克》是一份发行量很大的讽刺性杂志,在其杂志中先是将一个截瘫的后备役军官描述为"天生杀人犯",在后来的一期中又将其描述为"跛子"。杜塞尔多夫地区上诉法院判决《泰坦尼克》败诉,命令该杂志支付总额为 12 000 马克的损害赔偿金。该杂

---

① See Robert Alexy, A Theory of Constitutional Rights, translated by Julian Rivers, Oxford University Press, 411(2002).

② BVerfGE 86, 1-Titanic. Robert Alexy, On Balancing and Subsumption. A Structural Comparison, 16Ratio Juris433, 437-439(2003).

志不服提起宪法诉愿。联邦宪法法院在审判过程中采取了"个案权衡"（case-specific balancing）的方法，对杂志一方的表达自由（德国《基本法》第5条第1款第1项）和后备役军官的一般人格权（德国《基本法》第2条第1款以及第1条第1款）之间进行了权衡。

联邦宪法法院认为，《泰坦尼克》杂志给很多人都取了某些绰号，这一背景使得"天生杀人犯"的描述不可能被视为"对人格权不合法的、严重的、非法的侵犯"。所以阿列克西认为，根据法院的评估，对人格权的干涉顶多是中度的（m），甚至可能仅仅是轻度的（l）。而对于杜塞尔多夫地区上诉法院判决的损害赔偿金，联邦宪法法院认为，这将改变杂志未来的办刊风格，因而是对表达自由的"持久的"严重侵犯。换言之，联邦宪法法院认为保护表达自由的重要性是重度的（s）。因而，依据分量公式，人格权的具体分量 $W_{i,j}$ 的结果是小于1的，也就是"天生杀人犯"的描述对人格权的侵犯是合比例的。

而对于"跛子"的描述，联邦宪法法院认为是对人格权的严重侵犯，但表达自由也是如此重要。此时，就出现了所谓的僵局，即对人格权的侵犯是重度的（s），保护表达自由的重要性也是重度的（s），联邦宪法法院认为二者可以抵消。因此，《泰坦尼克》杂志的宪法诉愿只是在关于"天生杀人犯"这一描述的损害赔偿金的限度内得以证立。至于"跛子"这一描述的不正当性并未得到证立。最终，联邦宪法法院认定，判决损害赔偿是对《泰坦尼克》杂志表达自由不成比例地侵犯。

（2）第二权衡法则和完全分量公式

简单形式的分量公式没有考虑原则的抽象分量。对于原则的抽象分量，如果他们相同时，就可以忽略。一旦原则的抽象分量不同时，就应当考虑，所以在分量公式中应当加入原则 P_i 抽象分量 W_i 和原则 P_j 抽象分量 W_j。另外，由于经验事实认定的不准确性，所以也不能忽略经验前提的可靠性。对原则 P_i 未满足程度或损害程度的经验前提的可靠性可用 R_i 代表，对原则 P_j 实现程度的经验前提的可靠性可用 R_j 代表。因此，完全形式的分量公式为：

$$W_{i,j} = \frac{I_i \cdot W_i \cdot R_i}{I_j \cdot W_j \cdot R_j}$$

在对经验前提的可靠性进行赋值时，阿列克西提出了第二权衡法则（a second Law of Balancing）："对一项基本权利的干涉越大，其经验前提的可靠性就必须越大"。第二权衡法则属于认识的权衡法则（Epistemic Law of Balancing)。① 它是对经验事实认定的确定性的判断。对分量公式不同的变量赋值后,就可以进行计算。

为了尽量避免僵局的出现,阿列克西在分量公式三刻度模式的基础上,又提出了更为精细的刻度划分,即双重的三刻度(A doubletriadic scale)模式。② 双重的三刻度模式可以分为九重刻度:(1)轻度的轻度(ll);(2)轻度的中度(lm);(3)轻度的重度(ls);(4)中度的轻度(ml);(5)中度的中度(mm);(6)中度的重度(ms);(7)重度的轻度(sl);(8)重度的中度(sm);(9)重度的重度(ss)。对这九重刻度的赋值,分别为2^0、2^1、2^2、2^3、2^4、2^5、2^6、2^7、2^8。

与阿列克西对均衡性原则的理性化路径相似,为了增加均衡性原则权衡的理性,马提亚斯·克莱特、莫里茨·迈斯特在《比例原则的宪法结构》一书中,也试图运用分量公式,精确化比例原则的适用。③ 另外,与双重的三刻度相似,中国台湾地区学者汤德宗提出了"阶层式比例原则",将比例原则分为三阶六层。三阶六层比例原则可分为低标(合理审查基准)、中标(中度审查基准)、高标(严格审查基准)三类。其中,低标又可分为三层:(1)低低标,即"最低合理性"审查基准;(2)中低标,即"基本合理性"审查基准;(3)高低标,即"有杀伤力的合理审查"审查基准。中标可分为两层:(1)低中标,即基本的中度审查基准;(2)高中标,有杀伤力的中度审查基准。高标就一层,即最严格的审查基准。④ "阶层式比例原则"实际上是通过类型化审查基准的方式,以达到比例原则适用的理性化。

综上,为了减少权衡的非理性,以阿列克西为代表的学者,对均衡性原则的精确化主要走的是权衡者进路,即试图运用具体的权衡法则与数学计算公式,为权衡者提供客观具体的权衡规则与标准,从而规范权衡。

(二)商谈模式:贝蒂的事实问题视角

加拿大著名法学家戴维·M.贝蒂完全避开了数学计算的方式,从当事

---

① Robert Alexy, On Balancing and Subsumption. A Structural Comparison, 16Ratio Juris433, 446 (2003).

② Robert Alexy, The Construction of Constitutional Rights, 4 Law & Ethics of Human Rights20, 30-31(2010).

③ Vgl. Matthias Klatt and Moritz Meister, The Constitutional Structure of Proportionality, Oxford University Press, (2012).

④ 参见汤德宗:《违宪审查基准体系建构初探——"阶层式比例原则"构想》,载廖福特主编:《宪法解释之理论与实务》(第六辑),中国台湾地区"中央"研究院法律研究所筹备处,2009年,第39-45页。

人进路出发,将均衡性原则的适用转化为事实问题,试图使均衡性原则的适用避免主观性与不确定性问题。

1. 比例原则的事实问题视角

贝蒂对比例原则评价极高,他认为比例原则是法律的终极规则。"比例原则是合宪性的普遍标准,它是每个宪法文本不可缺少和不可避免的部分。"因而,贝蒂认为,"没有某种形式的比例原则,宪法还可以存在的观点是逻辑不可能的。"①贝蒂认为,比例原则的适用是客观中立的,因为"比例原则将道德哲学领域的价值问题转化为事实问题(questions of fact)。"②因此,对于堕胎是否为谋杀、同性恋是否可以结婚、医疗保险是否违宪等争议,都可以转化为事实问题,由当事人各方进行平等辩论。这样一来,比例原则的适用就变成了事实问题,而对事实问题的辩明责任,则是由当事人来承担的。

由于采用当事人视角,所以贝蒂认为,适用比例原则不能给任何一方以优先地位,既不能以权利优先,也不能以公共利益优先,而且在适用时也不能通过成本收益分析等数学计算方法。"因为比例原则拒绝给权利或数字以特殊地位,所以比例原则可以声称它具有任何其他司法审查模式所不具有的客观性与正直性。它避免了诸如解释和成本收益分析计算之类方法所带来的主观性与不确定性。"③

2. 事实问题视角下法官的角色

通过转化为事实问题视角适用比例原则,就可以去除法官在适用均衡性原则的主观性与不确定性。"采取当事人观点优先的视角,法院在任何案件中都不会有某种哲学的或道德上的偏袒。"④贝蒂认为,"司法判决是建立在当事人对政府任何决定的意义的评价这一事实发现的基础之上的。比例原则以这种方式为法官提供了清晰和客观的审查标准,从而能有效判断政府行为的正当与否。当法官坚持事实时,法官的个人情感在案件中就永远无法发挥作用。"⑤因而对于法官来说,在运用比例原则时,其作用就非常有限,法官仅仅只是监督者,而非权衡者。"通过将冲突中人们最重要的利益和观点转化为事实问题,而非解释问题或道德问题,法院成为商谈

---

① David M. Beatty, The Ultimate Rule of Law, Oxford University Press, 162-163(2004).
② David M. Beatty, The Ultimate Rule of Law, Oxford University Press, 170(2004).
③ David M. Beatty, The Ultimate Rule of Law, Oxford University Press, 171(2004).
④ David M. Beatty, The Ultimate Rule of Law, Oxford University Press, 168(2004).
⑤ David M. Beatty, The Ultimate Rule of Law, Oxford University Press, 166(2004).

的监督者。"① 在商谈中，法官的角色就是认真对待和平等听取当事人的每一种意见，为每一方当事人提供平等的关切与尊重，进而依据比例原则作出判决。可见，贝蒂认为以当事人为视角，将道德哲学领域的价值问题转化为事实问题，法官就可以作出客观公正的判决。

(三) 两种模式的优缺点

1. 阿列克西式数学计算模式的优缺点

毫无疑问，以阿列克西为代表的从权衡者进路精确化均衡性原则的模式具有重要意义。在判断某个手段是否具有均衡性时，通过运用权衡法则与分量公式，权衡者能够更加技术性地考虑某项手段对权利的干涉强度、相冲突的权利或公共利益实现的重要性、经验前提的可靠性，从而使得均衡性原则的权衡更具有可操作性，进而使得权衡结果更加具有相对客观性。

更为重要的是，阿列克西提出了权衡时应当考虑的六个重要变量因素。对于被侵犯的权利来说，权衡时首先应当考虑权利被侵犯的程度；其次，应当考虑该被侵犯权利的抽象分量，也就是该被侵犯的权利在法律文本中的初显分量；最后，应当考虑经验前提的可靠性，也即对被侵犯权利干涉强度事实认定的可靠性程度。对于与被侵犯权利相冲突的权利或公共利益来说，权衡时首先应当考虑该权利或公共利益拟实现的重要性程度；其次，应当考虑该权利或公共利益在法律文本中的初显分量；最后，应当考虑对相冲突的权利或公共利益拟实现的重要性程度事实认定的可靠性程度。增加一些重要的变量因素，相比于抽象的权衡，确实更有助于增加理性。

但是，在某种程度上，也可以说阿列克西的分量公式只是一个花哨的数学公式。立法者在立法时，行政者在制定行政规则和进行重大行政决策时，或许偶尔可能会运用分量公式，但司法者却不大可能运用，因为司法者更倾向并擅长于法律演绎与推理。而且，即使均衡性原则的适用者能运用其进行计算，由于对变量进行刻度赋值没有准确的标准，在赋值时存在较大的随意性与主观性。特别是在对原则（权利）的抽象分量进行赋值时，缺乏明确的标准。"在衡量与比较原则的抽象分量时，由于缺乏规范论证，

---

① David M. Beatty, The Ultimate Rule of Law, Oxford University Press, 166(2004).

当原则的抽象分量不同时,阿列克西的权衡模式几乎不起作用"。① 对于如何判断和确定经验前提的可靠性也论证不足。因而,即使运用权衡法则与分量公式精确化均衡性原则的权衡,也存在很大的主观性。

2. 贝蒂式商谈模式的优缺点

以贝蒂为代表的当事人视角,无疑在某种程度上有利于解决空洞的均衡性原则所带来的主观性与不确定问题。因为在均衡性原则的具体适用过程中,对于手段所促进的公共利益大小,作为当事人之一的立法者、行政者因为更专业可能更熟悉,因而更能作出准确地判断。对于手段的损害性程度,作为另一方当事人的权利被侵害方会感受最深切,他们是直接受损人和利害关系人,最能感知利益损害究竟有多大、价值侵犯究竟有多深。所以与阿列克西的路径相反,贝蒂的路径"并不依靠外部评价标准"。② 通过当事人视角,由当事人对冲突中的争议问题进行辩论,并承担举证责任,在某种程度上可能会有利于事实的发现,从而有助于法官依据准确的事实作出更加客观公正的判决。

然而,均衡性原则不仅仅涉及的是事实问题。均衡性原则无法将争议中的所有问题都转化为事实问题。很多规范问题与价值问题无法转换为事实问题,最终决定的作出仍然无法回避实质权衡。贝蒂本人也认识到,法官在运用比例原则时需要自身评价:"由于当事人可能过度深陷案件,他们有夸大主张的倾向,所以法官有必要对相关法律做自己的评价。"③对于最终判决的作出,贝蒂也认为,"比例原则要求法官以谁获得了最大收益和谁承担了最多损失的视角,来评价任何法律、规制与裁决的正当性。"④因此,均衡性原则的适用离不开法官的主观评价和判断。最终问题的公正解决,需要法官通过权衡进行最后"决断"。

然而,对于均衡性原则的适用如何转化为事实问题、如何对事实问题进行比较等问题,贝蒂都没有给出详细的答案。在贝蒂眼中,权利并不具有本位性,因而权利也就不具备德沃金所说的"王牌"地位,这是与当代民主国法治理念不相符合的。况且,权利具有本位性也是比例原则自身内在的规范逻辑之一。离开权利本位性,比例原则就如同无源之水,无本之木。

---

① Grégoire C. N. Webber, Proportionality, Balancing, and the Cult of Constitutional Rights Scholarship, Canadian Journal of Law and Jurisprudence, Vol. XXIII, No.1, 179-202 (2010).
② Grégoire C. N. Webber, Proportionality, Balancing, and the Cult of Constitutional Rights Scholarship, Canadian Journal of Law and Jurisprudence, Vol. XXIII, No.1, 187 (2010).
③ David M. Beatty, The Ultimate Rule of Law, Oxford University Press, 168(2004).
④ David M. Beatty, The Ultimate Rule of Law, Oxford University Press, 160(2004).

贝蒂否定成本收益分析等科学计算方法在比例原则中的适用也是站不住脚的。虽然法律问题的解决不能完全依赖于科学,但恰当地运用精确的科学分析工具,是非常有利于规范和指引均衡性原则权衡的。

三、均衡性原则的起源、本质及功能

无论是以权衡者为进路,试图通过运用分量公式进行数学计算的具体化模式,还是以当事人为视角,试图通过商谈的具体化模式,都无法完全消除均衡性原则适用的主观性过大和不确定性问题。为了理性化均衡性原则的适用,必须寻找具体化均衡性原则的第三条道路。而欲重新构建科学的均衡性原则的精确化模式,首先需要准确地认识均衡性原则的起源、本质及功能。均衡性原则在本质上属于目的必要性原则,它是关于某项正当目的有无必要实现的原则。在功能上,均衡性原则可以起到保障权利不被过度侵犯和确保增进社会整体福利的作用。

(一) 均衡性原则的起源

为了更全面有效地保障人权,均衡性原则得以产生。从 20 世纪 30 年代特别是从 20 世纪 50 年代以来,随着自由法治国理念的逐渐衰退,国家已开始广泛干预社会生活,单靠必要性原则中的最小损害手段要求,还不足以全面规范国家的公权力行为。公权力行为的手段即使是损害最小的,也不必然正当。如果某个最小损害的手段,所造成的损害同其所促进的公共利益不成比例,就不应当被采用。

之所以会产生均衡性原则,主要有以下几方面的原因:首先是语言上的,将"比例原则"限定为最小损害原则,任何符合目的的手段总是可以被视为最小损害的手段。第二,"二战"后出现了大量有挑战性的问题,如果人们不想让行政决定不受控制,就必须继续发展"比例原则"的内涵。第三,立法者在规定高权措施时,为均衡性原则的产生作了贡献。第四,德国州警察法对均衡性原则的采纳。[1] 均衡性原则是对公权力运行的更高要求,它要求即使是最小损害的手段,其所造成的损害同其所促进的公共利益还应当成比例。现代国家更加重视保障公民基本权利,但大量宪法条款存在开放性、模糊性的特点,所以偏重权衡的具有较大价值判断空间的均衡性原则大放异彩。

---

[1] Vgl. Lothar Hirschberg, Der Grundsatz der Verhältnismäßigkeit, Schwartz, 7-13(1981).

（二）均衡性原则的本质：目的必要性原则

均衡性原则实质上是一种目的必要性原则，它是分析某个正当目的究竟有没有必要实现的原则。作为现代"四阶"比例原则的最后一个子原则，均衡性原则要求手段所造成的损害同其所促进的公共利益成比例。如果运用某个最小损害的手段实现某个正当目的所促进的公共利益很大，收益与损害是成比例的，那么从社会整体福利角度来讲，该正当目的就有必要去实现。倘若运用某个最小损害性手段实现某个正当目的所促进的公共利益很小，但损害很大，收益与损害不成比例，那么该最小损害性手段就不应当被采纳，所以该正当目的就没必要实现了。

因此，均衡性原则虽然形式上是在分析手段的均衡性，但实质上是在分析目的的必要性。均衡性原则分析本质上是在选定好某个有助于正当目的实现的最小损害手段后，继续判断某个正当目的有无必要实现的原则。换言之，均衡性原则其实是在判断实现某个正当目的是否成本太大、收益太小。如果成本与收益不成比例，就没必要实现目的，反之则有必要实现目的。

将均衡性原则视为目的必要性原则，似乎与决策实践相反。在现实中，立法者、行政者一般好像是觉得有必要去实现某项目的，然后再去选择手段。换言之，在实践中，立法者、行政者往往是先进行目的必要性判断，认为有必要去实现某项目的后，然后再去选择某项手段。确实，立法者、行政者在选择某项手段之前，可能往往会首先进行目的必要性分析。但这种必要性分析只是初步的，也是不可靠的，因为在手段没有确定之前，目的必要性分析只是等同于目的重要性分析，会片面地认为目的越重要，就是越必要的，而实际上可能并非如此。

目的是否有必要实现，不仅取决于目的的重要性，还取决于实现目的的手段所造成的损害。因为尽管某个目的很重要，但如果可用的手段会造成很大的损害，会造成成本与收益不成比例的情况，那么此目的也是不必要实现的。相反，如果某个目的不太重要，但如果通过采用某手段实现此目的，可能带来很大的收益、造成较少的损害，那么此目的也是有必要实现的。因此，目的必要性分析必须在手段确定后才能进行，也就是在进行了手段适当性和最小损害性分析确定出一个手段后，才能准确地判断某个正当目的有无实现的必要。

（三）均衡性原则的功能

作为目的必要性分析原则，均衡性原则的直接作用在于判断某项正当目的有无实现的必要性。从功能上来看，均衡性原则主要有两大功能：第一，保障权利不被过度侵害；第二，确保增进社会整体福利。

1. 保障权利不被过度侵害：最小损害的手段不一定正当

均衡性原则可以阻止政府"用大炮打麻雀""杀鸡用牛刀"。尽管为了实现公共利益，但如果对公民造成过度的损害，也是不应被允许的。作为一种实质的利益权衡法则，均衡性原则是对最小损害性原则的补充完善，是对权利保障的更高要求，能起到保障公民权利不被过度侵犯的功能。即使某项手段是最小损害的，但对当事人来说也可能是过于严厉的。尽管最小损害性原则要求政府的手段对公民的损害是最小的，但却不足以保障公民权利。均衡性原则正好可以更进一步保障权利，因为根据均衡性原则，如果某项最小损害的手段过度侵犯了公民权利，所造成的损害与所促进的公共利益不成比例，就是不正当的。

禁止过度侵害权利是德国基本法的明确规定。[①] "如果法律或行政措施所施加的负担或义务对个人来说是不能合理忍受的——不可期待的，即所施加的负担在考虑当事人人格、个人尊严和尊重个人、经济关系的情形下，显然是过度的要求或负担时，那么这个措施就不合比例。"[②] 德国联邦宪法法院经常以"不具有期待可能性""不得造成过度负担"等为理由作出判决，否定过度侵犯公民权利的手段。[③] 因而，从公民角度来看，均衡性原则有助于保障权利不被过度侵害，可以阻止损害最小但对公民过于严厉的手段被采用。

2. 增进社会整体福利

均衡性原则在某种程度上体现了效能原则。均衡性原则可以确保立法者、行政者所选择的手段，能够增进社会整体福利。通过均衡性原则分析，比较某项手段的成本、收益，有利于否定成本大、收益小的不成比例的手段。

---

① 《联邦德国基本法》第 19 条第 2 款规定了基本权利本质内容不得侵犯条款："任何情况下都不得侵犯基本权利的本质内容（Wesengehalt）。"

② Fritz Ossenbuhl, Zumutharkelt als Vefassungsmaßstab, Freiheit und Verantwortung im Verfassungsstaat: Festgabe zum 10-jährigen Jubiläum der Gesellschaft für Rechtspolitik, Hrsg. von B. Rüthers und K. Stern, Beck, 320(1984).

③ Vgl. BVerfGE7, 377(406)-Apotheken-Urteil; BVerfGE19, 330(337)-Sachkundenachweis; BVerfGE49, 24(58)-Kontaktsperre-Gesetz.

如果说必要性分析以权利为本位,那么均衡性分析则更注重社会利益,强调实现一定的社会效能。尽管均衡性原则存在精确性缺陷,但并非必然导致批评者所质疑的"无法全面、客观地衡量成本收益。"① 以陈景辉所举的警察射杀哄抢财物之人为例,② 即便假设在当时情况下射杀是最小损害的手段,在均衡性分析阶段,理性的立法者或司法者在考量收益时,不仅会考量射杀当时保护的财产收益,而且还会考量射杀对预防同类哄抢行为带来的社会收益,进而作出损益权衡。再如王瑞雪所举的将在动车上吸烟的人记入个人信用档案保存5年的案例,③ 假设此种信用惩戒属于最小损害的手段,那么在均衡性分析时,不仅应当考量保障当时行车安全的收益,还应当考量保障日后行车安全带来的社会收益。因此,均衡性原则只要得到理性适用,就可以较好地考量相关成本与收益,能够实现一定的社会效能。

然而,通过均衡性原则并不能选择出最大净收益的手段。因为对手段的均衡性分析是在必要性分析后,均衡性原则所面对的只是一个最小损害的手段。均衡性原则只能对已选好的最小损害手段进行分析,判断该手段带来的收益与损害是否成比例,但无法保证手段可以获得最大净收益。具有最大净收益的手段,可能在必要性原则分析阶段就已被排除。而且,效能原则中的效益最大化,并不为比例原则本义所容。一旦手段的成本与收益的公式两端出现变量,且收益随成本增加而有正比增长时,效能原则的效益最大化追求为手段选择提供了一个可供民主对话和讨论的备选方案,而这是比例原则所不能提供的。④ 为了克服比例原则的效能缺陷,中国台湾地区学者黄昭元认为:"在适用顺序上,反而应该将必要性原则与损益平衡原则对调,也就是让法院先就各种可能手段与目的进行衡量,然后再就所筛选出的数种手段进行必要性原则的审查。"⑤ 是否应当将均衡性原则置于必要性原则审查之前存有争议。⑥

---

① 戴昕、张永健:《比例原则还是成本收益分析:法学方法的批判性重构》,载《中外法学》2018年第6期,第1532页。
② 参见陈景辉:《比例原则的普遍化与基本权利的性质》,载《中国法学》2017年第5期,第284页。
③ 参见王瑞雪:《政府规制中的信用工具研究》,载《中国法学》2017年第4期,第169页。
④ 参见沈岿:《论行政法上的效能原则》,载《清华法学》2019年第4期,第23页。
⑤ 黄昭元:《宪法权利限制的司法审查标准:美国类型化多元标准模式的比较分析》,载《台大法学论丛》2004年第33卷第3期,第88页。
⑥ Bernhard Schlink, Der Grundsatz der Verhältnismäßigkeit, in: Peter Badura/Horst Dreier, ed., Festschrift 50 Jahre Bundesverfassungsgericht, Klärung und Fortbildung des Verfassungsrechts, Mohr Siebeck, 453(2001).

将均衡性原则置于必要性原则之前,确实可能先挑选出有较大净收益的一些手段,然后再从这些手段中挑选出一个最小损害的手段。但如果这样,虽然可能挑选出最大净收益的手段,但后果是该手段可能会对公民造成的损害也过大。先进行均衡性分析,就会更青睐净收益较多的手段,导致损害很大但收益更大的手段被选择。对于那些收益较小但损害也较小的较温和手段,就可能被事先否定,从而使得之后的必要性分析所选择的手段就可能是损害较大的。而不求手段的最大净收益,只求手段的最小损害性,正是比例原则的核心要义。因此,将均衡性原则置于必要性原则之前,是有悖于比例原则的规范逻辑的。采用损害最小的手段,符合以权利为本位而非以公共利益至上为规范逻辑的比例原则的精神。

因此,尽管均衡性原则并不积极追求净收益最大的手段,但其可以否定损益不均衡的手段,阻止成本大、收益小的目的的实现,从而有利于促进社会整体福利。

四、均衡性原则精确化的新模式构建

由于均衡性原则的本质是目的必要性分析,而要客观判断某个正当目的是否有必要实现,一般是需要进行成本收益分析的。"引入一些交叉学科的方法就成为获取最佳利益衡量结果的'破冰'之旅",[1]"将经济学的'成本-收益'分析引入比例行政原则",[2]可以有效消除过于抽象的均衡性原则适用存在的非理性缺陷。

均衡性原则的适用离不开权衡,而"权衡是印象主义的"。[3] 权衡必然导致恣意。[4] 推进均衡性原则的精确化,首先需要从权衡者角度完善权衡方法,寻找可操作性的分析技术,从而指导并规范权衡。由于手段的均衡性与否,直接涉及当事人的权利,所以更需要从当事人角度引入商谈机制,制约权衡者的权衡。因此,在均衡性原则具体化的视角上,应当改进数学计算模式和事实问题商谈模式。既不应只约束权衡者,也不能只寄希望于

---

[1] 蒋红珍:《论比例原则——政府规制工具选择的司法评价》,法律出版社 2010 年版,第 315 页。

[2] 柳砚涛、李栋:《比例行政原则的经济分析研究》,载《烟台大学学报(哲学社会科学版)》2011 年第 4 期,第 32-33 页。

[3] Kai Möller, Proportionality: Challenging the critics, International Journal of Constitutional Law, Vol.10, No.3, 709-731 (2012).

[4] Vgl. Jürgen Habermas: Faktizität und Geltung: Beiträge zur Diskurstheorie des Rechts und des demokratischen Rechtsstaats, Suhrkamp Verlag, 315-316(1992).

当事人，而应当以权衡者和当事人为共同视角，构建均衡性原则精确化的新模式。通过吸收成本收益分析方法，并借助于均衡性判断公式，计算出某个最小损害性手段所促进的公益同其所造成的损害的比例值，然后再根据均衡性判断法则，具体权衡该最小损害性手段是否具有均衡性。

（一）引入成本收益分析方法辅助均衡性权衡

将数学计算方法运用到法学领域，可以更加准确地进行定性分析。由于经济学能够通过边际分析使其自身表达数学化，所以边际分析也应成为法学表达数学化的桥梁。法律价值的通约与权衡成为必要与可能，人权与正义也不例外，比例原则存在数学化的强烈内在需要。[①]"使一些原本复杂、散乱的法学命题定律化，甚至数学模型化，从而大大地增加了这些理论和命题的科学性和可操作性，给人耳目一新之感。"[②]相比于阿列克西的分量公式，通过引入更具有可操作性的成本收益分析方法，会使得均衡性权衡更加客观。换言之，作为目的必要性原则的均衡性原则，只有通过准确的成本收益分析，量化拟实现的某个目的可能耗费的成本和获取的收益，再对成本、收益进行具体的比较权衡，才可能使均衡性原则适用中的权衡更加理性，从而才能正确地判断某个正当目的究竟有无必要实现。

正如原德国联邦宪法法院法官迪特·格林认为，均衡性原则"就是成本收益分析，它要求在基本权利利益与因权利受损而产生的公共利益之间进行平衡。"[③]也正如中国学者所言，比例原则"实质就是要求收益不小于成本的'成本-收益'分析"。[④]"对比例原则中的均衡性原则，可以从成本与收益分析的角度考虑。"[⑤]中国台湾地区学者蔡茂寅认为："比例原则既然强调损害与目的间不得显失均衡，则其权衡必然是以同质性之价值相互比较为前提，因之免不了须做量化、金钱化的工作，以求能客观进行权衡。"[⑥]

近些年来，在司法实践中，国内外越来越多的司法案例已经提出，有必

[①] 参见涂少彬：《论法学表达数学化的可能及限度——基于经济学与比例原则的切入》，载《法学评论》2020年第4期，第37页。

[②] 钱福臣：《法学研究中的卢梭式数学定律法及其评价》，载《苏州大学学报（哲学社会科学版）》2011年第4期，第81页。

[③] Dieter Grimm, Proportionality in Canadian and German Constitutional Jurisprudence, University of Toronto Law Journal, Vol.57, No.2, 383-398 (2007).

[④] 参见柳砚涛、李栋：《比例行政原则的经济分析研究》，载《烟台大学学报（哲学社会科学版）》2011年第4期，第33页。

[⑤] 姜昕：《比例原则研究——一个宪政的视角》，法律出版社2008年版，第189页。

[⑥] 蔡茂寅：《比例原则的界限与问题性》，载《月旦法学杂志》2000年第4期，第31页。

要通过成本收益分析方法来判断均衡性。例如,在 Pfizer 一案中,欧洲法院认为,为了正确地判断争论的是非曲直,将成本收益分析与比例原则联系起来是适当的。在分析推理中,法院认为应当依据成本收益分析,判断风险管制所产生的侵害与不采取任何行为的益处是否不成比例。①

通过成本收益分析方法判断手段的均衡与否,并不只是一个理论假设。早在百余年前,经济学上的成本收益分析方法就已经在美国法中得到了运用,近些年来有不断强化的趋势,其已被美国的实践反复证明是一种相对科学的规制影响分析工具。尽管也存在一些缺陷,但毫无疑问,成本收益分析为决策者提供了一套相对比较严密的数学计算方法。成本收益分析能较为准确地量化政府拟采用的某个手段可能耗费的成本和获取的收益,有利于决策者作出理性的决定。

准确的确立手段的成本与收益,是成本收益分析方法的关键。虽然目前在美国行政法上,对某个手段成本、收益的大小,存在根据市场的价格进行评估的市场评估法和非市场评估法,但根据这些方法得出的成本、收益的大小,很多时候仍然是不够准确的。所以在适用均衡性原则时,为了更加客观地发现不同手段的成本与收益,应当引入当事人的商谈机制,确立商谈性成本收益分析方法。通过商谈,可以扩大"信息基础",有利于认清"公共物品的真实货币价值",有利于确立"适当的折现率与愿意支付的成本。"②而且,在一些复杂疑难案件中,某个手段的"真实损害"究竟有多大、"真实收益"究竟是多少,只有让当事人都参与进来,进行充分的平等辩论沟通,或许才能最终发现一个"合乎情理或相对正确"的答案。③

(二) 均衡性原则中的成本分析

必要性原则所关注的是手段对公民的最小损害性,所以必要性原则中的手段的成本仅仅是指权利损害成本,即手段给公民造成了多大的损害。对于实行手段所耗费的财政支出成本,则不属于必要性原则的分析范围。然而,均衡性原则不应当只关注权利损害成本。尤其对于立法和重大行政

---

① See Case T-13/99, Pfizer Animal Health SA v. Council, 2002 WL31337 (European Court of First Instance, 11 September 2002).

② Jennifer Nou, Regulating the Rulemakers: A Proposal for Deliberative Cost-Benefit Analysis, Yale Law & Policy Review, Vol.26, No.2, 601-644 (2008).

③ 参见尹建国:《不确定法律概念具体化的模式构建——从"唯一正确答案"标准到"商谈理性"诠释模式》,载《法学评论》2010 年第 5 期,第 69 页。

规制,财政支出成本往往是巨大的,必须予以认真考虑。一直以来,传统的均衡性原则只要求手段对公民造成的损害同其所产生的收益成比例,其并不关注实行某项手段所耗费的财政支出成本,而只是片面地关注手段对权利的损害成本。所以有学者认为,"如果说传统均衡审查中'正的收益'基本保持不变,那么'负的成本',却从原来考虑手段对基本权利限制的层面,还要拓展到手段自身的成本耗费上。"①"均衡性原则需要判断手段与目的是否成比例:与收益有关的成本是否过度。"②对于手段的财政支出成本的关注,已逐渐得到了法院的重视。德国联邦宪法法院认为:"如果某个可替代性的手段对权利损害更小,但要求更多的行政成本,与目的间不具有均衡关系,这个手段也应当被排除。"③虽然对权利是更小损害,但如果要求更多的行政成本,不具有期待可能性,也应当否定此项手段。④ 在其他一些案件中,联邦宪法法院有许多相似表述。⑤

不当地耗费财政支出成本同样是一种损害,是对纳税人权利的损害。作为目的必要性分析的均衡性原则,首先当然应当分析权利损害成本是否过大,另外还应当分析手段的财政支出成本。如果某项手段对公民的权利损害成本很小,但实施此项手段所耗费的人力、物力、财力等财政支出成本过大,甚至可能会造成政府财政困难,也同样是可能不符合均衡性原则的。例如,在行政处罚领域,如果"对行为人制裁结果,对其权利所造成之损害及行政成本之支付,与所欲维护之社会秩序不成比例",⑥行政处罚就是不正当的。政府对公共财政的支出实际上就是在消耗公民托付给国家的财产,必须合理使用。⑦ 尽管很多手段的实施并不一定会耗费很大的财政成

---

① 蒋红珍:《论比例原则——政府规制工具选择的司法评价》,法律出版社 2010 年版,第 315 页。
② Joel P. Trachtman, International Trade as a Vector in Domestic Regulatory Reform: Discrimination, Cost-benefit Analysis, and Negotiations, Fordham International Law Journal, Vol. 24, No.1 & 2,726-743 (2000).
③ BverfGE68, 155(171)-Schwerbehindertengesetz.
④ Vgl. BverfGE 81, 70(91)-Rückkehrgebot für Mietwagen.
⑤ Vgl. BverfGE44, 283(288); BverfGE60, 16(48); BverfGE61, 291(313).
⑥ 翁岳生编:《行政法》(下册),中国法制出版社 2009 年版,第 818 页。
⑦ 参见王学辉、邓华平:《行政立法成本分析与实证研究》,法律出版社 2008 年版,第 16 页。

本,但也不应当被忽略。注重绩效,日益受到中国政府的重视。① 政府的财力并不是无限的。政府应将有限的财政资源,投入到最急需的规制与治理中。责任政府不仅应是消极守法的政府,更应是积极追求绩效最大化的政府。

因此,从均衡性原则的本质与功能出发,应当对均衡性原则中的损害作广义的理解。由于均衡性原则的保障权利不被过度侵害功能,所以应当准确地确定手段对公民权利的损害成本和手段的收益。由于均衡性原则的增进社会福利功能,所以还应当考虑手段实行所耗费的财政支出成本。因而可以说,均衡性原则所要求的"手段造成的损害与公共利益成比例"中的"损害",应当理解为手段对公民造成的直接损害和对纳税人造成的间接损害。在进行均衡性原则分析时,应当同时关注权利损害成本和财政支出成本,二者不可偏废。因为实施某项手段无论是权利损害成本过大,还是财政支出成本过大,都会导致总成本过大,从而会产生总成本与总收益不成比例的结果,进而该手段就可能会被均衡性原则所否定。事实上,在具体进行均衡性权衡时,一些适用者可能会考虑财政支出成本因素,另一些或许根本不会考虑。为了保障均衡性权衡的确定性和平等性,应当明确将财政支出成本,纳入均衡性原则的考量因素之中。

均衡性分析新图

均衡性原则所要权衡的一方是手段所促进的公共利益收益,另一方是实施手段的权利损害成本与财政支出成本。(见均衡性分析新图)将财政支出成本纳入均衡性原则的考量因素之中,既能更好地保障公民权利不被过度侵害,也能更有效地保证财政资源不被过度耗费。实施某项手段无论是权利损害成本过大,还是财政支出成本过大,都会导致总成本过大,从而会产生总成本与总收益不成比例的结果,进而该手段就会被均衡性原则所

---

① 2018年,中共中央、国务院发布《关于全面实施预算绩效管理的意见》提出,加快建成全方位、全过程、全覆盖的预算绩效管理体系,推动财政资金聚力增效,提高公共服务供给质量,增强政府公信力和执行力。2019年颁布的《政府投资条例》要求政府投资应注重绩效。

否定。

(三) 均衡性判断公式与均衡性判断法则

判断某个手段与目的之间是否存在均衡性关系,实际上就是判断某个手段的成本与收益是否成比例。为了准确地判断手段的均衡性,压缩比例原则适用者的权衡空间,需要借助于均衡性判断公式:

$$E = \frac{C_r + C_f}{B}$$

E 表示实施某个手段的总成本与总收益的比例值,即手段均衡性的大小,C_r 表示实施某个手段的权利损害成本,C_f 表示实施某个手段所耗费的财政支出成本,B 表示实施某个手段所带来的公共利益收益。对于成本 C_r、C_f 和收益 B 的具体计算方法,可以借鉴相对比较成熟的成本收益分析方法中的市场评估法和愿意支付、愿意接受等非市场评估法。①

通过均衡性判断公式,可以计算出实施某个手段的总成本与总收益的比例值。但要准确判断某个手段是否均衡,还需要借助于均衡性判断法则 (Law of Equilibrium):"实施某项手段的总成本与总收益的比例值越小,该手段具有均衡性的可能性就越大,该手段的可接受性也就越大。"

结合均衡性判断公式和均衡性判断法则,可以进一步得出具体化均衡性原则的一系列规则:如果实施某项手段的总成本与总收益的比例值越接近于0,则表明实施该手段的所带来的公共利益收益相对于成本就越大,该手段具有均衡性的可能性就越大,该手段的可接受性也就越大。如果实施某项手段的总成本与总收益的比例值小于1但越接近于1,则表明实施该手段的所带来的公共利益收益相对于成本就越小,该手段具有均衡性的可能性就越小,该手段的可接受性也就越小。如果实施某项手段的总成本与总收益的比例值等于1,则表明实施该手段的所带来的公共利益收益等于成本,此时该手段就处于均衡性的临界点,其可接受性需要进一步综合权衡。如果实施某项手段的总成本与总收益的比例值大于1,则表明实施该手段的所带来的公共利益收益小于成本,该手段一般不具有均衡性。

---

① See John F. Cogan, Cost-Benefit Analysis of Financial Regulation: Case Studies and Implications, Yale Law Journal, Vol. 124, No. 4 (2015), pp. 882-1011; Frank Ackerman & Lisa Heinzerling, Pricing the Priceless: Cost-Benefit Analysis of Environmental Protection, University of Pennsylvania Law Review, Vol. 150, No. 5 (2002), pp. 1553-1584; Eric A. Posner, Controlling Agencies with Cost-Benefit Analysis: A Positive Political Theory Perspective, University of Chicago Law Review, Vol. 68, No.4 (2001), pp.1137-1200; Cass R. Sunstein, "Cost-Benefit Default Principles", Michigan Law Review, Vol. 99, No.6 (2001), pp.1651-1723.

通过正确运用均衡性判断公式与均衡性判断法则,可以在最大程度上使均衡性原则的权衡精确化。借助于均衡性判断公式,可以计算出实施某个手段的总成本与总收益的比例值,再通过均衡性判断法则,就可能较为客观地判断某个手段所促进的公共利益同其所造成的损害究竟是否成比例。如此一来,对于立法者、行政者来说,面对众多可能有助于实现正当目的的手段时,其在进行均衡性权衡时的恣意就会减少许多;对于法官而言,受均衡性判断法则的约束,均衡性权衡就不会再那么任性,司法专横和腐败就会减少许多。

五、均衡性、权衡与正义

现代国家是权衡的国家,权衡无处不在。不仅立法者在制定法律时,需要权衡各种利益与价值,而且行政者在进行重大行政决策时、在制定各种行政规则时、在决定是否需要进行行政规制时,也都离不开权衡。司法者在裁判时,在面对相互冲突的利益时,如果要想作出公正的判决,也需要公平权衡。

然而,权衡是一把双刃剑。"权衡国家对自由具有双重效应:更大的机会和更大的危险。"[1]由于有较大的开放空间,公权力行为者在作出决定时,通过权衡可以进行充分的法律推理、道德判断与价值分析,从而可能更好地保护公民权利与自由。但与此同时,权衡容易被滥用。哈贝马斯极力反对权衡,认为权衡必然导致恣意。[2]"权衡是印象主义的。"[3]权衡为权力滥用留下了空间,更大的裁量意味着更大的危险。"任何裁量权的行使都必须有一定的判断标准,否则就会导致裁量权的滥用或不当。"[4]无论立法者、行政者还是司法者,在进行均衡性裁量时,都应当受具体法则的约束。裁量也是公权力,绝对的裁量必然产生绝对的腐败。因此,规范裁量权的行使,精确化均衡性权衡,克服其由于过于抽象模糊而存在的不确定性缺陷,有助于减少权力滥用,有利于充分保障人权。

成本收益分析不应当成为均衡性判断的全部。毕竟,法律是追求善良

---

[1] Walter Leisner, Der Abwägungsstaat: Verhältnismäßigkeit als Gerechtigkeit? Duncker & Humblot GmbH, 244(1997).

[2] Vgl. Jürgen Habermas: Faktizität und Geltung: Beiträge zur Diskurstheorie des Rechts und des demokratischen Rechtsstaats, Suhrkamp Verlag, 315-316(1992).

[3] Kai Möller, Proportionality: Challenging the critics, 10 Int'l J. Const. L. 709, 727(2012).

[4] 周佑勇:《裁量基准的制度定位——以行政自制为视角》,载《法学家》2011年第4期,第1页。

公平的艺术。虽然法律不能忽视效率,尽管均衡性原则的适用需要进行成本收益分析,但也不能过于强调效率而牺牲公平。均衡性原则并非一定要求收益大于成本。如果某个手段的成本大、收益小,但二者成比例,为了实现公平,也是可以被采用的。不能在任何情形下都将均衡性权衡简化为单纯的数字比较,否则均衡性判断就容易陷入工具理性与功利主义的泥淖。在具体个案中,权衡者除了应当首要考虑均衡性判断公式的结果外,还应当综合考虑被侵犯权利的种类、公共利益的类型、目的实现的时机等其他因素。均衡性判断公式与均衡性判断法则并非对决策起决定性作用,而是起重要辅助性作用。换言之,均衡性判断公式与均衡性判断法则是均衡性权衡的重要参考,有利于辅助理性决定的作出。在一般情形下,权衡者应当根据均衡性判断公式与均衡性判断法则,来判断某个手段是否具有均衡性,但如果出现例外不遵守时,权衡者必须给出令人特别信服的理由。

对于均衡性原则的适用,中国少数法官已经认识到了均衡性原则和成本收益分析的关系。例如,在郭建军与诸暨市国土资源局土地管理行政处罚纠纷上诉案中,法官在判决书中这样写道:"行政执法中行政裁量必须遵循执法成本和执法收益的均衡,应当符合比例原则。……行政机关必须选择相对成本最小的执法手段,选择对行政相对人最小侵害的方式,从而使行政执法的成本与执法收益相一致。"[①]从此判决的简短内容可以看出,法官已经认识到行政机关在适用均衡性原则进行权衡时,应当注重成本、收益,应当选择成本最小、侵害最小的手段。

---

① 郭建军与诸暨市国土资源局土地管理行政处罚纠纷上诉案,(2008)绍中行初字第37号。

第六章 比例原则审查基准的构建与适用

对于比例原则的精确化而言,立法者、行政者可以运用成本收益分析等经济学方法,辅助合比例性分析。但法官往往只精通法律,法院一般并不会雇佣经济学家。而且,法官所面对的是立法者、行政者已设定好的目的与手段,所以在适用比例原则的方法上有所不同。法官不需进行复杂的目的设定,不必从众多有助于正当目的实现的手段中,挑选一个具有适当性、必要性与均衡性的手段。法官只需对既定的目的和手段,进行合比例性审查。然而,比例原则的适用危机同样存在于司法中。法院在适用精确性不足的比例原则进行司法审查时,可能不当侵犯立法者的形成余地和行政者的专业判断余地,可能导致司法专断或司法腐败。即使适用的是同一个比例原则,但如果采用不同的审查基准,就可能得出截然不同的审查结果。例如,宽松审查可能得出争讼行为符合比例原则,但严格审查却可能得出争讼行为违反比例原则。合比例性司法裁量具有较大的主观性与不确定性,科学合理构建类型化的比例原则审查基准体系至关重要。

构建类型化的比例原则审查基准体系,是弥补比例原则的空洞性缺陷的必然要求,是公正实现能动主义下司法监督功能的现实需要。对于行为目的与手段的正当性进行区分强度的司法审查,已成为比例原则全球化的重要趋势之一。比例原则在中国得到了日益广泛的适用,但大量案件似乎都只是宽松审查。应根据比例原则的规范内涵与逻辑结构,综合考量受侵害权利的属性与种类、侵害的方式与程度、公共利益的属性与种类、事务的专业性程度等因素,构建比例原则的宽松审查、中度审查和严格审查三种审查基准类型。然而,比例原则审查基准的类型化不应成为终极追求目标,法官在个案中的合比例性裁量需要限缩,但不应受到过度挤压。

一、比例原则审查基准类型化的必要性

公正适用比例原则需要不同类型的审查基准。尽管比例原则的规范结构是确定的,但内涵却过于宽泛,存在空洞性缺陷。对于如何判断"目

正当性"和手段的"适当性""必要性""均衡性",其适用者往往无法轻易找到明确一致的答案。"合比例性分析往往过于含糊,而无法以令人满意的方式解决诉讼问题。"① 为了更有效地弥补比例原则的空洞性缺陷,为了更公正地实现法院的司法监督功能,有必要构建类型化的比例原则审查基准体系。正如有学者所言:"从位阶秩序适用的多样模式到司法审查强度的多元选择,代表着比例原则在我国司法适用中的未来发展趋势。"②

(一) 有效弥补比例原则的空洞性缺陷

比例原则审查基准的类型化,可以弥补比例原则的空洞性缺陷。在比例原则的适用经常存在事实和法律问题不明的情形下,就需要法官积极去寻找"合比例性"与否的正解,对立法者、行政者的目的设定与手段选择行为进行正当性评价,这就涉及比例原则的审查基准或审查密度。审查基准体现了法院对立法者、行政者行为进行司法监督的深浅程度,不同的审查基准反映了不同的司法尊让程度。

比例原则的审查基准不同于审查标准。目的具有正当性,手段具有适当性、必要性、均衡性,是比例原则的审查标准。不管根据何种强度进行合比例性审查,都不能超出比例原则基本内涵所决定的标准。但根据同一个比例原则审查标准,如果适用不同的审查基准,则可能得出不同的合比例性审查结果。如根据必要性标准对某个手段分别进行宽松审查和严格审查,则可能得出截然相反的结果。

作为自然正义化身的比例原则正在全球快速传播,但其适用存在主观性过大的弊端。对于究竟如何判断某个行为是否具有合比例性,空洞的比例原则并没有给出具体明确的标准答案。比例原则存在过于模糊、不确定性、不受限制的道德推理等问题。③ 比例原则"没有为法律适用者留下什么"。④ 然而,法官不能以标准"不明确"为由拒绝裁判。不同于科学家,法官处于裁判强制的宪法要求之下。⑤ 对于比例原则的精确化而言,立法

---

① Patricia Popelier, Catherine Van De Heyning, *Procedural Rationality: Giving Teeth to the Proportionality Analysis*, 9 European Constitutional Law Review 230, 231 (2013).

② 蒋红珍:《比例原则位阶秩序的司法适用》,载《法学研究》2020 年第 4 期,第 41 页。

③ See Francisco J. Urbina, *A Critique of Proportionality and Balancing*, Cambridge University Press, 1(2017).

④ Fritz Ossenbühl, *Der Grundsatz der Verhältnismäßigkeit (Übermaßverbot) in der Rechtsprechung Verwaltungsgerichte*, 12 Jura 617, 620 (1997).

⑤ 参见[德]卡尔·拉伦茨:《法学方法论》(全本·第六版),黄家镇译,商务印书馆 2020 年版,第 372 页。

者、行政者可以运用成本收益分析等经济学方法,辅助合比例性分析。但法官一般并不擅长法律的经济分析,法院往往也不会雇佣经济学家。而且,经济学方法在法律中的应用存在局限,因为理性的效用最大化和社会成本的最小化,"隐藏诸多未言明的理论前提和假设"。①

适用法律原则进行司法审查,本身就会给法官留下过大的主观判断空间,何况是适用过于空洞的比例原则。缺乏基准的利益衡量,意味着将最终的结论委之于法官的主观判断,为此就产生了到底是信赖法官、听任其判断,还是确立一定的基准来约束法官主观判断的问题。② 法官并不是神明,并不总是可以值得信赖,司法专断与司法腐败时常发生。法官在进行合比例性分析时,主观性会过大,司法裁量很容易被滥用。由于法院采取司法尊让的立场,但同时并没有运用"足够连贯或充分"的方法说明哪些情形下应尊重政府宽泛的裁量权,"这将对作为结构化论证框架的比例原则的有效性产生相当大的影响。"③类型化的审查基准有利于为法官提供具体的适用方法,有利于提高合比例性分析的论证质量与说理水平,从而可以增加比例原则适用的理性程度,提高裁判结果的可预测性和可接受性。

(二)公正实现能动主义下的司法监督功能

比例原则审查基准的类型化,有利于公正实现能动主义下的司法监督功能。比例原则的广泛传播与司法适用,实际上体现了司法能动主义的扩张。比例原则是司法者监督立法者、行政者的重要武器。在德国,国会制定的法律如果违反比例原则,会被联邦宪法法院撤销或宣布无效;行政机关制定的法规命令或作出的行政行为如果违反比例原则,会被行政法院撤销。在世界上其他很多国家或地区,比例原则基本上都会得到如此适用。"没有任何其他主流理论,能像比例原则那样被法官用来对抗政府行为的专断与不公。"④

---

① 艾佳慧:《法律经济学的新古典范式——理论框架与应用局限》,载《现代法学》2020年第6期,第62页。
② 参见[日]芦部信喜:《宪法》(第六版),[日]高桥和之补订,林来梵、凌维慈、龙绚丽译,清华大学出版社2018年版,第80页。
③ Patricia Popelier, Catherine Van De Heyning, *Procedural Rationality: Giving Teeth to the Proportionality Analysis*, 9 European Constitutional Law Review 230, 260 (2013).
④ David M. Beatty, *The Ultimate Rule of Law*, Oxford University Press, 173(2004).

通过调和公私法益之间的冲突，比例原则可以实现实质正义。① 尽管司法能动有诸多益处，如有助于保护少数人的利益、提高人权保障水平，但也可能违背权力分立或分工基本原理。不同于形式合法性审查，如判断是否超越职权、是否违反法定程序，比例原则的司法适用属于实质合法性或合理性审查，大部分情形下需要法官进行深度分析才可能得出正确的判断。而一旦司法过于能动，合比例性审查涉入过深，就很容易侵犯立法者的形成余地，损害民主政治过程导致"反多数"难题。对于行政来说，不合理的审查基准很容易侵犯行政者的专业判断余地，损害行政裁量自主空间。合理的审查基准可降低司法审查中的不确定现象，并降低行政诉讼"制衡不足"或者"干预过度"的双重危险。②

过度积极的司法能动和过度消极的司法尊让都是不可取的。"法院既不能一味高举积极主义之大旗，也不能只知墨守消极主义之成规，而应在具体案件中对诸多因素进行权衡，相机行事，适时而动。"③如果不想让法院接管政府其他部门的职能，就必须有司法尊让，但是为了确保法院的基本权利保障职能，又不能过分限制司法能动。④"任何形式的机械分权或分工都应服务于人权保障这一终极目的。"⑤司法尊让并不是要求法官无条件尊重立法者、行政者的任何行为，司法尊让不应成为放弃司法监督的借口。审查基准的确立可以"促进民主政治的思辨与自我修正"。⑥"通过调整比例原则的审查基准，法院可以控制恣意立法，但同时又不妨碍立法者的专业领域。"⑦在互联网时代，大型私人组织尤其是网络平台行使着巨大的私权力，导致完全的意思自治与契约自由日益流于形式，公民的隐私权、言论自由权、财产权等传统权利受到新挑战。⑧ 法院不应仅以尊重私

---

① 参见于改之、吕小红：《比例原则的刑法适用及其展开》，载《现代法学》2018 年第 4 期，第 136 页。

② 参见杨伟东：《行政行为司法审查强度研究——行政审判权纵向范围分析》，中国人民大学出版社 2003 年版，第 13 页。

③ 王贵松：《论行政裁量的司法审查强度》，载《法商研究》2012 年第 4 期，第 74 页。

④ See Julian Rivers, *Proportionality and Variable Intensity of Review*, 65 Cambridge Law Journal 174, 182 (2006).

⑤ 王贵松：《行政裁量的构造与审查》，中国民大学出版社 2016 年版，第 173 页。

⑥ 黄昭元：《宪法权利限制的司法审查标准：美国类型化多元标准模式的比较分析》，载《台大法学论丛》2004 年第 33 卷第 3 期，第 6 页。

⑦ Patricia Popelier, Catherine Van De Heyning, *Procedural Rationality: Giving Teeth to the Proportionality Analysis*, 9 European Constitutional Law Review 230, 233 (2013).

⑧ 参见刘权：《网络平台的公共性及其实现——以电商平台的法律规制为视角》，载《法学研究》2020 年第 2 期，第 48 页。

法自治为由,对大量明显违反比例原则的私法行为持消极不审查的态度,但也不宜全面介入而过度干预正常的市场秩序。简而言之,通过合理构建类型化的比例原则审查基准,既不会导致立法者、行政者的制度权能被过度侵犯,不会损害私法自治,又能有效发挥法院的人权保障职能。

综上,比例原则审查基准的类型化,有利于弥补比例原则的空洞性缺陷,有助于公正实现能动主义下的司法监督功能。比例原则已成为中国法院评判行政行为实质合法性的重要准则,其适用已从行政处罚扩张到多种行政行为领域。在私法中,比例原则的适用空间日益扩张,其已成为法官矫正市民社会中利益失衡行为的基本工具。为了提升合比例性审查的理性程度,更好地促进权力与权利的合理行使,比例原则审查基准需要类型化。

二、比例原则审查基准类型化的比较法考察

从全球视野来看,探索类型化的审查基准以更精细化地适用比例原则,成为合比例性分析最重要的动态之一。无论是大陆法系还是英美法系的国家或地区,对于合比例性审查,实际上都不同程度地确立了类型化的审查基准,但在具体适用时存在一些差别。

(一) 大陆法系比例原则的审查基准

1. 德国

在比例原则的发源国德国,早在1958年的药房案中,联邦宪法法院就提出了比例原则的"三阶"分类审查方法,对于职业自由的限制分为三种情形审查。(1)对执业自由的限制,如限制商品销售方式、营业时间,要求目的是出于保护一般公共利益,手段能宽泛达到目的。(2)对择业自由的主观条件限制,如对知识能力、年龄、身份的限制,要求目的是出于保护特别重大的公共利益,手段应是被证实为有助于目的的实现。(3)对择业自由的客观条件限制,如以防止恶性竞争为条件,要求目的是出于保护特别重大的公共利益且是为了预防严重的危险,而且应有充分的必要性证据(Nachweis der Notwendigkeit)证明手段的必要性。[①] 德国药房案根据对职业自由的限制程度,区分不同的审查方式具有一定的指导意义,可以普遍

---

① BVerfGE 7, 377-Apotheken-Urteil.

用于限制其他基本权利的审查。①

在1979年的共同决定法案中,德国联邦宪法法院具体提出了三重审查基准:明显不当性审查(Evidenzkontrolle)、可支持性审查(Vertretbarkeitkontrolle)和强烈的内容审查(intensive inhaltlichen kontrolle)。(1)明显不当性审查司法尊让程度最高,审查强度最低,只要没有明显违反比例原则即可。(2)可支持性审查要求有可支持性的证据,立法者、行政者的决定作出必须是"基于合乎事理的可支持的判断"。(3)强烈内容审查最为严格,法院进行全面深入的实质审查,决定的作出必须有充分可靠的证据。② 在此后的一些案例中,法院作出了类似的阐述。③ 对于何种权利被侵犯应受到何种强度的审查,德国法院并没有确定明确的标准,法官可以根据个案灵活判断。

2. 欧盟

《欧盟基本权利宪章》明确了比例原则的基本原则地位。《欧盟基本权利宪章》第52条第1款规定:"对本宪章承认的权利与自由施加的任何限制必须由法律规定,并且应尊重权利与自由的本质。只有符合比例原则,在必要并且能真正满足欧盟所承认的公共利益的目的时,或出于保护其他人的权利与自由时,才能对权利与自由予以限制。"作为欧盟的基本法律原则,比例原则在适用时存在多种审查基准类型。

对于农业、渔业、交通、反倾销、机构间控制等领域,欧盟法院认为成员国有政策选择裁量权,一般予以高度尊重,实行宽松审查。如果涉及损害欧盟法所承认的权利,特别是不可容忍的限制损害到了权利的本质,就会受到严格审查。对于过度的惩罚或经济性负担,欧盟法院也会进行较为严格的审查。对于成员国之间的纠纷,如果涉及欧盟四大基本自由即商品、人员、服务、资本流动自由,就会受到较强程度的审查。④ 影响审查基准的考量因素包括判断余地与裁量空间、被侵犯权利的类型及影响后果、所要保护的利益类型、事务的技术性与专业性、歧视对待等多方面。⑤ 欧盟法院对于比例原则审查基准的选择,考量因素较多,灵活性较大。

---

① 参见谢立斌:《药店判决》,载张翔主编:《德国宪法案例选释:基本权利总论》(第1辑),法律出版社2012年版,第65页。

② BVerfGE 50, 290-Mitbestimmungsgesetz.

③ Vgl. BVerfGE 30, 292(317)-Erdölbevorratung; BVerfGE 39, 210(230)-Mühlenstrukturgesetz; BVerfGE 50, 290(334)-Mitbestimmungsgesetz; BVerfGE 39, 1(42)-Schwangerschaftsabbruch I.

④ See Paul Craig, EU Administrative Law (Second Edition), Oxford University Press, 591-640 (2012).

⑤ 参见蒋红珍、王茜:《比例原则审查强度的类型化操作——以欧盟法判决为解读文本》,载《政法论坛》2009年第1期,第123-124页。

3. 日本

在日本,比例原则被认为是法治主义的当然结果,自明治宪法时代就将比例原则作为控制警察权的界限。日本确立了三重基准理论,即合理性基准、严格的合理性基准和严格基准。

合理性基准要求手段和正当目的间存在合理的关联性,即抽象性的、观念性的关联性,只要不是明显极为不合理即可。在雇员税金诉讼案中,最高法院认为,租税法的制定只能委于立法机关政策性的技术性判断,"只要立法目的正当,并且,除非该立法具体采取的差别形态在同上述目的的关联性上明显不合理,不能否定其合宪性。"严格的合理性基准要求立法目的是重要的,规制手段与目的之间应具有实质关联性。严格基准要求目的是为了必要的、不可或缺的"不得不具有的利益",限制手段则应限定在为达成该目的所使用的必要最小限度内。在药店距离限制案中,最高法院认为,《药事法》对药店的距离限制是为了防止对国民的生命、健康产生危害这种消极目的,但药店偏于集中同由于经营不稳定而出售不良医药品之间的因果关系,无法加以合理证明。规制不具有必要性,可以通过损害更小的手段,即通过强化行政监管也可以充分实现,所以药店距离限制违宪。总的来说,日本法院一般根据权利与自由的内容、形态,以及规制的目的、样态判定审查基准。①

(二)英美法系比例原则的审查基准

比例原则发源于德国,在欧洲得到了快速传播,近些年来也已传播至英美法系等国家。实际上,比例原则在英国、美国也得到了某种程度的适用,存在一些不同的审查基准。

1. 英国

英国的温斯伯里合理性原则,在某种程度上发挥着比例原则的功能,近些年也发展出了不同的审查基准。1948年的温斯伯里案确立的合理性原则,实际上体现了高度的司法尊让,其所认定的不合理是指行政机关的行为"是如此荒谬,以至于任何有理智的人都不会认为这属于行政机关的职责所在",②此标准相当于是宽松审查。随着人权保障要求的日益提高,上议院自20世纪80年代中叶起开始引入"高的监督标准",提高了温斯伯

---

① 参见[日]芦部信喜:《宪法》(第六版),[日]高桥和之补订,林来梵、凌维慈、龙绚丽译,清华大学出版社2018年版,第78、96、101、178页。

② Associated Provincial Picture House Ltd. v. Wednesbury Corporation [1948] 1 K.B. 223, 230.

里合理性原则的审查基准。在 1987 年的 Bugdaycay 案中,英国确立了合理性原则的严格审查标准(anxious scrutiny)。法院认为,"生命权是所有人权中最基本的人权。如果被诉行政决定将对人的生命带来风险时,必须对该行政决定的根据进行最为严格的审查。"① 在 2000 年的 Begbie 案中,法院认为温斯伯里合理性原则应根据利害关系的性质和严重程度,进行深浅不同的"滑动刻度"审查。② 在 2001 年的 Daly 案中,法院认为司法审查的深度和因行政裁量引起的尊让,应随着主题的变化而变化。③ 总的来说,不管英国是否全面接受比例原则,温斯伯里合理性原则已经发生了很大的变化,多元的审查基准已经形成。

2. 美国

比例原则在美国并不是宪法原则,但从 20 世纪 90 年代起,美国法院在适用正当程序条款、征收条款、第一修正案、第十四修正案等条款时,实际上已经运用了比例原则。④ 美国的分层审查基准和德国比例原则的类型化审查有一定的相似之处。美国法院对于限制权利的案件,发展出了三重审查基准。在 1938 年的卡罗琳产品案中,斯通大法官在判决的"第四脚注"中阐释了双重基准理论。对于经济社会权利的侵犯,采取合宪性推定原则,法院予以高度尊重,实行宽松的合理性审查。对于限制宪法明确列举的权利、限制与民主政治过程相关的权利、涉嫌"分离与孤立"少数族裔的行为实行严格审查。⑤ 双重基准最终得以确立后,出现了合理性审查过于宽松、严格审查过于严厉的困境,在以后的多起案件中法院又发展出了中等审查基准。

具体而言,合理性审查要求公权力行为是为了维护"正当"的政府利益,手段与目的间应存在合理关联性,主要适用于社会经济性权利、财产性权利等的限制。中度审查要求公权力行为是为了维护"重要"的政府利益,手段与目的间应存在实质关联性,主要适用于商业言论的限制、基于性别或年龄等的"准可疑分类"和优惠性差别对待等案件。严格审查推定公权力行为违宪,它要求公权力行为是为了维护"迫切"的政府利益,手段与

---

① Bugdaycay v. Secretary of State for the Home Department [1987] AC 514, 531E.
② R v. Secretry of State for Education and Employment ex p Begbie [2000] 1 WLR 1115, 1130.
③ R (Daly) v. Secretary of State for the Home Department [2001] 2 AC 532.
④ See Vicki V. Jackson, Constitutional Law in an Age of Proportionality, 124 Yale L.J. 3094, 3105(2015). Kai Möller, US Constitutional Law, Proportionality, and the Global Model, in Vicki C. Jackson & Mark Tushnet (eds.), Proportionality: New Frontiers, New Challenges, Cambridge University Press, 130-133(2017).
⑤ United States v. Carolene Products Co., 304U. S. 144, (1938).

目的间应存在必要的关联性,手段应造成最小损害,主要适用于政治言论、宗教信仰自由、结社自由等基础性权利限制,以及基于种族、国别等的"可疑分类"案件。总体而言,比例原则在美国不同类型的审查基准主要聚焦于政府目的的重要性,以及手段与目的的不同匹配程度,不同的审查基准对原被告提出了不同的举证责任要求。基本权利的"王牌"观、"遵循先例"的传统、三权分立制衡的宪制,共同促成了比例原则的类型化运用。[①]

(三)比例原则在中国适用的审查基准

比例原则在中国得到了日益广泛的适用,那么是否存在不同的审查基准呢?近年来有学者认为,司法审查强度及其界定标准已在中国司法实践中得到发展。比例原则至少存在"全阶式适用"即严格依次适用比例原则的所有子原则、"截取式适用"即适用部分子原则和"抽象式适用"即不直接适用子原则三种类型,"对应着司法审查强度从严格到宽松的调整过程"。[②] 实际上可能并非如此。法院适用比例原则子原则的数量多少,同审查强度的高低似乎并没有必然联系。法官如果认为争讼行为符合比例原则,就必须进行全阶适用即逐一论证。如果认为争讼行为违反比例原则,只需适用一个子原则推翻即可,当然也可以适用多个子原则加强说理,但这并不表明审查强度就一定提高了。事实上,即使是"全阶式适用"也不必然属于高强度审查,尽管是"抽象式适用"也并不表明属于低强度审查。在司法实践中,由于目的正当性原则和适当性原则相对容易满足,均衡性原则的适用存在过多的价值判断,所以法院更青睐直接适用必要性原则分析是否还有更小损害的手段。

实际上,中国大量案件似乎都只是宽松审查,并没有形成类型化的比例原则审查基准体系。1989年颁布的《行政诉讼法》及相关司法解释确立了合法性审查原则,法院可以对显失公正的行政处罚进行合理性审查。一般认为,"在行政审判中适用比例原则的司法审查标准应是基本合理标准,即人民法院只能纠正严重违反比例原则的具体行政行为。"[③] 如果行政行为没有严重违反比例原则,不存在"一望即知"的合理性问题,法院往往就不作审查。

---

① 王蕾:《比例原则在美国合宪性审查中的类型化运用及其成因》,载《比较法研究》2020年第1期,第75页。
② 参见蒋红珍:《比例原则位阶秩序的司法适用》,载《法学研究》2020年第4期,第41页。
③ 冯建平:《公益与私益的衡量:论比例原则及其在行政审判中的适用》,载《法律适用》2006年第5期,第67页。

陈宁诉庄河市公安局行政赔偿纠纷案,似乎为比例原则的多元审查基准打下了基础。最高人民法院确立的裁判要旨认为:"应当用比例原则等规则对行政裁量的适当性予以审查。"此案将比例原则的适用范围扩宽到所有行政裁量行为。如果裁量行为具有较强的专业性和技术性,法院就应当高度尊重行政机关的判断而不作深入的审查;如果裁量行为仅涉及一般性问题,法院就可以并有能力作出相对严格和深入的审查。① 然而,遗憾的是,尽管该案 2003 年被确定为《最高人民法院公报》案例、2010 年被确定为《中国行政审判案例》案例,但事实证明,该案所确立的裁判要旨似乎并没有发挥很好的指导功能,不仅日后法院参照该裁判要旨进行裁判的案例并不多见,而且《行政诉讼法》的修改并没有采纳该案所确立的裁判要旨。②

2014 年、2017 年修改的《行政诉讼法》仍然保留了合法性审查原则,虽然确立了行政行为"明显不当"审查标准,但并没有扩展到所有"不当"的行政行为。对于没有严重违反比例原则的"一般不当"行为,法院一般不予审查。法院对明显不当的行政行为进行合比例性审查,实际上或许是一种宽松审查或低强度审查,因为法官首先是推定行政行为符合比例原则,如果经初步审查没有发现行政行为明显不当,就不再进行深入审查。而在严格审查模式中,法官一开始就推定争讼行为不符合比例原则,即使没有发现明显不当的情形,也会对争讼行为进行全面深入的审查。

(四)对审查基准类型的比较分析

比例原则在全球化过程中呈现类型化适用的特点与趋势。对于限制权利的公权力行为进行不同强度的审查,已成为了大陆法系和英美法系司法审查的共同特点。在审查基准类型上,大多区分为三种,即审查强度最低的宽松审查、审查强度最高的严格审查和处于中间状态的中度审查。在审查基准类型的具体选择上,宽松审查居多,但中度审查和严格审查不断增多。不同国家或地区对于多元审查基准的适用,尽管存在一些相似之处,但也有一些差别。

---

① 参见《交通警察施救行为过程中比例原则之应用——陈宁诉辽宁省庄河市公安局不予行政赔偿决定案》,载《中国行政审判案例》(第 1 卷),中国法制出版社 2010 年版,第 94—98 页。

② 2014 年《行政诉讼法》修改建议稿最初规定:"人民法院审理行政案件,对行政行为是否合法和适当进行审查。"但立法机关最终仍然是坚持了行政行为的合法性审查原则,认为合理性问题还是交由行政机关裁量或行政复议机关决定,法院只对明显不合理的行为进行审查。参见梁凤云:《新行政诉讼法讲义》,人民法院出版社 2015 年版,第 16—19 页。

首先，审查基准的确立标准不同。在德国等国家，并没有明确统一的审查基准确立标准，法官可以灵活根据个案选择审查基准，而且即使是对同一基本权利进行不同的限制，也可能受到不同强度的审查，如德国药房案。但在美国，审查基准被预先分类划定，主要取决于权利的种类和"可疑分类"。尽管美国的审查基准更具有可操作性，但在审查之前"已预设了对案件所涉及的基本权利和其他利益（公共利益或他人自由）的价值立场"。① 严格审查基准一般对应非常重要的权利，合理审查基准则一般对应较不重要的权利。然而，重要的权利在某些具体情形下可能不那么重要，"运用严格审查便容易过度保护这些权利，低估或轻忽相冲突的其他法益的价值"。同样，不重要的权利在某些具体情形下可能非常重要，"运用合理审查便容易对这些权利保护不足，高估与它们相冲突的法益的价值，甚至使权利保障形同虚设。"② 按权利诉求分类给予极弱或超强的宪法保护，很难说成功地适用了宪法。③

其次，审查基准的具体适用方法不同。美国的多元审查基准同德国等国家的比例原则的类型化审查基准有相似之处，例如都对目的的重要性有不同要求，但也存在差别。美国只有在适用严格审查基准时，才要求限制手段必须严密剪裁或别无更小损害的替代手段，而比例原则则是将最小侵害手段当成是普遍性要求。④ 德国比例原则对个人利益和政府利益考虑得更全面，合比例性分析更加透明，美国的多元审查基准应吸收比例原则的元素。⑤

最后，类型化审查基准的效力不同。英美法系审查基准的确立具有"法官造法"的色彩，具有较强的约束力。例如美国根据权利类型和"可疑分类"标准确立的三重审查基准，法院不得轻易不遵守。但是大陆法系即使审查基准已经类型化，但约束效力相对较低，尽管有规律可循，但审查基准的选择仍取决于个案，例如取决于"所争议的事物领域的特性、作出正确

---

① 何永红:《基本权利限制的宪法审查：以审查基准及其类型化为焦点》，法律出版社 2009 年版，第 146 页。
② 杨登杰:《执中行权的宪法比例原则：兼与美国多元审查基准比较》，载《中外法学》2015 年第 2 期，第 378 页。
③ See Donald L. Beschle, No More Tiers? Proportionality as an Alternative to Multiple Levels of Scrutiny in Individual Rights Cases, 38 Pace L. Rev. 384, 435(2018).
④ 参见黄昭元:《宪法权利限制的司法审查标准：美国类型化多元标准模式的比较分析》，载《台大法学论丛》2004 年第 33 卷第 3 期，第 83 页。
⑤ See Donald L. Beschle, No More Tiers? Proportionality as an Alternative to Multiple Levels of Scrutiny in Individual Rights Cases, 38 Pace L. Rev. 384, 435(2018).

判断的可能性、争议的法益的重要性"等因素。[1]

三、合理构建比例原则审查基准的类型化体系

合理构建类型化的比例原则审查基准体系,应当吸收大陆法系和英美法系审查基准类型的优点,并且不应脱离比例原则的规范内涵与逻辑结构。通过综合考量相关因素,结合本国具体国情,合理构建比例原则审查基准的类型,形成多元的合比例性审查方法,有利于指引并规范合比例性审查的司法裁量,增强合比例性分析的理性程度与说理质量。在最浅的宽松审查和最深的严格审查之间,再构建中间层次的中度审查,相对最为合理。应确立比例原则三重审查基准体系,即合比例性宽松审查、合比例性中度审查和合比例性严格审查。

(一) 比例原则三重审查基准的构建及适用

1. 合比例性宽松审查

对于比例原则的宽松审查,审查强度最低,法官作出合比例性推定,即只要不存在"一望即知"明显不合比例的情形,就推定争讼行为符合比例原则。对于目的正当性原则,只要目的不是明显不正当即可。如果立法目的与行政目的没有明显同宪法相抵触,就应认为是正当的。一些国家或地区的法院,将目的重要性作为目的正当性审查的内容是不妥当的。目的是否重要,不应成为目的正当性审查的内容。虽然正当的目的有重要性高低之分,但公权力行为目的是为了保护一般的公共利益、重要的公共利益,还是极其紧迫的重大公共利益,应作为均衡性原则的审查内容。如果政府所保护的公共利益不足够重要,但对公民权利却造成了过度损害,实际上可能违反了均衡性原则。如果提前将目的重要性作为目的正当性的审查内容,很可能使得目的正当性分析承载过多的价值判断与利益权衡,从而使得合比例性分析"瘫痪"在第一阶段的目的正当性分析。因此,目的正当性审查同目的重要性审查应当有所区分,不应混同。

对于适当性原则,宽松审查要求手段与目的间存在合理的关联、不是明显无助于目的的实现即可。对于必要性原则,宽松审查要求明显不存在其他相同有效但损害更小或没有损害的手段。对于均衡性原则,宽松审查要求手段所造成的损害同其所促进的公共利益没有明显不成比例。宽松

---

[1] BVerfGE 50, 290(333)-Mitbestimmungsgesetz.

审查的举证责任一般在于原告,原告应当提供证据证明争讼行为明显违反比例原则。法院适用宽松审查基准时,实际上并不进行实质的比例原则分析,不刻意挑战立法者、行政者行为的正当性。

2. 合比例性中度审查

对于比例原则的中度审查,法官既不做合比例性推定,也不做不合比例性推定,而是持合比例性保留态度。合比例性中度审查类似于判断过程审查,本质是探索决定者的思维过程。立法者、行政者应当提供可支持性的证据,证明合比例性分析过程的审慎合理性。行为目的是如何进行设定的,手段同目的间的关联性是如何科学确立的,手段具有最小损害性是如何得出的,手段所保护的公共利益的重要性同造成的损害成比例是如何权衡得出的,诸如此类问题都需要立法者、行政者认真回答。如果法官发现立法者、行政者的决策过程不够审慎合理,没有进行严谨细致的合比例性分析,就可以否定争讼行为。合比例性中度审查通过从过程着手对实体进行审查,即"审查决定者的法律推理过程"。① 不同于比例原则宽松审查中的高度尊让,在中度审查中法官已开始进行实体审查,尊让程度有所降低,但又不同于严格审查中的代为进行实体判断。

3. 合比例性严格审查

对于比例原则的严格审查,审查强度最高,法官作出不合比例性推定,全面以自己的判断取代立法者、行政者的判断。立法者、行政者必须提供足够充分的实质证据,否则其行为就可能会被认定违反比例原则。当然,原告也可以提供证据证明立法者、行政者的行为不符合比例原则。

对于目的正当性原则,合比例性严格审查要求立法者、行政者提供足够充分的实质证据,证明其所追求的目的是正当的。对于适当性原则,合比例性严格审查要求手段与目的间存在高度的实质关联性,但并不要求手段能够完全实现目的,因为这不符合适当性原则的原本内涵即手段有助于目的实现。事实上,在很多情形下能完全实现目的的手段可能并不存在。至于手段究竟在多大程度有助于目的的实现,属于手段的有效性大小或手段的收益问题。对于必要性原则,合比例性严格审查要求手段在相同有效性下是最小损害的必要手段。"最小损害"究竟是如何确定的,立法者、行政者不仅应当给出判断过程与方法,还应提供足够充分的实质证据加以证

---

① 刘东亮:《过程性审查:行政行为司法审查方法研究》,载《中国法学》2018 年第 5 期,第 122 页。

明。对于均衡性原则,合比例性严格审查要求立法者、行政者提供实质证据而非仅凭法感,证明手段促进的公共利益同其造成的损害成比例。在比例原则的严格审查中,司法的能动性最强,法官不必僵硬地受权力分立或分工理论的教条束缚,以更好地保障人权。法院必要时可以主动调查收集证据,判断立法者、行政者的行为是否符合比例原则。

(二) 适用比例原则审查基准的考量因素

比例原则审查基准的选择直接决定着审查结果。那么,法官应当如何准确选择比例原则的审查基准呢？在具体个案中,至少需要综合考量以下重要因素。

1. 受侵害权利的属性与种类

越接近于人格尊严的权利受到侵犯,越应受到相对严格的审查。人格尊严"代表了人类思想的现代深度和高度"①,人格尊严是各项个别性基本权利的共同价值源泉。② 对不同权利的侵犯,可能不同程度地损害了人格尊严,需要受到不同程度的审查。首先,对生命权的侵犯应受到最为严格的审查。生命权是人格尊严存在的前提,具有至高无上的价值。在第一次堕胎案判决中,德国联邦宪法法院指出,基本法价值秩序所保护的法益等级越高,国家就越应认真履行保护义务。人的生命在德国基本法秩序中具有最高价值,是人格尊严的生命基础和其他全部基本权利的前提。③ 其次,具有公共性的权利一般优于非公共性权利,如政治性言论自由权。在吕特案中,德国联邦宪法法院认为言论自由是最重要的人权之一,它对于一个自由民主的国家秩序而言具有建设性功能,因为它可以促成经常性的思想交换和民主生活不可或缺的意见讨论,在某种意义上言论自由是每一种自由的根本。④ 再次,人身性权利一般优于财产性权利,因为侵犯人身性权利更容易损害人格尊严。最后,精神性权利一般优于物质性权利。涉及世界观、人生观等体现个人人格的精神自由比经济自由具有更为优越的

---

① 齐延平:《"人的尊严"是〈世界人权宣言〉的基础规范》,载《现代法学》2018 年第 5 期,第 22 页。
② 参见白斌:《宪法中人格尊严规范及其体系地位》,载《财经法学》2019 年第 6 期,第 65 页。
③ 参见陈征:《第一次堕胎判决》,载张翔主编:《德国宪法案例选释:基本权利总论》(第 1 辑),法律出版社 2012 年版,第 151 页。
④ 参见张红:《吕特案》,载张翔主编:《德国宪法案例选释:基本权利总论》(第 1 辑),法律出版社 2012 年版,第 27 页。

地位,所以一般应受到更为严格的审查。① 那么,是否可以根据权利的重要性确立统一的权利位阶,以更好地选择审查基准呢?

对于权利的价值进行位阶排序一直存有争论。在吕特案判决中,德国联邦宪法法院认为,基本权利规定体现了一种客观价值秩序(Wertordnung)。"并非所有的权利都被平等地创设,并非所有的权利都具有相同的社会价值",一国应基于其历史经验而非逻辑,建立权利的等级秩序,应将宪法基本权利分为两大类:第一类为"基础的"或"高位阶的"权利,第二类为所有其他权利。② 反对者则认为,"权利位阶"理论是"一个未能证实的虚幻命题",混淆了法律和权利的性质,隐含认为权利主体和权利类型是不平等的,无法解释如何对同一位阶的权利进行排序。③

对所有权利进行客观价值位阶排序,基本上是不可能的,也是不合理的。在抽象层面上,无法笼统判断哪个权利更重要。侵犯人身权案件的审查基准,并不一定必然要严于侵犯财产权的案件,因为对人身权的侵犯后果并不总是严于对财产权的侵犯。例如,侵犯一位穷困潦倒公民的财产权,可能会带来更为严重的后果,使得其生活难以为继,生存权受到严峻挑战。相反,侵犯一位亿万富翁的大量财产,对其来说损害可能并不大,但即使轻微侵犯其人身权,也可能会使其觉得人格尊严受到了莫大损害。基本权利位阶理论存在很大的问题。宪法文本并没有对基本权利的优先顺序作出规定,况且即便有优先的权利也不总是绝对的。④ "的确不可能凭据哲学方法对那些应当得到法律承认和保护的利益作出一种普遍有效的权威性的位序安排。"⑤ 因而,权利的价值位阶无法形成,单纯从权利性质与种类,来判断其对权利人的重要性,进而选择比例原则的审查基准有失偏颇。

2. 权利受到侵害的方式与程度

公民权利受到侵犯的手段越激烈,或侵犯程度越严重,就越应受到相对严格的审查。如对于某些犯罪行为的惩罚,设置剥夺生命权的死刑而非

---

① 参见[日]芦部信喜:《宪法》(第六版),[日]高桥和之补订,林来梵、凌维慈、龙绚丽译,清华大学出版社 2018 年版,第 78 页。

② Aharon Barak, *Proportionality: Constitutional Rights and their Limitations*, Cambridge University Press, 531-532(2012).

③ 刘作翔:《"权利位阶":一个未能证实的虚幻命题》,载《人民法院报》2014 年 5 月 16 日,第 7 版。

④ 参见张翔:《基本权利的规范建构》(增订版),法律出版社 2017 年版,第 302 页。

⑤ [美]E.博登海默:《法理学:法律哲学与法律方法》,邓正来译,中国政法大学出版社 2004 年版,第 415 页。

自由刑,就应受到最严格的审查。设定和实施不同类型的行政处罚、行政强制、行政许可,对公民造成的损害可能有所不同,审查强度应当有所差别。如对于某些违反执业条件的规制,是实施的禁止处罚还是限制处罚,一般应受到不同程度的审查。值得注意的是,即使是同一基本权利在不同的情形下,也可能存在不同的重要性,所以对同一项基本权利进行限制,也可能需要进行不同强度的审查。例如在美国,相比于商业性言论、象征性言论,对政治性言论的侵犯会受到更为严格的审查。

3. 公共利益的属性与种类

一般而言,公共利益的保护越迫切,就越应受到相对宽松的审查。但是如果仅仅认为所要保护的公共利益越重要,就越应一律受到相对宽松的审查是很不妥当的,因为为了保护更为重要的公共利益,立法者、行政者可能会采取更为严厉的手段限制重要的权利种类,这样损害就会越大,就越需要进行相对严格的审查。比例原则以权利为本位,以人权保障为根本价值追求,而非唯公共利益至上。如果所要保护的公共利益很重要,但采用较温和的手段损害了不是很重要的权利,则可以采取相对宽松的审查。相反,如果所要保护的公共利益极为重要,采取的手段又相当严厉,可能侵犯了重要权利的本质内容,就需要进行严格审查。因此,公共利益的属性与种类,只能成为比例原则审查基准选择的一个重要考量因素,而非首要考量因素。

4. 事务的专业性程度

事务的专业性程度越强,法院越应当尊让。由于权力分立或分工的考虑,不同的国家权力涉及不同的事务。对于专业性事项,不同的国家机关通过日积月累的经验与技能,可以作出更为专业的准确判断。立法者对于立法事实的预测与认定,享有预测余地或评估余地。行政事务千差万别,"任何法官都不可能熟练掌握行政事务所涉及的方方面面的知识,作出全面的信息收集和准确的是非判断。"①对于专业性较强的事务,"由于知识局限,法院无法自证其判断比行政判断更具正当性和准确性,这时应当给予行政行为较大程度的尊让。"②总的来说,对于如何进行目的设定,如何判定手段的最小损害性,如何进行利益衡量,在某些领域立法者、行政者可能更为专业。因此,事务的专业性程度,应成为比例原则审查基准选择的

---

① 江必新:《司法审查强度问题研究》,载《法治研究》2012 年第 10 期,第 3 页。
② 谭冰霖:《行政裁量行为司法审查标准之选择——德国比例原则与英国温斯伯里不合理性原则比较》,载《湖北行政学院学报》2011 年第 1 期,第 59 页。

重要考量因素。

对于事务的专业性问题一般可分为事实问题和法律问题。有一种流行观点认为,法院应对法律问题进行"严格、全面的审查",而对事实问题进行不同强度的审查。区分事实认定和法律适用,有利于"保障司法审查的正确与有效性"。① 实际上可能并非如此,对法律问题并不总是应进行严格审查,对于具体情境下的法律适用,行政机关的首次判断可能更为准确。而且,事实问题和法律问题往往无法明确区分,如对手段"最小损害性"的判断,可能并不仅仅只是一个事实问题,还可能涉及价值判断。不论法律问题还是事实问题,在大多数情况下均涉及专业性,并无必要在司法尊让领域进行区别。②

除了应当综合考量权利的属性与种类、权利受到侵害的方式与程度、公共利益的属性与种类、事务的专业性程度等因素外,法官在个案中确立比例原则的审查基准,还应考量本国的权力分立或分工现实、依法行政水平、法院的功能定位、是否有替代性的救济途径等多种相关因素。

(三)比例原则审查基准的效力

构建类型化的比例原则审查基准十分重要,但不能由此不当束缚合比例性分析,不应过度限缩比例原则适用的司法裁量空间。通过丰富的案例总结和相对严谨的理论分析而提炼出来的比例原则审查基准类型,具有一定的合理性,法官在处理同类案件时一般应当予以高度尊重。然而,如果完全事先确定何种情形应适用何种审查基准,将比例原则的类型化审查基准视为应普遍遵守的形式规则,就会大大扼杀比例原则的人权保障功能。

比例原则的突出优点在于具有一定的灵活性,有利于适用者在不同的情形下进行开放的法律推理与道德推理,从而有利于实现个案正义。比例原则追求动态平衡,要求具体权衡,能有效结合普遍性与特殊性。如果一味寻求审查基准的分门别类,"反而容易简化或忽略个案的具体脉络与因素,掩盖所涉法益面临的真实问题与冲突,而有僵化思考、削足适履的危险"。③ 大陆法系审查基准类型的约束力相对较小,即使法院确立了类型

---

① 周少华、高鸿:《试论行政诉讼对事实审查的标准》,载《法商研究》2001年第5期,第96页;刘东亮:《我国行政行为司法审查标准之理性选择》,载《法商研究》2006年第2期,第44页。
② 参见俞祺:《行政规则的司法审查强度——基于法律效力的区分》,法律出版社2018年版,第77页。
③ 杨登杰:《执中行权的宪法比例原则:兼与美国多元审查基准比较》,载《中外法学》2015年第2期,第376页。

化的比例原则审查标准,在个案中法官也可能会不遵守。审查基准理论只具有描述性(deskriptiv)的意义。① 德国联邦宪法法院并没有严格遵守比例原则的审查基准类型化标准,与其说三种类型的审查基准具有规范性,不如说其是对迄今为止的司法实践所做的描述,其对未来司法只具有某种程度的调控功能,无法明确区分界限的三种审查基准并不属于功能法上的权能标准。②

综上,科学合理构建类型化的比例原则审查基准体系至关重要。法官是合比例性与否的最终判断者,但法官并非总能公正地适用比例原则而作出正义的裁判。为了保障比例原则的理性适用,应构建比例原则的宽松审查、中度审查和严格审查三种审查基准类型。在合比例性宽松审查中,法官作出合比例性推定,即只要不存在"一望即知"明显违反比例原则的情形,就推定争讼行为符合比例原则。在合比例性中度审查中,法官持合比例性保留态度,对争讼行为进行过程性审查,立法者、行政者应当提供可支持性的证据证明合比例性分析过程的审慎合理性。在合比例性严格审查中,法官作出不合比例性推定,全面以自己的判断取代立法者、行政者的判断,立法者、行政者必须提供足够充分的实质证据证明争讼行为符合比例原则。

然而,比例原则审查基准的类型化不应成为终极追求目标,类型化不能过度限缩合比例性审查的司法裁量空间。实现实质的个案正义,而非普遍的形式正义,是比例原则的终极追求。比例原则审查基准虽然需要一定的类型化,但不能以类型化为最终目标,更不能将类型化的审查基准视为法官必须普遍遵守的形式规则。具体案件千差万别,法官在个案中的合比例性裁量需要限缩,但不应受到过度挤压。比例原则的三种审查基准类型只是三种理想模型,在理论上可能无法完全截然分开,在司法实践中需要不断探索。在宽松审查和严格审查两个极端之间,或许可以发展出更为精细的审查基准类型。只有不断积累司法实践经验,不断提高法官职业伦理与道德水准,才能最大程度地发挥比例原则人权保障的"滑动标尺"功能,才能更加理性地实现合比例性正义。

---

① Vgl. Gerd Roellecke, Aufgaben und Stellung des Bundesverfassungsgerichts im Verfassungsgefüge, in: J. Isensee/P. Kirchhof (Hrsg.), Handbuch des Staatsrechts der Bundesrepublik Deutschland, Bd. Ⅱ, C.F. Müller, 2004, Rn. 40.

② Vgl. Klaus Schlaich, Stefan Korioth, Das Bundesverfassungsgericht: Stellung, Verfahren, Entscheidung, C. H. Beck, 6. Aufl., Rn. 535(2004).

第七章 比例原则在行政法中的适用

比例原则正在全球不同法律体系的不同法律部门中广泛传播与蔓延。"比例原则似乎具有非常强劲的势头,甚至可能是不可阻挡的力量。"[①]即使是温斯伯里合理性原则发源地的英国,近些年来也开始逐渐接纳比例原则。世界上越来越多的国家已开始将比例原则写入宪法、法律等成文法,越来越多的法院开始运用比例原则进行裁判。以至于有学者认为,"没有某种形式的比例原则,宪法还可以存在的观点是逻辑不可能的。"[②]比例原则的本质在于调整手段与目的的关系,它要求有助于正当目的实现的手段具有适当性、必要性与均衡性。毫无疑问,被视为正义化身的比例原则,对于规范与控制公权力,保障全球人权,事实上起到了不可估量的积极作用。

在中国,宪法并没有直接明确规定比例原则,但如今已经有越来越多的法律、行政法规、地方法规、行政规章、内部行政规则等法律文本,开始规定比例原则的相关内容。在汇丰实业发展有限公司诉哈尔滨市规划局行政处罚案中(简称汇丰公司案),最高人民法院首次全面适用了比例原则。[③] 在此之后,中国法院适用比例原则的案件开始逐渐增多。然而,目前中国对比例原则的实证研究还很少,特别是缺乏对比例原则适用的群案式研究。为了发现真实世界中"活的"比例原则,更准确地把握比例原则的规范内涵与适用方法,并推动行政法治创新、提升行政法学的回应性,有必要对比例原则在中国行政案件中的司法适用进行全面实证研究。

在检索方法上,首先以"比例原则"为关键词,在中国裁判文书网、无讼、北大法宝、OpenLaw 等多个案例数据库中多次检索,经逐一阅读筛选后共获取判决书正文中论证说理部分,即"本院认为"部分直接出现"比例原则"四个字的案件一共 192 件。其次,以"最小损害""最小侵害""狭义比例原则""均衡性"等其他多个关键词继续检索,并查阅《最高人民法院公

---

① Stephen Gardbaum, Positive and Horizontal Rights: Proportionality's Next Frontier or a Bridge Too Far? in Vicki C. Jackson & Mark Tushnet (eds.), Proportionality: New Frontiers, New Challenges, Cambridge University Press, 221(2017).

② David M. Beatty, The Ultimate Rule of Law, Oxford University Press, 163(2004).

③ 汇丰实业发展有限公司诉哈尔滨市规划局行政处罚案,(1999)行终字第 20 号。

报》《中国行政审判案例》等纸质文献,共获取虽然没有直接使用"比例原则"一词,但已经涉及或被公认为适用了比例原则的案件一共26件。例如,比例原则适用第一案中,最高人民法院并未直接使用"比例原则"一词。[1] 所选案例样本判决涉及中国不同地域、不同级别的多家法院,基本上可以描绘比例原则在中国法院适用的真实图景。

通过群案实证研究可以发现,在适用法院层级上,比例原则在中国各级法院都得到了适用,尤其是在中级人民法院得到了更多的适用。在适用案件数量上,法院适用比例原则的案件呈逐年递增的趋势。在适用领域上,比例原则的适用已从行政处罚扩张到多种行政行为领域。比例原则已成为法院评判行政行为实质合法性的重要准则。中国法院可以根据"滥用职权"和"明显不当"标准,对行政行为进行合比例性审查。然而,对于目的正当性和手段的适当性、必要性、均衡性的规范认识还存在一定的分歧,审查标准并不统一。在合比例性举证责任上,一些案件并没有完全遵循行政诉讼举证责任倒置规则。在合比例性审查强度上,似乎大多是宽松审查或低密度审查。对于行政行为是否符合比例原则,法官在个案中有着巨大的裁量空间。作为人权保障利剑的比例原则,势必在中国得到更加广泛的适用。合比例性分析方法与技术有待进一步提高,其未来适用应注意确定性与灵活性的平衡。

一、比例原则在行政法中的适用范围

尽管中国法律并没有明文直接规定比例原则,但事实上,比例原则已成为了法院评判不同类型行政行为合理性的重要标准。比例原则的适用领域,已从行政处罚扩张到多种行政行为领域。

(一) 比例原则适用第一案:汇丰公司案

汇丰实业发展有限公司诉哈尔滨市规划局行政处罚案,属于中国比例原则适用第一案。尽管汇丰公司案判决并没有直接使用"比例原则"一词,但已深刻体现了比例原则的核心要义。最高人民法院认为,行政机关行使职权既要保证行政管理目标的实现,又要兼顾保护相对人的权益,尽可能使相对人的权益遭受最小的侵害。汇丰公司案对于比例原则在行政

---

[1] 案例检索截止时间为2019年4月18日,共选取涉及比例原则核心内容的有效分析样本218份。

法领域的确立具有重大意义,被看作是"比例原则在中国行政法领域得以确立的一个重要开端"。① 无论是对于比例原则在中国的适用,还是对于比例原则的学术研究,汇丰公司案都有着无法估量的巨大推动作用。

汇丰公司案基本案情如下:1993年4月,同利公司向哈尔滨市规划土地管理局申请翻建和扩建中央大街108号院内的2层楼房。中央大街108号原有两栋楼房,一栋为地下1层、地上3层的临街建筑,另一栋为地下1层、地上2层的院内建筑。1993年6月17日,同利公司与汇丰公司达成房屋买卖协议,将中央大街108号两栋楼房卖给了汇丰公司,汇丰公司付清了房款,交纳了房屋买卖有关契税费用,领取了房屋产权证。1994年5月9日,哈尔滨市规划土地管理局核发给同利公司94(审)1004号《建设工程规划许可证》,批准建筑面积588平方米。同年6月24日,同利公司与汇丰公司共同向规划土地局申请扩建改造中央大街108号两栋楼房。申请增建4层,面积为1 200平方米。

在没有得到哈尔滨市规划土地管理局答复的情况下,汇丰公司依据同利公司取得的《建设工程规划许可证》,于1994年7月末开始组织施工。至1996年8月12日哈尔滨市规划局作出处罚决定时,汇丰公司将中央大街108号院内原有2层建筑(建筑面积303.76平方米)拆除,建成地下1层、地面9层的建筑物(建筑面积3800平方米),将中央大街108号临街原有3层建筑(建筑面积1 678.21平方米)拆除,建成地下1层、地面临中央大街为6层、后退2.2米为7、8层、从8层再后退4.4米为9层的建筑物(建筑面积6 164平方米),两建筑物连为一体。1996年8月12日,规划局对汇丰公司作出哈规罚决字(1996)第1号行政处罚决定:一是拆除临街建筑5-9层,罚款192 000元;二是拆除院内建筑8、9层,罚款182 400元。汇丰公司不服上述处罚决定,向黑龙江省高级人民法院提起行政诉讼。

黑龙江省高级人民法院经审理认为,汇丰公司在哈尔滨市中央大街108号所建商服楼房,开工依据是原同利公司得到批准的对中央大街108号院内楼房的改建588平方米的建设规划许可。对另一栋建筑即临街建筑的翻建没有批准手续,未取得建设规划许可。汇丰公司现已建成的面积为9 964平方米的9层楼房,部分是违反建设工程规划许可的建筑,部分是未取得规划许可的建筑。经勘验规划局所作的处罚拆除面积超过遮挡面积,故对汇丰公司的违建行为处罚显失公正。遂判决变更处罚决定如下:临

---

① 湛中乐:《行政法上的比例原则及其司法运用——汇丰实业发展有限公司诉哈尔滨市规划局案的法律分析》,载《行政法学研究》2003年第1期,第75页。

街建筑第七层由中央大街方向向后平行拆至第 3/2 支撑柱;第八层从中央大街方向向后平行拆至第 3 支撑柱;第九层从中央大街方向向后拆至第 4 支撑柱;第七、八、九层电梯间予以保留,电梯间门前保留一个柱距面积通行道,对该违章建筑罚款 398 480 元。上述罚款于本判决发生法律效力后一个月内履行,上述罚款履行后汇丰公司、规划局于一个月内补办有关手续。规划局不服一审判决,向最高人民法院提出上诉。

最高人民法院经审理首先认为,被上诉人汇丰公司未全部取得建设工程规划许可证,即在哈尔滨市中央大街 108 号地段建成面积为 9 964 平方米的 9 层商服用房,应予处罚。上诉人有权对汇丰公司违法建设行为进行查处。原审判决认定事实基本清楚,适用法律、法规正确。最终,最高人民法院驳回上诉,维持原判。

最高人民法院作出了体现比例原则核心思想的精辟论述:"规划局所作的处罚决定应针对影响的程度,责令汇丰公司采取相应的改正措施,既要保证行政管理目标的实现,又要兼顾保护相对人的权益,应以达到行政执法目的和目标为限,尽可能使相对人的权益遭受最小的侵害。而上诉人所作的处罚决定中,拆除的面积明显大于遮挡的面积,不必要地增加了被上诉人的损失,给被上诉人造成了过度的不利影响。"汇丰公司案简短的说理体现了权力与权利平衡的思想,否定了公共利益至上的错误理念,深刻阐释了比例原则尤其是必要性原则、均衡性原则的内涵。公共利益很重要,但权利承载的私人利益同样很重要。如果为了维护和促进公共利益,只能挑选最小损害的手段,实现损益均衡。权力不能随意侵害权利。

通过进一步分析汇丰公司案的判决可以发现,最高人民法院实际上运用了比例原则的四个子原则即目的正当性原则和手段适当性、必要性、均衡性原则,对行政权行使的合比例性进行了论证。

其一,处罚目的具有正当性。最高人民法院通过分析相关事实,认定规划局要求拆除和予以罚款的目的为"不遮挡新华书店顶部"和"制裁汇丰公司违法建设行为",此两个目的显然没有违反宪法法律的规定,所以是正当的。

其二,要求拆除和罚款的手段有助于正当目的的实现。最高人民法院认为,"原审判决将上诉人所作的处罚决定予以变更,虽然减少了拆除的面积和变更了罚款数额,但同样达到了不遮挡新华书店顶部和制裁汇丰公司违法建设行为的目的"。此论述表明,原较重的处罚和变更后较轻的处罚,都同样可以达到目的,所以符合适当性原则。

其三,处罚过重,不符合必要性原则。最高人民法院认为,行政处罚

"应以达到行政执法目的和目标为限,尽可能使相对人的权益遭受最小的侵害。"通过减少拆除面积和变更罚款数额,"同样达到了不遮挡新华书店顶部和制裁汇丰公司违法建设行为的目的。"即在"相同有效性"下,还存在其他更小损害的手段。因此,规划局所作的处罚决定,"不必要地增加了被上诉人的损失",不符合必要性原则。

其四,处罚造成的损害同其所追求的公共利益不成比例。行政管理应实现利益均衡,"既要保证行政管理目标的实现,又要兼顾保护相对人的权益"。规划局所作的处罚决定没能很好地兼顾相对人的权益,对其"造成了过度的不利影响"。最终,最高人民法院认为,原审法院认定该处罚决定显失公正是正确的,原审法院作出的减少拆除面积和变更罚款数额的判决不存在问题,遂驳回上诉,维持原判。

作为最高人民法院适用比例原则的首份重要判决,虽然汇丰公司案不属于具有强制约束力的判例,但对日后比例原则的适用产生了重大影响。同比例原则适用第一案相关说理内容完全相同或高度近似的判决,不断增多。① 在学术研究上,汇丰公司案"恰如一部鲜活的素材,为中国学者对于比例原则的深入研究和探讨起到重要的推动与促进作用。"②

中国法院首次在判决书说理部分明确提出"比例原则"四个字的,似乎为郭建军诉诸暨市国土资源局行政处罚案。原告郭建军在拆除60多平方米老房的原宅基地上,未经审批重建一间40.96平方米的住宅,被告遂作出责令退还并限期自行拆除非法占用土地的行政处罚决定。二审法院认为,"行政执法中行政裁量必须遵循执法成本和执法收益的均衡,应当符合比例原则",被上诉人应"从更有利于行政相对人的利益保护角度选择处置方式,在该条件不能符合时,再选择更严厉的处罚措施,否则属于行政处罚不符合比例原则。"③由于郭建军违法行为的事实、性质、情节以及社会危害程度,相比于其他未经审批非法占地的行为相对轻微,所以法院最终撤销了行政处罚决定。

---

① 参见南安市洪濑镇洪东社区居委会诉南安市规划建设局城市规划行政处罚案,(2005)南行初字第7号;玉环秀辉阀业有限公司诉玉环县质量技术监督局行政处罚案,(2013)浙台行终字第99号;临洮县紫竹苑物业管理有限责任公司诉甘肃省临洮县质量技术监督局行政处罚案,(2014)定中行终字第30号;邬学勋诉舟山市市场监督管理局金塘分局案,(2015)舟定行初字第7号;林明先、周昕等诉睢阳区人民政府、商丘市城乡规划局城乡建设案,(2015)周行初字第00207号;汲彦龙诉济南市公安局交通警察支队案,(2019)鲁01行终1059号。

② 湛中乐:《行政法上的比例原则及其司法运用——汇丰实业发展有限公司诉哈尔滨市规划局案的法律分析》,载《行政法学研究》2003年第1期,第76页。

③ 郭建军诉诸暨市国土资源局行政处罚案,(2008)绍中行终字第37号。

（二）比例原则适用的行政领域

自汇丰公司案后，比例原则在中国的司法适用已经涉及多个行政行为领域，囊括行政处罚、行政强制、行政征收、信息公开、行政许可、行政协议、行政裁决、行政确认、行政不作为、行政赔偿等多种行政行为类型。

比例原则适用的行政领域样本表

序　号	适用的行政行为领域	样本数量（份）
1	行政处罚	84
2	行政强制	56
3	行政征收	23
4	信息公开	16
5	行政许可	10
6	行政协议	3
7	行政裁决、行政确认、行政不作为、行政赔偿等其他行政行为	26
合　计		218

1. 行政处罚案件

当前适用比例原则最多的行为领域为行政处罚。这或许与1996年颁布的《行政处罚法》体现比例原则的过罚相当原则相关。其第4条第2款规定："设定和实施行政处罚必须以事实为依据，与违法行为的事实、性质、情节以及社会危害程度相当。"2021年修改的《行政处罚法》对过罚相当原则的内容表述没有任何变化。

在艾传承公司诉成都市温江区市场监督管理局案中，成都中级人民法院认为，"行政机关设定和实施行政处罚应当与违法行为的事实、性质、情节以及社会危害程度相当，符合比例原则。"在适用《食品安全法》的相关规定将导致行政处罚明显不当时，可以根据《行政处罚法》的相关规定并遵守比例原则进行裁量，充分体现柔性执法和执法温度，依法保护产权和企业家合法权益，激发企业家创业热情，积极营造稳定公平透明、可预期的营商环境。[①]

在刘某某诉广东省注册会计师协会案中，原告刘某某于2017年10月

---

① 艾传承公司诉成都市温江区市场监督管理局案，(2020) 川01行终217号。

14 日携带一个内装有准考证、身份证、签字笔、纸巾等物品的透明文具袋进入考场,参加《财务成本管理》考试。在考试中,原告把《财务成本管理》考试的相关内容抄写在白色纸巾上。14 时 20 分,巡考人员发现原告上述行为后,当场让原告停止作答并到考务组等待处理。"违规行为描述"一栏记载:"14:20 巡察发现 20 号考生(刘某某:172801116007)把试题答案抄在纸巾上,试图带出考场,已让该考生停止做答。""省级注协处理意见"一栏记载:"根据《注册会计师全国统一考试违规行为处理办法》第 9 条第(三)项的规定,建议给予该考生取消本场考试成绩和不得参加以后连续 5 个年度注册会计师考试的处理。"《注册会计师全国统一考试违规行为处理办法》第 9 条第(三)项的规定:"(三)考试开始后被查出携带电子作弊设备、通信工具以及使用规定以外物品的"。法院认为,如果无法证实应考人员"使用规定以外物品的"是为了考试作弊,则不能将应考人员实施的所有"使用规定以外物品"的行为都一律依据第 9 条第(三)项的规定进行处理。被告仅在认定原告刘某某实施了"把试题和答案抄在纸巾上"这一行为,没有证据证明原告有考试作弊或扰乱考试秩序行为的情况下,就对原告作出"'取消本场考试成绩和不得参加以后连续 5 个年度注册会计师考试'的处理决定,明显畸重,不符合行政行为应遵循的比例原则,属明显不当。"①

在"专车第一案"中,济南客运管理中心认为陈超涉嫌未经许可擅自从事出租汽车客运经营,处 2 万元罚款并没收非法所得,陈超不服。二审法院认为,"行政机关在依据现行法律法规对其进行处罚时,应当尽可能将对当事人的不利影响控制在最小范围和限度内,以达到实现行政管理目标和保护新生事物之间的平衡。"陈超的运营行为社会危害性较小,对其个人作出较重处罚,"有违比例原则,构成明显不当"。再审法院同样认为,"根据过罚相当原则,人民法院对行政处罚进行合法性审查,应审查其是否符合比例原则。"②

除了传统私益诉讼外,比例原则也在行政处罚的行政公益诉讼中得到了适用。如秭归县人民检察院诉秭归县林业局案,检察院认为被告没有履行保护森林资源的法定职责而起诉,法院认为:"对违法行为人处以惩罚性的刑事处罚和补救性的行政处理,实行并处,既有明确的法律规定,又符

---

① 刘某某诉广东省注册会计师协会案,(2019)粤 71 行终 103 号。
② 陈超诉济南市城市公共客运管理服务中心行政处罚案,(2017)鲁 01 行终 103 号,(2018)鲁行申 538 号。

合行政比例原则。"①

通过考察行政处罚领域比例原则的适用案例可以发现,法院往往以行政处罚过重,不符合最小损害原则为由,撤销行政处罚。一般认为,尽管缘起与功能不同,但比例原则可以为行政处罚的实施是否违反过罚相当原则提供有效的分析工具,可以用于约束行政处罚实施的实体裁量。② 对于行政处罚的设定是否符合比例原则目前没有相关案例,因为中国法院对具有行政处罚设定权的行政法规、规章没有审查权限,只能对规章以下的规范性文件进行附带审查。

2. 行政强制案件

行政强制是样本案例中比例原则适用第二多的领域。这可能受 2011 年颁布的《行政强制法》第 5 条的影响:"行政强制的设定和实施,应当适当。采用非强制手段可以达到行政管理目的的,不得设定和实施行政强制。"行政强制的适当性原则体现了比例原则。

典型案例如郑世深诉五莲县住房和城乡规划建设局行政强制案,法院认为,"依《中华人民共和国行政强制法》第五条的规定,行政强制的设定和实施,应当适当,应当按照行政法上的比例原则,合理选择是否采取、采取何种行政强制措施。"③在裘名护、熊绍富等诉南昌市湾里区人民政府房屋行政强制案中,法院认为,"有强制执行权的单位确有必要对房屋内财物强制搬迁,应当遵循比例原则,可以采取妥善保管、依法提存等手段进行。"④

对于违法建筑的强制拆除,也应遵守比例原则。如西宁城北内燃机销售维修部诉西宁市城北区人民政府案,法院认为,对违法建筑物实施强制拆除,国家不承担赔偿责任。"但按照依法行政的要求,即使对违法建筑物强制拆除,行政机关也应当遵循法定程序和比例原则,尽量减少因强拆行为给行政相对人造成的不必要的财产损失。"城北区政府在实施强制拆除前未遵循法律规定履行催告、公告等程序,客观上剥夺了维修部自行拆除及尽量保留建筑材料使用价值的机会,使一些本可以再利用的建筑材料被损毁,致使维修部损失扩大,对扩大部分的损失,城北区政府理应承担赔偿

---

① 秭归县人民检察院诉秭归县林业局案,(2017)鄂 0527 行初 17 号。
② 参见杨登峰、李晴:《行政处罚中比例原则与过罚相当原则的关系之辨》,载《交大法学》2017 年第 4 期,第 9-21 页。
③ 郑世深诉五莲县住房和城乡规划建设局行政强制案,(2015)日行终字第 53 号。
④ 裘名护、熊绍富等诉南昌市湾里区人民政府房屋行政强制案,(2019)赣 7101 行初 148 号。

责任。①

同行政处罚领域类似,法院在适用比例原则审查行政强制时,经常以行政强制实施不当,给当事人造成了不必要的损失违反最小损害原则为由,撤销行政强制。对于行政强制的设定,由于中国法院对行政法规没有直接审查权限,而规章及以下规范性文件无行政强制设定权,所以对行政强制的设定是否符合比例原则没有相关司法案例。

3. 行政征收案件

行政征收属于负担性行政行为,征收决定应当符合比例原则,不得对当事人造成过度损害。在马永亮、海玉文诉亳州市谯城区人民政府征收补偿决定案中,评估公司现场勘察面积648.7平方米,被告以航拍图为准,对原告房产合法认定的290.56平方米面积予以补偿,但对原告使用的其余空地并未予以补偿。法院认为,"被告无偿收回原告占有并使用的该空余土地,不符合比例原则,明显不当。"②在利旺兴、陈础细诉广州市花都区人民政府案中,对于原告认为被告作出的征收决定违反行政比例原则,给原告权益造成不必要的损害的问题,法院认为,"被告在征收过程中并未超出广州市规划局颁发的建设用地规划红线图范围内建筑物的征收范围。"③在丁桥勇诉常德市国土资源局武陵区分局土地征收安置补偿案中,被告重新确认丁桥勇没有安置资格,法院认为,"被上诉人国土武陵分局的重新确认行为违反了行政比例原则。"④

4. 信息公开案件

近些年来,比例原则在信息公开案件中得多了较多适用。对于涉及商业秘密、个人隐私的政府信息,行政机关认为不公开可能对公共利益造成重大影响的,可以予以公开,而不是必须公开。那么,究竟是公开还是不公开,就需要行政机关进行合比例性权衡。⑤

典型案例如杨政权诉山东省肥城市房产管理局案,此案首次确立了比例原则在信息公开领域的地位。原告杨政权申请廉租住房,未能获得批准,于是申请公开所有享受经适房、廉租房的住户资料信息,被相关部门拒绝。法院认为,在保障房制度中,当涉及公众利益的知情权和监督权,同申

---

① 西宁城北内燃机销售维修部诉西宁市城北区人民政府案,(2016)青行终58号。
② 马永亮、海玉文诉亳州市谯城区人民政府征收补偿决定案,(2016)皖16行初46号。
③ 利旺兴、陈础细诉广州市花都区人民政府案,(2014)穗中法行初字第216号。
④ 桥勇诉常德市国土资源局武陵区分局土地征收安置补偿案,(2013)常行终字第27号。
⑤ 参见王敬波:《政府信息公开中的公共利益衡量》,载《中国社会科学》2014年第9期,第105页。

请保障性住房人一定范围内的信息隐私相冲突时,"应将保障房的公共属性放在首位,使获得这一公共资源的公民让渡部分个人信息,既符合比例原则,又利于社会的监督和保障房制度的健康发展。"①在钱惊涛诉如皋市人民政府如城街道办事处政府信息公开案中,原告钱惊涛通过网络平台提出信息公开申请,要求公开如城街道大明居委会所属的163户拆迁户拆迁补偿费用明细被拒绝。法院认为,"根据行政比例原则,应以被拆迁人让渡部分个人信息的方式优先保护较大利益的知情权、监督权。"②在其他类似案件中,法院进行了类似的合比例性权衡。③

不同于行政处罚、行政强制等案件,法院往往以违反必要性原则为由判决行政机关败诉。在信息公开案件中,法院一般认为公众的知情权、监督权高于隐私权,行政机关不予公开相关信息违反了均衡性原则,所以应当予以公开。

5. 行政许可案件

不同于《行政处罚法》《行政强制法》,2019年修改的《行政许可法》增加了非歧视原则,但仍然没有增加比例原则的相关内容:"设定和实施行政许可,应当遵循公开、公平、公正、非歧视的原则。"《行政许可法》第69条规定的"可以撤销行政许可"的情形,在适用时应根据比例原则进行分析,以决定是否撤销行政许可。

行政机关作出行政许可行为,应遵守比例原则。在骆伟明诉佛山市国土资源和城乡规划局城乡建设案中,原告不服被告颁发加装电梯的《建设工程规划许可证》,认为被告在未经业主共同决定的情况下,擅自许可建设单位利用业主共有的财产进行加装电梯,严重侵害了原告等非建设单位的广大业主的共有权利。法院认为,"旧楼加装电梯是对原建筑物设施的增加和对原规划许可的改变,势必影响部分业主的权益,故应遵循合法性原则、比例原则和适当补偿原则。"④

---

① 杨政权诉山东省肥城市房产管理局案,(2013)泰行终字第42号。
② 钱惊涛诉如皋市人民政府如城街道办事处政府信息公开案,(2015)通中行终字第00075号。
③ 例如,张顺成诉郑州市惠济区人民政府案,(2018)豫行终1106号;朱勇如诉南通市崇川区钟秀街道办事处案,(2017)苏0611行初110号;许甫林诉南通市住房保障和房产管理局、江苏省住房和城乡建设厅行政复议案,(2017)苏06行终64号;南通华力毛纺织染公司观音山分公司诉南通市崇川区观音山街道办事处案,(2016)苏0611行初167号;邬首燕诉宜昌市人民政府不履行法定职责案,(2016)鄂05行初17号;钱圣祥诉如皋市人民政府如城街道办事处政府信息公开案,(2015)通中行终字第00078号。
④ 骆伟明诉佛山市国土资源和城乡规划局城乡建设案,(2016)粤0604行初26号。

行政许可的撤销,应遵守比例原则。如陈佩芬诉海林规划局撤销行政许可案,法院认为,"原告已经取得了涉及本案房屋的《国有土地使用权证》,被告再以原告没有提交土地使用权属证件为由,撤销规划许可与现有事实不符,且违反行政执法比例原则。"[①]再如施瞻东诉宁波市工商行政管理局行政登记案,上诉人不服被告撤销其债务人凯捷公司的注销登记行为,法院认为,"被上诉人宁波市工商行政管理局在发现原注销登记错误后,决定予以撤销符合比例原则和信赖利益保护原则。"[②]

行政机关为了自我纠错而撤销行政许可,应遵守比例原则。由于行政机关的过错而不当作出行政许可,并不必然导致行政许可一定要被撤销,而应根据比例原则进行权衡以决定是否撤销。如果撤销违法颁发的行政许可,会对无过错的当事人造成过度损害,导致损害同收益不成比例,即使是错误颁发的行政许可,也不应当撤销。在友立矿业公司诉江山自规局案中,法院认为行政机关自我纠错应遵循比例原则。2007年12月3日,友立矿业公司向江山自规局申请办理采矿许可证。江山自规局经审批,于2007年12月19日为友立矿业公司颁发采矿许可证,有效期限19年,自2007年12月19日至2026年12月19日。2017年12月6日,江山自规局决定撤销原行政许可决定书。因为依据《矿产资源开采登记管理办法》第7条"采矿许可证有效期,按照矿山建设规模确定:……小型的,采矿许可证有效期最长为10年……"规定,2007年12月19日作出的有效期限为19年的采矿行政许可已超越法定职权,根据《行政许可法》第69条第1款第(二)项之规定,决定撤销采矿行政许可。浙江省高级人民法院经再审认为,本案争议的核心是江山自规局通过撤销许可行为的方式进行纠错,是否合法。根据《行政许可法》第69条第1款第二项的规定,超越法定职权作出准予行政许可决定的,作出行政许可决定的行政机关,根据利害关系人的请求或者依据职权,可以撤销行政许可。但撤销行政许可仅是行政机关对超越法定职权作出准予行政许可决定进行纠错的一种而非唯一方式。在遵循正当程序前提下,通过必要、适当且与行政管理目的相适应的方式(包括撤销、变更等)进行自我纠错,是行政机关依法行政的应有之义,也是其应当遵循的基本规则。本案中,行政机关通过撤销案涉行政许可的方式固然纠正了其超越法定职权作出许可的问题,但同时亦使行政相对人根据原行政许可决定进行的所有采矿活动以及基于原行政许可所可

---

① 陈佩芬诉海林规划局撤销行政许可案,(2016)黑1084行初9号。
② 施瞻东诉宁波市工商行政管理局行政登记案,(2013)浙甬行终字第152号。

能享有的权利均丧失法律基础,有违前述通过必要、适当且与行政管理目的相适应的方式实施行政行为之规定。再审申请人提出的被申请人未采用对友立矿业公司损害最小的方式进行纠错的理由成立。①

6. 行政协议案件

行政协议属于双方行政行为,具有合意性、行政性等特点。法院认为行政协议的签订、履行与变更,应受比例原则的约束。如湖北草本工房饮料有限公司诉荆州经济技术开发区管理委员会案,法院认为行政优益权的行使通常须受到严格限制,"单方调整须符合比例原则,将由此带来的副作用降到最低"。② 在罗大毛诉鄂州葛店经济技术开发区社会事业发展局、鄂州市华容区华容镇人民政府案中,法院认为,被告签订行政协议时造成原告应得的补偿与现行政策相背,应"按照公平原则和比例原则,参照原行政协议约定的补偿标准"进行补偿。③

行政协议中行政优益权的行使应遵循比例原则。2020年施行的《最高人民法院关于审理行政协议案件若干问题的规定》明确了行政优益权,其第16条第1款规定:"在履行行政协议过程中,可能出现严重损害国家利益、社会公共利益的情形,被告作出变更、解除协议的行政行为后,原告请求撤销该行为,人民法院经审理认为该行为合法的,判决驳回原告诉讼请求;给原告造成损失的,判决被告予以补偿。"此条款应当结合比例原则予以适用。换言之,行政优益权的行使不能违反比例原则。首先,行使行政优益权必须具有正当目的,确实是为了维护国家利益、社会公共利益,而不是为了追求不正当的个人利益、团体利益。其次,行使行政优益权应有助于维护国家利益、社会公共利益。再次,行使行政优益权应对公民、法人或者其他组织造成最小损害。如果还存在其他更小损害或没有损害的手段,就不应采取变更、解除协议的方式。最后,变更、解除协议造成的损害同其所促进的国家利益、社会公共利益应成比例。如果只是出现轻微或非严重损害国家利益、社会公共利益的情形,就不应变更、解除协议,否则由于获得的收益过小而损害太大而不具有合比例性。

7. 其他行政行为案件

在行政裁决、行政确认、行政不作为、行政赔偿等其他行政行为领域,

---

① 友立矿业公司诉江山自规局案,(2019)浙行再53号。
② 湖北草本工房饮料有限公司诉荆州经济技术开发区管理委员会案,(2017)最高法行申3564号。
③ 罗大毛诉鄂州葛店经济技术开发区社会事业发展局、鄂州市华容区华容镇人民政府案,(2017)鄂0703行初9号。

比例原则也得到了适用。如贵州威清房屋开发有限公司诉贵阳市住房和城乡建设局行政裁决案,法院认为,"市住建局作出裁决的具体行政行为符合比例原则",其结果符合行政行为合理性及各方利益均衡的原则。① 在连云港东盛建设工程有限公司诉连云港市人力资源和社会保障局行政确认案中,法院认为,"根据行政比例原则,职工迟到、早退等轻微违纪行为应受到劳动纪律的制裁,不足以导致失去工伤保险的资格,不影响对其'上下班途中'的认定。"在何忠南诉舟山市定海区城市管理行政执法局不履行法定职责案中,法院认为,"对此采取行政强制措施查封施工现场或进行强制拆除并不符合行政处罚的比例原则。"在王秋英诉天津市河东区城市管理综合执法局行政赔偿案中,法院认为,"被告对于原告摆放展架和宣传材料进行强制清理的手段和方式违反了比例原则",应对王秋英造成的人身损害予以赔偿。②

除了适用比例原则来衡量被诉行政行为的正当性外,中国法院还适用比例原则来衡量行政裁判行为的正当性。如辽河郁和国化工厂诉盘山县人民政府土地行政许可案,二审法院认为,"在行使审判权时应当遵循比例原则,在一个行政行为涉及多方行政相对人利益的前提下,要选择对相对人侵害最小的方式进行裁判。……应当考虑裁判结果体现比例原则。"③对于行政非诉执行案件,法院在作出是否准予执行审查时应遵循比例原则。如宜兴市环境保护局与江苏山峰电缆有限公司非诉执行案,宜兴市环境保护局向法院申请执行罚款,法院经审查后认为,"未在处罚决定中明确违法行为的情节程度,就适用该条情节严重的处罚幅度作出罚款三万元的决定,属于适用法律错误,违反行政处罚的比例原则。"所以不准予强制执行。④ 司法权属于公权力的一种,司法裁判行为会对公民权利义务产生直接影响,所以司法裁判行为当然也应受被称为公法"帝王原则"的比例原则的约束。

---

① 贵州威清房屋开发有限公司诉贵阳市住房和城乡建设局行政裁决案,(2014)筑行再终字第1号。

② 行政确认案件如连云港东盛建设工程有限公司诉连云港市人力资源和社会保障局行政确认案,(2017)苏07行终35号;俊景物业管理有限公司诉佛山市南海区人力资源和社会保障局劳动和社会保障行政管理案,(2016)粤06行终369号。行政不作为案件如何忠南诉舟山市定海区城市管理行政执法局不履行法定职责案,(2012)浙舟行终字第15号;邬首燕诉宜昌市人民政府不履行法定职责案,(2016)鄂05行初17号。行政赔偿案件如王秋英诉天津市河东区城市管理综合执法局行政赔偿案,(2017)津0102行赔初9号;许新凤、孟现美诉萧县住房和城乡建设局行政赔偿案,(2016)皖1321行赔初5号。

③ 辽河郁和国化工厂诉盘山县人民政府土地行政许可案,(2015)盘中行终字第00050号。

④ 宜兴市环境保护局与江苏山峰电缆有限公司非诉执行案,(2017)苏0282行审126号。

通过考察比例原则适用的行政领域可以发现,比例原则的司法适用已涉及多种行政行为类型。中国法院事实上对很多类型行政行为的正当性,都适用了比例原则进行合理性审查。既涉及传统的高权行政行为,如行政处罚、行政强制,也涉及现代的新型行政行为,如政府信息公开行为、行政协议行为;既涉及行政执法行为,也涉及行政司法行为,如行政裁决;既涉及行政作为行为,也涉及行政不作为行为;既涉及行政行为,也涉及行政审判行为与非诉执行行为。

虽然目前比例原则主要适用于侵害行政领域,但在授益行政或给付行政领域也有广阔的适用空间。给付行政中的比例原则,要求政府采取的手段必须部分有助于"增进公共福祉"正当目的的实现;必要性原则要求政府采取"最大保护"的手段;均衡性原则要求政府选取的手段对相对人利益的增进,不能超过现阶段政府财政承受能力。"给付行政的特质与比例原则的适用要件相契合"。①

二、合比例性审查的行政诉讼法依据

中国法院适用比例原则审查行政行为,是否具有行政诉讼法上的依据呢?1989年颁布的《行政诉讼法》及相关司法解释确立的是合法性审查原则,法院可以适用"显失公正"标准对行政处罚进行合理性审查。② 另外,法院还能适用"滥用职权"标准,对行政行为进行合理性审查。因此,在2015年5月1日新《行政诉讼法》生效之前,法院主要运用"显失公正"的行政处罚标准和"滥用职权"的标准,对行政处罚和行政行为进行合理性审查。对于"显失公正"标准,只适用于行政处罚。行政处罚畸轻畸重,"显失公正",当然属于违反比例原则。然而,法官无法运用"显失公正"标准,审查行政处罚以外的违反比例原则的其他行政行为。新《行政诉讼法》生效后,法院可以根据"滥用职权"和"明显不当"标准,运用比例原则对行政行为进行合理性审查。

---

① 参见梅扬:《比例原则在给付行政中的适用》,载《财经法学》2020年第4期,第80页。
② 1989年《行政诉讼法》第5条:"人民法院审理行政案件,对具体行政行为是否合法进行审查。"第54条:"……(四)行政处罚显失公正的,可以判决变更。"2000年最高人民法院发布的《关于执行〈中华人民共和国行政诉讼法〉若干问题的解释》第56条进一步明确,"有下列情形之一的,人民法院应当判决驳回原告的诉讼请求:……(二)被诉具体行政行为合法但存在合理性问题的。"

（一）滥用职权与比例原则

在适用比例原则的大量案件中，少数行政判决同时使用了"滥用职权"标准。如刘云务诉晋源交警一大队行政强制再审案中，最高人民法院认为，"可以采用多种方式实现行政目的时，在足以实现行政目的的前提下，应尽量减少对相对人权益的损害。……长期扣留涉案车辆不予处理，构成滥用职权。"①在王丽萍诉中牟县交通局行政赔偿纠纷案中，法院认为"明显不合理的具体行政行为构成滥用职权。……县交通局工作人员在执行暂扣车辆决定时的这种行政行为，不符合合理、适当的要求，是滥用职权"。② 在此类案件中，法院认为行政行为违反了比例原则，就是滥用职权。那么，究竟什么是"滥用职权"呢？"滥用职权"标准同违反比例原则是什么关系呢？

1."滥用职权"的界定与判断标准

无论是理论界还是实务界，对什么是滥用职权都存在不同的认识，远未达成共识。狭义说认为滥用职权就是滥用裁量权。例如，胡建淼认为，"行政滥用职权，即滥用行政自由裁量权，系指行政主体在自由裁量权限范围内不正当行使行政权力的违法行为。"③施立栋认为，滥用职权是"法官对属于行政职权范围内的裁量行为所作的否定性评价。"④广义说认为滥用职权就是故意不正当行使职权，不仅仅包括滥用裁量权。例如，关保英认为，"所谓行政滥用职权是指行政主体在行使行政权力或履行行政管理职能的过程中对法律赋予的行政职权不规范或者超常规的使用。"⑤

在司法实践中，"滥用职权"标准内涵非常丰富。法定职权、事实根据、法律依据和行为程序不合法，都可能被法官认定为"滥用职权"，甚至所有"违法"行为都可能被泛化理解为"滥用职权"。⑥ 然而，由于"滥用"存在强烈的主观评价色彩，意味着"主观恶意的定性"，容易遭到行政机关

---

① 刘云务诉晋源交警一大队行政强制再审案，（2016）最高法行再 5 号。
② 王丽萍诉中牟县交通局行政赔偿纠纷案，（2002）牟行初字第 04 号。
③ 胡建淼：《有关行政滥用职权的内涵及其表现的学理探讨》，载《法学研究》1992 年第 3 期，第 11 页。
④ 施立栋：《被滥用的"滥用职权"——行政判决中滥用职权审查标准的语义扩张及其成因》，载《政治与法律》2015 年第 1 期，第 94 页。
⑤ 关保英：《论行政滥用职权》，载《中国法学》2005 年第 2 期，第 60 页。
⑥ 施立栋：《被滥用的"滥用职权"——行政判决中滥用职权审查标准的语义扩张及其成因》，载《政治与法律》2015 年第 1 期，第 93 页。

的强烈抵触，所以"滥用职权"标准在司法实践中的使用频率并不高。① 有学者考察了最高人民法院公报上有关行政机关滥用职权的司法案例，发现其存在两种裁判逻辑。分离型裁判逻辑立基于形式违法性审查，根据"职权"或"滥用"单一要素进行判断，使得任何违法行使职权的行政行为都可能构成滥用职权。结合型裁判逻辑立基于实质违法性审查，认为构成滥用职权必须具备"职权"与"滥用"双重要素，滥用职权的实质是偏离法律目的行使裁量权。分离型裁判中的滥用职权与日常用语更为接近，结合型裁判中的滥用职权更符合行政诉讼法的立法精神。"滥用"的主观过错难以认定，影响了滥用职权标准的司法适用性。所以该学者认为，应以功能主义立场取代规则中心主义，借助均衡性的法律原则与功能性的自我规制技术，化解"滥用"之主观动机认定难的问题。②

对于究竟什么是滥用职权，可以从词语上逐一理解。所谓滥用，可以解释成不正当地用、胡乱地运用；所谓职权，是指行政机关在职务范围内执行法律、发布命令、实施措施的权力。由此可以得出，所谓"滥用职权"，是指行政机关故意不正当行使法定职权，作出不具有合目的性的行政行为。

其一，滥用职权必须有主观上的过错。既然是"滥"用，必须存在主观上的过错。如果没有主观过错，例如由于认识偏差等原因违法侵害了公民权利，实际上很难称为滥用职权。"滥用职权的要件之一是行政机关主观上存在过错，这一方面使得滥用职权概念更为贴近现实，也可相对地厘清它与其他审查标准之间的界线。"③最高人民法院行政庭梁凤云法官认为，"滥用职权强调了行政机关在主观方面的'违法'"。④ 在是否存在滥用职权的判断上，存在以下非常棘手的两个问题：第一，在法无任何明文规定授权目的的场合，必须明确"法的目的是什么"；第二，在行为意图这一心理要素上，只要行政当局不明确说明行为意图，就很难解释明白其意图。⑤ 然而，不能因为滥用职权的主观过错难以认定，就认为滥用职权不应以主

---

① 参见郑春燕：《现代行政中的裁量及其规制》，法律出版社2015年版，第160页；余凌云：《对行政机关滥用职权的司法审查——从若干判案看法院审理的偏好与问题》，载《中国法学》2008年第1期；沈岿：《行政诉讼确立"裁量明显不当"标准之议》，载《法商研究》2004年第4期。

② 参见周佑勇：《司法审查中的滥用职权标准——以最高人民法院公报案例为观察对象》，载《法学研究》2020年第1期，第52页。

③ 沈岿：《行政诉讼确立"裁量明显不当"标准之议》，载《法商研究》2004年第4期，第34页。

④ 梁凤云：《新行政诉讼法讲义》，人民法院出版社2015年版，第422页。

⑤ 参见[日]田村悦一：《自由裁量及其界限》，李哲范译，王丹红校，中国政法大学出版社2016年版，第239页。

观过错为要件。如果没有主观过错,就不宜认定为滥用职权。

其二,滥用职权是对法定职权的滥用。法定职权是特定行政主体的职权。在种类上,行政职权包括行政立法权、行政执法权、行政司法权,这些职权既有裁量性的权力,也有羁束性的权力,都存在被滥用的可能。由于行政职权具有国家意志性和公益性,所以行政主体应当依法正当行使职权,不得违反法律的目的不正当行使。滥用职权是在职权范围内滥用,不同于超越职权。超越职权是行政主体实施的行政行为超越了法律授予的权限,实施了无权实施的行为,包括超越事务管辖权、级别管辖权、地域管辖权等方面。

其三,滥用职权的表现形式多样,包括目的不正当、故意拖延或不作为、反复无常、武断专横、轻率任性、不一致的解释、不考虑相关因素、考虑不相关因素,等等。

刘云务诉晋源交警一大队行政强制再审案,为最高人民法院公布的滥用职权的重要案例。2001 年 7 月,刘云务通过分期付款的方式在山西省威廉汽车租赁有限公司购买了一辆东风 EQ1208G1 型运输汽车,发动机号码 133040,车架号码 110××××2219,合格证号 0140721,最终上户车牌为晋A×××××号。刘云务依约付清车款后,车辆仍登记挂靠在该公司名下。2006 年 12 月 12 日,刘云务雇佣的司机任治荣驾驶该车辆行驶至太原市和平路西峪乡路口时,晋源交警一大队的执勤民警以该车未经年审为由将该车扣留并于当日存入存车场。2006 年 12 月 14 日,刘云务携带该车审验日期为 2006 年 12 月 13 日的行驶证去处理该起违法行为。晋源交警一大队执勤民警在核实过程中发现该车的发动机号码和车架号码看不到,遂以该车涉嫌套牌及发动机号码和车架号码无法查对为由对该车继续扣留,并口头告知刘云务提供其他合法有效手续。

刘云务虽多次托人交涉并提供相关材料,但晋源交警一大队一直以其不能提供车辆合法来历证明为由扣留该车。刘云务不服,提起行政诉讼,请求法院撤销晋源交警一大队的扣留行为并返还该车。在法院审理期间,双方当事人在法院组织下对该车车架号码的焊接处进行了切割查验,切割后显示的该车车架号码为 GAGJBDK0110××××2219,而刘云务提供的该车行驶证载明的车架号码为 LGAGJBDK0110××××2219。

在本案中,晋源交警一大队存在故意拖延行为,在其扣留涉案车辆后,既不积极调查核实车辆相关来历证明,又长期扣留涉案车辆不予处理,已违背法律设定扣留措施的目的,构成滥用职权。《道路交通安全法》第 96 条第 2 款规定:"当事人提供相应的合法证明或者补办相应手续的,应当及时退还机动车"。《道路交通安全违法行为处理程序规定》第15条规定:"需要对机动车来历证明进行调查核实的,扣留机动车时间不得超过十五日;需要延长的,经县级以上公安机关交通管理部门负责人批准,可以延长至三十日。但机动车驾驶人或者所有人、管理人在三十日内没有提供被扣留机动车合法来历证明、没有补办相应手续,或者不来接受处理的除外。"因此,晋源交警一大队扣留车辆后,如认为刘云务已经提供相应的合法证明,则应及时返还机动车;如对刘云务所提供的机动车来历证明仍有疑问,则应尽快调查核实;如认为刘云务需要补办相应手续,也应依法明告知补办手续的具体方法并依法提供必要的协助。

但是,刘云务先后提供的车辆行驶证和相关年审手续、购车手续、山西省威廉汽车租赁有限公司出具的说明、山西吕梁东风汽车技术服务站出具的三份证明,已经能够证明涉案车辆在生产厂家指定的维修站更换发动机缸体及用钢板铆钉加固车架的事实。在此情况下,晋源交警一大队既不返还机动车,又不及时主动调查核实车辆相关来历证明,也不要求刘云务提供相应担保并解除扣留措施,以便车辆能够返回维修站整改或者返回原登记的车辆管理所在相应部位重新打刻号码并履行相应手续,所以最高人民法院认为,晋源交警一大队"反复要求刘云务提供客观上已无法提供的其他合法来历证明,滥用了法律法规赋予的职权"。

2. 滥用职权和违反比例原则存在一定的重叠关系

滥用职权和违反比例原则存在一定的重叠关系。首先,滥用职权和比例原则都会对公权力行为者进行主观评价。如果行政机关追求不正当的目的,考虑了不该考虑的利益,就构成滥用职权,也构成违反比例原则。在刘云务诉晋源交警一大队行政强制再审案中,晋源交警一大队既不积极调查又不积极处理的行为,不仅违背了行政强制的本来目的,正如最高人民法院所认为,"扣留车辆属于暂时性的行政强制措施,不能将扣留行为作为代替实体处理的手段",而且可能存在追求其他不正当目的的情形。

其次,违反比例原则一般同时构成滥用职权。行政机关违反正当目的,没有审慎地进行手段选择裁量,违反比例原则的要求,往往属于"滥用职权"。例如,行政机关违反必要性原则,可能是由于滥用职权。如果存在其他更小损害或没有损害的手段,行政机关故意没有采取,或者虽没有故意但也没有积极主动尽全力去探寻更小损害或没有损害的手段,就属于违反必要性原则的要求。无论哪种情形,都属于没有认真全面履行职责,滥用了法律法规赋予的职权。在刘云务诉晋源交警一大队行政强制再审案中,最高人民法院认为,"行政机关进行社会管理的过程,也是服务社会公众和保护公民权利的过程。建设服务型政府,要求行政机关既要严格执法以维护社会管理秩序,也要兼顾相对人实际情况,对虽有过错但已作出合理说明的相对人可以采用多种方式实现行政目的时,在足以实现行政目的的前提下,应尽量减少对相对人权益的损害。"此表述体现了必要性原则。即使交警部门仍然坚持认为车辆发动机和车架上必须打刻号码,也完全可以采取相应的变通手段。比如要求刘云务提供相应担保并解除扣留,让刘云务能够驾驶车辆去维修站或者生产厂家整改,或者返回原登记的车辆管理所在相应部位重新打刻号码并履行相应变更手续。① 最高人民法院最终认为,"实施扣留等暂时性控制措施,应以制止违法行为、防止证据损毁、便于查清事实等为限,不能长期扣留而不处理,给当事人造成不必要的损失。……长期扣留涉案车辆不予处理,构成滥用职权。"

最后,构成滥用职权不一定违反比例原则。除了包括违反比例原则外,"滥用职权"还包括行政机关行使职权时存在故意拖延、反复无常、轻率任性、不考虑相关因素、考虑不相关因素、不一致的解释等情形。

因此,法院可以运用"滥用职权"标准,认定行政行为违反比例原则。"滥用职权"标准内涵比较丰富,违反比例原则的行为往往构成"滥用职权"。但是,如果没有主观过错,只是由于客观认识错误,或其他客观事由,事后发现之前的手段选择违反了比例原则,一般不构成"滥用职权"。滥用职权一般只是对公权力行为进行主观评价,而比例原则对公权力行为既进行主观性评价,也进行客观性评价。滥用职权和违反比例原则标准存在一定的重叠关系,但适用情形存在一些差异,在司法适用中应当注意二者之间的联系与区别。

(二) 明显不当与比例原则

明显不当与不符合比例原则,经常同时出现于一个判决之中,那么二者是什么关系呢?

新《行政诉讼法》除了仍然保留了"滥用职权"标准,还新增了行政行为"明显不当"标准。《行政诉讼法》第 70 条规定:"行政行为有下列情形之一的,人民法院判决撤销或者部分撤销,并可以判决被告重新作出行政行为:……(五)滥用职权的;(六)明显不当的。"之所以增加此标准,全国

---

① 耿宝建、李纬华:《背离立法目的的有权扣押构成滥用职权——刘云务诉山西省太原市公安局交通警察支队晋源一大队道路交通管理行政强制再审案》,载《中国法律评论》2016 年第 4 期,第 166 页。

人大法律委员会报告指出:"有些地方、法院、专家学者和社会公众提出,现行行政诉讼法规定人民法院只能对具体行政行为是否合法进行审查,对于行政机关明显不合理的行政行为,没有规定人民法院可以判决撤销,不利于解决行政争议。"①那么,对于合比例性审查来说,行政行为究竟是只要违反比例原则就构成"明显不当"呢?还是只有"明显"违反比例原则才构成"明显不当"呢?

一些判决认为,如果行政行为违反比例原则,就构成"明显不当"。如"专车第一案",法院认为,对陈超个人作出较重处罚,"有违比例原则,构成明显不当。"②在闫洪亮诉兰州市城市交通运输管理处案中,法院认为,"行政处罚20 000元缺乏适当合理性和违反比例原则,属于行政处罚明显不当,依法应当予以变更。"③在韶关市浈江区东联精工电线厂诉广东省住房和城乡建设厅案中,法院认为,罚款"违反了比例原则,明显不当,依法应予撤销。"④在此类案例中,法官或许是觉得比例原则是基本原则,是公法的"帝王原则",所以无论对比例原则的违反程度如何,都应视为明显不当。

另一些判决则认为,如果行政行为"明显"违反比例原则,就构成"明显不当"。如于桂禄诉莒县住房和城乡规划建设局行政强制案,法院认为,被告直接作出限期拆除的处罚决定"造成过度损害""显然违反了比例原则,行政行为明显不当。"⑤在俊景物业管理有限公司诉佛山市南海区人力资源和社会保障局案中,法院认为,"违纪行为与失去工伤保险待遇的后果相比,明显不符合比例原则。"⑥在赵吉龙诉沈阳市公安局交通警察支队浑南大队案中,法院认为,"二被告工作人员所采取的追缉、堵截的执法手段显然不符合比例原则中的必要性和均衡性要求。"⑦在此类案例中,法官认为只有对比例原则的违反程度明显,才应视为明显不当。

实际上,行政行为违反比例原则,并不一定属于"明显不当",可能只是"一般不当"。违反比例原则存在程度差别,可能存在轻度违反、中度违

---

① 李适时:《全国人民代表大会法律委员会关于〈中华人民共和国行政诉讼法修正案(草案)〉修改情况的汇报》,2014年8月25日在第十二届全国人民代表大会常务委员会第十次会议上。
② 陈超诉济南市城市公共客运管理服务中心行政处罚案,(2017)鲁01行终103号、(2018)鲁行申538号。
③ 闫洪亮诉兰州市城市交通运输管理处,(2017)甘行终347号。
④ 韶关市浈江区东联精工电线厂诉广东省住房和城乡建设厅案,(2016)粤71行初594号。
⑤ 于桂禄诉莒县住房和城乡规划建设局行政强制案,(2015)日行终字第17号。
⑥ 俊景物业管理有限公司诉佛山市南海区人力资源和社会保障局案,(2016)粤06行终369号。
⑦ 赵吉龙诉沈阳市公安局交通警察支队浑南大队案,(2015)大东行初字第00064号。

反或严重违反等不同情形。譬如手段所造成的损害同所促进的公共利益相比,存在轻度不成比例、中度不成比例或严重不成比例等情形。轻度不成比例的情形,或许只是属于行政行为"一般不当",还没有达到明显不成比例的程度。目的明显不正当、手段明显无助于实现目的、明显还存在其他更小损害的手段、损害同收益明显不成比例,诸如此类情形属于明显违反比例原则,属于行政行为"明显不当"。

滥用职权可能构成"明显不当"。有学者认为,为维护司法审查根据之间的和谐,明显不当根据的适用范围最好限于针对行政行为处理方式问题的裁量;滥用职权根据则回归原位,限于行政机关违背法律目的、恶意行使权力的情形。① 虽然行政诉讼法将"滥用职权"同"明显不当"标准并列,但二者并非非此即彼不兼容。法官在判决时可以根据不同情形,适用最恰当的标准。在具体个案中,也并不必然排除可以同时适用"滥用职权"与"明显不当"两个标准。实际上,二者存在交叉关系。有一些滥用职权的行为只是不当,违法情节不是很严重,并不构成明显不当。而另一些滥用职权的行为是如此荒谬,很显然属于明显不当。滥用职权与明显不当另外一个很重要的区别在于主观过错。滥用职权一般存在主观过错,但明显不当的行为并不一定总是存在主观过错。行政机关确实可能由于认识偏差等客观原因,作出可能明显不当的行政行为。

因此,"明显不当"可以囊括明显违反比例原则的情形。不符合比例原则,并不必然构成"明显不当"。"明显不当"标准除了包括明显违反比例原则外,还包括明显没有考虑应当考虑的因素、考虑了不该考虑的因素、歧视对待等实质不合理的情形,甚至还包括明显超越职权、明显违反程序等形式不合法的情形。

综上,尽管中国法律并没有明确直接规定比例原则,但是对于行政诉讼受案范围内所有种类行政行为的正当性,法院是有权适用比例原则进行合理性审查的。"滥用职权"和"明显不当"标准,赋予了中国法院审查多种类型行政行为合比例性的合法权力。具体而言,在适用依据上,对于明显违反比例原则的行为,法院可以根据行政诉讼"明显不当"标准予以审查。对于没有明显违反比例原则的行为,法院可以根据"滥用职权"标准予以审查,因为该标准并没有要求是"明显滥用职权"。

---

① 参见何海波:《论行政行为"明显不当"》,载《法学研究》2016年第3期,第70页。

三、比例原则的审查标准与适用位阶

中国法院事实上多年来已对多种行政行为进行了合比例性审查。那么,法院适用比例原则的审查标准与位阶是怎么样的呢?

(一)比例原则的审查标准

1. 目的正当性原则的审查

法官在运用比例原则对手段进行审查时,不可避免地会涉及手段所欲达到的目的。尽管很多国家的法院已将目的正当性原则纳入到了合比例性审查之中[①],但仍然存在一些争议,一些观点认为没有必要把目的正当性原则纳入到比例原则之中。[②] 作为调整目的与手段关系的比例原则,当然应对目的正当与否进行评判。只有合乎宪法上所确认的目的,对权利的限制才是正当的。[③] "宪法明确或者默示地反对的目的或者承认其是违宪的目的"[④],都是不正当的目的。事实上,中国法院在很多案件中已运用了目的正当性原则,对行政行为的合比例性进行了审查。

在比例原则适用第一案中,虽然最高人民法院并没有直接明确提出规划局行政处罚的目的正当性,但实际上已经隐含地作了目的正当性审查。最高人民法院通过分析相关事实,认定规划局要求拆除和予以罚款的目的为"不遮挡新华书店顶部"和"制裁汇丰公司违法建设行为",具有正当性。在一些案例中,法院明确指出行政目的不得违反法律目的。如杨军校诉曲阳县国家税务局行政扣押案,最高人民法院认为,税务机关核定、征收税款,"不能违背《中华人民共和国税收征收管理法》的立法目的,税务机关采取强制执行措施应合理适当,符合比例原则。"[⑤]

在一些案件中,法院会直接指出真实的行政目的,然后作出正当性与否的评判。如张志毅诉佛山市国土资源和城乡规划局城乡建设案,法院认

---

① 参见刘权:《目的正当性与比例原则的重构》,载《中国法学》2014年第4期,第133-150页。
② 参见蒋红珍:《目的正当性审查在比例原则中的定位》,载《浙江工商大学学报》2019年第2期;崔梦豪:《比例原则在行政诉讼中的适用——以28个典型案例为分析对象》,载《财经法学》2019年第2期。
③ 参见范进学:《论宪法比例原则》,载《比较法研究》2018年第5期,第108页。
④ 王锴:《合宪性、合法性、适当性审查的区别与联系》,载《中国法学》2019年第1期,第17页。
⑤ 杨军校诉曲阳县国家税务局行政扣押案,(2013)行监字第460号。

为被告颁发加装电梯的《建设工程规划许可证》,是为了解决居住在旧住宅楼中的人群上下通行的民生问题,符合社会发展的方向,其目的具有正当性。"行政行为涉及两个利益相冲突时,必须遵循比例原则。虽然加装电梯事项具有目的正当性,但其本质是对原有建筑物规划的改变,在确需损害他人利益时,也应将损害降低至最小。"①

在另一些案件中,法院认定行政目的不正当,但并不一定都会指出不正当性体现在何处。如郑世深诉五莲县住房和城乡规划建设局行政强制案,法院认为,被告作出的涉案《危房拆除通知》,"行政目的不当",而且也不是"必须选择拆除"这种损害较大的强制措施,所以不符合比例原则。②

2. 适当性原则的审查

适当性原则要求行政机关选择的手段具有适当性。但是,法院在适用适当性原则审查时,对究竟什么是适当性存在不同的认识。在杨成云诉阜康市九运街镇人民政府侵犯房产权案中,法院认为,"坚持适当性原则,即行政强制的设定和实施应当适当、合理,应当符合比例原则。"③在卢汉林诉厦门市海沧区城市管理行政执法局行政处罚案中,法院认为,被告责令自行拆除、恢复原貌,并处罚款,"符合比例原则,是适当的。"④在此类案例中,法院所认为的适当性原则实际上就是比例原则,属于广义的理解。

在另外大部分案件中,法院认为适当性原则是指手段应有助于实现目的,但并非一定要完全实现目的。如金朝大诉杭州市富阳区新登镇人民政府不履行法定职责案,法院认为,行政行为应当符合比例原则,"其采取的措施和手段应当是必要、适当的,对相对人的不利影响与其执法的目的应当符合适当的比例。"⑤此种意义上的适当性原则实际上就是比例原则的子原则之一,属于狭义的理解。对于如何具体判断适当性,在荣民福利食品酒业有限责任公司诉石门县城市管理和行政执法局案中,法院认为,行政执法手段应当具有"适当性、必要性、相当性""行政机关采取的措施及方法应有助于行政目的的实现。"⑥在肖鹏诉广州市交通委员会案中,法院认为,"行政行为应当有助于实现行政目的或者至少有助于行政目的达

---

① 张志毅诉佛山市国土资源和城乡规划局城乡建设案,(2015)佛城法行初字第22号。
② 郑世深诉五莲县住房和城乡规划建设局行政强制案,(2015)日行终字第53号。
③ 杨成云诉阜康市九运街镇人民政府侵犯房产权案,(2016)新2302行初6号。
④ 卢汉林诉厦门市海沧区城市管理行政执法局行政处罚案,(2015)厦门终字第16号。
⑤ 金朝大诉杭州市富阳区新登镇人民政府不履行法定职责案,(2015)杭富行初字第16号。
⑥ 荣民福利食品酒业有限责任公司诉石门县城市管理和行政执法局案,(2016)湘0726行初12号。

成。"①实际上,适当性要求手段与目的之间存在实质关联性,只要手段有助于目的的实现,就应认为符合适当性原则。

3. 必要性原则的审查

必要性是衡量行政行为合法性的重要标准之一。对于什么是必要性,法院一般认为,行政机关应尽可能使公民的权益遭受最小损害,避免超过必要限度。在适用必要性原则时,法院大多运用"影响过大""超过必要的限度""超过应有的限度""不必要地增加了""受到不必要损害""必要性"等词语来判定被诉行为的正当性。如唐禹范诉武汉市江岸区城市管理执法局城乡建设案,法院认为,"行政机关在行政管理中有多种同样可达成行政目标之方法可供选择时,行政机关应选择对相对人权益侵害最小者,不能超过必要限度。"②在李钊诉新疆大学教育行政管理案中,李钊替别人参加考试,被新疆大学开除,法院认为,"在实施行政权的手段和行政目的之间,应当存在比例关系,不能超过目的所要求的价值或范围,必须在侵害行政相对人权利最小的范围内予以行使。"③

对于如何判断手段的必要性,大多数法院都提出了不能忽略手段对目的的实现程度,即手段有效性大小。在比例原则适用第一案中,最高人民法院认为,通过减少拆除面积和变更罚款数额,"同样达到了不遮挡新华书店顶部和制裁汇丰公司违法建设行为的目的。"所以规划局所作的处罚决定,"不必要地增加了被上诉人的损失",不符合必要性原则。由此可以看出,最高人民法院在当时已经认定手段的必要性是一种相对最小损害性,即"相同有效性"下的最小损害性。在陈宁诉庄河市公安局行政赔偿纠纷案中,法院同样认为必要性原则所要求的手段,是在能够同样实现目的的诸多手段中损害最小的,所以虽然气焊割门导致了汽车的毁损,"但由于当时情况紧急,无法采取其他更安全、有效的措施抢救韩勇。"④必要性原则要求在相同有效性的前提下,比较不同手段的损害大小,然后挑选出一个相对最小损害的手段。

4. 均衡性原则的审查

均衡性原则属于权衡标准。在比例原则适用第一案中,最高人民法院阐释了均衡性原则的本质:"既要保证行政管理目标的实现,又要兼顾保

---

① 肖鹏诉广州市交通委员会案,(2017)粤71行终2203号。
② 唐禹范诉武汉市江岸区城市管理执法局城乡建设案,(2015)鄂武汉中行终字第00632号。
③ 李钊诉新疆大学教育行政管理案,(2014)天行初字第3号。
④ 陈宁诉庄河市公安局行政赔偿纠纷案,(2002)大行终字第98号。

护相对人的权益"。此表述实际上体现了比例原则的平衡思想,打破了唯公共利益至上的传统行政理念,要求行政机关所采取的手段,既要保证正当目的的实现,又要保障相对人的权益,实现公共利益促进与公民权利保障的均衡。在荣民福利食品酒业有限责任公司诉石门县城市管理和行政执法局案中,法院认为,"行政机关采取的方法对相对人的权益造成的损害不得与欲实现之目标显失均衡,两者之间应保持相对均衡的关系。"①对于如何判断均衡性,最高人民法院提出应当进行权衡:"'社会公共利益'在实践界定中应当遵循比例原则,一种公共利益的实现经常是以私人利益的减损作为代价的,对可能减损的私人利益与可能增长的公共利益加以权衡,通过权衡,最大限度地避免因小失大,同时应当对减损的私人利益给予必要的公平、合理的补偿或赔偿。"②

对于究竟什么是均衡性,有些法院认为,手段所获得的利益大于其造成的损害才符合均衡性。如在皮芳、姚柳飞等诉金溪县建设局城乡建设案中,法院认为,基于比例原则利益衡量后,如果撤销被诉行政行为"所获得的利益确实大于行政相对人将因此损失的利益",则应撤销被诉行为。③另有些法院则认为,均衡性原则是指成本收益的均衡。如郭建军诉诸暨市国土资源局行政处罚案,法院认为,"行政执法中行政裁量必须遵循执法成本和执法收益的均衡,应当符合比例原则。"④实际上,均衡性原则并不是一定要求手段所增进的利益大于其所造成的损害,二者之间成比例即可。某些情形下,手段所造成的损害大于手段所增进的公共利益,但也可能是符合均衡性原则的。毕竟,法律是追求公平善良的艺术,而非效率。

通过以上案例分析可以发现,尽管中国法院已经积累了一定的合比例性审查司法经验,有效地监督了行政权,但适用比例原则的审查标准并不完全统一。虽然使用的是同一个术语,但法官对于比例原则的四个标准的内涵认识并不完全相同。对于什么是目的正当性,什么是手段的适当性、必要性与均衡性,不同地域、不同层级的法院甚至是同一法院,在适用比例原则时还存在一定的认识差异。这就可能导致法官在适用比例原则时,出现同案不同判的现象。因此,比例原则审查标准的内涵需要进一步明确,合比例性分析方法与技术有待进一步提高。比例原则规范结构中所包含

---

① 荣民福利食品酒业有限责任公司诉石门县城市管理和行政执法局案,(2016)湘0726行初12号。
② 王忠武诉木垒哈萨克自治县人民政府再审案,(2018)最高法行申9185号。
③ 皮芳、姚柳飞等诉金溪县建设局城乡建设案,(2016)赣行申16号。
④ 郭建军诉诸暨市国土资源局行政处罚案,(2008)绍中行终字第37号。

的"最小损害""成比例""均衡性"等经济学术语,或许客观上要求比例原则的适用变得相对更精确,标准变得更清晰,适用主观性变得更小。是否合乎比例需要得到更加客观的度量,如果这一问题不能得到很好地解决,所谓的合比例性分析,只会沦落成为权力滥用的工具。

(二)比例原则的适用位阶

在适用位阶顺序上,比例原则的四个子原则是有机统一的,具有递进的位阶关系。在一些案件中,法院完整地适用了"四阶"比例原则。如郑金庆诉哈尔滨市国土资源局行政处罚案,法院认为,"虽然行政目的是正确的,但也必须选择合适的手段""手段对目的应当是适当的";行政机关在进行处罚时,应当"选择相对成本最小的执法手段,在达到处罚目的的同时,尽量避免对社会公共利益及行政相对人权益造成过大的侵害";行政裁量"必须综合考量执法成本和执法收益的均衡,应当符合比例原则",使"行政执法的成本与执法收益相一致"。[①]

在大部分案件中,法院并没有全部适用比例原则的所有子原则。因为法院只要认定行政行为不符合比例原则的任何一个子原则,就可以推翻被诉行政行为。所以不同于立法者、行政者对比例原则的适用,法院不必在所有案件中都全阶适用比例原则。但如果法院认为行政行为符合比例原则,则需要全阶适用,应按照比例原则的位阶顺序进行逐一深入论证。

在比例原则四个子原则的适用频率上,适用最多的为必要性原则。在很多案件中,法院都会以被诉行政行为不是损害最小,违反了比例原则,而判决行政机关败诉。适用频率仅次于必要性原则的为均衡性原则。相对于偏重事实认定的必要性原则,偏重于法律价值评价需要进行审慎权衡的均衡性原则适用起来更加困难。均衡性原则的适用更需要法官的智慧,更容易招致非议,这或许是中国法官更青睐适用必要性原则的一个很重要的原因。另一个很重要的原因,或许是由于中国比例原则适用第一案主要运用了必要性原则进行论证,对日后的判决产生了重要影响。对于目的正当性原则,法院在少数案件中有所适用,近些年来呈逐渐增多的趋势。对于适当性原则,被诉行政行为几乎都可以满足,因为完全无助于目的实现的不适当手段并不多见,所以法院单独适用适当性原则的案例并不是很常见。

[①] 郑金庆诉哈尔滨市国土资源局行政处罚案,(2017)黑行申241号。

四、比例原则适用的举证责任

比例原则的适用不仅仅涉及价值判断,还涉及事实认定,所以比例原则的适用存在举证责任的问题。在不同的案件中,中国法院对当事人的举证要求并不完全相同。

(一) 目的正当性的举证

在一些案件中,法院认为原告应当提供证据,证明被告行政机关的目的不正当。如郑世深诉五莲县住房和城乡规划建设局行政强制案,原告认为"被诉具体行为行政目的明显违法,实则以拆危代替拆迁,超越职权",并提供了相关证据材料,法院经审查后最终认定,被告作出的涉案《危房拆除通知》"行政目的不当"。[①] 在叶金标诉上海市南汇区惠南镇人民政府案中,叶金标认为自己没有擅自搭建建筑物,但被责令立即停止施工、限期拆除违法建筑,不服诉至法院。法院认为,"因上诉人并未提供有效证据证明被上诉人存在执法目的不当、系基于不正当的考虑,被上诉人的行政执法裁量明显不合理,故上诉人认为被上诉人系滥用职权,缺乏依据。"[②]

在有些案件中,法院并没有要求当事人提供证据,而是依职权对行政目的进行了直接主观判断。如陈两荣等诉广州市公安局白云区分局滥用职权案,上诉人认为被上诉人采取的强制措施,实质是以刑事侦查为名滥用职权,被上诉人予以否认,但没有提供充分的证据。法院依职权主动作了目的正当性审查,认定被上诉人行为的"真实目的是滥用职权","是想方设法从陈两荣及海南珠宝公司处获取财物、捞取好处。"[③]在郑跃哺等诉陆丰市国土资源局行政处罚案中,原告并没有提供证据证明被告目的不正当,但法院经主动审查后认为,被告"处罚目的不正当,有显失公正之嫌"。[④]

(二) 手段适当性的举证

适当性原则要求手段与目的之间具有实质关联性。法官一般会根据生活经验或手段的事后效果,判断手段与目的之间是否存在实质关联性。如肖鹏诉广州市交通委员会案,肖鹏因其车辆被盗且公安机关未找回被盗

---

① 郑世深诉五莲县住房和城乡规划建设局行政强制案,(2015)日行终字第53号。
② 叶金标诉上海市南汇区惠南镇人民政府案,(2009)沪一中行终字第3号。
③ 陈两荣等诉广州市公安局白云区分局滥用职权案,(2001)琼行终字第12号。
④ 郑跃哺等诉陆丰市国土资源局行政处罚案,(2008)粤高法行终字第133号。

车辆,向市交委申请要求不经摇号或竞价直接取得中小客车指标被拒绝而起诉,法院认为,"针对被盗抢车辆所设置的限制措施无助于其所追求的行政目的的实现,违反行政比例原则",并对行政手段的正当性作了比较分析:"同样实施车辆总量控制的北京、天津均允许在已注册登记的车辆被盗抢后无法找回的情况下,车主可直接取得指标。"①在陈宁诉庄河市公安局行政赔偿纠纷案中,法院从事后效果认定"气焊切割车门"具有适当性,而撬杠等其他方法都不能打开已经变形的车门,不具有适当性。②

(三)手段必要性的举证

在一些案件中,法院提出如果原告认为行政机关的手段不是最小损害的,应当提供相关证据。如王中盆诉广州市花都区人民政府行政征收案等系列案件中,原告认为被告的行为"违反行政比例原则,给原告权益造成不必要的损害。该行政征收可以采取在尽可能小的范围和限度内对原告造成损害或者不造成损害的方案(比如在规划上减少绿化面积、设立合理入口等)。"法院认为:"原告主张被告给其权益带来不必要的损害,但未提供充分的证据予以证实。因此,原告的上述主张缺乏事实和法律依据,本院不予采纳。"③

在大部分案件中,法院一般是直接认定行政机关的行为违反了必要性原则,但往往并没有进行充分说理。如比例原则适用第一案,最高人民法院认定,"拆除的面积明显大于遮挡的面积,不必要地增加了被上诉人的损失,给被上诉人造成了过度的不利影响。"在少数案件中,法院会直接指出还存在其他更小损害的手段。如王青诉衡水学院行政处罚案,王青因替考被开除学籍,法院认为,"被告可以通过其他损害较小的纪律处分,督促学生认识和改正错误并观其后效,也可以达到相同的目的。"④在于桂禄诉莒县住房和城乡规划建设局行政强制案中,法院直接指出,"被上诉人应选择责令限期改正的处罚措施为宜,直接拆除涉案房屋不必要地增加了上诉人的损失,给上诉人权益造成过度损害。"⑤

---

① 肖鹏诉广州市交通委员会案,(2017)粤 71 行终 2203 号。
② 陈宁诉庄河市公安局行政赔偿纠纷案,(2002)大行终字第 98 号。
③ 王中盆诉广州市花都区人民政府行政征收案,(2014)穗中法行初字第 208 号;利旺兴、陈础细诉广州市花都区人民政府案,(2014)穗中法行初字第 216 号。
④ 王青诉衡水学院行政处罚案,(2014)衡桃行初字第 24 号。
⑤ 于桂禄诉莒县住房和城乡规划建设局行政强制案,(2015)日行终字第 17 号。

（四）手段均衡性的举证

均衡性原则更多涉及的是价值判断，所以较少涉及举证责任。行政机关一般都会声称自己所选择的手段具有均衡性。在大部分案件中，法院基本都是依职权主动判断手段是否具有均衡性。如朱勇如诉南通市崇川区钟秀街道办事处案，法院认为，当被拆迁人的信息直接与其他被拆迁人的知情权、监督权发生冲突时，"根据行政比例原则，应以被拆迁人让渡部分信息的方式优先保护较大利益的知情权、监督权。"①但是对于为什么对隐私权的侵害相对于对知情权、监督权的保护来说是成比例的，法院并没有进行详细的论证说理。在其他一些案件中，法院大多使用"显失均衡""不成比例""符合比例原则之均衡性""显然不符合比例原则中的必要性和均衡性要求"等词语，直接作出了行政行为是否符合均衡性原则的裁判。②

由上可以发现，中国法院对比例原则适用的举证责任有着不同的认识。为了充分保障公民权利，有效监督行政机关，促进法治政府建设，应当结合比例原则适用的特点，合理分配合比例性的举证责任。对于目的正当性，行政机关一般都会宣称其行为目的具有正当性，"行政机关根本不会提供那些表明其行为动机存在瑕疵的相关资料"，③所以可以由原告提供证据证明行政行为目的不正当。对于手段的适当性，一般应当由被告举证，既然行政机关选择了某个手段，就有义务证明手段与目的之间存在实质关联性。对于手段的必要性，行政机关应当提供证据证明手段就是最小损害的，并应当说明判断过程与选择方法。对于手段的均衡性，行政机关应当提供证据证明其是如何得出均衡性判断结果的，具体考量了哪些因素。当然，原告也可以提供证据证明手段不具有适当性、必要性与均衡性，但这并不免除被告的举证责任。必要时可以尝试建立比例原则适用的专家证人制度，以利用专家优势矫正行政诉讼当事人在专业知识上的"不对称"地位。

---

① 朱勇如诉南通市崇川区钟秀街道办事处案，(2017)苏 0611 行初 110 号。
② 可参见李平诉江雪莲合同纠纷案，(2015)鄂宜昌中民二终字第 00243 号；赵吉龙诉沈阳市公安局交通警察支队浑南大队案，(2015)大东行初字第 00064 号；荣民福利食品酒业有限责任公司诉石门县城市管理和行政执法局案，(2016)湘 0726 行初 12 号。
③ ［日］田村悦一：《自由裁量及其界限》，李哲范译，王丹红校，中国政法大学出版社 2016 年版，第 42 页。

五、合比例性审查强度

对行政行为的合比例性审查,法院不应只是一味进行宽松审查,也不能全部都实行严格审查。或许是出于尊重行政机关的专业判断权、保障行政效率等因素,中国法院往往只对"明显不当"违反比例原则的行政行为,进行较为宽松的合比例性审查。类型化的合比例性审查强度体系,并未在中国确立。

(一) 不予审查:一般不当

对于"一般不当"或非"明显不当"的案件,法院一般会作出不予审查的裁判。如倪海峰诉海门市交通运输局行政处罚案,法院认为,"关于原告认为被告作出的行政处罚违反比例原则,被诉处罚畸重的问题。……被告对原告作出的行政处罚属于被告的行政裁量范围,对于行政机关行使行政裁量权的行为,人民法院一般应予以尊重,除非行政机关行使行政裁量权明显失当,极不合理",由于"现有证据并不能证明被告的行政处罚行为明显失当且不合理",所以不支持原告的主张。① 在莆田市城厢区喜第酒吧诉莆田市城厢区人民政府环境保护行政处罚案中,法院认为,"行政处罚案件对于处罚的合理性进行的是量化审查,也就是考量处罚是否符合比例原则。"由于本案原告确属规定期限内整改不到位,"且本案不存在显失公平的情况,所以对合理性不予审查。"② 在徐博诉铁道警官高等专科学校教育行政管理案中,法院认为,"被上诉人对其处以开除学籍的处分过重,有违行政法上的比例原则的申辩属于合理性审查的范畴,而人民法院对被诉行政行为进行合法性审查,故上诉人的该上诉理由,本院不予采纳。"③

出于尊重行政机关的专业判断权、保障行政效率等因素,中国法院对于"一般不当"或非"明显不当"的行政行为,往往不作实质合理性评判。正如法官所认为,"应保持相应的司法谦抑,尊重行政机关的判断"。④ "法院只能纠正严重违反比例原则的具体行政行为",如果法院对程度轻微的

---

① 倪海峰诉海门市交通运输局行政处罚案,(2017)苏0682行初209号。
② 莆田市城厢区喜第酒吧诉莆田市城厢区人民政府环境保护行政处罚案,(2014)莆行初字第37号。
③ 徐博诉铁道警官高等专科学校教育行政管理案,(2010)郑行终字第211号。
④ 深圳沃尔玛西安骡马市分店诉西安市碑林区食品药品监督管理局案,(2018)陕7102行初407号。

"一般不当"行为进行司法审查,就可能被认为极大地损害行政效率。①

尽管法官在判决书中明示不予审查非"明显不当"的行政行为,但法官实际上可能已经事先运用比例原则进行了合理性审查,以判断行政行为是否为"明显不当"。因为不事先判断,法官怎么会知道行政行为是否符合"明显不当"标准呢?如果经事先判断发现只是"一般"不当,没有"明显"不当,法官就不会在判决书中,而可能只是在"心中"对行政行为的合理性进行评判。

(二)合比例性审查:明显不当

对于行政行为"明显不当"违反比例原则,出于有效保障公民权利不被过度侵犯、监督行政机关的需要,法院可能就不会再继续坚持司法尊让、保障行政效率等观念,而会对行政行为进行合理性审查。在比例原则适用第一案中,最高人民法院最终认定,拆除的面积"明显大于"遮挡的面积,不必要地增加了被上诉人的损失,给被上诉人造成了"过度的不利影响",原审判决认定该处罚决定"显失公正"是正确的。在张建春、孙绍慧诉淮安市清江浦区综合行政执法局案中,法院认为,"作出责令限期拆除的决定,违反了行政法的比例原则,严重损害了原告的合法权益,明显不当,应予撤销。"②在高昂诉华北水利水电大学开除学籍案中,法院认定被告开除学籍"违反比例原则,对被上诉人高昂处分失当,显失公正。"③

类似的这些案例表明,对"明显不当"或"明显不合理"的行政行为,法院可以适用比例原则进行合理性审查。行政机关的行为是如此不合理或明显不当,以至于法官再也不能袖手旁观,而有责任适用比例原则进行合理性审查。但是,由于过于重视司法尊让、审查方法与技艺的不成熟等多重因素的制约,在很多案件中,中国法院在适用比例原则时似乎往往只是进行了宽松审查。在少数案件中,如陈宁诉庄河市公安局行政赔偿纠纷案,法院"选择了较为严格的审查强度"。④ 对于审查强度的区分,事后评析该案的法官认为,如果裁量行为具有较强的专业性和技术性,法院就应

---

① 参见何海波:《论行政行为"明显不当"》,载《法学研究》2016年第3期,第88页;冯建平:《公益与私益的衡量:论比例原则及其在行政审判中的适用》,载《法律适用》2006年第5期,第67页;周红耕、王振宇:《比例原则在司法审查中的应用》,载《人民法院报》2001年4月22日,第003版。
② 张建春、孙绍慧诉淮安市清江浦区综合行政执法局案,(2017)苏0812行初206号。
③ 高昂诉华北水利水电大学开除学籍案,(2013)郑行终字第200号。
④ 蒋红珍:《比例原则在"陈宁案"中的适用——兼及"析出法"路径下个案规范的最短射程》,载《交大法学》2014年第2期,第166页。

当高度尊重行政机关的判断而不作深入的审查;如果裁量行为仅涉及一般性问题,法院就可以并有能力作出相对严格和深入的审查。①

(三) 区分强度对行政行为进行合比例性审查

只要违反比例原则,就是不正义的。只对违反比例原则"明显不当"的行政行为进行合理性审查,虽然在某种程度上可以有效实现司法尊让、保障行政效率,但让普通公民忍受与承担"一般不当"行为的不利后果而不实施司法审查,实际上是明显不公的。法院过度尊重行政机关,不利于保障公民权利。

对行政行为的合比例性审查,涉及司法尊让的程度。就历史发展来看,从裁量不予审查到裁量界限论,司法对行政裁量的审查从无到有发生了很大的变化。

1. 裁量不予审查原则的产生

裁量不予审查原则最早产生于欧洲。从19世纪中叶开始,德国和奥地利确立了"行政法院不能审理行政机关自由裁量"的原则。在奥地利,裁量不予审查原则首先成文化,1875年奥地利《行政法院设置法》第3条规定:"行政法院不受理下列事项……(e)行政机关有权自由决定的事项"。此后,德国符腾堡1876年《行政法院法》第13条第2款、1878年拜仁《行政法院法》第13条第1、3款、1884年巴登《行政法院法》第4条第4款等作出了同样的规定。② 为什么要将裁量排除在法院的审查范围之外呢?

裁量事项的审查被排除在司法审查权限之外,这是因为两个原因:一是裁量本质论,即合目的性和必要性判断,应当由专门行政机关自行决定;二是由于这一权能依法赋予行政机关,如果法院介入,就会超越裁判的本质。在德国和奥地利,从19世纪末到20世纪初,裁量不予审查原则同三权分立理论的结合,为行政权构筑了堡垒。持技术裁量说的观点认为,将行政裁量排除在法院审查之外,实际上是因为其技术性。例如,贝尔纳齐克认为,在裁量领域,行政机关对事态的技术性评价优于立法者和法官,由于行政机关是作为这种情况下的专家作出判断,处于第三者地位的行政法

---

① 参见许福庆、李蕊:《交通警察施救行为过程中比例原则之应用——陈宁诉辽宁省庄河市公安局不予行政赔偿决定案》,载中华人民共和国最高人民法院行政审判庭编:《中国行政审判案例》(第1卷),中国法制出版社2010年版,第98页。

② 参见[日]田村悦一:《自由裁量及其界限》,李哲范译,王丹红校,中国政法大学出版社2016年版,第1-2页。

院的法官没有能力审理其是否公正。根据裁量不予审查条款,不适合审查的行政领域得到广泛承认,在实质上严重歪曲了保障国民权利的行政裁判的本来目的。①

中国行政诉讼制度,长期以来基本奉行裁量不予审查原则。法院一般只审查行政行为的合法性,对行政行为的合理性不作审查,也就是原则上排除了对行政裁量的司法审查。1989 年《行政诉讼法》第 5 条规定:"人民法院审理行政案件,对具体行政行为是否合法进行审查。"时任全国人大常委会副委员长的王汉斌在《关于〈中华人民共和国行政诉讼法(草案)〉的说明》中指出:"人民法院审理行政案件,是对具体行政行为是否合法进行审查。至于行政机关在法律、法规规定范围内作出的具体行政行为是否适当,原则上应由行政复议处理,人民法院不能代替行政机关作出决定。"2000 年最高人民法院发布的《关于执行〈中华人民共和国行政诉讼法〉若干问题的解释》第 56 条进一步明确:"有下列情形之一的,人民法院应当判决驳回原告的诉讼请求:……(二)被诉具体行政行为合法但存在合理性问题的。"最高人民法院行政庭法官对此作出解释认为,"具体行政行为的合理性问题,属于行政机关自由裁量权的问题,法院不予干涉为宜。"②由此可以得出,中国长期以来也是坚持裁量不予审查原则的,法院一般只对明显不合理的行政裁量进行审查。

2. 裁量不予审查原则的衰落

由于权力分立理论的变迁和法治国思想的发展,在成立之初具有稳固地位的裁量不予审查原则,逐渐发生动摇并开始衰落。

首先,在很多方面,国政的实体要求三者之间的协同合作,而且,把所有的国家权力都明确三分化,即使不能说是不可能的,也可以说是非常困难的。必须承认,现在应排除的并不是混合权力,而是不受控制的权力。③行政权的完全独立既是不可能也是不应该的,行政裁量应当受到司法控制。

其次,法治国思想的发展也加速了裁量不予审查原则的衰落。其一,

---

① 参见[日]田村悦一:《自由裁量及其界限》,李哲范译,王丹红校,中国政法大学出版社 2016 年版,第 6-17 页。
② 甘雯:《行政诉讼法司法解释之评论——理由、观点与问题》,中国法制出版社 2000 年版,第 304 页。
③ [日]田村悦一:《自由裁量及其界限》,李哲范译,王丹红校,中国政法大学出版社 2016 年版,第 25 页。

从 19 世纪末到 20 世纪初,即使在德国,与警察国家相对立的自由主义和立法国家观也形成了法治国的基本原理,并逐渐缩小了执行机关的自由裁量,尽可能详细地规定立法事项。其结果是,作出法的宣告的法院功能较过去明显扩大。其二,作为保障依法律行政原理的行政法院,也在自由裁量领域积极形成判例,缩小裁量领域。对于技术裁量说,特茨纳采用法治国思想予以反驳。特茨纳认为,如果把裁量概念当作一个技术性概念,以它是一个非法律性专门知识为由否定行政救济,行政机关就会以公益之名获得很大的自由,各种裁判活动将被废止,法治国的思想就会崩塌。①

3. 裁量需要司法控制:裁量界限论的产生

在特定历史背景下产生的裁量不予审查原则,已经不符合时代的发展,裁量界限论得以产生。更大的裁量意味着更大的危险。绝对的权力产生绝对的腐败,行政裁量权属于公权力,所以绝对的裁量权必然产生绝对的腐败。英国学者韦德曾说过:"所有的自由裁量权都可能被滥用,这仍是个至理名言。"②美国学者戴维斯曾指出,或许我们法律制度中百分之九十的非正义都来自裁量,"裁量之运用既可能是仁行,亦可能是暴政,既有正义,亦有非正义,既可能是通情达理,亦可能是任意专断。"③裁量过大将带来不确定性,减损法律预期,也可能造成不公平。④

裁量不予审查原则一方面助长行政机关恣意的权限行使,另一方面又成为法院回避审理的借口。在过去公益概念被称为绝对裁量的背景下,实现公益是行政的任务,由此当然地否定了法院的审理权限。对公益概念的适用进行审查时,可以说一开始就没有比例原则介入的余地,因此也不会产生裁量权滥用问题。但是,判例首先开始对有无公益进行判断,这样一来,即便公益内容的评价自身被委任给行政权,但在完全不具有公益的情况下,法院可以以违反公益原则介入审查。裁量界限论由此产生。法院具有人权保障的天然职责。不管是何种行政裁量,行政机关都有义务依据法的宗旨和目的行使,法院具有监督职责。"法院以'个人权利自由'之名,一切都服从于自己的优越性判断,这样的做法即便不是不可能,但也是不妥当的。"其原因在于,"一方面是解决事务的能力界限,另一方面是法官

---

① [日]田村悦一:《自由裁量及其界限》,李哲范译,王丹红校,中国政法大学出版社 2016 年版,第 20-23 页。

② [英]威廉·韦德:《行政法》,徐炳等译,中国大百科出版社 1997 年版,第 70 页。

③ [美]肯尼斯·卡尔普·戴维斯:《裁量正义——一项初步的研究》,毕洪海译,商务印书馆 2009 年版,第 1 页。

④ 宋华琳:《功能主义视角下的行政裁量基准——评周佑勇教授〈行政裁量基准研究〉》,载《法学评论》2016 年第 3 期,第 192 页。

所不熟知的行政政策上的考虑。"①

当前中国行政诉讼以合法性审查为原则,以合理性审查为例外。2014年,最高人民法院关于修改《行政诉讼法》的最初建议稿试图推行全面审查原则:"人民法院审理行政案件,对行政行为是否合法和适当进行审查"。主要原因如下:(1)合法性与合理性只是程度的区别,而非性质上的区别;(2)合法性审查弱化了解决纠纷的能力;(3)越来越多的法律将比例原则或合理性原则作为行政行为的标准;(4)"滥用职权"的撤销判决理由没有得到充分运用;(5)"显失公正"的变更判决理由没有得到充分运用;(6)"合乎法律"的规定要求太低;(7)域外对行政裁量可以进行合理性审查。② 最终修改的《行政诉讼法》并没有采纳,仍然保留了合法性审查原则,其第6条规定:"人民法院审理行政案件,对行政行为是否合法进行审查。"但是,新增规定了对于"明显不当"的行政行为,可以进行合理性审查。总体而言,中国行政诉讼原则上只审查行政行为的合法性,对行政裁量予以较大程度地尊重,除非裁量存在"明显不当"的情形。

综上,从世界范围来看,行政裁量不予审查原则早已衰落,几乎已经不存在不受司法审查的行政裁量了。裁量界限论的兴起要求,不管是何种自由裁量,行政机关都有义务依据法的宗旨和目的行使,法院具有监督行政机关、保障人权的天然职责,但行政裁量也不应被无限度控制,否则裁量便失去了其应有的价值。司法控制裁量具有最小界限和最大界限:"裁判权的界限中具有最小界限,即对行政机关的裁量考虑,至少必须介入。另一方面,也承认对于裁判权的最大界限,即裁判权对行政裁量的行使不能过度涉及的界限。"③正如何海波教授所言:"法院不可能给予行政机关的裁量百分之百的尊重,否则就没有必要建立司法审查了;但法院也不可能时时处处以自己的观点代替行政机关的判断,否则就没有必要设立行政机关了。"④

行政机关的合比例性裁量空间巨大,必须受到司法机关的有效监督。在陈宁诉庄河市公安局行政赔偿纠纷案中,最高人民法院确立了希望能够发生指导效力的裁判要旨:"人民法院不仅应当对行政行为的合法性进行

---

① [日]田村悦一:《自由裁量及其界限》,李哲范译,王丹红校,中国政法大学出版社2016年版,第112、199、216页。

② 参见梁凤云:《新行政诉讼法讲义》,人民法院出版社2015年版,第14-19页。

③ [日]田村悦一:《自由裁量及其界限》,李哲范译,王丹红校,中国政法大学出版社2016年版,第102-103页。

④ 参见何海波:《论行政行为"明显不当"》,载《法学研究》2016年第3期,第88页。

审查,而且应当用比例原则等规则对行政裁量的适当性予以审查。"①不管对比例原则的违反是否"明显",都应当接受法院的合理性审查,以保障实质正义。然而,这并不表明法院对于违反比例原则的行为,只能进行同样强度的司法审查。由法院对所有行政裁量都进行同样强度的合比例性审查,是不大合理的。对于比例原则的适用来说,逐步确立类型化的多元审查强度体系十分必要。

域外法院对比例原则的适用,实际上存在不同的审查强度。从欧盟法上比例原则司法适用情形看,存在多元的审查基准,审查强度因适用范围的不同亦有所变化,审查基准跨越了一个从十分温和的审查到异常严格审查的谱系。② 在德国,法院发展出了明显不当性审查、可支持性审查和强烈的内容审查三种不同强度的审查基准类型。在美国,法院发展出了最小审查、中度审查与严格审查三种不同强度的审查基准类型。中国台湾地区学者汤德宗提出了"阶层式比例原则",将比例原则的司法适用分为三阶六层:低标(合理审查基准)、中标(中度审查基准)、高标(严格审查基准)三类。其中,低标又可分为"最低合理性""基本合理性"和"有杀伤力的合理审查"三种,中标可分为基本的和有杀伤力的中度审查基准两种,高标即最严格的审查基准。③ 阶层化、类型化的发展,是近些年操作比例原则最醒目的趋势。为了既防止司法权积极僭越行政权,又避免司法权消极不监督行政权,有效实现行政效能提升与公民权利保障的平衡,法院应根据具体个案情况,区分强度对行政行为进行合比例性审查。

综上,比例原则在中国经历了从无到有的司法适用,对于有效规范行政权力,保障公民权利,起到了不可估量的积极作用。可以预见,在全面推进依法治国、加快建设法治政府的新时代背景下,作为人权保障利剑的比例原则,势必在中国得到越来越广泛地适用。为了更好地发挥比例原则的规范功能,应当不断完善比例原则的适用方法,不断强化法院对比例原则适用的论证说理程度。空洞的比例原则在适用时存在主观性过大的缺陷,

---

① 参见许福庆、李蕊:《交通警察施救行为过程中比例原则之应用——陈宁诉辽宁省庄河市公安局不予行政赔偿决定案》,载中华人民共和国最高人民法院行政审判庭编:《中国行政审判案例》(第1卷),中国法制出版社2010年版,第98页。

② 参见高秦伟:《论欧盟行政法上的比例原则》,载《政法论丛》2012年第2期,第87-92页;蒋红珍、王茜:《比例原则审查强度的类型化操作——以欧盟法判决为解读文本》,载《政法论坛》2009年第1期,第116-125页。

③ 参见汤德宗:《违宪审查基准体系建构初探——"阶层式比例原则"构想》,载廖福特主编:《宪法解释之理论与实务》(第六辑),中国台湾地区"中央"研究院法律研究所筹备处2009年,第39-45页。

对于是否符合比例原则,法院在个案中有着巨大的裁量判断空间。然而,较为糟糕的是,对于行政行为为什么符合或违反比例原则,大量判决书的论证说理都不是很充分,较为简单,缺乏详尽的论证推理过程阐释。对于比例原则的适用,整体上来说还比较粗糙。

法治不是强力之治,良好的法治需要良好的说理。只有说理充分,才能提高比例原则适用的正确性和可接受性,应努力提高释法说理水平和裁判文书质量。对于是否符合比例原则,即对于目的的正当性判断,对于手段的适当性、必要性与均衡性判断,法官应给出实质的、具体的正当理由,而不是笼统的、抽象的简短结论。

由于受法院人员专业素质、行政审判体制等诸多因素的掣肘,比例原则在中国的司法适用方法与技术还远未达到娴熟的地步。尽管取得了一定的实效,但比例原则在适用范围、审查标准、举证责任、审查强度等方面,还存在一些问题,其未来发展离不开进一步的理论探索与司法实践检验。一方面应尽量克服比例原则适用的主观性过大和不确定性弊端;另一方面应有效发挥比例原则有利于实现个案正义的"滑动标尺"功能,是法院未来理性适用比例原则的一项重要课题。

第八章 私法中比例原则的适用

尽管比例原则被称为是公法的"帝王原则""皇冠原则",但比例原则已不再仅仅只适用于公法领域。近些年来,比例原则越来越多地适用到了私法,随之也引发了大量争议。支持者认为,比例原则可广泛地作用于民事立法、民事司法和民事行为等领域,具备担纲一项民法基本原则的地位和资格。比例原则在私法中具有普适性。[①] 反对者认为,比例原则是对国家权力的限制,"没有必要也不应当在民法、刑法等部门法中普遍适用,理应回归行政法这一固有领地。"[②]那么,比例原则可以适用于所有的部门公法吗?比例原则究竟是否可以适用于私法呢?

一、比例原则适用范围的争论

对于比例原则究竟可以适用于哪些部门法,还存在很大的争议。古罗马法学家乌尔比安较早地提出了公法与私法的二元划分,认为公法是关于公共利益的法律,私法是关于个人利益的法律。中国公法与私法相区分的观念,主要是中央将市场经济确立为经济体制改革目标之后逐渐形成的。[③] 尽管公法与私法之间并没有泾渭分明的界限,二者相互渗透是社会发展的必然现象,如"公法私法化""私法公法化",但公法与私法存在很大差别,对其进行适度区分还是有价值的。从外延上看,狭义的公法是指宪法与行政法,广义的公法还包括诉讼法、刑法、经济法,甚至还包括国际公法等部门法。私法一般包括民法、商法等。那么,比例原则究竟是否可以适用于所有公法和私法呢?

(一)公法中比例原则的适用

比例原则可以适用于公法已成为共识,但究竟能够适用于哪些部门公

[①] 参见郑晓剑:《比例原则在民法上的适用及展开》,载《中国法学》2016年第2期;纪海龙:《比例原则在私法中的普适性及其证立》,载《政法论坛》2016年第3期。
[②] 参见梅扬:《比例原则的适用范围与限度》,载《法学研究》2020年第2期,第57页。
[③] 参见谢海定:《中国法治经济建设的逻辑》,载《法学研究》2017年第6期,第29页。

法,还存在较大的争议。

1. 宪法

比例原则在很多国家属于宪法原则,约束一切国家公权力。宪法领域的比例原则适用研究,涉及立法权行使、基本权利保护、国家权力配置、宪法规范依据等问题。

目前还有一些观点认为,比例原则只是用来控制行政权的。如有学者认为,比例原则在法律体系中应定位为"行政法中的基本原则","不宜将它扩大至宪法位阶"。① 事实上,比例原则不仅仅只是一个行政法原则。在 18 世纪末刚产生后的较长一段时间内,比例原则确实只是用来控制行政权的。因为比例原则产生初期正是民主法治理念确立初期,很多国家才刚刚摆脱封建专制统治,此时期法律具有至上性,议会代表人民所制定的法律是人民主权的体现,其合法性毋庸置疑。所以一般认为在自由民主法治国时期,比例原则并不规范立法权。但对于比例原则是否应当约束立法权,在当时还是存在了一些争议。例如,德国学者福斯特霍夫认为,比例原则是警察法中的原则,如果也约束以概括性形成为使命的立法者,将会导致行政法与宪法的混同,从而使比例原则的性质发生根本改变。② 当时德国学者们的著述如《比例原则是否约束立法者对基本权利的侵犯?》《过度禁止与宪法:比例原则与必要性原则对立法者的约束》,对比例原则是否应当约束立法权作了专门讨论。③ 此问题在中国也存有争议,有学者认为,比例原则的核心是对手段和目的的衡量,行政目的由法律明文或默示规定,立法目的由立法者自主决定,立法者具有形成自由,可自主选择手段。如果用比例原则拘束立法权,"立法权将不再具有政治决定上的自主性,而沦为宪法的执行机关了"。④

比例原则可以有效保护基本权利。比例原则与基本权利的保障密切相关,比例原则是对基本权利进行限制的实质性要件。⑤ 比例原则与宪法

---

① 许玉镇:《试论比例原则在我国法律体系中的定位》,载《法制与社会发展》2003 年第 1 期,第 129 页。
② 参见[日]青柳幸一:《基本人权的侵犯与比例原则》,华夏译,载《比较法研究》1988 年第 1 期,第 35 页。
③ Vgl. *Ottmar Pohl*, Ist der Gesetzgeber bei Eingriffen in die Grundrechte an den Grundsatz der Verhältnismäßigkeit gebunden? (1959). *Peter Lerche*, Übermaß und Verfassungsrecht: zur Bindung des Gesetzgebers an die Grundsätze der Verhältnismäßigkeit und der Erforderlichkeit, (1961).
④ 参见许玉镇:《比例原则的法理研究》,中国社会科学出版社 2009 年版,第 116 页。
⑤ 参见陈运生:《论比例原则在基本权利保障中的适用》,载《广州大学学报(社会科学版)》2011 年第 5 期,第 19 页。

权利是一体之两面,运用比例原则确定宪法权利的合理界限的过程,同时也是基于宪法权利为相关实践问题给出结论的过程。① 作为法院的监督标准,比例原则会强化法律的优先性,并且导致民主与法治关系的结构性重组,民主的思维应当在基本权利保护中展开。② 比例原则有利于灵活地保护基本权利,体现了"执中行权"与"理一分殊"的精神,反映了"一"与"多"的辩证统一。③ 在保护的权利范围上,有学者认为,比例原则在历史上针对的是自由权,如今已经扩展至保护包括自由权和平等权在内的一切权利。④

对于比例原则在宪法中的具体适用,有学者认为,一些地方推行的车辆限行措施,未必能够促成缓解交通和治理污染的公益目的,并且还存在其他较少限制基本权利的手段,因而限行措施有违宪之虞。还有学者分析了商业性强制保险的合宪性,认为其契合宪法中的基本国策条款符合比例原则。⑤ 对于比例原则的域外宪法适用,有学者认为,美国尽管并未明确形成以"比例原则"命名的宪法教义,但基本权利的"王牌"观、"遵循先例"的判例法传统、三权分立制衡的联邦制,共同促成了比例原则在美国的类型化运用。⑥

比例原则对于国家权力的配置具有规范功能。国家权力的分配应贯彻比例原则,因为比例原则的核心就在于对国家权力的控制和对公民权利的保护,在二者的平衡中来最大限度地保障人权。⑦ 欧盟与成员国之间纵向权力的分配遵循了比例原则。联邦制结构中也存在比例原则的独特内容。在单一制等结构形式的纵向分权中,比例原则仍然具有一定的存在形态。中国虽然是单一制国家,但也有自治分权的制度因素,其也有比例原

---

① 参见于柏华:《比例原则的权利内置论》,载《法商研究》2020年第4期,第88页。
② 参见[德]安德烈亚斯·冯·阿尔诺:《欧洲基本权利保护的理论与方法——以比例原则为例》,刘权译,《比较法研究》2014年第1期,第182页。
③ 参见杨登杰:《执中行权的宪法比例原则——兼与美国多元审查基准比较》,载《中外法学》2015年第2期,第367页。
④ 参见赵真:《比例原则在反歧视诉讼中的适用——以香港平等机会委员会诉教育署案为例》,载《行政法学研究》2012年第1期,第123页。
⑤ 参见张翔:《机动车限行、财产权限制与比例原则》,载《法学》2015年第2期,第11页;王理万:《商业性强制保险制度的合宪性分析》,载《法学家》2017年第2期,第31页。
⑥ 参见王蕾:《比例原则在美国合宪性审查中的类型化运用及其成因》,载《比较法研究》2020年第1期,第63页。
⑦ 参见席作立:《比例原则的起源、含义及其发展》,载《黑龙江省政法管理干部学院学报》2002年第4期,第12页。

则的存在基础,从而须厘清比例原则在其中的内在逻辑。① 对于改革试点的合宪性问题,有学者认为,授权地方改革试点决定应当遵循比例原则,防止对法治的常规性造成颠覆性例外。②

一些学者研究了比例原则的中国宪法地位与规范依据问题。有学者认为,比例原则的本质为"公民与国家之间权利义务的对称性",任何公民享有宪法和法律规定的权利,同时必须履行宪法和法律规定的义务,所以《宪法》第33条第3、4款,应作为比例原则的中国宪法规范基础。③ 有学者则认为,《宪法》第33条第3款以及《立法法》第6条"科学立法原则",可以为比例原则提供宪法规范依据。④ 另有学者则认为,中国大量宪法条款都体现了比例原则。《宪法》第33条第3款在总体上确立了国家权力对宪法权利限制的目的正当性原则;《宪法》第33条第2款"公民在法律面前一律平等"的规定以及第5条第5款"任何组织或者个人都不得有超越宪法和法律的特权"的规定,确立了比例原则中的妥当性原则;《宪法》第33条第4款的权利义务一致性规定,确立了宪法比例原则的必要性原则。《宪法》第10条第3款、第13条第3款的征收、征用规定,确立了公民财产权保障的比例原则。《宪法》第38条关于"公民的人格尊严不受侵犯"的规定,确立了宪法权利限制的比例原则。⑤

如今在很多国家,比例原则都属于宪法原则。作为公法"帝王原则"的比例原则,应当规范一切国家权力。在德国,比例原则具有规范所有国家权力的效力,它成为实质评判所有国家权力行使正当与否的基本准则。德国联邦宪法法院在多个判决中明确指出,比例原则适用于国家所有的活动。只要涉及权力的行使,包括立法权、行政权、司法权、监察权的行使,都应当受到比例原则的约束。用比例原则约束立法权,并不必然侵犯立法者的形成自由,并不必然损害权力分立或分工体制。但在适用比例原则时,"应对立法者的形成空间给予必要的尊重",将审查内容分为事实认定、预测决定和价值评判三类,将立法者的形成空间分为四个等级,确立"四级审查模式"。虽然比例原则建立在尊重和保障人权的基础上,但不应简单地

---

① 参见王书成:《论纵向分权中的比例原则——以欧盟、联邦及单一制为考察对象》,载《重庆社会科学》2007年第5期,第86页。
② 参见王建学:《授权地方试点决定应遵循比例原则》,载《法学》2017年第5期,第39页。
③ 参见翟翌:《比例原则的中国宪法规范基础新论——以宪法第33条为中心》,载《新疆社会科学》2012年第5期,第88页。
④ 参见门中敬:《比例原则的宪法地位与规范依据——以宪法意义上的宽容理念为分析视角》,载《法学论坛》2014年第5期,第102页。
⑤ 范进学:《论宪法比例原则》,载《比较法研究》2018年第5期,第106页。

认为公民的基本权利至高无上,而应兼顾公民的基本权利与立法者的民主政治空间。①

2. 行政法

比例原则是规范行政权行使的首要实体原则,可以有效防止行政裁量权的滥用。比例原则可以适用于行政法,基本没有异议。作为舶来于大陆法系德国警察法的比例原则,受到中国公法学界老、中、青多代学人的研究关注。早在 21 世纪之初,中国行政法学者就开始了对比例原则的研究。2001 年,有学者认为,比例原则被誉为行政法中的"皇冠原则",但"比例原则在中国行政法学研究中远未引起足够的重视",导致行政性法律基本没有体现比例原则的内容。② 比例原则是依法行政的重要组成部分,是行政法中的"帝王原则"。构筑比例原则作为行政法基本原则,特别是警察法基本原则有很重要的价值。③ 比例原则在制约行政主体合法行使职权和保障行政相对人合法权益方面,具有重要作用。法院极有必要在个案中适用比例原则,推动行政法治的发展。④ 唯有在社会管理和国家治理中尊重和落实比例原则,公民权利才能得到有效保护,社会管理才能有条不紊,国家才能和谐稳定。⑤ 在认识到比例原则重要性的同时,学者们对比例原则的起源、发展、性质、功能、正当性基础、司法适用、域外考察等方面进行了卓有建树的研究。⑥ 还有学者研究了比例原则同合理性原则的关系,认为

---

① 参见陈征:《论比例原则对立法权的约束及其界限》,载《中国法学》2020 年第 3 期,第 146-164 页。

② 参见黄学贤:《行政法中的比例原则简论》,载《苏州大学学报(哲学社会科学版)》2001 年第 1 期,第 42 页;黄学贤:《行政法中的比例原则研究》,载《法律科学》2001 年第 1 期,第 72 页。

③ 参见杨临宏:《行政法中的比例原则研究》,载《法制与社会发展》2001 年第 6 期;余凌云:《论行政法上的比例原则》,载《法学家》2002 年第 2 期。

④ 参见张坤世:《比例原则及其在行政诉讼中的适用——由一个具体案例引发的思考》,载《行政法学研究》2002 年第 2 期;湛中乐:《行政法上的比例原则及其司法运用——汇丰实业发展有限公司诉哈尔滨市规划局案的法律分析》,载《行政法学研究》2003 年第 1 期。

⑤ 参见程雪阳、沈开举:《比例原则视角下的社会管理创新》,载《现代法学》2012 年第 2 期,第 42 页。

⑥ 例如范剑虹:《欧盟与德国的比例原则——内涵、渊源、适用与在中国的借鉴》,载《浙江大学学报(人文社会科学版)》2000 年第 5 期;郑春燕:《必要性原则内涵之重构》,载《政法论坛》2004 年第 6 期;王名扬、冯俊波:《论比例原则》,载《时代法学》2005 年第 4 期;许玉镇:《比例原则的法理研究》,中国社会科学出版社 2009 年版;蒋红珍:《论比例原则——政府规制工具选择的司法评价》,法律出版社 2010 年版;姜昕:《比例原则研究——一个宪政的视角》,法律出版社 2010 年版。

二者都强调手段与目的的合理性,但也存在区别。①

近些年来,一些学者对比例原则在行政法中的适用作了实证研究。比例原则在中国的适用已从行政处罚扩张到多种行政行为领域,比例原则已成为法院评判行政行为实质合法性的重要准则。法院可以依据"滥用职权"和"明显不当"标准对行政行为进行合比例性审查。② 另有学者反思了比例原则的缺陷和适用困境,并同成本收益分析进行了比较。③

比例原则当前主要适用于侵害行政或秩序行政领域,对于比例原则可否适用于授益行政或给付行政,还存在争议,并没有受到足够的研究。现代行政要求比例原则的适用应扩大至授益行政行为,这是现代福利国家应该而且能够做到的。两害相权取其轻,两利相较取其大,应成为现代行政法中比例原则的全部内容。比例原则不仅适用于传统的权力色彩较浓的干预行政领域,也适用于授益行政领域。④ 比例原则应作为开放性的原则,"跳出传统的侵害行政领域从而适用于授益行政领域"。⑤ "比例原则在给付行政中适用具有充分的正当性,可以发挥其权力限制、裁量治理、法益均衡之功能,继而确保给付行政价值功能的发挥。"⑥

在行政法领域,比例原则从手段目的关系的实体角度规范行政权,正当程序原则从程序上约束行政权。比例原则不同于合理性原则,二者在内涵、适用范围、适用方法等方面存在一些差别。虽然比例原则存在精确性缺陷,但具有逻辑严密的"四阶"合比例性分析框架,相对于合理性原则而言更具有可操作性。在适用范围上,比例原则不仅仅只应局限于传统的侵害行政或秩序行政领域。在授益行政或给付行政领域,比例原则有广阔的适用空间。对于侵害行政来说,比例原则要求行政机关采取有助于正当目

---

① 参见赵娟:《合理性原则与比例原则的比较研究——一个以判例为基础的思考》,载《南京大学学报(哲学·人文科学·社会科学版)》2002 年第 1 期;叶必丰:《行政合理性原则的比较与实证研究》,载《江海学刊》2002 年第 6 期;谭冰霖:《行政裁量行为司法审查标准之选择——德国比例原则与英国温斯伯里不合理性原则比较》,载《湖北行政学院学报》2011 年第 1 期;杨登峰:《从合理原则走向统一的比例原则》,载《中国法学》2016 年第 3 期。

② 参见王静:《比例原则在中国行政判决中的适用》,载《交大法学》2017 年第 4 期;崔梦豪:《比例原则在行政诉讼中的适用——以 28 个典型案例为分析对象》,载《财经法学》2019 年第 2 期;刘权:《行政判决中比例原则的适用》,载《中国法学》2019 年第 3 期。

③ 参见刘权:《论必要性原则的客观化》,载《中国法学》2016 年第 5 期;戴昕、张永健:《比例原则还是成本收益分析:法学方法的批判性重构》,载《中外法学》2018 年第 6 期。

④ 参见黄学贤:《行政法中的比例原则简论》,载《苏州大学学报(哲学社会科学版)》2001 年第 1 期,第 42 页。

⑤ 许玉镇:《比例原则的法理研究》,中国社会科学出版社 2009 年版,第 129 页。

⑥ 梅扬:《比例原则在给付行政中的适用》,载《财经法学》2020 年第 4 期,第 80 页。

的实现的最小损害性手段,并且该手段所造成的损害同其所促进的公共利益应当成比例。对于授益行政而言,比例原则要求行政机关采取有助于正当目的实现的最大有效性手段,并且该手段所耗费的成本同其所保障的公民权利收益之间应成比例。尽管比例原则在行政法中得到了最为广泛的适用,但比例原则不仅仅只是一个行政法原则。

3. 刑法

近些年来,越来越多的学者研究了刑法中的比例原则。比例原则能够弥补刑法的基本原则无法防止立法泛滥及刑法的谦抑性所不具有的硬约束力之缺陷,所以刑法学有必要引入比例原则分析范式,追寻一种理性的罪刑规范,把比例原则作为罪刑关系配置的基本原则。刑事立法应该考虑刑法上的可罚的违法性,在刑法解释中强化合目的之法律解释方法。① 在刑事立法中,比例原则可以指导犯罪圈的划定和刑罚配置,保障刑事立法的正当合理性;在刑事司法中,比例原则为正当防卫的限度提供判断基准、为刑法中概括性规定的解释进行合宪性控制。② 比例原则对克制刑法积极主义意义重大,不仅有利于避免刑罚过剩,弥补刑法的谦抑性不足,而且有利于合理配置罪刑规范,正确处理宪法与刑法的关系。③ 比例原则对于贯彻法益保护原则具有方法论的意义,但应当避免简单的话语转换与机械的套用。刑事立法的审查应当按五个步骤展开:(1)目的是否具有合理性?(2)刑罚是不是达到合理目的的有效手段?(3)是否存在替代刑罚的手段?(4)利用刑罚保护法益的同时可能造成何种损害?(5)对相应的犯罪应当规定何种刑罚?④

对于刑罚的具体适用,有学者认为,比例原则作为法治国捍卫公民基本权利的一项宪法性原则,对于确定正当防卫权的限度具有指导作用。正当防卫必须符合适当性和必要性原则,但狭义比例原则对它的制约却极弱。对有前科公民就业权的限制程度应当遵循比例原则。⑤ 从宪法保护住宅自由的角度看,只要刑法对入户犯罪能给予比较充分的评价,则宪法并不要求刑法对所有的入户犯罪都要设置相同水准的刑罚,入户抢劫的刑

---

① 参见姜涛:《追寻理性的罪刑模式:把比例原则植入刑法理论》,载《法律科学》2013年第1期,第100页。
② 参见于改之、吕小红:《比例原则的刑法适用及其展开》,载《现代法学》2018年第4期,第136页。
③ 参见姜涛:《比例原则与刑罚积极主义的克制》,载《学术界》2016年第8期,第89页。
④ 参见张明楷:《法益保护与比例原则》,载《中国社会科学》2017年第7期,第88页。
⑤ 参见陈璇:《正当防卫与比例原则——刑法条文合宪性解释的尝试》,载《环球法律评论》2016年第6期;邵玉婷:《前科就业限制的比例原则规制》,载《东方法学》2017年第3期。

罚本身就有过分严厉而违反比例原则的嫌疑。① 抽象危险犯保护双层法益,而双层法益之间既非择一关系亦非并列关系,而是手段与目的的关系:保护阻挡层法益只是手段,保护背后层法益才是目的。通过比例原则可以实现对抽象危险犯的立法与司法规制。②

比例原则可以而且应当适用于刑法,因为刑罚的运用涉及公权力对权利的限制,直接关乎人权保障。无论是立法者在设定罪名和配置刑罚时,还是司法者在定罪量刑时,比例原则都可以发挥一定的规范功能。

4. 刑事诉讼法

刑事诉讼强制措施应受比例原则的约束。有学者认为,引进比例原则,对强制措施的适用加以合理限制,使其与被追诉人适用的刑罚相协调,有利于其在刑事诉讼中发挥合理效能。③ 比例原则可以协调实现刑法价值与限制权力价值的对立统一,有利于平衡控制犯罪价值与保障权利价值,可以促进秩序价值与程序正当性价值的平衡。④ 另有学者认为,侦查取证程序应符合比例原则。犯罪侦查取证行为应当在打击犯罪与保障公民基本权利之间遵循比例原则,侦查取证行为应满足目的正当性要求、手段目的匹配要求、谦抑性要求、成本收益平衡四项要求。⑤

有学者认为,刑事程序比例构造的要义是以比例原则为基础,对刑事诉讼中专门机关行使的各种强制性、干预性的程序性权力,应进行合乎比例的体系化控制。刑事程序比例构造包含两重基本的比例关系:一是刑事诉讼措施与案件情形之间的比例关系;二是刑事程序针对不同强度的诉讼措施加以控制的比例关系。⑥ 在刑事诉讼中,不论是刑事强制措施,还是刑事程序,都会对当事人产生影响,都应受比例原则的规范。

5. 民事诉讼法

有学者认为,比例性的本质是运用利益衡量方法,在司法程序制度及其适用方面,谋求价值(公正、效率)与目的之统一(即在正当程序中实现

---

① 参见杜强强:《入户犯罪、牵连犯处断与比例原则——兼论合宪性解释对刑法释义学命题的尊重》,载《首都师范大学学报(社会科学版)》2016年第1期。

② 参见蓝学友:《规制抽象危险犯的新路径:双层法益与比例原则的融合》,载《法学研究》2019年第6期,第134页。

③ 参见金石:《刑事诉讼强制措施的适用应遵守比例原则——兼论相关检察监督》,载《西南政法大学学报》2006年第4期,第96页。

④ 参见樊奕君:《比例原则视角下刑事强制措施价值平衡研究》,载《中国刑事法杂志》2011年第12期,第103页。

⑤ 参见裴炜:《比例原则视域下电子侦查取证程序性规则构建》,载《环球法律评论》2017年第1期,第80页。

⑥ 参见秦策:《刑事程序比例构造方法论探析》,载《法学研究》2016年第5期,第153页。

诉讼目的)。民事诉讼比例性要求民事诉讼及其具体程序制度目的,同其实现手段之间必须具有客观的对称性。① 另有学者认为,民事诉讼中的强制措施与民事强制执行,更是与行政法上的行政秩序罚与行政强制执行相类似,在适当的场合有必要基于比例原则考量法院实施的诉讼行为的合目的性。② 在保险合同执行领域,在投保人不愿意解除人身保险合同,也不存在法定解除事由的案件中,应当适用比例原则,对可执行与否进行判断。③ 在民事诉讼中,不论是强制措施,还是民事诉讼程序,都会对当事人产生影响,都应受比例原则的规范。

6. 经济法

比例原则可适用于反不正当竞争。比例原则是处理利益冲突的一个工具,不正当竞争行为是涉及不同利益之间冲突的市场行为,可以适用比例原则的分析框架进行考察,从而将抽象的判断标准客观化。④ 在公平竞争审查例外制度运行过程中,引入比例原则事实上不仅具有必要性,而且也具有相应的合理性。比例原则在公平竞争审查例外制度运行中的具体展开需要着重处理好如下四个层面的内容:一是政策措施的目的正当性审查;二是政策措施之于目的的适当性审查;三是政策措施之于目的实现的必要性审查;四是政策目的实现与竞争损害之间的均衡性审查。⑤

比例原则可适用反垄断。有学者认为,垄断规制的复杂性与反垄断规则的不确定性决定了反垄断执法具有很大的弹性,而反垄断执法机构则具有广泛的自由裁量权,所以比例原则的合理约束显得尤为重要。⑥ 比例原则在反垄断法中不仅与执法程序相关,也与垄断行为的合法性认定相关;不仅与公权行为相关,也与私人限制竞争行为相关。在违法决定中,执法机构应根据违法行为的严重程度选择合适的处罚措施及设定罚款数额。在承诺决定中,承诺内容的确定应体现比例原则要求,但当企业自愿作出

---

① 参见邵明:《论民事诉讼的比例性》,载《贵州民族大学学报(哲学社会科学版)》2016年第5期,第131页。

② 参见占善刚、张博:《比例原则在民事诉讼中的适用与展开》,载《学习与实践》2019年第1期,第76页。

③ 参见杨梅瑰:《论比例原则在人身保险合同现金价值强制执行中的适用》,载《法学杂志》2020年第9期,第120页。

④ 参见兰磊:《比例原则视角下的〈反不正当竞争法〉一般条款解释——以视频网站上广告拦截和快进是否构成不正当竞争为例》,载《东方法学》2015年第3期,第68页。

⑤ 参见黄军:《比例原则在公平竞争审查例外制度运行中的适用》,载《财经法学》2021年第1期,第49页。

⑥ 参见游钰:《论反垄断执法之规范与比例原则》,载《甘肃政法学院学报》2010年第3期,第105页。

较重承诺时,执法机构也可据此作出承诺决定。比例原则还可用于分析限制竞争行为的合法性:构成附属限制的限制竞争行为可被免于适用反垄断法的禁止性规定;符合禁止性规定的限制竞争行为也可基于效率抗辩而被豁免。附属限制理论与效率抗辩标准本质上都是比例原则的要求。①

经济法涉及国家宏观调控和市场监管,直接关系到权力与权利的关系,应受比例原则的调整。如果将经济法看作特别行政法,那么比例原则必然应当全面适用于经济法。

7. 财税法

有学者认为,税法应尽快确立比例原则。比例原则能够有效地压缩征税自由裁量权在行使过程中恣意与专横的空间,制约自由裁量权的滥用。比例原则是征税裁量权行使理性化的重要保障。应当适用比例原则规范和改进税务稽查执法活动,从而更好地实现税务稽查执法目标。② 税收优惠措施应符合比例原则。现行税收优惠无论是其规范设计还是规范实践均难以通过比例原则的审查,突出地表现为优惠目的立法缺位、优惠总量失控与支出随意以及利益衡量机制的缺失。必须以比例原则为指引,从观念上和制度上对税收优惠予以规制。③

税收诉讼应当遵循比例原则,税务诉讼"双重前置"制度限制甚至剥夺了纳税人的司法救济权。"清税前置"在目的正当性、程序妥当性和必要性、狭义合比例性方面均不符合比例原则。由于纳税人对行政复议缺乏信任,"复议法定前置"尽管立法目的符合正当性原则,但其程序和结果也难以通过妥当性、必要性和狭义比例原则之审视。④ 税收征管属于典型的公权力行为,相关措施应受比例原则的约束。

8. 国际法

比例原则分别从"目的导向""手段选择""价值取向"上规范目的与武力使用之间的关系,进而成为衡量国际争端中武力使用是否正当的基本依

---

① 参见焦海涛:《我国反垄断法修订中比例原则的引入》,载《华东政法大学学报》2020年第2期,第29页。

② 参见施正文:《论税法的比例原则》,载《涉外税务》2004年第2期;游钰:《论税务稽查执法与比例原则》,载《税务研究》2009年第9期。

③ 参见叶金育、顾德瑞:《税收优惠的规范审查与实施评估——以比例原则为分析工具》,载《现代法学》2013年第6期,第171页。

④ 参见付大学:《比例原则视角下税务诉讼"双重前置"之审视》,载《政治与法律》2016年第1期,第135页。

据。① 海上执法应遵循比例原则,在紧追、登临检查等具体海上执法中不应违背比例原则。② 比例原则不仅可以平衡不同的政策目标、削减贸易壁垒及限制贸易报复水平,而且作为一个工具性原则在国际反倾销、国际征收等领域都具有较好的适用空间,比例原则应该成为约束成员方政府行为及指导 WTO 法发展的基本原则。③

由上考察可知,比例原则几乎适用于各个部门公法。比例原则在宪法、行政法、刑法、刑事诉讼法、民事诉讼法、经济法、财税法、国际法等领域中都得到了全部或部分适用。在没有得到适用的部分公法领域,越来越多的学者主张引入比例原则。公法关乎公共利益,涉及公权力行使,会直接影响公民权利,应受比例原则的调整。

(二) 私法中比例原则的适用

长期以来,比例原则一般被认为是公法的"帝王原则",但近些年一些学者认为,比例原则可以适用于私法。对于私法中比例原则的适用,主要存在三种代表性观点:比例原则在私法中具有普适性、比例原则可有限适用于私法和比例原则不应在私法中适用。

1. 比例原则在私法中具有普适性

一部分学者则认为,比例原则可以成为私法的基本原则,在私法中具有普适性。如有学者认为,比例原则的精髓在于"禁止过度",对包括民法在内的整个法律秩序发生作用。比例原则可广泛地作用于民事立法、民事司法和民事行为等领域,对这些领域是否存在"禁止过度"的情况进行分析和诊断,以确保相关主体的权利和自由不被过度干预,从而能够捍卫私法自治的价值,也有助于推动民法在理念和制度层面的更新。比例原则具备担纲一项民法基本原则的地位和资格。④

另有学者认为,比例原则是目的理性的集中体现,作为成本收益分析的另一种表达,在私法中也应具有普适性。该学者基于高利转贷合同效力、无贷款牌照经营贷款业务的合同效力、无行为能力人所为行为,以及合

---

① 参见陈晓明:《比例原则与国际争端中的武力使用》,载《法治研究》2013 年第 12 期,第 3 页。
② 参见徐鹏:《海上执法比例原则研究》,上海交通大学出版社 2015 年版。
③ 参见韩秀丽:《论 WTO 法中的比例原则》,厦门大学出版社 2007 年版;韩秀丽:《欧洲法院在反倾销案件中对比例原则的适用》,载《欧洲研究》2005 年第 6 期。
④ 参见郑晓剑:《比例原则在民法上的适用及展开》,载《中国法学》2016 年第 2 期,第 143 页。

同违约中的实际履行请求权四个例子,分别具体展示了比例原则的四步审查框架在私法中的运用。①

2. 比例原则可有限适用于私法

另一部分学者认为,比例原则可以部分适用于私法。如有学者认为,私法领域并非所有都与公益无关,在比例原则指导下的合同无效之判定是一个事实判断与价值判断的综合考量过程。其中,合同与社会公共利益的关联性、合同无效的必要性和实效性的判断主要是事实判断的过程,而合同本身的恶劣性、社会公共利益的重要性以及合同无效的均衡性则更多的涉及价值判断。比例原则的运用可以保证合同无效的判断是适度的。②

有学者认为,《民法典》未规定无效法律行为转换制度,因此无法从现行民法规范的精神框架内抽象出这一标准。比例原则作为具有方法论意义的工具性原则,能够为这一标准的确立提供指导。适当性审查是对无效法律行为转换的构成要件的检验,必要性审查主要是对无效法律行为转换的替代措施的辨别,而均衡性审查则是对无效法律行为转换的适用限度的衡量。③

另有学者认为,比例原则控制处于强势地位的主体过度行使权力的工具性原则本质,决定了其在民法中适用的有限性。从比例原则的本质出发,可将比例原则民法适用的条件概括为法定社会权力情形下适用和事实性社会权力情形下适用两种类型。比例原则不应全面适用于民法,比例原则的民法基本原则说夸大了比例原则对民法的意义,背离了比例原则精神。如果私人主体之间不存在明显的强弱实力差距,用比例原则调整其相互之间关系的结果注定是灾难性的,比例原则的倾斜性保护方式将从根本上打破私主体之间的利益平衡,破坏私法自治秩序,从而构成对私主体自由和平等的侵害。④

3. 比例原则不应在私法中适用

有观点反对比例原则在私法中适用。如有学者认为,民法调整的是平等主体之间的法律关系,比例原则不仅不能在民法中适用,强行适用还会

---

① 参见纪海龙:《比例原则在私法中的普适性及其例证》,载《政法论坛》2016年第3期,第95页。
② 参见黄忠:《比例原则下的无效合同判定之展开》,载《法制与社会发展》2012年第4期,第46页。
③ 参见房绍坤、张泽嵩:《比例原则视域下无效法律行为转换司法适用之判断》,载《社会科学战线》2020年第12期,第229页。
④ 参见李海平:《比例原则在民法中适用的条件和路径——以民事审判实践为中心》,载《法制与社会发展》2018年第5期,第163页。

对私法自治构成不当干涉。民法体系内部已经确立了"诚实信用""不得显失公平""禁止权利滥用"等旨在节制私权的原则体系,它们足以解决私主体滥用单方支配力的问题。①

二、比例原则应当适用于私法

比例原则不仅调整权力与权利之间的冲突,而且还规范权利与权利之间的关系。比例原则可以为权利的正当行使,提供有效的方法论指引与行为准则。比例原则应当适用于私法,但存在限度。

权利的相对性理论,决定了比例原则在私法领域有广泛的适用空间。权利行使不应过度。权利并不是绝对的,个人权利负有社会义务。出于维护社会正义的目的,个人权利应当自我限缩。②"在人类社会里,自由总是有限的、相对的,而不是无限的、绝对的。如果每个人自己想干什么就干什么,那就必然要损害整个国家和社会的利益,就必然会妨碍别人的自由。"③权利行使具有边界,不能超出必要的限度。对于权利人而言,行使权利应当符合设定权利的本来目的,不得以损害他人为主要目的。行使权利应当选取有助于权利实现的手段,如果行使权利会造成损害,在有多种手段可以实现权利的情形下,不应当选取对他人造成过大损害的手段。权利行使所运用的手段,如果损害大但收益小或没有收益,二者不成比例,则可以推定为滥用权利。

立法者应及时制定法律,对宪法基本权利进行具体化,合理确定权利的内在界限。对于不同权利的具体内在界限,立法者必须根据事物的本质,对其进行合比例性限制,并受法院的合比例性监督。一旦立法者根据比例原则确立了权利的内在界限,公民就应当遵守。公民遵守立法者确立的权利界限实际上也是间接遵守了比例原则。在张林、印晓红诉无锡肯德基噪声污染案中,原告认为被告经营所产生的噪音对其产生了不利影响,法院认为被告"所排放的噪声符合国家规定的环境噪声排放标准",但原告仍坚持要求被告立即停止侵害,并按照其提出的方式、步骤予以整改,"欠缺事实依据,亦不符合比例原则",故不予支持。④ 此案中,原告具有休

---

① 参见梅扬:《比例原则的适用范围与限度》,载《法学研究》2020年第2期,第64页。
② 参见张翔:《财产权的社会义务》,载《中国社会科学》2012年第9期,第103页。
③ 李步云:《略论公民的基本权利和义务——对宪法修改草案的一点认识》,载《学习与研究》1982年第6期,第7页。
④ 张林、印晓红诉无锡肯德基噪声污染案,(2017)苏12民终3011号。

息权,享有生活安宁的自由,但被告有经营权,享有排放噪音的自由,立法者为了解决权利冲突,确立了噪声排放标准,实际上就是确立了企业自由经营权的内在界限,所以原告不应再违背比例原则而过度主张权利。如果原告认为噪声标准本身有问题如数值过高,对自己造成了过度影响,可以以违反比例原则为由,主张立法者制定的标准不合理。

现实中大量权利的内在界限,法律往往并没有明确规定,或者规定得过于宽泛模糊,这就要求公民自觉遵守权利的内在界限,不得违反比例原则。虽然权利行使者可以不遵守比例原则,但发生利益冲突而诉至法院时,法官往往会适用比例原则来判断权利行使是否超出了必要的限度。例如德国泰坦尼克案,讽刺性杂志《泰坦尼克》描述一位截瘫的后备役军官为"天生杀人犯",原告认为自己人格权受到侵犯。联邦宪法法院认为,该杂志经常给人取绰号,"天生杀人犯"的绰号并不构成"对人格权不合法的、严重的、非法的侵犯",本案中应优先保护表达自由权,"天生杀人犯"的描述对人格权的侵犯没有违反比例原则。[1]

除了作为衡量公民权利边界的基本标准,比例原则还应当约束大型私权力组织。在现代社会,尤其是在互联网时代,大型私权力组织日益增多,对公民权利的影响不亚于传统国家机关。如大型网络平台集制定规则、实施规则、解决纠纷等多项权能于一身,"在数字经济时代承担着维护网络市场秩序、保障用户权益的公共职能"。[2] 超级平台通过实施大量"准政府行为",对平台用户的权利义务产生着重大影响,行使着巨大的私权力,应受比例原则的约束。私权力"有着非常明显的手段上的压制性、侵入性、否定性和强制性"。[3] 同公权力一样,"私权力可能影响到公共利益和许多个人的生计"。[4] 因此,比例原则不仅应当规范公权力,还可以约束私权利和私权力。比例原则应当作为"控制处于强势地位的主体过度行使权力的工具性原则"。[5]

---

[1] BVerfGE 86, 1 (1 ff.). Robert Alexy, On Balancing and Subsumption. A Structural Comparison, 16 Ratio Juris 433, 437-439 (2003).

[2] 参见刘权:《网络平台的公共性及其实现——以电商平台的法律规制为视角》,载《法学研究》2020年第2期,第42页。

[3] 汪志刚:《论民事规训关系——基于福柯权力理论的一种阐释》,载《法学研究》2019年第4期,第54页。

[4] [英]保罗·克雷格:《公法与对私权力的控制》,载[新西兰]迈克尔·塔格特编:《行政法的范围》,金自宁译,钟瑞华校,中国人民大学出版社2006年版,第239页。

[5] 李海平:《比例原则在民法中适用的条件和路径》,载《法制与社会发展》2018年第5期,第163页。

事实上,比例原则已经在中国私法中得到了广泛适用。比例原则的私法适用,已经涉及相邻权、物权、知识产权、劳动权、合同纠纷等多种案件类型。

1. 相邻权案件

在张彦武诉张进良相邻通行纠纷案中,张进良在张彦武唯一通行的过道里修建了南北楼梯,直接影响张彦武家的正常通行,法院认为,"一方当事人权利的行使也应以不损害另一方的权利为界限。同理,一方在保证自己利益的情况下,对他方合理使用不动产的行为应予容忍。……二人利用不动产的权利冲突的情况下,应遵循比例原则。"①由于张进良修建楼梯的行为的确给张彦武的出行带来不便,所以法院最终判决由张彦武自行拆除其在楼梯下铺设的方砖,降低地面高度,最大限度保证其通行。

2. 物权案件

在江苏鼎圣集团公司诉姜德生返还原物纠纷案中,法院认为,原告安装的摄像头对被告的隐私权造成的不利影响已超过必要的限度,所以被告不宜恢复原状。"监控设备的安装应遵循比例原则,即行政机关及其他企业和个人在安装和管理摄像头时,应兼顾公共安全与公民隐私权益,将为实现公共安全对公民隐私权造成的不利影响限制在尽可能小的范围和限度,保持二者处于适度的比例。"②

3. 知识产权案件

在此类案件中,法院一般认为权利人不应当过度地享有知识产权,对知识产权的保护应有适当的度,不能阻碍创新。在浙江现代新能源有限公司等诉杭州奥普卫厨科技有限公司等侵害商标权案中,法院认为,"基于知识产权保护激励创新的目的和比例原则,知识产权的保护范围和强度要与特定知识产权的创新和贡献程度相适应。只有使保护范围、强度与创新贡献相适应、相匹配,才能真正激励创新、鼓励创造,才符合比例原则的要求。"③在北京卓易讯畅科技有限公司上诉深圳市迅雷网络技术有限公司侵害作品信息网络传播权纠纷案中,法院认为,"网络服务提供者对于促进信息网络技术创新和商业模式发展具有极其重要的作用,对其行为的控制也应当遵循比例原则,防止不适当妨碍技术的发展创新,并为相关互联网产业的发展留下空间。因此,既让网络服务提供者承担相应的责任,但又

---

① 张彦武诉张进良相邻通行纠纷案,(2015)宿中民一终字第 00526 号。
② 江苏鼎圣集团公司诉姜德生返还原物纠纷案,(2014)泰济民初字第 0488 号。
③ 浙江现代新能源有限公司等诉杭州奥普卫厨科技有限公司等侵害商标权案,(2016)最高法民再 216 号。

避免使其过重地承担责任,是网络环境下著作权保护中平衡著作权人与网络服务提供者之间利益的基本原则。"①

4. 劳动权案件

在湘潭钢铁集团有限公司与殷敬芳劳动争议案中,被告认为原告私自将职工餐厅的大米带走,其侵占行为已严重违反公司的规章制度,遂作出开除处分。法院认为,"即使被上诉人确有侵占行为,其情节尚比较轻微,尚未达到《劳动合同法》第三十九条规定的严重程度,且被上诉人此前并无违纪行为,上诉人据此给予被上诉人开除处分显然超过应有的限度,违反责任与处罚应当遵循的比例原则。"②

5. 合同案件

在无锡金润置业有限公司诉俞春辉、王龙等房屋租赁合同纠纷案中,法院认为,"抗辩权的行使应遵循比例原则。……鉴于双方在合同履行过程中均存在违约行为且就合同解除过错程度相当,故双方互不向对方支付违约金。"③在林庆国诉冼自根房屋租赁合同案中,法院认为,"出租人已收取承租人70多万押金,完全可以用于交电费,以发挥押金作用,再说断电措施过猛,影响过大,明显不符合比例原则,有违常理。"④在赵乙深诉孙传庭房屋租赁合同案中,法院认为,"民事活动中亦应有比例原则的适用空间",具言之,在原告得以用极其低廉之代价即可实际占有系争房屋的情况下,仅因该花园铁门有锁即主张交接手续未履行,进而要求被告承担占有使用费,难以为本院接受。⑤

综上,无论何种权力与权利的存在及行使,都会给其他权利带来不同程度的威胁。由于权力与权利本身所体现的自由,其必然包含一定的选择空间与幅度,比例原则的重要价值就在于为该空间、幅度之内的权力与权利运行提供尺度。比例原则对于如何确立权力与权利的边界,提供了科学合理的答案。尽管比例原则被称为是公法的"帝王原则""皇冠原则",但比例原则已不再仅仅只能适用于公法领域。

无论是国家机关行使权力,还是公民行使权利,皆应有度,都不能违反比例原则。虽然比例原则传统上是对权力限制权利的限制,被公认为是规

---

① 北京卓易讯畅科技有限公司上诉深圳市迅雷网络技术有限公司侵害作品信息网络传播权纠纷案,(2016)京73民终201号。
② 湘潭钢铁集团有限公司与殷敬芳劳动争议案,(2015)潭中民一终字第204号。
③ 无锡金润置业有限公司诉俞春辉、王龙等房屋租赁合同纠纷案,(2016)苏02民终2221号。
④ 林庆国诉冼自根房屋租赁合同案,(2016)粤0604民初972号。
⑤ 赵乙深诉孙传庭房屋租赁合同案,(2017)沪0117民初16775号。

范国家权力、保障公民权利的有效武器,但比例原则的核心要义之一是"禁止主体之权过度行使"。在"权利泛化"的当代,行使权利不能违背权利的本来目的,并不得超出权利的必要边界。比例原则并不应仅仅立足于"限制公权力滥用",①对于私主体的权利行使也可以发挥一定的指引与规范功能。由此而言,比例原则既可以防止权力滥用,也可以规范权利滥用。

三、权利滥用、权利边界与比例原则

比例原则是识别权利滥用和划定权利边界的重要标准。在"权利泛化"的当代,公民权利种类与内容得到了前所未有的扩张,与此同时权利滥用和权利冲突现象也日益增多。社会连带关系普遍存在,权利具有社会义务,行使权利存在边界。"有了权利的人也不能对权利肆意放纵,掠夺式的权利不仅会使人丧失尊严,而且也会毁坏秩序的和谐。"②如果权利人不打算承担被处罚或败诉的后果,在行使法定权利时就不应肆无忌惮,而应遵守合比例性的权利边界。为了最大程度地预防权利滥用,并减少权利冲突,需要国家尽可能明确地划定权利边界。但公权力行使者不能随意对权利进行内在限制,确立权利边界的基本标准为比例原则。无论是公权力机关识别权利滥用,或是划定权利边界,还是私主体行使法定权利,比例原则都可以提供有效的方法论指引与行为准则。由此而言,比例原则在私法中是存在适用空间的。

(一)禁止权利滥用的规范性质与地位

禁止权利滥用在很多国家法律中都得到了明确规定,其不断扩张适用的趋势日益明显。相比于《民法通则》,《民法总则》调整了禁止权利滥用条款的内容与顺序,并且首次写明了"滥用"一词。2020年颁布的《民法典》没有作出任何改变,其第132条规定:"民事主体不得滥用民事权利损害国家利益、社会公共利益或者他人合法权益。"然而,对于禁止权利滥用是否属于民法的基本原则,究竟该如何准确识别权利滥用,学界并没有达成完全一致的共识。"实务上对于何种情形方可认为构成权利滥用,则仍需进行具体判定。"③

---

① 参见蔡宏伟:《作为限制公权力滥用的比例原则》,载《法制与社会发展》2019年第6期,第127页。
② 程燎原、王人博:《权利论》,广西师范大学出版社2014年版,序。
③ 陈华彬:《物权法》,中国政法大学出版社2018年版,第199-200页。

禁止权利滥用条款本身容易被滥用。《民法典》中的禁止权利滥用条款需要被具体化。如何规范执法机构和司法部门不计其数的自由裁量，"防止规则被滥用，是后法典时代的重要工作"。① 《民法典》中的禁止权利滥用条款不仅适用于普通的民事权利，还可适用于商事权利、知识产权和社会性权利等广义上的民事权利，对于执法和司法具有显著价值。② 权利滥用的规范性质和判断标准不明确，不仅造成适用困难，容易导致执法、司法的专断与腐败，可能阻碍权利人正常行使法定权利，而且不利于更好地保障他人权利和公共利益。

欲准确适用禁止权利滥用条款，首先需要明确其规范性质与地位。通过分析禁止权利滥用规范性质的相关争论，并考察禁止权利滥用条款在《民法通则》《民法总则》《民法典》中的内容与条款顺序的变迁，可以发现禁止权利滥用在中国并不属于民法的基本原则和普通法律规则。

1. 禁止权利滥用的规范性质争论

对于禁止权利滥用是否属于民法的基本原则，随着《民法总则》的实施和《民法典》的制定颁布，近些年引发了一些新的争议。1986 年颁布的《民法通则》第一章"基本原则"第 7 条规定："民事活动应当尊重社会公德，不得损害社会公共利益，破坏国家经济计划，扰乱社会经济秩序。"尽管没有直接规定"滥用"一词，也没有直接明确为基本原则，但该条款被认为是"权利不得滥用原则的法律表现形式"，该条款"禁止滥用权利的立法意图十分明显"。③ 禁止权利滥用原则和诚实信用原则"同为民法上的两大原则。"④ 2017 年修订的《民法总则》第 132 条规定："民事主体不得滥用民事权利损害国家利益、社会公共利益或者他人合法权益。"一些学者仍然认为此条规定的是禁止权利滥用原则，"《民法总则》规定了禁止权利滥用原则"，其是"私法基本原则"，该原则的具体适用面临很多难题。⑤

持否定说的学者则认为，禁止权利滥用不是民法的基本原则。即使《民法通则》第一章"基本原则"规定了禁止权利滥用，也不表明其是民法的基本原则。如王利明认为，民法的基本原则为平等原则、意思自治原则、

---

① 王成：《〈民法典〉与法官自由裁量的规范》，载《清华法学》2020 年第 3 期，第 19 页。
② 参见孙宪忠：《中国民法典总则与分则之间的统辖遵从关系》，载《法学研究》2020 年第 3 期，第 33 页。
③ 徐国栋：《论权利不得滥用原则》，载《中南政法学院学报》1992 年第 3 期，第 37、38 页。
④ 汪渊智：《论禁止权利滥用原则》，载《法学研究》1995 年第 5 期，第 19 页。
⑤ 彭诚信：《论禁止权利滥用原则的法律适用》，载《中国法学》2018 年第 3 期，第 249、252 页。

公平原则、诚实信用原则、公序良俗原则。① 冉克平等学者也持类似的观点。② 在《民法总则》生效后,也有很多学者认为禁止权利滥用并非民法的基本原则。③ 禁止权利滥用"名为原则,实为例外",其是权利行使自由原则的例外,"禁止权利滥用并非民法基本原则"。④ 另有学者认为,"禁止权利滥用规范不同于独立的抽象原则和具体规则,实为介乎于原则和规则之间的中间状态。"⑤正是在此争议背景下,有学者提出,"禁止权利滥用应当成为我国民法的基本原则"。⑥ 可见,学界对于禁止权利滥用是否属于法律原则,并没有达成一致。

2. 禁止权利滥用条款的内容与顺序变迁

为了准确判断禁止权利滥用规范的性质,有必要考察禁止权利滥用条款的历史变迁。禁止权利滥用的思想起源较早,早在罗马法时代,就存在"善良生活,不害他人,各得其所""不得过分或恶意行使权利"等格言。萨莱耶向《法国民法典》改革委员会率先提出了"权利滥用"的一般理论,使其在法国得到了长足发展。《德国民法典》首次明确规定了禁止权利滥用,但并未像法国那样广泛适用。⑦ 当代很多国家,都在民法体系中规定了禁止权利滥用的内容。

《民法通则》《民法总则》《民法典》都规定了禁止权利滥用的内容。但有学者认为,《民法通则》第 7 条体现的是公序良俗原则,其所规定的"社会公共利益"的地位和作用相当于其他立法例中的公序良俗。⑧ 实际上,《民法通则》第 7 条只是规定了权利滥用的一个后果面向即可能损害社会公共利益,对于损害他人合法权益的权利滥用并没有明确规定。此时或许需要结合《民法通则》第 5 条的规定:"公民、法人的合法的民事权益受法

---

① 王利明:《民法总论》(第二版),中国人民大学出版社 2015 年版,第 48-58 页。
② 如冉克平认为,民法的基本原则为"民事主体地位平等原则、意思自治原则、公平原则、诚实信用原则、公序良俗原则"。参见冉克平:《民法教程:民法总论·物权法》,广西师范大学出版社 2016 年版,第 31-35 页。
③ 如李永军认为,民法的基本原则为"主体平等原则、私权神圣原则、意思自治原则、公平原则、诚实信用原则、公序良俗原则。"参见李永军:《民法总则》,中国法制出版社 2018 年版,第 60-76 页。
④ 李宇:《民法总则要义:规范释论与判解集注》,法律出版社 2017 年版,第 417 页。
⑤ 李敏:《我国民法上的禁止权利滥用规范——兼评〈民法总则〉第 132 条》,载《法律科学》2018 年第 5 期,第 129 页。
⑥ 魏振瀛主编:《民法》(第七版),北京大学出版社、高等教育出版社 2017 年版,第 25 页。
⑦ 参见朱庆育:《民法总论》(第 2 版),北京大学出版社 2016 年版,第 525-526 页。
⑧ 于飞:《公序良俗原则研究——以基本原则的具体化为中心》,北京大学出版社 2006 年版,第 1 页。

律保护,任何组织和个人不得侵犯。"此条款实际上包含了行使权利不得损害他人合法权益的要求。因而似乎可以说,《民法通则》第 5 条和第 7 条共同构成了禁止权利滥用的完整内容,即公民行使权利不得损害他人合法权益和社会公共利益。

在《民法总则》制定过程中,对于如何规定权利滥用条款争议较大,禁止权利滥用的规范地位和条款顺序发生了较大的变化。梁慧星认为,考虑到禁止权利滥用原则的重要性,应在"一般规定"中将其单列,其负责起草的《中国民法典草案建议稿》第 8 条对权利滥用进行了规定。① 2016 年颁布的《民法总则(草案)》第 8 条规定:"民事主体从事民事活动,应当遵守法律,不得违背公序良俗,不得损害他人合法权益。"此条款同时规定了民事主体行使权利,既不得违背公序良俗,也不得损害他人合法权益。《民法总则(草案二次审议稿)》第 8 条规定:"民事主体从事民事活动,不得违反法律,不得违背公序良俗,不得滥用权利损害他人合法权益。"此条款首次增加了"滥用"一词,但却将权利滥用的后果限缩为不得损害他人合法权益,同违背公序良俗加以区分。《民法总则(草案三次审议稿)》第 7 条规定:"民事主体从事民事活动,不得违反法律,不得违背公序良俗。"并将权利滥用的内容移到了第五章"民事权利"第 132 条:"民事主体不得滥用民事权利损害他人合法权益。"2017 年最终颁布的《民法总则》对第 132 条作了进一步完善:"民事主体不得滥用民事权利损害国家利益、社会公共利益或者他人合法权益。"至此,禁止权利滥用条款在《民法总则》中得到了完整规定。

通过考察禁止权利滥用条款的历史变迁可以发现,在内容上,"不得滥用民事权利"最终明确写入了《民法总则》,并完善了权利滥用的后果要件,即不得损害国家利益、社会公共利益或者他人合法权益。在条款顺序上,禁止权利滥用不再属于第一章"基本原则"或"基本规定"部分,而属于第五章"民事权利"部分。《民法典》沿袭了《民法总则》的内容与体例,在第一编"总则"的第五章"民事权利"部分,规定了禁止权利滥用。

3. 禁止权利滥用不属于民法的基本原则和普通法律规则

禁止权利滥用是否像一些学者认为,属于或应当作为民法的基本原则呢?《民法通则》《民法总则(草案)》《民法总则(草案二次审议稿)》,都是在第一章"基本原则"部分规定了权利滥用条款。虽然第一章称为"基本

---

① 参见中国民法典草案建议稿课题组负责人梁慧星:《中国民法典草案建议稿附理由:总则编》,法律出版社 2013 年版,第 25 页。

原则",但除了规定诚实信用原则等法律原则外,还规定了立法目的、调整范围、适用范围等基本事项,所以禁止权利滥用规定在第一章"基本原则"部分,并不必然表明其就是民法的基本原则。《民法总则(草案三次审议稿)》正式将禁止权利滥用条款移到了第五章"民事权利"部分。在《民法总则》制定过程中,一些地方和单位曾提出,"禁止权利滥用也是民法基本原则",建议调整至第一章中,但并没有被最终采纳。[①] 以至于有学者认为,"这种立法方法对于禁止权利滥用原则的地位有所降低。"[②]《民法典》第一编"总则"第一章"基本规定"部分,规定了民法的基本原则,包括平等原则、自愿原则、公平原则、诚信原则、公序良俗原则、绿色原则,表明立法者最终并没有将禁止权利滥用视为民法的基本原则。

在早期的潘德克顿法学中,民法总则中并无基本原则的规定,直到后来才普遍规定,目的是为了体现立法者的指导思想、基本目标和基本看法。《民法典》总则中基本原则对于分则各编的统辖作用十分强大,"全部的民事活动都要服从民法基本原则的要求",[③]其"统率民法的各项制度及规范"。[④] 民法的基本原则,是"民事主体从事民事活动和司法机关进行民事司法活动应当遵循的基本准则"。[⑤] 禁止权利滥用并不像自愿原则、诚实信用原则等基本原则那样适用于所有民事活动领域,而主要适用于民事权利行使领域,反映了特定的普通价值。因此,禁止权利滥用不属于民法的基本原则。那么,禁止权利滥用规范究竟是何性质呢?

禁止权利滥用规范不属于明确的法律规则。首先,在规范结构构成上,法律规则一般都是由具体的行为模式与行为后果构成,具有较强的确定性;而法律原则一般是由较为抽象与概括的词语组成,具有较大的不确定性。"民法规则明确而具体,具备构成要件与法律后果"。[⑥] 对于禁止权利滥用规范而言,其并不具备明确的构成要件与法律后果,内容具有高度概括性与抽象性,不符合法律规则的基本特征。其次,在规范适用上,法律

---

① 《民法总则立法背景与观点全集》编写组编:《民法总则立法背景与观点全集》,法律出版社 2017 年版,第 345 页。
② 杨立新主编:《中华人民共和国民法总则要义与案例解读:总体说明·逐条释义·案例解读》,中国法制出版社 2017 年版,第 491 页。
③ 孙宪忠:《中国民法典总则与分则之间的统辖遵从关系》,载《法学研究》2020 年第 3 期,第 28 页。
④ 崔建远:《民法总则:具体与抽象》,中国人民大学出版社 2017 年版,第 11 页。
⑤ 《民法总则立法背景与观点全集》编写组编:《民法总则立法背景与观点全集》,法律出版社 2017 年版,第 14 页。
⑥ 崔建远:《民法总则:具体与抽象》,中国人民大学出版社 2017 年版,第 12 页。

规则在适用时非此即彼,如果法律规则之间发生冲突,则其中必有一条是无效的,规则是以全有或全无的方式适用。而法律原则则是"公平、正义或其他道德维度的要求",①具有广泛性、可欲性、非决断性的特点,②构成了法律之整体性的根基,③其在适用时需要权衡。如果法律原则之间发生冲突,"必须互相衡量或平衡",④但并不会导致某个原则失效。禁止权利滥用对权利行使提出了道德正当性的要求,适用者在判断是否构成权利滥用时,往往需要进行损益权衡,而且其适用并不会导致其他法律规范无效。

无论是分析权利滥用的规范构成还是适用方法,都可以发现权利滥用规范不属于普通的法律规则。实际上,禁止权利滥用可以看作是诚信原则衍生出的具体法律原则,是从否定性角度对权利行使提出的义务要求。违背权利本来目的而滥用权利,是不诚信的体现。但由于诚信原则是公民行使权利、履行义务的最高准则,内涵较为丰富,涉及面较广,而禁止权利滥用的构成要件与判断标准又较为特殊,所以需要单独成为一项衍生原则。作为一个独立的法概念,禁止权利滥用是对权利行使的道德底线要求,"无疑具有重要的立法和学理价值"。⑤ 另外,滥用权利损害公序良俗的行为,可以受公序良俗原则的调整。因此,禁止权利滥用原则,无法与诚信原则、公序良俗原则并列成为民法的基本原则。

禁止权利滥用不属于民法的基本原则,也并非普通的法律规则,而是行使民事权利的具体原则。虽然禁止权利滥用条款并没有出现在《民法典》第一编"总则"第一章"基本规定"之中,但并不表明其不再重要。在整个《民法典》体系中,禁止权利滥用条款属于总则的内容,具有统领性地位。总则编为《民法典》整体的思想基础、规则效力基础、法理解读科学性基础,"对全部分则的规定具有统辖作用"。⑥ 因此,尽管禁止权利滥用不属于民法的基本原则,但其地位并没有降低。在后民法典时代,探究禁止权利滥用的构成要件与具体判断标准至关重要。

---

① Ronald Dworkin, Taking Rights Seriously, Cambridge, Harvard University Press, 22(1977).
② [英]哈特:《法律的概念》(第三版),许加馨、李冠宜译,法律出版社 2018 年版,第 333 页。
③ 参见孙海波:《裁判对法律的背离与回归》,中国法制出版社 2019 年版,第 113 页。
④ [美]迈克尔·D.贝勒斯:《法律的原则:一个规范的分析》,张文显等译,中国大百科全书出版社 1996 年版,第 13 页。
⑤ 王锡锌:《滥用知情权的逻辑及展开》,载《法学研究》2017 年第 6 期,第 46 页。
⑥ 孙宪忠:《中国民法典总则与分则之间的统辖遵从关系》,载《法学研究》2020 年第 3 期,第 20 页。

(二) 权利滥用的重要识别标准：比例原则

判断是否构成权利滥用，应遵循主客观相统一的原则。具体来说，"权利滥用"的构成要件包括两方面：一为"滥用"要件，即行使权利存在主观过错；二为"损害"要件，即行使权利存在客观损害或潜在损害。权利人行使权利在主观上存在过错，同时在客观上给国家利益、社会公共利益或他人合法权益造成损害，就构成权利滥用。只有滥用的主观过错，但无任何客观损害或潜在损害，法律似乎就没有调整的必要。如果没有主观过错，但有客观损害或潜在损害，就不构成权利滥用。

1. 权利滥用的前提：合法享有权利

合法享有权利，是构成权利滥用的前提。如张菊琴与毛建强排除妨害案，被告毛建强在其房屋空调机位和次卧窗外搭建鸽棚、鸽笼，使得信鸽的粪便、羽毛飘散至原告屋内。法院认为，被告"有权利为饲养信鸽搭建鸽棚、鸽笼"，"法律不能剥夺毛建强饲养信鸽的权利，但应对其为饲养信鸽搭建鸽棚、鸽笼行为予以限制。"被告行使权利超出了范围和界限。①

如果根本不具有某项权利而从事某个行为故意损害他人权利，就谈不上滥用权利，而可能属于不正当竞争、无权处分等行为，甚至是犯罪行为。例如滥用"通知-删除"规则但不具有投诉资格的恶意投诉，就不构成权利滥用。在王垒诉江海、浙江淘宝网络有限公司不正当竞争案中，法院认为被告江海主观明知其从未获得涉案商标的授权使用，没有获得进行侵权投诉的权利，但仍然使用虚假材料进行恶意投诉，导致原告淘宝店铺被降权，损害了同行业正当商业利益，不具有正当性，最终判决被告江海赔偿损失210万元。② 权利滥用是基于权利所做的"错事"。③ 只有在合法享有权利的前提下，不当行使权利才可能构成滥用。

2. 权利滥用的主观要件：权利行使存在主观过错

对于权利滥用是否必须具有主观过错，存在一定的争论。中国现行法律对于禁止权利滥用"只有抽象标准的设定，但未明确规定主观标准或是客观标准"，司法实践中"权利滥用的判定主要视客观要件而定，通常不考

---

① 参见张菊琴与毛建强排除妨害案，(2018)苏0113民初5606号。
② 参见王垒诉江海、浙江淘宝网络有限公司不正当竞争案，(2018)浙8601民初868号。
③ 参见彭诚信：《论禁止权利滥用原则的法律适用》，载《中国法学》2018年第3期，第253页。

虑主观要件。"①

存在主观过错，是构成权利滥用的主观要件。没有权利人的主观过错，就谈不上权利滥用。因为"滥用"是指胡乱地不正当使用，体现了对行为人主观过错的否定性评价。所谓"权利滥用"，是指权利人胡乱地不正当行使法定权利，违背了权利的本来目的。如果不考虑行为性质和主观意图，纯粹以客观损害后果作为标准，不仅难以同侵权行为等行为相区分，而且还会妨碍权利的正常行使。一切权利，不论是公权或私权，利己权或利他权，总有一个目的。权利人如果违背权利的本来目的，就是滥用权利。在有组织的社会中，个人权利是有任务的权利，"每一种权利的行使，都须合乎其创制的精神。"②权利滥用虽然在形式上具有权利行使的外观，但从行为的具体内容以及实际效果来看，已经脱离了权利的本来目的，所以不具有正当性。③ 滥用权利违背权利的本来目的，既可能是出于故意，也可能是由于过失。

（1）权利滥用的故意

故意以损害公共利益或他人权利为主要目的行使权利，违反了目的正当性原则，属于权利滥用主观过错最为常见的表现形式。权利是个人的道德生存条件，不仅具有物质价值，还具有理念价值。④ 法律之所以规定某项权利，就是为了保障个人更好地实现自己的物质利益和精神利益，而不是损害国家、社会或他人利益。如果行使权利目的不正当，违背权利的本来目的，故意损害公共利益或他人权利，则明显属于滥用权利，如为了报复邻居故意修筑高墙影响其通行、夫妻假离婚躲避共同债务、夜晚故意大声唱歌影响邻居休息。侵害的意思素来就是滥用权利的标准形式，是权利滥用理论起源的最初形态。"狞恶不容宽恕""欺诈毁灭一切"这两句旧谚语，是权利不得滥用理论的骨干。"我们行使权利，必须有合于权利的精神及使命的正当动机，否则我们不是行使权利，而是滥用权利了。"⑤

一些国家法律明确将主观故意作为判断权利滥用的标准，如《德国民

---

① 参见李敏：《我国民法上的禁止权利滥用规范——兼评〈民法总则〉第 132 条》，载《法律科学》2018 年第 5 期，第 132、141 页。

② ［法］路易·若斯兰：《权利相对论》，王伯琦译，中国法制出版社 2006 年版，第 247 页。

③ 参见石龙潭：《信息公开与"权利滥用"——日本的现实和应对》，载《财经法学》2018 年第 5 期，第 13 页。

④ 参见［德］鲁道夫·冯·耶林：《为权利而斗争》，刘权译，法律出版社 2019 年版，第 29 页。

⑤ ［法］路易·若斯兰：《权利相对论》，王伯琦译，中国法制出版社 2006 年版，第 229、250 页。

法典》《奥地利民法典》。① 中国法律虽然没有明确权利滥用必须存在主观故意,但存在故意应当属于滥用权利的典型主观过错形态之一。在钜强(广州)机械有限公司与林东梁商标权纠纷案中,最高人民法院认为,"任何违背立法目的和法律精神,以损害他人正当权益为目的,恶意取得并行使权利、扰乱市场正当竞争秩序的行为均属于权利滥用。"②然而,即使行使权利是为了谋取自身正当利益,但如果权利行使方式不正当,违背了权利的本质目的,给国家利益、社会公共利益或他人权利造成了损害,也可能构成权利滥用。例如故意同时提起大量信息公开申请以试图引起社会舆论关注,违背了设置信息公开申请权的知情、监督目的。

(2) 权利滥用的过错推定:合比例性分析

通过合比例性分析,可以有效推定权利滥用存在过错。是否存在权利滥用的主观故意,往往难以有效证明。如果无法准确判断行使权利是否存在造成损害的主观故意,可以根据一定的客观标准,推定存在权利滥用的过错。在张娟诉陈燕财产损害赔偿案中,法院认为,对权利滥用"主观恶意"的认定,"除应根据事实判断行为人的主观意思外,还应采用客观判断方法考量利益变迁。"③在当代民主自由法治国家,合比例性分析是推定权利滥用存在过错与否的重要标准。比例原则是指行为者在选择手段实现某个正当目的时,应当选择有助于目的实现的最小损害性手段,并且该手段所造成的损害与所促进的利益应当成比例。④ 比例原则的本质在于调整目的与手段的关系,有助于行为者更好地挑选出理性的手段。在权利滥用案件中,法官可以运用比例原则识别"滥用"是否存在。

首先,权利行使应有助于实现设定权利的本来目的,给权利人带来合法利益。如果行使权利的方式同权利的本来目的间没有实质关联性,此种权利行使就不具有正当性。"损人不利己""于己无益,于人有害"的权利行使行为,不符合适当性原则,应推定为滥用权利。

其次,行使权利应尽合理的注意义务,避免造成不必要的损害。在董刚诉孙献武排除妨害案中,法院认为,"在行使自己的民事权利的时候也要

---

① 《德国民法典》第226条规定:"权利之行使,不许专以损害他人为目的。"《奥地利民法典》第1295条第2款规定:"以违反善良风俗的方式故意造成他人损害的人,也应对此负责;但如果在行使权利时导致损害发生,则只有权利的行使明显地以损害他人为目的时,其才应当负责。"
② 参见钜强(广州)机械有限公司与林东梁商标权纠纷案,(2015)民提字第49号。
③ 参见张娟诉陈燕财产损害赔偿案,(2017)京02民终3858号。
④ 参见刘权:《行政判决中比例原则的适用》,载《中国法学》2019年第3期,第84页。

考虑到他人的合法权益。"① 行使权利有多种方式,但权利行使者由于疏忽未加思考或贸然行事,选择了致人遭受损害或更大损害的一种,如果不存在明显侵害他人的故意,应视为过失行为。② 如高杰与施雨相邻关系案,被告将原设计为内开式的进户门改成外开式。法院认为,"在使用相邻不动产时应当承担相应的注意义务",被告对原告及其家人的正常出行造成事实上的妨碍,并存在潜在危险,所以应当恢复原来的开启状态。③ 违反合理的注意义务,权利行使方式不当,对他人权利造成过度损害,可以推定为滥用权利。

再次,如果权利行使确实给权利人带来了利益,但收益与损害明显不成比例,"本人获利远小于对他人损害",违反了狭义比例原则,也应推定为权利滥用。在健隆生物科技股份公司与甄云霞案中,被告在原告甄云霞怀孕期间,将其从生活所在地北京变更工作地点到几百公里外的呼和浩特。法院认为,"当员工因调动所蒙受的不利益程度明显大于企业调动员工的业务必要性时",则该工作调动构成了权利滥用。④ 中国台湾地区通过利益衡量的判断基准,推定权利滥用存在主观过错。如果权利人所得利益极少但对他人及国家社会造成的损害很大,就应当视为以损害他人为主要目的。⑤ 此种利益衡量实际上是狭义比例原则分析,即认为权利人行使权利带来的收益同其造成的损害不成比例,就认为是在滥用权利。

因此,通过目的正当性原则分析权利行使时存在的致损故意,通过适当性原则、必要性原则与狭义比例原则分析推定权利行使存在过错,可以更为准确地判断是否构成权利滥用。比例原则可以"作为判断是否构成权利滥用的工具",⑥ 可以为认定权利滥用"提供具有可操作性的分析工具和论证理由"。⑦

权利滥用的过错推定不应无限扩大化,否则对于没有主观过错的权利行使,也可能被误认定为属于权利滥用。通过权利行使的客观效果推断主

---

① 参见董刚诉孙献武排除妨害案,(2017)皖 1202 民初 7008 号。
② 参见[法]路易·若斯兰:《权利相对论》,王伯琦译,中国法制出版社 2006 年版,第 244 页。
③ 参见高杰与施雨相邻关系案,(2018)苏 0412 民初 9072 号。
④ 参见健隆生物科技股份公司与甄云霞案,(2018)京 03 民终 12946 号。
⑤ 参见王泽鉴:《诚实信用与权利滥用——我国台湾地区"最高法院"九一年台上字第七五四号判决评析》,载《北方法学》2013 年第 6 期,第 14 页。
⑥ 李海平:《比例原则在民法中适用的条件和路径》,载《法制与社会发展》2018 年第 5 期,第 176 页。
⑦ 郑晓剑:《比例原则在现代民法体系中的地位》,载《法律科学》2017 年第 6 期,第 106 页。

观过错,具有一定的局限性。例如权利人行使权利没有损害的故意,行使权利时也无法预见收益很小但损害很大,此时就可能不属于权利滥用。反之,如果行使权利收益很大但损害相对较小,也不表明就不存在主观过错。因此,虽然可以运用比例原则,从客观效果反推主观过错的存在,但不宜无限扩大化,否则只会造成权利滥用判断的泛化,不仅可能会阻碍正常的权利行使,会由于定性错误使得受损者得不到有效的法律救济,而且还会导致执法机构、司法部门徇私枉法。在判断是否构成权利滥用时,应该对行为人的加害意思及与此相类似的主观形态进行慎重考虑,仅仅通过对客观利益的比较考量就认定权利滥用,恐怕会将违法造成的既成事实作为结果予以追认。①

3. 权利滥用的客观要件:权利行使造成损害

违背权利的本来目的,造成了客观损害或潜在损害,是构成权利滥用的客观要件。对于权利滥用损害的权益类型,相关法律条款的表述发生了一定的变化。1986 年颁布的《民法通则》第 7 条规定"不得损害社会公共利益,破坏国家经济计划,扰乱社会经济秩序。"国家经济计划、社会经济秩序实际上属于国家利益。2009 年修正的《民法通则》第 7 条规定"不得损害社会公共利益,扰乱社会经济秩序。"此条去掉了国家经济计划,是基于社会主义市场经济的建立。《民法典》第 132 条最终使用了不得滥用权利"损害国家利益、社会公共利益或者他人合法权益。"在内涵上,以"国家利益"取代"社会经济秩序"更为合理,因为其所包含的利益类型更为丰富。在外延上,"国家利益、社会公共利益"实际上可以统一称为公共利益。2004 年修宪时虽然没有改变 1982 年《宪法》第 51 条所使用的"国家的、社会的、集体的利益"概念,但在多个其他条款中使用了"公共利益"一词,具有"与时俱进、与世界接轨的某些特征。"②因此,公民滥用权利可能损害两大方面的利益:公共利益和他人合法权利。

权利行使不得损害公共利益。公共利益关乎整个国家或社会的利益,无论个人是否获利,滥用权利损害公共利益的行为都应当禁止。但有学者认为,禁止权利滥用条款没必要规定公益利益,损害公共利益的权利行使在私法上并无评价意义,公共利益应由公法保护,禁止权利滥用条款"未能

---

① 参见[日]河上正二:《民法学入门:民法总则讲义·序论》(第 2 版增订本),[日]王冷然、郭延辉译,北京大学出版社 2019 年版,第 36 页。
② 马岭:《利益不是权利——从我国〈宪法〉第 51 条说起》,载《法律科学》2009 年第 5 期,第 83 页。

准确认识到私法的本质与功能以及私法和公法的分工"。① 尽管私法主要着眼于保护私人利益,但并非不能涉及公共利益,滥用权利损害公共利益的行为会引起私法上的无效和公法上的制裁的双重后果。但是,应防止随意以损害抽象的公共利益为名,不当禁止所谓的"权利滥用"。在公法关系中,个人行使权利不仅可以利己,还可以制约和监督公权力机关,个人拥有的权利实际上对应着政府所应负担的义务,所以不应随意以个体权利行使影响到了公共利益为由而认定权利滥用。② 权利滥用对于公共利益的损害,必须是具体而明确的。如果法院随意将损害公共利益作为判断权利滥用与否的考虑因素,就不利于保障权利。如果被以保护公共利益为由而禁止行使权利,公民或许可以根据相邻关系、租赁关系、地役权关系等相关规定,请求受益人给予一定的补偿。③ 没有充分且正当的具体理由,不得随意以损害公共利益为由禁止权利行使。

滥用权利损害公共利益一个很重要的形态为公序良俗,但公序良俗的损害并不一定总是由权利滥用造成的,不应混同二者。损害公序良俗的行为可能多种多样,除了滥用权利外,还包括射幸行为、暴利行为、不正当竞争行为、违反性道德行为等。在处理禁止权利滥用和不得违背公序良俗的关系上,不同于《民法通则》的混合规定,《民法总则》《民法典》作了单独规定,其第8条和第132条分别规定了禁止违背公序良俗和禁止权利滥用。④ 权利滥用是行为描述,而违背公序良俗是结果认定。

权利行使不得损害他人合法权利。如果行使权利出于主观损害故意,或没有尽到合理的注意义务应当预见而没有预见到损害的发生,违背权利的本来目的,就属于权利滥用。权利滥用可能同时损害他人权利和社会公共利益,例如滥用言论自由,可能损害他人隐私、人格尊严,同时还可能损害公共利益而受到治安管理处罚,或构成侮辱诽谤罪而受到刑事处罚。尽管权利滥用可能损害他人权利,但权利滥用不同于侵权行为。权利滥用行为是对权利行使方式的评价,而侵权行为是对行为后果的定性,所以二者之间存在交叉,权利滥用可能导致侵权的后果,也可能不导致侵权的后果。侵权的后果并不一定都是由权利滥用造成的,如无过错责任侵权、产品责

---

① 李宇:《民法总则要义:规范释论与判解集注》,法律出版社2017年版,第418页。
② 参见王锡锌:《滥用知情权的逻辑及展开》,载《法学研究》2017年第6期,第49页。
③ 参见李洪健:《论禁止权利滥用原则中的私权保护——以一则"围墙拆除案"展开》,载《河南财经政法大学学报》2019年第2期,第28页。
④ 《民法总则》第8条首次单独规定了禁止违背公序良俗:"民事主体从事民事活动,不得违反法律,不得违背公序良俗。"《民法典》第8条作了完全相同的规定。

任侵权。

综上,比例原则是识别权利滥用的重要标准。《民法典》第132条的禁止权利滥用条款,在构成上应包括"滥用"的主观要件和"损害"的客观要件。权利滥用的主观要件既包括滥用的故意,也包括通过比例原则分析推定的过错。对公共利益或他人权利造成了损害,为权利滥用的客观要件。只有遵循主客观相统一的原则,才能更加准确地识别权利滥用行为。基于私权观念薄弱、私权保护不彰的国情以及存在公权力干预司法的现状,应当严格限定权利滥用的构成要件。① 应防止权利滥用判断过度"客观化"的趋势,不应夸大禁止权利滥用的功能而无限扩充其内涵,应让禁止权利滥用理论回归其本来面目。禁止权利滥用条款在《民法总则》《民法典》中顺序的变化,或许也在某种程度上表明不应过度适用该规范。权利滥用理论"绝对不可轻易地经常利用",尤其不应把权利行使人的主观状态置之度外,否则会导致"滥用'权利滥用法理'的危险"。② 如果行使法定权利没有主观过错,但仍然造成了事实上的损害后果,就可能属于行使权利超出了必要的边界。

(三)权利边界的合比例性划定

行使法定权利,即使没有滥用也可能造成损害,因为权利行使可能超出了权利边界。权利滥用是行使权利违背权利本来目的的行为,以过错为主观要件,而行使权利超出边界不一定存在主观过错。《民法典》第132条的禁止权利滥用条款,实际上源于《宪法》第51条的权利边界条款。《宪法》第51条规定:"中华人民共和国公民在行使自由和权利的时候,不得损害国家的、社会的、集体的利益和其他公民的合法的自由和权利。"此条并没有明确规定"滥用"一词,表明即使不构成滥用,公民行使自由和权利也可能造成损害。同样具有合法性的权利之间会出现不和谐的矛盾状态,要实现一种权利就要排除或减损另一种权利,权利行使超出边界造成权利冲突的现象普遍存在。③ 合理划定权利边界的基本标准为比例原则。

1. 权利边界:更好地保障权利与公共利益

权利边界不清可能导致更多的权利滥用。科学合理划定权利边界,可

---

① 李宇:《民法总则要义:规范释论与判解集注》,法律出版社2017年版,第420页。
② [日]河上正二:《民法学入门:民法总则讲义·序论》(第2版增订本),[日]王冷然、郭延辉译,北京大学出版社2019年版,第36页。
③ 参见王克金:《权利冲突论——一个法律实证主义的分析》,载《法制与社会发展》2004年第2期,第45页。

以减少权利滥用,有利于更好地保障权利与公共利益。"权利滥用之概念,本身就暗含了对权利绝对性的限制,指向一种权利相对性理论。"①具有相对性的权利只能在社会共同体中存在,生活在孤岛上的单个人是无所谓权利的。正如狄骥所言:"如果我们假设自然人是完全孤立的,他就不可能享有任何权利。"②人都生活在社会之中,相互之间存在彼此交错的连带关系,所以在行使权利时往往会对他人造成损害。如行使不动产权利可能损害相邻权、行使言论自由权可能影响他人名誉权、跳广场舞可能影响周边居民休息。

人有趋利避害的天然本性,如果人人按照自己的绝对意志行使权利,则必然会侵害共同体中其他成员的权利。只有将个人的主张和社会的整体环境相结合,才能理解权利的存在与发展。③ 正如康德所认为,个人在行使权利时应当遵循"权利的普遍原则",不损害所有其他人的自由。④ 马克思曾经提出,权利只有在不受他人的同等权利和公共安全的限制时,才是无限自由的。⑤ 如果每个人都有绝对权利,那么别人也有这种绝对权利,从而使得每个人的权利都会受到彼此的侵犯,如此一来,个人便处于权利得不到保障的"自然状态",整个社会的公共利益也得不到有效保障。"自由止于权利,权利的行使不仅关系到权利人的自由,也会对其他人产生影响,逾越权利边界行使权利可能损害他人权利或者公共利益。"⑥因此,没有绝对的权利,行使权利应当承担一定的社会义务。个人在行使权利时应当遵循适当的限度,不得造成过度损害。

在很多国际性条约和国内宪法文本中,都规定了权利是有边界的。例如,1949 年德国联邦《基本法》第 2 条规定:"人人都有发展其个性的权利,但不得侵犯他人的权利,不得触犯宪法秩序或道德准则。"⑦《宪法》第 51 条规定也表明,任何权利都是有限度的。正如在顾某某与钱某某房屋租赁合同案中,法院认为,"公民行使权利的自由是相对的自由,不应当超

---

① 王锡锌:《滥用知情权的逻辑及展开》,载《法学研究》2017 年第 6 期,第 45 页。
② [法]莱昂·狄骥:《公法的变迁·法律与国家》,郑戈、冷静译,辽海出版社、春风文艺出版社 1999 年版,第 245 页。
③ 参见何志鹏:《权利基本理论:反思与构建》,北京大学出版社 2012 年版,第 34 页。
④ [德]康德:《法的形而上学原理——权利的科学》,沈叔平译,林荣远校,商务印书馆 1991 年版,第 41 页。
⑤ 《马克思恩格斯选集》(第 1 卷),人民出版社 1972 年版,第 615 页。
⑥ 王利明:《民法典:国家治理体系现代化的保障》,载《中外法学》2020 年第 4 期,第 852 页。
⑦ Grundgesetz für die Bundesrepublik Deutschland (1949), Art. 2.

出权利的正当界限,法律既保护公民正当行使权利,也对权利行使施加了一定的限制。"① 如果说抽象的法律规定"宣告"了权利,权利的限制则推进了权利由"静态"向"动态"的转化。② 为了保障各种不同的权利能够"和平相处",为了保障公共利益能有效实现进而更好地实现公民权利,应根据一定的标准科学合理地确立权利的边界。

2. 权利边界的合比例性划定

权利存在边界毋庸置疑,但如何划定呢？在具体案件中,如何判断行使法定权利是否超出了必要的限度？现代国家宪法文本一般会概括列举公民的基本权利,并简单笼统地规定其内涵,但往往不具体规定公民基本权利的具体边界。《宪法》第 51 条对权利边界只作了原则性规定,该条款主要是权利条款与义务条款之间的"过渡性条款",是关于权利限制的"兜底性条款"。③ "公权力机关虽可援引这一条款,但却不能以此为由否定或掏空基本权利"。④ 权利的核心本质内容不受侵犯,限制权利必须符合相应的标准。除非限制权利的正当根据强大到足以越过权利设置时存在的"论证门槛",否则就是不正当的。⑤ 在现代民主自由的法治国家,确立权利边界的重要标准,就是比例原则。

具体而言,对于权利边界,首先需要立法机关具体化宪法基本权利,通过制定法律为权利的行使设定基本条件和范围。立法机关必须根据事物的本质,对宪法权利进行合比例性限制,并接受合宪性审查机关的监督。首先,限制权利应当符合目的正当性原则。只有出于更好地保障每一个人的权利,或为了保障公共利益,减少权利滥用和权利冲突,才能对权利进行内在限制。不符合宪法精神的权利限制,都是不正当的。其次,限制方式应当有助于正当目的的实现。如果限制方式同目的间不存在实质关联性,此种限制无法保障其他人的权利或公共利益,那么此种边界确定就是无效的。再次,不得过度限缩权利。如果有多种限制方式可以划定权利边界时,应当以最小损害的方式对权利进行内在限制。禁止限制权利的核心本质内容,否则权利将形同虚设。最后,划定权利边界所造成的限制同其带

---

① 参见顾某某与钱某某房屋租赁合同案,(2018) 苏 0404 民初 2256 号。
② 参见石文龙:《论我国基本权利限制制度的发展——我国〈宪法〉第 51 条与德国〈基本法〉第 19 条之比较》,载《比较法研究》2014 年第 5 期,第 174 页。
③ 石文龙:《论公民行使权利和自由的限制与"限制"的规范——对我国〈宪法〉第 51 条的研究》,载《政治与法律》2013 年第 7 期,第 76 页。
④ 赵宏:《限制的限制:德国基本权利限制模式的内在机理》,载《法学家》2011 年第 2 期,第 165 页。
⑤ 参见陈景辉:《回应"权利泛化"的挑战》,载《法商研究》2019 年第 3 期,第 48 页。

来的收益应当成比例,否则就是不正当的。事实上,一些国家或地区的法律规范明确规定,只能根据比例原则对权利进行限制,如《南非共和国宪法》《欧盟基本权利宪章》。①

在实践中,权利边界或许更多的是由法官在个案中确立的。理论上,如果立法者明确了权利的具体边界,法官只需根据演绎推理就可进行直接裁判。然而,由于存在有限理性、社会变动性等因素,明确划定所有权利的边界并非易事。② 完全详列权利会陷入不可知论,现实中根本没有办法为最简单的权利界定所有的行使条件。③ 甚至有观点认为,"笃信权利边界的明确性,在某种程度是一种概念法学式的理性狂妄"。④ 尽管存在难度但并不表明就应当放弃,为了减少权利冲突,立法者有义务根据比例原则尽可能确立所有权利的行使边界。但是,假设立法者在抽象层面确立了所有权利的边界,在具体情形下权利行使的限度也可能会有所不同。权利边界具有流动性,权利行使的正当性会受特定时空的影响。例如,在住宅中裸露身体属于自由,但如果在火车站、机场等公共场所裸露身体则属于违法,而在海滩裸晒则又是合法的。

权利是一个初显性的概念,面对复杂多样的具体情境,权利的边界会发生一定的变化。因此,对于权利边界,更需要法官结合个案进行具体判断。在江苏鼎圣集团公司诉姜德生返还原物案中,法院认为,原告安装的摄像头对被告的隐私权造成的不利影响已超过必要限度,"监控设备的安装应遵循比例原则",无论是公共机构还是私人在安装摄像头时,都应兼顾公共安全与公民隐私权益,将不利影响控制在尽可能小的范围和限度内,"保持二者处于适度的比例"。⑤ 法官应当根据比例原则判断权利行使是否超过必要的限度,因为法官的裁判行为,就如同立法者的行为一样,会对公民权利产生直接影响。而一切影响公民权利的公权力行为,都应当受比例原则的约束。

---

① 《南非共和国宪法》第36条第1款规定:"权利法案中的权利在法律的一般适用中可以被限制,但这种限制必须是在一个基于人类尊严、平等、自由的开放与民主的社会中,被认为是合理的可证立的。限制权利时应当考虑所有相关因素:(a)权利的本质;(b)限制目的的重要性;(c)限制的本质与程度;(d)限制与其目的间的关系;(e)最小损害手段达到目的。"《欧盟基本权利宪章》第52条第1款规定:"只有符合比例原则,在必要并且能真正满足欧盟所承认的公共利益的目的时,或出于保护其他人的权利与自由时,才能对权利与自由予以限制。"
② 梁迎修:《权利冲突的司法化解》,载《法学研究》2014年第2期,第64页。
③ 参见何志鹏:《权利基本理论:反思与构建》,北京大学出版社2012年版,第136页。
④ 张翔:《基本权利冲突的规范结构与解决模式》,载《法商研究》2006年第4期,第102页。
⑤ 参见江苏鼎圣集团公司诉姜德生返还原物案,(2014)泰济民初字第0488号。

无论是立法者通过制定法律确立权利的抽象边界,还是司法者根据个案的不同情形判断权利的具体边界,都不能随心所欲地确定,都不能过度限缩权利,而应当根据比例原则合理划定权利边界。然而,保障权利行使不超过必要的边界,不能完全依赖公权力行使者,主要有以下原因:一是立法者不可能确立所有权利的全部边界;二是司法者具体判断权利的限度具有滞后性;三是大量权利冲突纠纷实际上并没有进入到法院,权利人时常出于成本大、嫌麻烦、不信任司法等原因放弃为权利而斗争。① 因此,欲使不同权利处于和谐共生的平衡状态,不仅需要公权力行使者尽可能合理划定权利边界,更需要私权利行使者有法有度的行使法定权利。在民主自由的法治国家,无论是公权力机关识别权利滥用,或是划定权利边界,还是私主体行使法定权利,比例原则都可以提供有效的方法论指引与行为准则。

四、比例原则的私法适用限度

比例原则在私法中适用并不必然侵犯私法自治,认为比例原则不能在民法中适用的观点过于极端。比例原则属于"理性之行为准则",作为"一种程序性的思考框架"的比例原则,有利于革新民法理念与制度,有利于更好地保护私权。② 在权利行使领域,比例原则是确立权利边界的基本标准。只有既约束公权力行使者,也约束私权利行使者,才能最大程度地保障所有人的合法权利。公权力行使者在制定和实施私法时,应遵守比例原则,并不表明比例原则就应当成为私法的基本原则。无论是立法者根据比例原则确定权利的边界,还是司法者通过合比例性分析确立权利的界限,实际上仍然属于比例原则的公法适用,因为其实质是对立法权、司法权的直接规范。

然而,尽管作为公法"帝王原则"的比例原则,在私法中也有适用空间,但应当有适当的适用边界,切忌无限扩大化。如果权利行使的某种方式建立在双方平等自愿协商的基础上,即使可能利益失衡,但一般也应遵守意思自治与契约自由,而不应强行以比例原则衡量其有效与否。比例原则在私法中的适用,不能侵犯真实的意思自治与实质的契约自由。

---

① 参见[德]鲁道夫·冯·耶林:《为权利而斗争》,刘权译,法律出版社2019年版,第88页。
② 郑晓剑:《比例原则在现代民法体系中的地位》,载《法律科学》2017年第6期,第103页;纪海龙:《比例原则在私法中的普适性及其例证》,载《政法论坛》2016年第3期,第102页;郑晓剑:《比例原则在民法上的适用及展开》,载《中国法学》2016年第2期,第165页。

第九章 比例原则的中国宪法依据

确立比例原则在中国的宪法地位,是消除对比例原则适用范围与功能误解的客观要求,是合宪性审查全面展开的现实需要。中国属于成文法国家,尽管被视为自然正义化身的比例原则有诸多积极价值,但若要全面发挥合比例性分析的人权保障功能,首先必须解决其宪法依据问题。比例原则聚焦于调整权力与权利、权利与权利之间的关系,其功能在于合理确定国家权力与公民权利的界限。比例原则内置于权利和权力之中。通过解释《宪法》第51条的"权利的限度"条款和第33条第3款的"国家尊重和保障人权"条款,可以得出比例原则在中国具有宪法依据,属于宪法基本原则。

一、确立比例原则中国宪法依据的必要性

合比例性就是正义。比例原则作为一种新自然法的人权保障思想,被日益提到新高度。世界上越来越多的法院开始试图通过运用比例原则,来及时纠正立法者、行政者对人权不合比例的侵犯。"没有某种形式的比例原则,宪法还可以存在的观点是逻辑不可能的。"[1]然而,中国《宪法》并没有直接明文规定比例原则。学者们通过解释"权利义务一致性""基本权利""人格尊严""法治国""征收征用"等宪法条款,试图确立比例原则的中国宪法依据,并取得了卓有建树的成效,也充分说明将比例原则升格为宪法原则的重要性与紧迫性。[2]但相关解释存在过于泛化、脱离了比例原则的本质与功能等不足,不能很好或完全地推导出比例原则在中国属于宪法基本原则。为了消除对比例原则适用范围与功能的误解,为了更好地推

---

[1] David M. Beatty, The Ultimate Rule of Law, New York: Oxford University Press, 163 (2004).
[2] 参见翟翌:《比例原则的中国宪法规范基础新论——以宪法第33条为中心》,载《新疆社会科学》2012年第5期;门中敬:《比例原则的宪法地位与规范依据——以宪法意义上的宽容理念为分析视角》,载《法学论坛》2014年第5期;范进学:《论宪法比例原则》,载《比较法研究》2018年第5期;陈征:《论比例原则对立法权的约束及其界限》,载《中国法学》2020年第3期。

进合宪性审查,使比例原则在中国得到更好的适用,需要通过宪法解释,尽早确立比例原则在中国的宪法地位。

(一)消除对比例原则适用范围与功能误解的客观要求

比例原则正在全球快速传播,随之也引发了大量争议,尤其是对比例原则的适用范围与功能存在一定的误解。近些年,刑法、诉讼法、民商法、经济法、国际法等多个部门法的学者,对比例原则的适用都有所探讨。① 部门法是否可以适用比例原则,必须首先确定比例原则是否具有宪法依据。单纯从学理上主张比例原则可以适用于部门法,可能面临宪法依据不足的危险。

对于比例原则的适用范围缺乏一致的意见。有学者认为,比例原则可广泛地作用于民事立法、民事司法和民事行为等领域,具备成为一项民法基本原则的地位和资格,比例原则在私法中具有普适性。② 追寻一种理性的罪刑规范,应把比例原则作为罪刑关系配置的基本原则。③ 反对者则认为,比例原则不应全面适用于民法,比例原则的民法基本原则说夸大了比例原则对民法的意义,背离了比例原则精神。④ 比例原则是对国家权力的限制,"没有必要也不应当在民法、刑法等部门法中普遍适用,理应回归行政法这一固有领地。"⑤ 比例原则在法律体系中应定位为行政法基本原则,"不宜将它扩大至宪法位阶"。如果用比例原则拘束立法权,"立法权将不再具有政治决定上的自主性,而沦为宪法的执行机关了"。⑥ 可见,对于比例原则是否可以适用于私法、可以适用于哪些公法领域、是否属于或应当作为宪法原则,还存在极大的争议。

对于比例原则的价值功能也存在争议。有学者认为,比例原则存在"严重的理论缺陷"和"深刻的谬误",无法全面关照决策者应考虑的各种成本、收益因素,"其机械的四步分析法很容易误导法律人的理性思维"。

---

① 刘权、应亮亮:《比例原则适用的跨学科审视与反思》,载《财经法学》2017 年第 5 期,第 41 页。
② 参见郑晓剑:《比例原则在民法上的适用及展开》,载《中国法学》2016 年第 2 期,第 143 页;纪海龙:《比例原则在私法中的普适性及其证立》,载《政法论坛》2016 年第 3 期,第 95 页。
③ 参见姜涛:《追寻理性的罪刑模式:把比例原则植入刑法理论》,载《法律科学》2013 年第 1 期。
④ 参见李海平:《比例原则在民法中适用的条件和路径——以民事审判实践为中心》,载《法制与社会发展》2018 年第 5 期,第 163 页。
⑤ 参见梅扬:《比例原则的适用范围与限度》,载《法学研究》2020 年第 2 期,第 57 页。
⑥ 许玉镇:《试论比例原则在我国法律体系中的定位》,载《法制与社会发展》2003 年第 1 期,第 129 页;许玉镇:《比例原则的法理基础》,中国社会科学出版社 2009 年版,第 116 页。

所以应当"打破比例原则的桎梏",用更适合进行理性思维和决策分析的成本收益分析方法将其取代。① 比例原则确实存在精确性缺陷,适用时主观性过大,存在不确定性,但不至于应被抛弃。

之所以对比例原则的适用范围与功能产生激烈的争论甚至可以说是严重的误解,一个很重要的原因就在于比例原则的宪法依据不明确。如果通过《宪法》条款解释出比例原则,相关误解就会不攻自破。

(二) 合宪性审查全面展开的现实需要

合宪性审查标准是合宪性审查制度的重要组成部分。2018 年 3 月 11 日,现行《宪法》第五次修正案获高票通过,将"全国人大法律委员会"更名为"全国人大宪法和法律委员会","成为新时代加强宪法实施和监督的关键细节和重要基础设施"。② 合宪性审查将宪法精神渗透于政府过程之中,可以强化宪法共识,"有利于基本权利的保障"。③ 随着合宪性审查的不断推进,确立科学合理的合宪性审查标准日益紧迫。

自"二战"以来,比例原则已成为全球合宪性审查的重要实质标准。合比例性分析成为人权保障的全球方法。一些国家和地区的宪法文本直接规定了比例原则,另一些国家和地区主要通过司法判例,对宪法文本中相关条款进行解释而得出比例原则。之所以在全球得到广泛传播,同比例原则规范权力以保障权利的价值追求是分不开的。比例原则要求国家权力的运行,必须以保障公民个人权利为根本出发点与最终落脚点。仅仅出于促进公共利益,还不足以证立限制权利就是正当的。如果必须实现某个特定的正当目的,只能选择最小损害的手段,并且该手段所造成的损害同其所促进的公共利益应成比例。在公法领域,比例原则聚焦于评价国家权力运行的合理性,而合宪性审查的主要目的正是要保障国家权力在宪法秩序内合理运行,所以合宪性审查离不开比例原则。正如有学者所认为,"比例原则是合宪性的普遍标准,它是每个宪法文本不可缺少和不可避免的部

---

① 参见戴昕、张永健:《比例原则还是成本收益分析:法学方法的批判性重构》,载《中外法学》2018 年第 6 期,第 1519-1545 页。
② 于文豪:《宪法和法律委员会合宪性审查职责的展开》,载《中国法学》2018 年第 6 期,第 44 页。
③ 参见秦前红:《合宪性审查的意义、原则及推进》,载《比较法研究》2018 年第 2 期,第 66 页;魏健馨:《合宪性审查从制度到机制:合目的性、范围及主体》,载《政法论坛》2020 年第 2 期,第 36 页。

分。"① 即使在美国,虽然并没有形成以"比例原则"为名的宪法教义学,但比例原则在合宪性审查中已得到广泛适用。②

将比例原则作为合宪性审查的基本标准,并不会导致基本权利的通胀。有观点认为,通过考察不同国家的合宪性审查实践可以发现,通过比例原则保障基本权利的国家,普遍出现基本权利的通胀现象:一方面基本权利的保护范围大大扩张,另一方面基本权利的刚性大大降低。③ 在现代国家,基本权利的种类和范围日益增加,各种新兴的消极权利与积极权利不断涌现,是经济社会发展的必然结果。公民基本权利的通胀并不可怕,关键是国家需要根据比例原则,合理划定基本权利的边界,并对过度侵犯基本权利的行为通过合宪性审查予以及时纠正。

在中国推进合宪性审查,是保障人权的根本需要,而比例原则是被全球法治实践所反复证明的保障人权的利剑。合宪性审查标准应当来源于宪法本身,否则合宪性审查结果就可能违反宪法。为了更好地实现合宪性审查的人权保障功能,必须探寻比例原则的宪法依据,确立比例原则的宪法原则地位。

综上,探寻比例原则的中国宪法依据,可以消除误解起到正本清源的作用,有利于更好地认识比例原则的适用范围与功能,使合比例性分析在部门法中得到更好的展开。中国属于成文法国家,尽管被视为自然正义化身的比例原则有诸多积极价值,但要在中国全面适用,首先必须解决其宪法依据的问题。正如有学者所言,"要确立比例原则在中国公法学和现实中的地位,需首先在宪法中为其找到规范基础或者一个解释方案,这是比例原则发挥实际作用的起点和基础。"④

二、比例原则宪法依据的争论及反思

比例原则并没有直接规定于中国宪法之中,而是散见于相关法律规范之中。国家层面首次直接写明"比例原则"一词的规定,似乎为 2012 年交

---

① David M. Beatty, The Ultimate Rule of Law, New York: Oxford University Press, 162(2004).
② 王蕾:《比例原则在美国合宪性审查中的类型化运用及其成因》,载《比较法研究》2020 年第 1 期,第 63 页。
③ 参见于柏华:《比例原则的权利内置论》,载《法商研究》2020 年第 4 期,第 89 页。
④ 翟翌:《比例原则的中国宪法规范基础新论——以宪法第 33 条为中心》,载《新疆社会科学》2012 年第 5 期,第 89 页。

通运输部发布的《关于印发路政文明执法管理工作规范的通知》。① 同年，国家安全监管总局发布的《关于进一步深化安全生产行政执法工作的意见》规定："要按照平等原则、比例原则，建立完善行政裁量基准制度。"2020年，国务院发布《关于进一步完善失信约束制度 构建诚信建设长效机制的指导意见》提出："按照合法、关联、比例原则，依照失信惩戒措施清单，根据失信行为的性质和严重程度，采取轻重适度的惩戒措施，防止小过重惩。"尽管越来越多的规定写明了"比例原则"，但由于效力较低，不属于中国法院必须作为判案依据的法律、法规，所以对于比例原则的发展影响相对较小。在地方层面，首次直接提出"比例原则"一词的，似乎为2008年江西省科学技术厅发布的规定。② 此后，一些地方规定也直接写明了"比例原则"一词。③

间接规定比例原则，或体现比例原则核心内容的法律规范日益增多。如《人民警察使用警械和武器条例》中的尽量减少人员伤亡、财产损失原则、《行政处罚法》中的过罚相当原则、《行政强制法》中的适当性原则。另外，在《突发事件应对法》《农业法》《治安管理处罚法》《无线电管制规定》等法律规范中，比例原则也有所体现。④ 2004年国务院发布的《全面推进依法行政实施纲要》，虽然并没有明确使用比例原则，但其所包括的目的正当性、手段适当性、手段必要性、最小损害性等内容，可以说与比例原则的内容已非常接近。⑤ 2010年国务院发布的《关于加强法治政府建设的意见》第16条作了进一步规定。另外，《湖南省行政程序规定》《山东省行政程序规定》《江苏省行政程序规定》等也都作出了类似规定。

---

① 《关于印发路政文明执法管理工作规范的通知》第43条："公路管理机构及其路政执法人员实施行政强制，应当依照法定的权限、范围、条件和程序，遵循比例原则，选择适当、必要的方式、强度，避免造成不必要的损失。"

② 《江西省科学技术行政管理机关行政处罚自由裁量权适用规则》第4条："（三）比例原则。在进行行政处罚时，应兼顾行政目标的实现和保护相对人的权益，若实现行政目标可能对相对人权益造成某种不利影响时，应使这种不利影响限制在尽可能小的范围和限度内，保持二者处于适度比例。"

③ 例如《常州市关于规范行使行政处罚自由裁量权行为的指导意见》《河北省建设系统规范行政处罚自由裁量行为办法（试行）》《海南省人民政府办公厅关于全面开展规范行政处罚自由裁量权工作的通知》《青海省人民政府办公厅关于开展规范行政处罚裁量权工作的意见》《北京市人民政府规章制定办法》。

④ 例如《突发事件应对法》第11条、《农业法》第30条、《治安管理处罚法》第5条、《无线电管制规定》第4条。

⑤ 《全面推进依法行政实施纲要》第5条："行使自由裁量权应当符合法律目的，排除不相关因素的干扰；所采取的措施和手段应当必要、适当；行政机关实施行政管理可以采用多种方式实现行政目的的，应当避免采用损害当事人权益的方式。"

虽然越来越多的法律规范间接体现了比例原则的核心内容,但呈现位阶低、数量少、领域窄等特点。在司法实践中,中国法官在越来越多的判决中运用比例原则进行说理,其适用范围已从行政处罚扩张到多种行政行为领域。比例原则已成为法院评判行政行为实质合法性的重要准则。① 尽管司法可以推动比例原则的发展,但由于宪法依据不明确,比例原则的规范功能极其有限。中国宪法解释机制还很不成熟,对于比例原则的宪法依据,主要是学者们围绕《宪法》相关条款进行了学理解释,但并没有达成完全一致的意见。

(一)比例原则宪法依据的争论

1. 通过"权利义务一致性"条款解释比例原则

有学者认为,比例原则的本质应是"公民与国家之间权利义务的对称性"。《宪法》第 33 条"国家尊重和保障人权。任何公民享有宪法和法律规定的权利,同时必须履行宪法和法律规定的义务",为比例原则的规范基础。该条款要求以人权的实现作为国家权力运作的价值取向,体现了适当性原则;公民享有权利放在履行义务之前,体现了权利对义务的优先性,国家干预权利应依据"宪法和法律"采取保障人权的最小损害手段,体现了必要性原则;均衡性原则要求在多个方案中选择最合理的一个,仍可归结为公民与国家权利义务的对称性。② 此种解释具有一定的合理性,把握住了比例原则禁止国家权力随意设定公民义务的一个面向。但比例原则并不主要是处理权利义务的对称性问题,而主要是着眼于解决权力与权利、权利与权利之冲突的问题。因此,从权利义务一致性角度很难解释出完整的比例原则,"显然有牵强附会之嫌疑"。③

2. 通过"基本权利"条款解释比例原则

有学者认为,比例原则可以从《宪法》第 27 条第 1 款、第 33 条第 3 款、第 51 条和基本权利的"原则特性"中导出。"比例原则的正当性主要来源于与基本权利密切相关的条款和理论"。④《宪法》第 51 条构成全部基本权利行使的普遍性界限,意味着限制基本权利只能出于实现国家的、社会

---

① 参见刘权:《行政判决中比例原则的适用》,载《中国法学》2019 年第 3 期,第 84 页。
② 参见翟翌:《比例原则的中国宪法规范基础新论——以宪法第 33 条为中心》,载《新疆社会科学》2012 年第 5 期,第 88 页。
③ 参见门中敬:《比例原则的宪法地位与规范依据——以宪法意义上的宽容理念为分析视角》,载《法学论坛》2014 年第 5 期,第 101 页。
④ 参见陈征:《论比例原则对立法权的约束及其界限》,载《中国法学》2020 年第 3 期,第 150 页。

的、集体的利益以及其他人的自由和权利,由此可以得出目的正当性原则。适当性原则涉及国家如何作为,可以从《宪法》第 27 条第 1 款的效率原则中导出,如果手段的财政投入对于产出的增加没有任何作用就是不适当的。①《宪法》第 33 条第 3 款要求平衡脆弱的公民权利和具有扩张性的国家权力。

比例原则是保护基本权利的利剑,通过解释基本权利相关条款得出比例原则在方向上具有正确性,但不宜扩大化。例如,从《宪法》第 27 条第 1 款的效率原则可能无法得出适当性原则。适当性原则要求手段与目的间具有实质关联性,只要手段不是完全无助于实现目的即可。适当性原则所要解决的是科学问题,属于手段与目的间的客观因果关系判断,而非"帕累托最优"判断。至于手段所耗费的财政支出成本和收益的问题,则是均衡性原则所要解决的问题。②

3. 通过"人格尊严"条款解释比例原则

有观点认为,"人格尊严"条款即《宪法》第 38 条蕴含比例原则。③《宪法》第 38 条人格尊严的规定正是对"国家尊重和保障人权"在价值上的体现,人权及人格尊严的保护最终构成了比例原则之核心要素。④ 从"人格尊严不受侵犯"条款,似乎也无法直接推导出比例原则。不同于德国《基本法》第 1 条具有统领作用的"人的尊严"条款,中国的"人格尊严"条款并非规定在宪法序言或总纲中,而是规定在第二章即公民的基本权利和义务部分,不具有基础性本源价值,属于公民的一项基本权利。正如有学者认为,中国公民在原来享有广泛的民主权利和人身自由的基础上,"又增加了一项新的宪法权利,这就是人格尊严不受侵犯权",⑤或称为"人格尊严权"或"尊严权"。⑥ "人格尊严"条款无法取得其他国家宪法上的规范地位,规

---

① 《宪法》第 27 条:"一切国家机关实行精简的原则,实行工作责任制,实行工作人员的培训和考核制度,不断提高工作质量和工作效率,反对官僚主义。一切国家机关和国家工作人员必须依靠人民的支持,经常保持同人民的密切联系,倾听人民的意见和建议,接受人民的监督,努力为人民服务。国家工作人员就职时应当依照法律规定公开进行宪法宣誓。"
② 参见刘权:《论必要性原则的客观化》,载《中国法学》2016 年第 5 期,第 191 页。
③ 《宪法》第 38 条:"中华人民共和国公民的人格尊严不受侵犯。禁止用任何方法对公民进行侮辱、诽谤和诬告陷害。"
④ 参见范进学:《论宪法比例原则》,载《比较法研究》2018 年第 5 期,第 113 页。
⑤ 陈云生:《公民的人格尊严不受侵犯》,载《法学研究》1983 年第 1 期,第 16 页。
⑥ 上官丕亮:《论宪法上的人格尊严》,载《江苏社会科学》2008 年第 2 期,第 78 页。

定了公民的一项基本权利,①更偏向于具体的人格权,②很难解释出比例原则。

4. 通过"法治国"条款解释比例原则

有观点认为,"法治国"条款即《宪法》第 5 条蕴含比例原则。③ 法治国原则或法治原则,一般是同"人治"或"专制"相对的,强调法律获得国家和公民的普遍遵守服从,并且要求法律本身是正义的良法。"法治国原则毋宁是主导性的思想,是所有下位原则的基础,为后者指明方向。"④"法治国"条款包容过大,不适宜直接作为比例原则的宪法基础。

5. 通过"征收征用"条款解释比例原则

有观点认为,1982 年《宪法》没有为比例原则提供规范依据,2004 年宪法修正案将行政征收和征用条款写入宪法后,可以认为比例原则成为保护私有财产权的依据,为比例原则在宪法上的适用提供了空间。⑤ 征收、征用条款要求国家只能出于公共利益的需要才能行使征收、征用权,体现了权力与权利平衡的思想,但适用的权力行使领域过于狭窄,无法解释出比例原则在整个宪法体系中的基本原则地位。

6. 通过大量宪法条款解释比例原则

有学者认为,中国大量宪法条款都体现了比例原则。《宪法》第 33 条第 3 款在总体上确立了国家权力对宪法权利限制的目的正当性原则。《宪法》第 33 条第 2 款"公民在法律面前一律平等",以及第 5 条第 5 款"任何组织或者个人都不得有超越宪法和法律的特权",确立了比例原则中的妥当性原则。《宪法》第 33 条第 4 款的权利义务一致性规定,确立了宪法比例原则的必要性原则。《宪法》第 10 条第 3 款、第 13 条第 3 款的征收、征用规定,确立了公民财产权保障的比例原则。《宪法》第 38 条关于"公民的人格尊严不受侵犯"的规定,确立了宪法权利限制的比例原则。⑥

此种解释有一定的道理,但过于泛化。例如,平等条款要求同等情

---

① 参见郑贤君:《宪法"人格尊严"条款的规范地位之辨》,载《中国法学》2012 年第 2 期,第 79 页。

② 参见陈征:《国家权力与公民权利的宪法界限》,清华大学出版社 2015 年版,第 7 页。

③ 《宪法》第 5 条第 1 款规定:"中华人民共和国实行依法治国,建设社会主义法治国家。"

④ [德]卡尔·拉伦茨:《法学方法论》(全本·第六版),黄家镇译,商务印书馆 2020 年版,第 372 页。

⑤ 参见门中敬:《比例原则的宪法地位与规范依据——以宪法意义上的宽容理念为分析视角》,载《法学论坛》2014 年第 5 期,第 102 页;姜昕:《比例原则研究——一个宪政视角》,法律出版社 2008 年版,第 174 页。

⑥ 范进学:《论宪法比例原则》,载《比较法研究》2018 年第 5 期,第 112-114 页。

况同等对待,禁止特权条款要求行使权力有宪法和法律依据,可能均无法直接推导出要求手段有助于目的实现的适当性原则。再如,权利义务一致性条款似乎无法直接推导出行使权力应造成最小损害的必要性原则。

(二)域外比例原则的宪法依据

比例原则作为中国宪法依据还存在争论,那么,比例原则在域外是如何成为宪法原则的呢?少数国家和地区在宪法文本中直接明确规定了"比例原则"。如希腊《宪法》第 25 条第 1 款规定:"根据宪法,在直接由宪法规定或者在存在对法令有利的保留的情况下,由法令规定,并且在尊重比例原则的情况下,可以对这些权利施加任何种类的限制。"罗马尼亚《宪法》第 53 条第 2 款规定:"在民主社会中,上述限制仅在必要时方可加以适用。所采取的措施与相应事件之情形成比例,且应以无差别的方式加以适用,亦不得对受限制之权利和自由构成侵害。"阿尔巴尼亚《宪法》第 17 条第 1 款规定:"对本宪法所规定的权利和自由的限制,只能因公共利益或者为保护他人的权利而由法律予以规定,限制应当与规定的情形成比例。"① 另一些国家和地区较为详细地间接规定了比例原则的核心内容。如 1996 年南非《宪法》第 36 条第 1 款规定:"权利法案中的权利在法律的一般适用中可以被限制,但这种限制必须是在一个基于人类尊严、平等、自由的开放与民主的社会中,被认为是合理的与可证立的。限制权利时应当考虑所有相关因素:(a)权利的本质;(b)限制目的的重要性;(c)限制的本质与程度;(d)限制与其目的间的关系;(e)以最小损害手段达到目的。"澳大利亚《人权宪章与责任法》第 7 条作了几乎完全相同的权利限制条款规定。

更多的国家和地区主要是通过解释宪法相关条款而得出比例原则。如将限制基本权利的"必要性"条款解释为比例原则。以色列《基本法:人的尊严与自由》第 8 条规定:"不允许限制基本法保护的权利,除非为了达到适当的目的,并不超过必要的限度,由适合以色列价值的法律规定。"以色列法院认为此条款体现了比例原则。中国台湾地区"宪法"第 23 条的"必要性"条款,也被认为体现了比例原则:"以上各条列举之自由权利,除为防止妨碍他人自由,避免紧急危难,维持社会秩序,或增进公共利益所必

---

① 《世界各国宪法》编辑委员会编译:《世界各国宪法》(欧洲卷),中国检察出版社 2012 年版,第 712、563、394、2 页。

要者外,不得以法律限制之。"① 另有国家将"法治国""本质内容"等条款解释为比例原则。如在德国,比例原则属于宪法原则,但《基本法》并没有直接明确规定。德国联邦宪法法院认为:"比例原则产生于法治国原则,是基于基本权利自身本质的需要,作为表述公民对抗国家的一般自由诉求的基本权利,只有当为了保护公共利益时,才能被公权力合比例的予以限制。"② 德国《基本法》第19条第2款的禁止侵犯基本权利的本质内容条款,也被认为体现了比例原则。《韩国宪法》第37条第2款的权利的本质内容不受侵犯条款,同样被解释为比例原则。③

通过考察比例原则在域外的宪法依据可以发现,比例原则同公民基本权利与国家权力密切相关。比例原则聚焦于调整权力与权利、权利与权利之间的关系,其功能在于合理确定国家权力与公民权利的界限。权力的价值是为了更好地保障权利,权利只有具有限度才能更好地存在。比例原则内置于权利和权力之中。寻找比例原则的宪法依据,应当从基本权利和国家权力条款中展开。通过解释中国《宪法》中"权利义务一致性""基本权利""人格尊严""法治国""征收征用"等条款的尝试,均不能很好或完全地推导出比例原则。研究比例原则的宪法依据,不应过于泛化作过度扩张解释,也不应脱离比例原则的本质与功能。

三、通过宪法解释确立比例原则在中国的宪法地位

比例原则在中国具有宪法规范依据,属于宪法基本原则。1982年《宪法》确立的"权利的限度"条款,明确了权利具有内在界限,为公民与国家设定了宪法义务。2004年,"国家尊重和保障人权"条款入宪,明确了权力对权利进行内在和外在限制的基本条件,理顺了权力与权利的基本关系,表明了国家权力行使的价值取向与行为边界,使现代中国的人权保障水平迈向了新高度。通过对"权利的限度"条款和"国家尊重和保障人权"条款,进行目的解释和体系解释,可以推导出比例原则在中国具有宪法

---

① 1997年,中国台湾地区"司法院"法官在释字第428号解释中,认为"必要"的含义就是比例原则:"……,并为维持邮政事业之经营所必须,增进公共利益所必要,尚未逾越立法权自由形成范围,符合宪法第二十三条之比例原则,……",之后在多起案件中都进行了类似的解释。参见释字第428、436、445、471、476、554、564、588、659、733号等。

② BVerfGE19, 342 (348 f.).

③ 《韩国宪法》第37条第2款规定:"为了保障国家安全、维持秩序或为公共福利所需时,可以限制公民的自由和权利,但不得侵犯自由和权利的本质内容。" 4 KCCR 300, 90 heonga 23, etc., June 26, 1992.

地位。

(一)"权利的限度"条款蕴含比例原则

"权利的限度"条款蕴含比例原则。《宪法》第 51 条规定:"中华人民共和国公民在行使自由和权利的时候,不得损害国家的、社会的、集体的利益和其他公民的合法的自由和权利。"此规定为"权利的限度"条款,位于第二章中公民的基本权利条款和基本义务条款两部分之间,具有承上启下的"价值辐射功能"。① "权利的限度"条款明确公民行使权利是有边界的,此种界限就是比例原则,应由国家权力予以合理划定。

1982 年《宪法》之所以增加第 51 条的内容,时任宪法修改委员会副主任委员彭真指出:"世界上从来不存在什么绝对的、不受任何限制的自由和权利。国家保障公民合法的自由和权利,不允许任何组织或者个人侵犯,但也决不允许任何人利用这种自由和权利进行反革命活动和其他破坏社会秩序、生产秩序、工作秩序的犯罪活动。"② 自由和权利具有相对性,如果公民随心所欲的行使自由和权利,必然会损害国家、社会或他人的利益。"鉴于'文化大革命'期间林彪、江青一伙大搞无政府主义、使国家和人民深受其害的历史教训",③ 而且当时,"还有一小撮敌视人民政权和社会主义制度的反革命分子和破坏分子存在,他们妄图利用宪法赋予公民的自由权利,从事反革命活动",另外在人民内部还存在"极端民主化、无政府主义、极端个人主义、资产阶级自由化等不良倾向和思潮",完全有必要对公民的自由和权利进行限制性规定。④ 正是在此历史背景下,"权利的限度"条款得以产生,并一直保留至今。2020 年颁布的《民法典》保留了《民法总则》的条款,其第 132 条规定:"民事主体不得滥用民事权利损害国家利益、社会公共利益或者他人合法权益。"

权利存在边界,是权利的本质所决定的。权利产生于社会共同体之中,孤岛上的个人是无所谓权利的。正是由于权利具有社会性,所以没有"绝对的权利"。所谓"绝对的权利",其实只是把相应权利能够证立他人义务的情形予以提取和汇总的结果。"权利实质上是一种动态的、内容开

---

① 陈征:《国家权力与公民权利的宪法界限》,清华大学出版社 2015 年版,第 10 页。
② 彭真:《关于中华人民共和国宪法修改草案的说明》,载《中华人民共和国国务院公报》1982 年第 9 号,第 384 页。
③ 李步云:《略论公民的基本权利和义务——对宪法修改草案的一点认识》,载《学习与研究》1982 年第 6 期,第 7 页。
④ 柳岚生:《新宪法草案中公民基本权利和义务的特点》,载《社会科学》1982 年第 6 期,第 7 页。

放的人际关系。"① 如果权利不受限制,人人都有"绝对的权利",那么事实上人人都不会享有权利。正如马克思所认为,权利"只有在不受'他人的同等权利和公共安全'或'法律'限制时才是无限制的"。② 拥有了权利的同时,也就意味着拥有了限度。③ 公民行使权利具有限度,应遵守相应的法律义务。

《宪法》第 51 条规定的权利边界内容,体现了权利的本质要求,内在蕴含了比例原则。首先,"权利的限度"条款要求行使权利应有助于实现权利的创设目的。每一种法定权利的创设,都有其本来目的。如果行使权利以故意损害公共利益或他人权利为目的,就违反了该项权利的创设目的。"我们行使权利,必须有合于权利的精神及使命的正当动机,否则我们不是行使权利,而是滥用权利了。"④ 在创设目的之下,权利人应以适当的方式实现权利的全部或部分内容。如果行使权利的方式同权利的创设目的间没有实质关联性,此种权利行使就不具有正当性。因此,"权利的限度"条款首先包含了目的正当性和手段适当性的要求。

其次,"权利的限度"条款要求行使权利应尽合理的注意义务,避免造成不必要的损害。由于社会连带关系的普遍存在,个人行使法定权利往往会对他人造成损害,但应将其控制在最小限度内。如跳广场舞应将音乐的音量控制在可容忍的限度,避免对周边居民造成过大的噪音损害。如果行使权利有多种方式,但权利人由于疏忽未加思考或贸然行事,选择了致人遭受更大损害的一种,如果不存在明显侵害他人的故意,应视为过失行为。⑤ "权利的限度"条款要求行使权利不能随心所欲,应在必要限度内实现合法利益,实际上属于必要性原则的体现。

最后,"权利的限度"条款要求行使权利时避免损益失衡。如果行使权利"损人不利己"或"本人获利远小于对他人的损害",就可能属于滥用权利而不具有正当性,这实际上体现了均衡性原则。

"权利的限度"条款蕴含了比例原则,比例原则内置于权利之中。权利并不是绝对的,权利义务具有一致性。公民行使权利应当遵守法律义

---

① 于柏华:《比例原则的权利内置论》,载《法商研究》2020 年第 4 期,第 96 页。
② 《马克思恩格斯选集》(第 1 卷),人民出版社 1972 年版,第 615 页。
③ 参见刘作翔:《权利冲突的几个问题》,载《中国法学》2002 年第 2 期,第 58 页。
④ [法]路易·若斯兰:《权利相对论》,王伯琦译,中国法制出版社 2006 年版,第 229、250 页。
⑤ 参见[法]路易·若斯兰:《权利相对论》,王伯琦译,中国法制出版社 2006 年版,第 244 页。

务,注意限度。从权利的本质来看,权利是一种以个人利益为起点、以他人负担义务为终点的实践推理过程。这种实践推理遵循比例原则,在这个意义上比例原则是权利的构成要求。① 在具体个案中,如果行使权利无度超出了必要的边界,法院就可能根据比例原则判决其败诉。如张彦武诉张进良相邻通行纠纷案,张进良在张彦武唯一通行的过道里修建了南北楼梯,直接影响张彦武家的正常通行,法院认为,"一方在保证自己利益的情况下,对他方合理使用不动产的行为应予容忍。……二人利用不动产的权利冲突的情况下,应遵循比例原则。"②法院最终判决张彦武自行拆除其在楼梯下铺设的方砖。再如殷敬芳诉湘潭钢铁集团有限公司劳动争议案,被告认为原告私自将职工餐厅的大米带走,其侵占行为已严重违反公司的规章制度,遂作出开除处分。法院认为,侵占行为情节比较轻微,"且被上诉人此前并无违纪行为,上诉人据此给予被上诉人开除处分显然超过应有的限度,违反责任与处罚应当遵循的比例原则。"③

《宪法》第 51 条"权利的限度"条款不仅是对公民义务的规定,更是对国家义务的规定。虽然制宪者通过基本权利确立了一国的"客观价值秩序",但大多数国家的宪法文本一般只是概括列举公民的基本权利,并简单笼统地规定其内涵,往往并不具体规定公民基本权利的界限。人都有自利的天性,为了追逐自身利益最大化,很容易过度行使权利损害他人利益。仅仅靠公民自觉把握权利行使的限度,不足以保障所有人的权利。"客观价值秩序"需要进一步明确,权利的边界需要努力划定,只有如此才能更好地保障全社会的整体人权。立法者应当根据不同权利的本质特征,具体化宪法基本权利,科学合理确立权利的内在界限。行政者在进行行政活动维护公共利益时,需要对超出边界的权利行使进行认定和制裁。司法者在个案中,需要根据特定情境划定权利行使的具体边界。《宪法》第 51 条确立的"权利的限度"条款,需要《宪法》第 33 条第 3 款确立的"国家尊重和保障人权"条款予以落实。

(二)"国家尊重和保障人权"条款蕴含比例原则

权利保障离不开权力,但公民权利的限度不能被随意确定,国家权力不能任性行使。"国家尊重和保障人权"条款对国家权力行使提出了基本

---

① 参见于柏华:《比例原则的权利内置论》,载《法商研究》2020 年第 4 期,第 100 页。
② 张彦武诉张进良相邻通行纠纷案,(2015)宿中民一终字第 00526 号。
③ 湘潭钢铁集团有限公司与殷敬芳劳动争议案,(2015)潭中民一终字第 204 号。

要求。合理划定公民权利边界,需要国家在尊重和保障人权的前提下完成。2004年,"国家尊重和保障人权",正式写入《宪法》第二章"公民的基本权利和义务"头一条之中。之所以增加此内容,主要有两方面原因:"一是,尊重和保障人权是我们党和国家的一贯方针,这次把它写入宪法,可以进一步为这一方针的贯彻执行提供宪法保障。二是,党的十五大、十六大都明确地提出了'尊重和保障人权'。在宪法中作出尊重和保障人权的宣示,体现了社会主义制度的本质要求,有利于推进我国社会主义人权事业的发展,有利于我们在国际人权事业中进行交流和合作。"①"国家尊重和保障人权"条款入宪,"体现了我国宪法的基本精神",标志着"我国社会主义民主和法制建设达到一个新水平"。②

"国家尊重和保障人权"条款实质上涉及的是权利与权力的关系问题,内在蕴含了比例原则。比例原则内置于权力之中。首先,"国家尊重和保障人权"条款要求权力行使只能出于正当目的。结合《宪法》第51条的"权利的限度"条款可以发现,只有出于保护"国家利益""社会利益""集体利益""他人利益"时,国家权力才可以对公民权利进行内在限制。除此之外,以任何理由对基本权利作出任何限制,都是违反国家"消极义务"的行为,不具有目的正当性。③ 同样,为了实现特定的公共利益,权力可以对权利进行外在限制。如《宪法》第10条第3款、第13条第3款规定,"国家为了公共利益的需要",可以对土地、私有财产实行征收或征用。无论是对权利进行内在限制还是外在限制,行使权力都必须符合权力存在的终极目的即更好地尊重和保障人权。目的正当性原则是权力的本质所决定的。"国家尊重和保障人权"条款要求行使权力必须符合宪法上的正当目的。

其次,即使出于正当目的,国家也不能对权利进行随意限制,限制权利的方式应有助于正当目的的实现。对于权利内在界限的划定,应确实有助于消除权利冲突,使得不同的权利可以有效和平共存。对权利进行外在限制,应真正有助于维护与增进公共利益。如果权力的行使同正当目的间不具有实质关联性,就是对人权的践踏。行使权力应有助于实现正当目的,是"国家尊重和保障人权"条款的必然要求。

再次,"国家尊重和保障人权"条款要求国家采取必要措施限制权利

---

① 王兆国:《关于〈中华人民共和国宪法修正案(草案)〉的说明——2004年3月8日在第十届全国人民代表大会第二次会议上》,载《中国人大》2004年第6期,第20页。

② 信春鹰:《国家尊重和保障人权——关于人权入宪的历史意义》,载《求是》2004年第9期,第36、38页。

③ 参见张翔:《基本权利的规范构建》(增订版),法律出版社2017年版,第132页。

和促进权利的实现。"国家尊重和保障人权"首先是指国家负有消极义务。基本权利具有防御功能,国家不得随意进行无度限制。如果为了更好地保障人权确实有必要限制权利,应采取最小损害的方式,禁止侵犯权利的本质内容,否则就谈不上"尊重"人权。国家"尊重"人权表明国家权力运行要受到合理的限制,防止对人权的不当侵犯。[①]"国家尊重和保障人权"还要求国家主动履行"保障"人权的宪法积极义务。"随着社会法治国的出现,国家对基本权利的给付和保护义务随之产生,从而禁止干预的过度变成了禁止给付和保护的不足。"[②]基本权利一反立宪主义初期的防御权品性,开始朝向"积极自由"方向发展。[③] 基本权利具有请求受益功能,国家应主动采取一切必要措施,一方面努力预防、制止、制裁侵犯人权的各种行为,另一方面不断创设条件发展并丰富人权的内容。对于国家的侵害行为来说,应采取最小损害性手段;对于国家的授益行为而言,应采取最大有效性手段。"国家尊重和保障人权"条款包括禁止限制过度和禁止保障不足两个层面,体现了必要性原则的核心思想。

最后,"国家尊重和保障人权"条款要求实现损益均衡,摒弃公共利益至上的理念。对于国家的侵害行为来说,即使是最小损害的必要手段,但如果其所促进的公共利益同其对权利造成的损害相比明显失衡,那么对权利的限制就是得不偿失的,没有体现出对人权的"尊重"。对于国家的授益行为而言,虽然是最大有效性的手段,但其所耗费的财政支出成本、对其他主体的利益损害等成本,同其所要实现的权利之间明显不成比例,那么实际上违背了"保障人权"的要求。

比例原则在中国具有宪法依据。中国《宪法》的"权利的限度"条款和"国家尊重和保障人权"条款,内在蕴含比例原则。"权利的限度"条款对公民权利和国家权力的行使提出了基本要求。对于权利人而言,行使权利应当符合设定权利的本来目的,不得损害国家、社会、集体或他人的利益。如果行使权利必然会造成损害,应尽合理的注意义务,选择较小损害的行使方式。对于国家而言,权力应当为权利的行使划定合理的边界。"国家尊重和保障人权"条款表明了国家权力存在的根本价值,对国家权力行使的限度提出了消极与积极两个面向的要求。无论是国家行使权力,还是公

[①] 参见焦洪昌:《国家尊重和保障人权的宪法分析》,载《中国法学》2004年第3期,第46页。

[②] 王锴:《合宪性、合法性、适当性审查的区别与联系》,载《中国法学》2019年第1期,第19页。

[③] 参见李忠夏:《宪法变迁与宪法教义学》,法律出版社2018年版,第287页。

民行使权利,皆应有度,此度就是比例原则。

(三) 比例原则在中国属于宪法基本原则

比例原则具有宪法规范依据,是否就表明其一定属于宪法基本原则呢? 对于法律原则,德沃金认为其是"公平、正义或其他道德维度的要求"。① 阿列克西认为,"原则是关于法律可能性与事实可能性的最佳化命令(Optimierungsgebot)"。② 宪法基本原则是"宪法的灵魂",是宪法追求的根本价值准则,具有本源性、最高性、概括性等特征。在宪法结构体系中,宪法基本原则具有承上启下的地位,上承宪法精神之滋润,下启宪法规则之制定、解释、适用与修改。③ 宪法基本原则不同于政策性较强的宪法指导思想,也不同于宪法的具体原则,如选举的普遍性原则和秘密投票原则。对于中国宪法究竟包括哪些基本原则,并没有达成完全一致的意见,但一般认为包括人民主权原则、人权原则、权力制约原则、法治原则等核心原则。④ 那么,判断宪法基本原则有什么标准呢?

从应然上而言,宪法基本原则应是一国法治体系的根本价值准则;从实然上判断,宪法基本原则应当有宪法规范的明确或隐含规定,并且存在一系列与之相关的基本制度。在应然上,比例原则可以有效规范国家权力,应当成为行使权力的根本准则。在实然上,虽然没有明文规定,但中国《宪法》的"权利的限度"条款和"国家尊重和保障人权"条款,内在蕴含了比例原则。而且,有关国家权力运行和公民基本权利保障的大量根本制度设计都体现了比例原则,如私有财产权保护制度、征收征用制度、公民义务设置制度。比例原则具有不可替代的功能,不同于其他宪法基本原则。如人民主权原则解决的是国家权力的来源问题,比例原则关注的是国家权力的运行问题。人权原则与其说是一个原则,不如说是宪法的根本目标。权力制约原则主要解决的是国家权力间的关系问题。因此,比例原则在中国属于宪法基本原则,聚焦于调整国家权力与公民权利的行使限度,具有不可替代的规范功能。根据比例原则,为了保障公共利益和他人利益不被公民侵犯,国家需要对权利进行合理的内在限制。为了促进公共利益,国家

---

① Ronald Dworkin, Taking Rights Seriously, Harvard University Press, 22(1977).
② Robert Alexy, Theorie der Grundrechte, Suhrkamp Verlag, 100 (1986).
③ 参见莫纪宏:《论宪法原则》,《中国法学》2001 年第 4 期,第 54 页;王广辉、叶芳:《宪法基本原则论》,载《法商研究》2001 年第 5 期,第 80 页。
④ 参见魏定仁、甘超英、傅思明:《宪法学》,北京大学出版社 2001 年版,第 24 页;胡锦光、韩大元:《中国宪法》(第四版),法律出版社 2018 年版,第 55 页;《宪法学》编写组:《宪法学》(第二版),高等教育出版社、人民出版社 2020 年版,第 91 页。

可以对权利进行必要的外在限制并给予公正补偿。与此同时，国家负有积极义务为权利的实现创设必要条件。比例原则具有双重面向，既反对国家过度侵犯基本权利，也禁止政府对基本权利保护不足。

综上，比例原则在中国属于宪法基本原则。比例原则内置于权利和权力之中。虽然没有直接明文规定，但比例原则在中国具有充分的宪法文本依据。通过宪法解释可以确立比例原则的宪法地位。中国《宪法》第51条的"权利的限度"条款和第33条第3款的"国家尊重和保障人权"条款，内在蕴含了比例原则。"权利的限度"条款既是对公民行使权利的义务要求，也是对国家行使权力限制权利的责任要求，包含了合比例性思想。"国家尊重和保障人权"条款要求国家认真对待公民的消极权利与积极权利，一方面不得恣意过度限制权利，另一方面需要采取一切必要措施促进权利的实现。确立比例原则在中国的宪法地位，使之成为宪法原则，对于人权保障意义十分重大。随着中国合宪性审查的不断推进，作为基本审查标准的比例原则必将大放异彩。

比例原则在中国具有宪法地位，决定了其既可以适用于公法，也能够适用于私法。权力与权利并非是自由无边界的，其行使需要一定的制约。比例原则属于调整权力与权利、权利与权利之冲突的根本准则，其为国家与公民的行为划定了合理界限。在公法领域，任何权力的行使都应遵守比例原则，影响公民权利的行政权、司法权、监察权自不必多言。即使是立法权，为了防止民主的"多数人暴政"，为了促进民主反思，也应受比例原则的约束。在私法领域，公民在行使个人权利时，应当遵循比例原则，不得不当侵犯他人的权利，不得滥用权利。无论是在关注公共利益的公法领域，还是在关注私人利益的私法领域，抑或是在关注国家利益的国际法领域，比例原则都有广泛的适用空间与紧迫的适用必要。

第十章 合比例性、理性与商谈

合比例性就是正义,但只有认真对待比例原则,才能有效实现正义。比例原则的精确化过程,实际上就是试图把合比例性裁量降低到最低限度甚至没有的过程,从而有利于增加合比例性分析的理性程度。然而,功利主义的数学计算会造成价值理性的缺失,成本收益分析存在量化困境,以及事实存在不确定性,导致比例原则的精确化存在限度。无论再怎么精确化,比例原则的适用仍然无法摆脱极易招致争议的实质权衡。

即使公权力行使者审慎地进行了合比例性分析,但作出的政府行为基本不可能获得所有人的同样接受。对于政府行为或多或少的合法性质疑,或许永远无法消除。对于某一项政府行为,有些人认为符合比例原则,而另一些人则可能认为完全不具有合比例性。由于比例原则存在空洞性缺陷,其在适用时就容易引发合法性争议。获取合比例性的"正解",提供让利益相关方都高度信服的正当理由,最大程度地减少政府行为的合法性争议,或许需要超越形式合法化和实质合法化两种传统范式,迈向商谈合法化范式。

一、比例原则精确化的效用

作出合比例性与否的正确判断需要理性。通过引入成本收益分析方法,可以使立法者、行政者进行更加理性的合比例性分析。通过科学合理构建类型化的比例原则审查基准体系,可以使合比例性司法裁量更加公正。推进比例原则的精确化,具有诸多效用。

(一)增加法律的明确性与安定性

推进比例原则的精确化,有利于增加法律的明确性与安定性。"越来越多的人相信,世上本没有十全十美的事物,民主虽有缺陷,也是迄今为止人类智慧可以设想的最好治理方式。"[①]而民主治理最重要的方式就是制定明确的法律规范。法律的明确性,是实行形式法治的基本条件,是形式

---

① 沈岿:《公法的变迁与合法性》,法律出版社2010年版,第386页。

法治的生存之基。法律规定必须明确,应当尽可能的排除不确定规定,因为法律的可预见性以其明确性为前提。否则法律尽管有规定,但模棱两可,人们仍无法确定的把握法律的意志而陷入无所适从,安全仍不能得到。① "构成制定法的特征应尽可能精确地予以确定。"②

通过考察比例原则在全球的适用可以发现,几乎没有法律规范或判例对比例原则进行明确而具体的界定,而是大多使用"适当的""必要的""最小损害的""均衡的""相当的"等极度模糊的不确定性法律概念。在灵活实现个案正义的同时,空洞的比例原则可能会对全球法治产生极大的破坏性。合比例性分析的模糊性和不一致性,已经大大降低了法律的明确性,从而可能会破坏整个形式法治。比例原则的精确化,有利于明确其准确内涵和结构,以使其适用时更具有明确性,从而不至于破坏形式法治。

比例原则的空洞性不仅会破坏法律的明确性,而且还会被法官滥用,从而影响法律的安定性。比例原则是适用于整个国家活动的原则,所有限制公民权利与自由的国家行为都受比例原则的约束。对于立法者制定的法律和行政者制定的规则,法官都可以运用比例原则进行实质司法审查。虽然法官运用比例原则可以推翻否定很多"恶法",但是由于比例原则的空洞性,法官动辄也可以轻而易举地推翻很多"良法",从而使得法律不具有稳定性和可预期性,破坏了法律的安定性。合比例性审查的滥用,特别容易出现在民主转型或法治发展水平不高的国家。空洞的比例原则极易沦为法院卷入政治斗争的工具。"一个持续、稳定的法律秩序是人类生存与发展的必要前提,法治国家必须践行法律安定性原则。"③精确化后的比例原则,大大压缩了法官的司法裁量空间,法官再也无法随意动辄否定法律。在否定某项"恶法"前,法官必须进行精确的合比例性分析。比例原则的精确化减少了司法侵犯民主权限的机会,有利于提升法律的安定性。

因此,比例原则的精确化过程,是使比例原则内涵更加明确、结构更加清晰、操作更加精细的过程,是使比例原则更加接近于法律规则的过程。精确化后的比例原则可以使合比例性分析更具有确定性,可以增加法律的

---

① 参见徐国栋:《民法基本原则解释:诚信原则的历史、实务、法理研究》(再造版),法律出版社 2013 年版,第 263 页。

② [德]阿图尔·考夫曼:《法律哲学》(第二版),刘幸义等译,法律出版社 2011 年版,第 209 页。

③ 欧爱民:《法律明确性原则宪法适用的技术方案》,载《法制与社会发展》2008 年第 1 期,第 121 页。

明确性与安定性。

(二) 提升说明理由的质量

推进比例原则的精确化,有利于提升说明理由的质量。在当代法治国家,一项政府行为仅仅只是满足职权合法、程序合法、内容合法等条件还远远不够,还不足以令人信服。真正的合法性并不建基于孤立的字面意义符合度之上,而是需要一系列理由来支撑。理由的角色举足轻重,无可替代。[①] 权威文化已经过时,正当理由文化日益受到青睐。在权威文化中,政府行为的合法性来自于被授权的事实。只要政府行为依法定职权而作出,就一般会被认为是合法的。权威文化意味着劳动的政治分工。"一旦权威被分配,被授权的机构只需要很少的实质正当理由。"[②]在正当理由文化中,政府对其每一项行为都必须提供实质的正当理由。"政府的领导依靠在捍卫自己决定时所提供的说服力。"[③]权威的问题只是合法性的起点,被授权只是政府行为合法性的必要条件而非充分条件。政府的每一项行为,不仅应当具有形式合法性,而且更应当具备实质合法性。政府行为的合法性起源于形式的权威,但更需要实质的正当理由。

在正当理由文化中,政府对其每一项行为都应当进行实质说理。公民将一部分权利与自由让渡给政府,并不代表政府就可以在职权范围内为所欲为。"给予决定的理由是正常人的正义感所要求的。这也是所有对他人行使权力的人一条健康的戒律。"[④]对于政府与公民关系来说,政府对其每一项行为提供实质的正当理由,实际上是仆人与主人关系的体现。仆人所作的任何行为,不能仅仅只是因为依照权限作了就具有合法性,还必须提供实质的正当理由,让主人信服,才能获得足够的可接受性。对于不同国家权力来说,不同国家机关说明理由的过程,实际上是一个理由竞争的过程。立法理由、行政理由是在同司法理由竞争。如果立法机关的行为理由或行政机关的行为理由,不能让司法机关信服,司法机关就可以用更高质量的司法理由否决立法理由或行政理由。不同国家机关的理由竞争,最终从整体上提升了民主质量,超越了传统的形式民主。

---

① 参见苏宇:《走向"理由之治":行政说明理由制度之透视》,中国法制出版社 2019 年版,导言。

② [以色列]摩西·科恩-埃利亚、易多波·拉特:《比例原则与正当理由文化》,刘权译,载《南京大学法律评论》(2012 年秋季卷),法律出版社 2012 年版,第 45 页。

③ Etienne Mureinik, A Bridge to Where? Introducing the Interim Bill of Rights, 10 S. Afr. J. Hum. Rts. 31, 32(1994).

④ [英]威廉·韦德:《行政法》,徐炳等译,中国大百科全书出版社 1997 年版,第 193 页。

在当代全球法治体系中,合比例性成为最为重要的正当理由之一。比例原则的广泛传播,实际上就是正当理由文化的体现。比例原则的适用,就是说明理由的过程。然而,空洞的比例原则无法承载充分说理的功能。基于空洞的比例原则所做的决定,不具有足够的说服力。对于某项行为,当受到质疑时,立法者、行政者往往无法明确回答某个手段是如何"适当",某个"最小损害"的手段"损害"究竟是多少,以及为什么是"均衡的"等之类的问题,而时常以"符合比例原则""是必要的""完全有必要""符合均衡性""符合狭义比例性"等表述作笼统的回答,往往难以令人信服。由于比例原则的空洞性,司法者运用比例原则所作的裁判同样面临说理不充分的问题,从而使得司法判决的可接受性大大降低。法治不是强力之治,良好的法治需要良好的说理。"话语的力量来自于说理。"①只有说理充分才能提高可接受性。"'正确性'意味着合理的、由好的理由所支持的可接受性。"②

精确化后的比例原则更具有说服力,更能提供令人信服的实质性具体理由。通过运用精确化后的比例原则,立法机关对其制定的法律,行政机关对其作出的行政决定,司法机关对其作出的裁判,都能够提供更详细、更全面的合比例性理由。对于某个手段为什么是"适当的","最小损害"究竟是多大,某个手段"是必要的"或"完全是必要的"体现在哪里,某个手段为什么是"均衡的"或"狭义成比例性"等之类的问题,立法机关、行政机关和司法机关都能依据精确化后的比例原则给出一个具体而明确的正当理由,而不是抽象的笼统回答。比例原则的精确化,使得说理更加充分。

(三)减少权衡的非理性

推进比例原则的精确化,有利于减少权衡的非理性。比例原则是一种重要的权衡工具,可以说是当代法治国家的基本权衡工具。然而,由于比例原则的精确性缺陷,公权力行为者在运用比例原则进行权衡时,由于客观利益的衡量不足、主观裁量的过大以及结果导向的分析,极易产生非理性,从而使人权受到不当侵犯。

当立法者、行政者面对众多可能实现所欲追求的目的的手段时,精确化后的比例原则给他们提供了一个可操作性的理性分析框架。立法者、行

---

① 葛洪义:《法与实践理性》,中国政法大学出版社 2002 年版,第 30 页。
② Jürgen Habermas: Faktizität und Geltung: Beiträge zur Diskurstheorie des Rechts und des demokratischen Rechtsstaats, Suhrkamp Verlag, 277(1992).

政者知道首先应当在众多手段中选取那些能促进目的的手段,即只要认定手段与目的间存在实质关联性,就可以判定手段具有适当性;然后选择"相同有效性"下,对公民权利损害最小的手段;最后对手段进行均衡性分析,权衡手段的总收益是否能证明成本是正当的。如此一来,立法者、行政者在面对比例原则时,再也不会束手无策。精确化的比例原则不仅能有效地为立法者、行政者提供裁量指引,而且还能限制立法者、行政者的裁量,减少立法者、行政者权衡时的恣意与专横。

对于司法者来说,比例原则能被法官有效地用来监督立法者、行政者权衡时的恣意与专横,从而可以及时纠正不具有合比例性的政府行为。"没有任何其他主流理论能像比例原则那样被法官用来对抗政府行为的专断与不公。"[①]然而,由于比例原则的精确性缺陷,比例原则同样可能被法官滥用。法官在进行合比例性权衡时,存在恣意与专横的危险。这一点在民主法治不完善的国家尤为明显。

法官并非永无私心的天上神明,而只是具有有限理性的人间职业裁判者。司法裁量权也是一种权力,而只要是权力就容易被滥用。正如孟德斯鸠所言:"一切有权力的人都容易滥用权力,这是万古不易的一条经验。"[②]司法作为正义的最后一道防线,一旦"失守",将对人权保障造成毁灭性的打击。法官可能站在立法者、行政者一边,"官官相卫",滥用空洞的比例原则,维护立法者、行政者的不当行为,从而使社会正义失去最后的防线,公民人权无法被根本保障。法官也可能站在公民一边,过度侵犯立法者的形成余地和行政者的专业判断余地。同规范立法裁量、行政裁量一样,比例原则的精确化也能有效限制司法裁量,提升司法理性,进而有效保障人权。

相比于空洞的比例原则,精确化后的比例原则在结构上更加完整,在内涵上更加丰富,在适用上更加具有可操作性。通过推进比例原则的精确化,可以更为精细地适用比例原则。精确化后的比例原则,适用方法与过程如下。(1)目的正当性原则。目的正当性原则是手段适当性的前提,立法者、行政者的公权力行为必须出于正当的目的,法官应当综合审查立法者、行政者的目的是否具有正当性。(2)适当性原则。立法者、行政者所采用的手段应当与目的之间存在实质关联性,手段至少应有助于目的的实现。对于正在发生效力的手段,应进行客观适当性审查,以决定是否应当继续适用该手段。对于已经实施完毕的手段,应进行主观适当性审查,以

[①] David M. Beatty, The Ultimate Rule of Law, Oxford University Press, 173(2004).
[②] [法]孟德斯鸠:《论法的精神》(上册),张雁深译,商务印书馆1995年版,第154页。

更好地尊重立法者、行政者的事实预测。(3)必要性原则。如果有多种适当性的手段有助于某个正当目的的实现,立法者、行政者应当选择最小损害的手段。由于不同手段对目的的实现程度可能不同,所以应当运用成本收益分析方法,科学地确定不同手段的损害值和收益值,然后通过权利相对损害性计算公式,最终挑选出一个"相同有效性"下最小损害的手段,即相对最小损害的手段,而非绝对最小损害的手段。(4)均衡性原则。均衡性原则要求手段所增进的公共利益同其所造成的损害成比例。在本质上,均衡性原则属于目的必要性原则,即是关于某项正当目的有无必要实现的原则。应当运用成本收益分析方法,准确的计算目的实现所耗费的总成本和总收益,然后通过运用均衡性判断公式与均衡性判断法则,辅助均衡性判断。

综上,精确化后的比例原则不仅能因增加法律明确性与安定性而有利于形式法治,而且还因能提升说理质量而有利于实质民主,另外还能减少权衡的非理性,从而有利于保障人权。然而,比例原则的精确化存在限度。

二、比例原则的精确化限度

比例原则精确化的过程,实际上就是试图减少法律原则适用的非理性,以合法化公权力行为者所作出的决定的过程。比例原则的精确化,在某种程度上可以限制比例原则适用时过大的裁量空间,克服比例原则适用的主观性过大和不确定性缺陷,从而有助于提升公权力行为者决定的合法性,进而增强其可接受性。然而,比例原则的精确化存在价值理性的缺失、成本收益的量化困境以及未来事实不确定性等限度。

(一)数学计算与功利主义:价值理性的缺失

数学化计算存在很大的局限,容易造成比例原则适用的价值无涉性。对于比例原则而言,通过成本收益分析进行数学化计算,能在某种程度上增加比例原则适用的科学性和可操作性,破解比例原则适用的不确定性难题。将数学计算方法运用到法学领域,可以更加准确地进行定性分析。由于经济学能够通过边际分析使其自身表达数学化,法律价值的通约与权衡成为必要与可能。[①]"使一些原本复杂、散乱的法学命题定律化,甚至数学

[①] 参见涂少彬:《论法学表达数学化的可能及限度——基于经济学与比例原则的切入》,载《法学评论》2020年第4期,第37页。

模型化,从而大大地增加了这些理论和命题的科学性和可操作性,给人耳目一新之感。"①

随着19世纪科学技术的飞速发展,生产力得到极大地促进,形式化的工具理性在人类生活中越来越占有支配性地位。作为工具理性的数学不仅被广泛运用于自然科学领域,而且也被频繁运用到人文社会科学领域。"近代科学的数值化、定量化、规范化、精确化不仅是作为一种方法论原则而被广泛接受的,而且是作为一种理性精神而贯穿于社会生活的一切方面,是一种理性的社会模式。"②在这种社会模式中,"理性就意味着科学,只有科学才能使人们日益控制实在、走向进步。科学是理性唯一完美的体现与验证"。③"通过缜密的逻辑思维和精细的科学计算来实现效率或效用的最大化"。④ 工具理性如果被正确地运用,确实有利于选择出最有效的手段以实现特定的目的。然而,在工具理性勃兴的同时,文艺复兴时期所弘扬的对人的价值关怀的理念却几乎不见踪影。于是,便出现了"理性的吊诡",工具的运用不但没有增加决策的理性,反而否定了理性,使决策变得更加不理性。

没有价值关怀的工具理性是苍白的,工具理性应当以价值理性为依归,价值理性才是最为根本的。价值理性是一种内心信仰。在马克斯·韦伯看来,价值理性是"仅仅为了实现自己对义务、尊严、美、宗教训示、崇敬或者任何其他一种'事物'重要性的信念,而采取的行动。"⑤价值理性不是为了解决日常问题而计算手段与目的的关系,而是建基于某些价值信条之上,以某种特定的终极的立场(或方向)为依归。⑥ 将工具理性置于价值理性之首,或试图以工具理性取代价值理性的行为,都是舍本逐末,得不偿失。人类社会的生活之所以是属于人的,就是因为它无处不包含着价值因素,无处不存在着价值判断。⑦

---

① 钱福臣:《法学研究中的卢梭式数学定律法及其评价》,载《苏州大学学报(哲学社会科学版)》2011年第4期,第81页。
② 张康之:《公共行政:超越工具理性》,载《浙江社会科学》2002年第4期,第3页。
③ 徐国栋:《民法基本原则解释:诚信原则的历史、实务、法理研究》(再造版),法律出版社2013年版,第287页。
④ 董礼胜、李玉耘:《工具——价值理性分野下西方公共行政理论的变迁》,载《政治学研究》2010年第1期,第67页。
⑤ [德]马克斯·韦伯:《社会学的基本概念》,胡景北译,上海人民出版社2000年版,第32页。
⑥ 参见张德胜等:《论中庸理性:工具理性、价值理性和沟通理性之外》,载《社会学研究》2001年第2期,第35页。
⑦ 参见张康之:《公共行政:超越工具理性》,载《浙江社会科学》2002年第4期,第5页。

运用经济分析方法精确化比例原则,将权利损害量化为数值,将公共利益收益精确为符号,然后再比较各种不同手段的成本与收益,实际上在某种程度上体现了工具理性。虽然工具理性的有效运用,可以增加科学性与确定性,但在比例原则的适用中,以成本收益分析方法评价手段的正当与否,容易陷入功利主义的泥淖。"决策者不仅应评估成本收益分析的结果,还应考虑成本收益分析没有囊括到的相关价值的可能性。"① 依据成本收益分析方法,如果某项手段所增进的公共利益收益超过手段所造成的损害,存在净收益,该手段就可能会被认为是均衡的。如此一来,权利损害就可能变成了赤裸裸的金钱计算,公共利益收益就可能变成了单纯的利益大小比较,从而造成比例原则适用价值理性的缺失。经济学已经证明了自己很有用,但迄今为止,经济学"还没有尝试在价值分析这个最重要的法律问题上提供帮助"。② 数字不是决定性的,有时对权利的尊重,对不可逆性的关注,可使对成本收益分析的拒绝变得正当化。③ 成本收益分析必须让位于重要的非福利主义关注,例如道义权利。④

如果精确化后的比例原则的适用缺乏价值关怀,那么比例原则的魅力将会大打折扣。一旦通过功利计算比较损害与收益大小,就可能忽视人的主体地位,侵犯人格尊严。在功利主义计算中,"那些本质上并不重要,而仅仅因为涉及的数量多,便在计算中占了权重的考虑最终会权衡掉那些重要的个人利益。"⑤ "某人的权利是否可以被侵犯不能通过功利的数学计算。人们的偏好不能被加减。"⑥ 价值无优劣,抽象的"价值排序"更是不可取的。⑦ 为了获取更大的收益,宁愿牺牲少数人的权利,追求最大多数人的幸福,这是明显缺乏道义基础的,是违背价值理性的。"法律的工具理性需要数字化,而法律中的人性不能全部数字化。"⑧ 比例原则具有道义基

---

① Richard H. Pildes & Cass R. Sunstein, Reinventing the Regulatory State, 62 U. Chi. L. Rev. 1, 72(1995).
② [美]圭多·卡拉布雷西:《法和经济学的未来》,郑戈译,中国政法大学出版社2019年版,第212页。
③ See Cass R. Sunstein, Cost-Benefit Default Principles, 99 Michigan Law Review, 1663(2001).
④ See Matthew D. Adler & Eric A. Posner, Rethinking Cost-Benefit Analysis, 109 Yale Law Journal, 246 (1999).
⑤ 刘作翔:《社会利益问题:理论与实践的背反及其争论》,载《东方法学》2013年第5期,第50页。
⑥ David M. Beatty, The Ultimate Rule of Law, Oxford University Press, 171(2004).
⑦ See Francisco J. Urbina, A Critique of Proportionality and Balancing, Cambridge University Press, 52(2017).
⑧ 曲笑飞:《法律数字化现象研究》,载《法律科学》2013年第1期,第37页。

础,单纯通过成本收益分析的数学计算而精确化比例原则,容易导致价值理性的缺失。

(二) 成本与收益的量化局限

准确界定手段所造成的损害成本和带来的收益,是比例原则精确化的关键。然而,即使应适当运用成本收益分析方法辅助合比例性分析,但由于成本收益存在"量化困境",很多时候无法准确量化不同手段的成本与收益,从而也就无法准确做出直接的比较权衡。

政府限制具有经济属性的权利,准确量化不同手段的损害成本与收益大小,是比较可行的。"与货币纬度紧密相连的所有权利,例如财产权,更适合量化。"[①]例如,在行政征收中对公民的房屋所有权、土地使用权等财产权所造成的损害成本比较容易量化,征收行为带来的收益也比较容易通过计算得出。一般而言,越是与财产权接近的权利的损害成本就越容易被量化,越是与人身权或人格尊严接近的权利的损害成本就越难被量化。

对于那些具有较少经济属性或没有经济属性的权利,比如对言论自由权的损害、对宗教信仰自由权的损害,量化起来就更加困难。对于收益来说同样如此,许多收益是无法准确量化的。例如,量化汽车尾号限行措施所带来的交通拥堵缓解和环境污染改善的收益,是非常困难的。事实上,美国有关成本收益分析的行政命令也强调,应考虑那些很难或不可能量化的价值,例如平等、人的尊严、公平与分配影响。[②] 由于并非任何手段的成本与收益都可以被准确量化,所以比例原则的精确化存在限度。

(三) 未来事实的不确定性挑战——以风险预防为例

未来事实的不确定性挑战,会导致比例原则的精确化存在困境。通过运用成本收益分析,可以使比例原则适用中的利益权衡更加客观化、理性化,但这是以确定的事实为基础的。比例原则的适用涉及立法预测和行政预测,由于未来事实的不确定性,使得比例原则的精确化存在局限性。此问题在风险预防中尤为突出。由于风险预防所要面对的是大量不确定性的未来事实,所以比例原则在风险预防中存在更大的适用困境。

---

① Matthias Klatt and Moritz Meister, The Constitutional Structure of Proportionality, Oxford University Press, 59(2012).

② See Barack Obama, Executive Order 13563: Improving Regulation and Regulatory Review, Federal Register, Vol. 76, No.14, 3821 (2011).

1. 风险预防原则受比例原则的约束

风险行政属于现代风险社会中公共行政的一种新类型,它是相对于秩序行政、福利行政而言的。秩序行政旨在维护社会秩序,保障公民自由不被侵犯。福利行政旨在为公民提供最低生存保障,促进社会整体福利。风险行政旨在消除未来的潜在风险,保障国民集体安全。现代社会是一个风险社会,随着人类科学技术的不断进步,各种风险日益增多。风险预防日益重要,风险预防原则越来越具有成为独立的一般法律原则的趋势。甚至还有观点认为,风险预防原则是和比例原则并列的法律原则。① 风险预防原则意味着,如果不采取任何行动而任由风险发展,将会产生实际损害。但究竟要采取什么样的措施,风险预防原则并没有给出积极的答案。风险预防原则大致在两个层面上发挥作用:一是作为整体风险行政的理念和指导原则;二是为具体的风险预防措施提供立法根据。②

尽管国内外学者对风险预防原则的使用频率越来越高,但对于究竟什么是风险预防原则并没有达成一致的意见。所谓风险预防原则包括以下内容:(1)根据已有的信息、知识和经验,可以合理地怀疑存在严重危害的威胁;(2)政府应当采取有助于缓减风险的预防措施;(3)该预防措施是或者至少是当时认为是必要的、对利害关系人权益造成的不利影响是不可避免的,也是最小限度的;(4)政府应当同时并持续地积极搜集和分析更多的信息、知识和经验,减少其中的不确定性因素,进一步分析已采取预防措施的成本与效益,分析其他预防措施的可能性及其成本与收益,并根据新的分析评估对预防措施进行适当调整。③ 从该定义的四个方面可以发现,风险预防原则的内容实际上就是比例原则的要求。第二项内容体现了适当性原则,第三项内容体现了必要性原则,而第一项内容则是风险预防目的实现的必要性,即如果存在严重危害的威胁,就应当采取风险预防,此内容实际上是均衡性原则的要求:由于存在严重威胁,所以风险预防所取得的收益与造成的损害是成比例的。至于第四项内容,则是对风险的跟进分析,属于比例原则的再适用。

因此,风险预防原则无法同比例原则并列而成为法律的基本原则。风险预防原则衍生于宪法所规定的国家对公民生命与健康的保障义务,它是

---

① 参见[德]乌多·迪·法比欧:《环境法中风险预防原则的条件和范围》,陈思宇译,载刘刚编译:《风险规制:德国的理论与实践》,法律出版社2012年版,第284-285页。
② 参见王贵松:《风险行政的预防原则》,载《比较法研究》2021年第1期,第54页。
③ 沈岿:《风险规制决策程序的科学与民主》,载沈岿主编:《风险规制与行政法新发展》,法律出版社2013年版,第302-303页。

一项旨在保障集体安全的国家任务。由于风险预防原则可能会侵犯公民的权利与自由,所以风险预防原则当然可以而且必须受比例原则的约束。

2. 比例原则在风险预防原则中的局限

由于风险预防原则所面对的是未来不确定的事实,所以比例原则的作用是有限的。对于风险预防原则来说,首先应当广泛搜集各种信息,发现风险可能存在的迹象。在风险识别的基础上,需要进行风险评估。通过专家论证等方式评估风险是否会发生,发生概率是多大。经过科学的风险评估,可能得出以下主要结果:(1)风险不会发生;(2)风险会发生,但无法确定风险发生的准确概率;(3)无法确定风险是否会发生。比例原则在风险预防中适用,根据风险的发生情形,也可以分为三种情形。

对于第一种情形,由于风险不会发生,评估之前所发现的"风险"只是一种"假想风险",所以就无需采用任何预防手段,自然也就用不上比例原则。

对于第二种情形,一旦确定风险会发生,实际上就是确定了作为目的性事实的风险确实存在,风险预防不是对"假想风险"的预防,所以风险预防的目的就是正当的,符合目的正当性原则。接下来就应当选择适当性的风险预防手段,即选择同风险预防目的之间存在实质关联性的手段。然后再挑选出一个能实现风险预防目的的最小损害性手段。最后适用的就是均衡性原则,即判断风险预防的目的是否有必要实现。是否有必要进行风险预防,既取决于风险预防所产生的收益,也取决于风险预防所耗费的总成本。

对于风险预防手段所耗费的总成本,即风险预防会对哪些人群造成多大的损害,会耗费多大的财政支出成本,一般情形下相对比较容易确定。对于风险预防所带来的收益,即风险预防所避免的潜在损害,往往难以准确确定,因为风险具有不确定性。对于风险的发生概率,虽然可以通过频率主义和贝叶斯主观主义两种方法赋值,[①]但仍然缺乏精确性。风险之所以称为风险,本身就是指一种可能性,所以要确立风险的准确发生概率是不大可能的。在风险社会中,大量因果关系无法以全有或全无的方式被认知,而至多只能通过概率的形式被描述。对因果关系链条的判断精确度,

---

① 频率主义是通过统计过去的相似情形中各种可能结果的发生频率来确定概率;贝叶斯主观主义是通过一个目前还不是十分了解的判断过程和直觉灵感来对可能结果的主观概率赋值。详细可参见[美]阿德里安·沃缪勒:《不确定状态下的裁判:法律解释的制度理论》,梁迎修、孟庆友译,北京大学出版社 2011 年版,第 186-187 页。

是决定预防措施合比例性的关键因素。① 由于无法确立风险发生的准确概率,就难以准确确定风险预防手段所带来的收益,从而无法准确地比较实现风险预防目的所造成的损害同所产生的收益二者之间的比例关系,所以就无法有效适用均衡性原则。

对于第三种情形,无法确定风险是否会发生,就根本无法适用比例原则。因为无法确定风险是否会发生,就无法确定风险预防目的是否为"假想预防",也无法准确权衡风险预防手段所促进的公共利益与所造成的损害是否成比例。

因此,在风险预防中,比例原则存在适用困境。风险预防究竟会对哪些人群造成多大的损害,会耗费多大的财政支出成本,风险预防所带来的收益有多大,往往无法精确确定,所以就无法客观比较风险预防所造成的损害与收益间的比例关系。

综上,比例原则的精确化存在限度。比例原则的精确化本来是试图通过借助于科学的分析工具,规范与限制空洞的比例原则权衡时的恣意与专横,以减少比例原则适用时的不确定性。然而,对不同手段的损害成本和收益进行精确的数学计算,可能导致功利主义,使得合比例性分析缺乏价值理性。由于存在量化困境,往往难以准确计算不同手段的损害成本与收益。面对未来事实的不确定性,比例原则的规范功能存在限度。

成本收益分析是作为技术学科的现代经济学的基础概念,即使再聪明的经济学家开发再好的技术,也无法有效解决具有规范性的判断问题,决策的作出不能仅仅基于技术的经济推理。② 科学只是一个有限的决策分析工具,科学存在认识论上的缺陷,科学也无法完全消除不确定性。而且,无论再怎么精确化,也不可能将空洞的比例原则完全精确化为分毫不差的形式规则。比例原则适用中的实质权衡,永远无法避免。

三、反思:合比例性与政府行为的合法性

比例原则的精确化存在限度,实际上体现的是政府行为形式合法化范式与实质合法化范式的困境。因为比例原则的精确化过程,就是试图把合比例性裁量降低到最低限度甚至没有的过程,其本质是试图消除实质合法

---

① 参见苏宇:《风险预防原则的结构化阐释》,载《法学研究》2021年第1期,第35-53页。
② See Susan Rose-Ackerman, Precaution, Proportionality, and Cost/Benefit Analysis: False Analogies, 4 European Journal of Risk Regulation, 285 (2013).

化范式弊端而向形式合法化范式转换的过程。然而,对于政府行为合法性的证成来说,无论是形式合法化范式,还是实质合法化范式,都存在难以克服的缺陷。

(一) 形式合法化和实质合法化范式

合法化是法律的永恒追问。"一项政府行为,不管是由立法机关或行政机关作出,还是由司法机关作出的,皆须具备合法性。"①合法化政府行为结果的方式,就目前来说主要有两种,即形式合法化范式和实质合法化范式。

1. 形式合法化范式

形式合法化范式,也可称为规则约束主义,此种范式试图通过制定严格的形式规则,事先规定好事实假设和法律后果,一旦某个事实发生,只需严格按照规则实施和执行即可。在形式合法化范式中,立法者行为的合法性来源于人民通过社会契约所授予的权力,行政者和法官行为的合法性来源于立法者所制定的形式法律规则。

形式合法化范式强调法律的普遍性,主张在形式规则面前人人平等。由于认为形式的法律规则具有自治性,所以在形式合法化范式中,法官的作用是极其有限的。法官就如同一架无情的机器,只需严格依据法律规则判案即可,而无须也禁止进行实质的价值权衡。因而可以说,形式合法化范式是以立法为中心的范式。涵摄是形式合法化范式法律规则适用的经典方式。法律规则是大前提,事实是小前提,法官只需依据机械的三段论演绎推理,就可以公正作出判决。

(1) 形式合法化范式的产生与发展

形式合法化范式兴起于19世纪,在政治上,它是对抗神权、专制、独裁的产物,是近代代议制民主的要求。西方启蒙运动对形式合法化范式的产生具有重要作用。启蒙运动是发生在17、18世纪欧洲的一场反封建、反教会的资产阶级文化解放运动,它是一场要求理性应当取代神性、知识应当取代信仰的权利觉醒运动。孟德斯鸠、伏尔泰、卢梭、洛克等一大批启蒙思想家提出了自由、平等、博爱、人权、民主、法治等新思想,要求进行社会变革。启蒙思想家大致都相似地认为,为了消除人人各自为王的混乱的自然状态,必须通过社会契约建立一个保障人民生命、自由、财产的政府。政府应当受人民"公意"的约束,人民是国家的主人,人民的"公意"具有最高

---

① 沈岿:《公法变迁与合法性》,法律出版社2010年版,第4页。

性。"公意"就是法律,"法律乃是公意的行为。"立法者根据"公意"所制定的法律应当具有一般性,"法律的对象永远是普遍性的"。① 具有普遍性、公开性、确定性的法律一经制定,所有人都应当遵守。无论是人民,还是政府,都不得违背"公意"化身的法律。因此,形式合法化范式在政治上体现的是民主思维,人民当家做主需要形式化的法律规则,人民的"公意"需要通过代议制民主机关转化为形式的法律规则。

在经济上,形式合法化范式是经济发展的需要。"资本主义经济基础不仅需要确定性的法律,而且希望这种确定性所带来的安全性尽可能地大"。② 法律规则的形式性、确定性越明显,人们就越能准确预期自己的行为后果。随着自由资本主义的发展,法律规则数量越来越多、内容越来越精细,法官的自由裁量权也越来越小。从 19 世纪初期开始,欧洲开始了大规模的法典化运动,各国开始广泛制定形式确定、内容庞杂的成文法。例如 1804 年的《法国民法典》、1812 年的《奥地利普通民法典》、1896 年的《德国民法典》。中国于 2020 年颁布了《民法典》。

法律实证主义加快了形式合法化范式的发展。欧洲的法典化运动使法学开始逐渐脱离虚无缥缈的自然法学。从 19 世纪中叶开始,法律实证主义学说已经逐渐超越自然法学、历史法学、概念法学等竞争对手而占据统治地位,一切神学的、哲学的、历史学的等等虚幻的假设构想都逐渐遭到抛弃,反对形而上学的法律实证主义得到快速发展。法律实证主义认为,法是由国家颁布的强制命令,任何实在法都是具有约束力的。依据法律实证主义代表人约翰·奥斯丁的见解,法的存在和法的优劣是两个不同的问题,"一个法,只要是实际存在的,就是一个法,即使我们恰恰并不喜欢它,或者,即使它有悖于我们的价值标准。"③因而,只要法律规则符合形式要件,恶法也是法,恶法也应当被遵守。"立法者是自己的主宰,除了受到自己制定的宪法或其他法律的限制外,不受其他任何限制。"④极端的形式主义法治观,最终发展成为了纯粹形式的、价值无涉的、权力导向的法律工具主义。形式合法化范式在德国的极端发展,最终导致纳粹政权的粉墨登场,给世界人民带来了深重灾难。

---

① [法]卢梭:《社会契约论》(第二卷),何兆武译,商务印书馆 1980 年版,第 50-51 页。
② 徐国栋:《民法基本原则解释:诚信原则的历史、实务、法理研究》(再造版),法律出版社 2013 年版,第 278 页。
③ [英]约翰·奥斯丁:《法理学的范围》,刘星译,中国法制出版社 2002 年版,第 208 页。
④ [德]魏德士:《法理学》,丁晓春、吴越译,法律出版社 2005 年版,第 211 页。

(2) 形式合法化范式的功能与缺陷

形式合法化范式是民主自由的界碑。作为近代对抗专制特权的产物,形式合法化范式实现了国家治理从专制统治到民主治理的转变。对人民与国家来说,形式合法化范式破除了专制政体长期以来的言出法随、朝令夕改的陋习,改变了权力的运行逻辑与方式,促进了代议制民主的快速发展。对于人与人的关系而言,形式合法化范式首次实现了所有人在形式法律规则面前的平等地位,使形式正义成为可能。对于个人来说,形式合法化范式使个人获得了历史上的最大自由。正如马克斯·韦伯所言:"法律形式主义使得法律制度能够像一部具有技术理性的机器那样运转,因而保证制度内部的个人与群体拥有相对最大的自由度。"① 然而,形式合法化范式也存在着自身无法克服的缺陷,主要表现为以下几个方面。

其一,形式合法化范式难以实现个案实质正义。尽管韦伯肯定了形式正义的价值,但同时也认识到:"由于形式正义必然具有的抽象性质,它都会侵害到实质正义的理想。"② 形式合法化范式强调法律的普遍性,法官只能进行涵摄严格适用法律,而不得根据个案进行主观权衡,更不得为了实现个案正义而造法。形式合法化范式虽然有利于实现形式正义,但却经常损害实质正义。

其二,形式合法化范式一般不区分良法与恶法。形式合法化范式要求法律一经制定颁布,就对所有人发生法律效力,不管这种法律的实质内容如何,任何人都不得违背。法官在进行演绎推理时,只能将这种形式的法律规则作为大前提,而不得随意对大前提进行评价。然而,作为大前提的形式的法律规则,可能是不正义的。首先,立法者不可能预知一切,其所制定的形式法律规则不可能面面俱到,而且立法者也无法通过制定形式法律规则解决所有正义问题。其次,形式的法律规则是以语言文字为载体的,而语言文字则是抽象、多义的,依靠语言文字所表述的形式的法律规则不可能绝对精确。再次,社会生活并非静止不变,而法律规则则具有稳定性,经常会与社会生活脱节。最后,形式的法律规则可能是恶法。依据卢梭的见解,立法者应当能"洞察人类的全部感情而又不受任何感情所支配",而要做到这一点,卢梭认为只有神明。③ 然而,现实却恰恰相反,立法者不是

---

① [德]马克斯·韦伯:《经济与社会》(第二卷),阎克文译,上海世纪出版集团、上海人民出版社2010年版,第946页。
② [德]马克斯·韦伯:《经济与社会》(第二卷),阎克文译,上海世纪出版集团、上海人民出版社2010年版,第948页。
③ [法]卢梭:《社会契约论》(第二卷),何兆武译,商务印书馆1980年版,第53页。

神明,而只是世俗的凡人,立法者经常容易制定出恶法。

其三,形式合法化范式具有一定的封闭性。由于近代自然科学技术的飞速发展,科学理性日益具有强大的吸引力。自然科学方法被广泛运用到社会科学领域,导致价值理性容易受到漠视。"法律日益成为抽掉灵魂的躯体,成为非人格化的冷酷理性。它不再关注人们的生活体验,不再关注人们的道德吁求,本身失去了自我批判机制和超越能力。"①

其四,形式合法化范式过于倚赖成文法。"形式法治把合法性纯粹寄托于完善的立法,导致对制定法的过分倚赖。"②成文法则主要是由立法者、行政者所制定的,形式合法化范式对制定法的过分倚赖,实际上就是对立法权、行政权的过分倚赖。对权力的过分倚赖,就容易使个人丧失主体地位,导致权力的任性,最终使个人权利无法得到保障。

其五,形式合法化范式不利于保障少数人的权利。民主并不总是有利于保障人权,通过民主而制定的形式法律规则可能会造成"大多数人的暴政",少数人的权利可能被践踏。

2. 实质合法化范式

实质合法化范式,也可称为自由裁量主义,此种范式试图通过适用宽泛的理念与原则,进行充分的价值权衡,以实现个案正义。在实质合法化范式中,实质正确性或实践理性起决定性作用,立法者的行为并不仅仅因为其获得了人民通过社会契约的授权就具有合法性,行政者和法官行为的合法性也不仅仅只是来源于立法者所制定的形式法律规则。

在实质合法化范式中,不符合实质正确性或实践理性的形式法律规则是不具有合法性的。行政者、法官并不总是应当遵循立法者所制定的形式法律规则。在具体情形下,为了实现实质正义,法官可以填补形式法律规则的漏洞,注入新的价值。法官可以造法,甚至还可以推翻法律,打破形式非正义。实质合法化范式是以司法为中心的范式。实质合法化范式法律适用的经典方式是权衡。法官享有宽泛的裁量权,可以根据具体个案,对相互冲突的价值进行实质权衡,最终得出一个最佳结果。

(1) 实质合法化范式的产生与发展

实质合法化范式兴起于 20 世纪中叶,它是人权保障的需要。经过一百多年的发展,严格的法律规则所引发的问题越来越多,形式合法化范式

---

① 高鸿钧:《现代西方法治的冲突与整合》,载《清华法治论衡》,清华大学出版社 2000 年版,第 11 页。
② 何海波:《实质法治:寻求行政判决的合法性》,法律出版社 2009 年版,第 58 页。

的弊端日益凸显。特别是自第二次世界大战后,作为一种新自然法的人权保障思想被提到了新高度,客观上要求一种新的合法化范式。"在德国本土经历了极权主义的恶法国家制度之后,自然法思想重新在科学和政策学上获得了显著的现实性。"① 为了吸取纳粹政权的惨痛教训,德国 1949 年《基本法》第 1 条第 1、2 款规定:"人的尊严不可侵犯,尊重和保护人的尊严是一切国家权力的义务。德国人信奉不可侵犯和不可转让的人权是所有人类社会、世界和平与正义的基础。"② 1951 年,德国设立了保障人权的联邦宪法法院。

人的尊严具有至上性,当人权与形式法律发生冲突时,人权应当优先。当政府的某个法律不正义时,公民可以进行出自良心的、公开的、和平的非暴力反抗。③ 当法律规则与道德发生冲突时,不应该机械地服从法律规则,而应当运用代表"公平、正义或者其他道德维度要求"的原则进行道德推理,实现公民的道德权利。④ 人权保障越来越受到重视,以人权保障而非形式民主为基本思维的实质合法化范式逐渐产生。实质合法化范式发展的一个明显表现就是,"二战"后越来越多的国家开始建立宪法法院,审查议会所制定的法律规则的正当性。

到了 20 世纪末 21 世纪初,人类社会进入风险社会,各种各样无法准确预测的风险日益增多,需要政府去积极应对,特别是需要行政机关主动作为。单纯的形式法律规则不仅无法有效预防风险,反而在很多时候成为风险预防的阻碍。形式合法化范式成为政府风险预防的绊脚石。面对未来风险的客观不确定性,面对公众对未来风险主观感知的差异性,政府需要进行实质权衡,而不是掣肘于形式法律规则的限制,以决定是否需要预防风险。风险社会的来临,在客观上促进了实质合法化范式的发展,尽管这种实质合法化范式仍然无法为风险预防提供足够的合法性。

(2) 实质合法化范式的功能与缺陷

实质合法化范式可以从根本上保障人权,有利于实现实质正义。实质合法化范式的功能主要体现为以下几个方面:首先,填补法律漏洞,实现个案正义。在具体个案中,如果形式的法律规则由于立法者的认知局限、语言文字的自身缺陷以及社会生活的发展变化而产生漏洞时,法官可以通

---

① [德]魏德士:《法理学》,丁晓春、吴越译,法律出版社 2005 年版,第 192 页。
② Grundgesetz für die Bundesrepublik Deutschland (1949), Art. 1.
③ See John Rawls, A Theory of Justice, The Belknap Press of Harvard University Press, 58 (1971).
④ Ronald Dworkin, Taking Rights Seriously, Cambridge, Harvard University Press, 22 (1977).

过实质的权衡而非形式的涵摄对其进行法律续造。第二，推翻恶法。如果形式的法律规则存在非正义，是恶法，法官通过开放的道德推理与价值判断，可以宣布其无效。如此一来，法官就有可能消除由于立法者追求形式正义而带来的实质不正义。对个人而言，个人对不正义的法律具有抵抗权，这样就可以防止个人权利与自由被实质性的普遍不当侵害。第三，有利于法律的成长。实质合法化范式并不将法律视为一个封闭的系统，由于旨在追求实质合法性，实质合法化范式通过其内在的批判反思性机制，有利于不断为法律注入新的价值，不断促进法律的成长。

然而，实质合法化范式也存在其自身无法克服的缺陷。其一，容易产生非理性。绝对的权力产生绝对的腐败，绝对的裁量必然产生绝对的腐败。由于实质合法化范式中的裁量权过大，所以极易被滥用。权衡不仅可能最终没有实现实质正义，反而还破坏了形式正义。其二，反多数难题。尽管形式的法律规则存在很多问题，但其毕竟是由民主选举的代议制机关所制定，具有民主性。如果非民选的法官动辄推翻代议制民主机关所制定的法律，虽然在客观上确实有利于实现实质正义，但却面临民主性不足的指责，容易陷入"反多数"的漩涡。其三，价值判断困境。实质合法化范式离不开实质的价值判断，在价值日益多元化的现代社会，要做到正确的价值判断并非易事。由于实质合法化范式的灵活多变性，在实质结果上，既可能因为注入过多的价值而造成价值横飞，也可能由于漠视价值而产生价值缺失。况且，价值无优劣，价值是一种内心信仰，不同的价值冲突无法通过实质权衡予以解决。

综上，政府行为的形式合法化范式和实质合法化范式，都各有利弊。形式合法化范式注重严格的形式规则，实质合法化范式强调宽泛的实质裁量。对于形式合法化范式而言，尽管有利于实现普遍平等，但却难以实现个案实质正义，不区分良法与恶法，具有一定的封闭性，过于倚赖成文法，不利于保障少数人的权利。对于实质合法化范式来说，尽管主张推翻形式合法的"恶法"以实现实质正义，主张个案裁量以实现个案正义，但却存在权衡的非理性，导致"反多数"难题，存在价值判断困境，从而最终可能使得形式正义和实质正义均被践踏。

（二）趋向形式合法化的范式转换困境

比例原则的精确化，本质上是趋向形式合法化范式的过程。法律原则的适用属于实质合法化范式。法律原则具有抽象性与概括性的特征，多使用不确定性的法律概念，从而使得公权力行为者有足够的空间，在具体个案中可以不受形式法律规则的拘束,能进行开放的道德推理与价值判断,有利于实现个案实质正义。对于比例原则来说,其适用属于实质合法化范式。法官在个案中,可根据不同的案件情形,结合当时社会的政治、经济、文化等具体情况,进行实质地权衡,从而可以推翻立法者、行政者所采用的某个不具有合比例性的手段。

然而,合比例性分析的实质合法化范式面临危机。由于比例原则存在精确性缺陷,在适用时存在很大的裁量空间,容易被滥用。推进比例原则的精确化,将空洞的比例原则尽可能全面地精确化为具体的形式规则,可以消除比例原则适用结果的不确定性。比例原则的精确化过程,实际上就是试图把目的正当性原则、适当性原则、必要性原则和均衡性原则精确化为具体规则的过程,就是试图把合比例性裁量降低到最低限度甚至没有的过程。比例原则的精确化过程,本质上是消除实质合法化范式弊端,而向形式合法化范式转换的过程。

但是,无论再怎么精确化,也不可能将比例原则完全精确化为分毫不差的形式规则。由于功利主义的数学计算会造成价值理性的缺失,某些成本收益的量化困境,以及未来事实的不确定性,使得比例原则的精确化存在限度。况且,并非将比例原则精确化为形式的规则就可以解决所有问题。形式合法化范式自身存在诸多弊端,完全的形式合法化范式只是一种理想类型,永远无法完全实现。即使是形式合法化范式,也会以这样或那样的方式建基于实质性价值之上。[①]"实在法王国'祛魅'的形式美,完全是一种幻象。不管是在规则的产生过程还是在规则的实施过程中,都充斥着政府行为者的价值权衡和抉择。"[②]德国法学家卡尔·恩吉施也不得不承认:"直到今天所有法律部门的法律本身仍然是如此建造的:法官和行政官员不仅仅通过在固定法律概念(需要解释来确定地阐明)下的涵摄以发现和证立其裁判,而且还根据自己独立的评价,时而像立法者那样作出决定和发布命令。"[③]

因此,将比例原则完全精确化为形式的规则不仅是不可行的,而且也是不可欲的。比例原则适用中的实质权衡无法避免。比例原则精确化的限度,实际上体现了从实质合法化范式迈向形式合法化范式的转换困境。为了克服比例原则的精确化限度,需要重塑合法性,超越形式合法化与实

---

① Mark Van Hoecke, Law as Communication, Hart Publishing, 195(2002).
② 沈岿:《公法变迁与合法性》,法律出版社 2010 年版,第 16 页。
③ Karl Englisch, Einführung in das juristische Denken, 5. Aufl., Verlag W. Kohlhammer, 107 (1971).

质合法化两种传统范式,寻找政府行为的第三种合法化范式。

四、商谈合法化范式与比例原则的适用

比例原则的适用危机,实质上是形式法治与实质法治的分歧。获取合比例性的"正解",最大程度地减少政府行为的合法性争议,或许需要超越形式合法化和实质合法化两种传统范式,而迈向商谈合法化范式。

无论是形式合法化范式,还是实质合法化范式,都存在自身难以消除、难以避免的内在缺陷。形式合法化范式以立法者为中心,奉行严格的规则约束主义,试图把普遍正义的实现完全交给立法者。实质合法化范式以法官为中心,奉行宽泛的裁量主义,试图把实质正义的实现完全交给法官。当公权力行为者运用形式合法化范式证成自己的行为时,往往会招致实质合法化范式支持者的批评;当公权力行为者运用实质合法化范式证成自己的行为时,又往往会招致形式合法化范式支持者的批评。强调利益相关方直接参与公共论坛,并就所争议问题进行平等的辩论沟通的商谈合法化范式,或许可以有效弥补形式合法化范式与实质合法化范式的缺陷,克服比例原则的精确化限度,提高政府行为的可接受性。

(一) 综合与超越:迈向商谈合法化范式

商谈合法化范式是一种程序合法化范式,它旨在通过维护获取答案"过程"的合法性,来实现"最终结论"的合法性。商谈的本质在于沟通。"合法化产生于所有相关人员在适当的公共空间中的沟通。"[①]通过平等的论辩沟通而达成共识的过程,就是合法化"结论"的过程。商谈合法化范式既不单纯强调形式规则的作用,也不过分强调实体结论的正确性,而是更多地关注达成"最终结论"的论辩沟通过程。

法律追寻正义,但正义是一种感知,是一种可接受性。对于究竟什么是正义,仁者见仁,智者见智。正义缺乏标准答案,正义没有唯一"正解"。对于"正解"的获取,哈贝马斯认为:"'正确性'意味着合理的、由好的理由所支持的可接受性。有效性条件被满足当然是确定一个判断是否有效的标准。但是,要判断这些有效性条件是否被满足,无法通过直接诉诸经

---

① Mark Van Hoecke, Law as Communication, Hart Publishing, 200(2002).

验证据和理想直觉所提供的事实,而只能以商谈的方式。"①为了发现"正解",应当构建一种平等、自由、公开的论辩沟通平台,让所有潜在的论辩者都有平等的机会参与论辩。在论辩过程中,所有人都应有同等的机会提出任何观点,不受任何压制,相互进行平等自由的论辩沟通,直至达成共识。②

现代社会的很多矛盾其实都是价值冲突。价值无优劣,价值偏好无对错。价值判断不是"祛魅"的,无法通过科学测算准确无误地判断价值偏好。切实存在的是一种"诸神之争"的状态。③ 既然价值冲突是一种"诸神之争"的状态,那么只有为"诸神"提供一个理性的争斗平台,让他们就相互分歧的问题进行平等自由的论辩沟通,才可能最终找到一个"正解"。"关于'应当做什么?'或者'哪个规则应该有效?'的问题在自由讨论中可以通过理性论证达成相互理解。"④通过商谈,才有可能最终达成共识,从而结束"诸神之争"的状态。因此,商谈合法化范式是一种"过程"合法化范式,它是对形式合法化范式与实质合法化范式的综合与超越。商谈合法化范式既克服了以形式民主为基本思维、以立法者为中心的形式合法化范式的缺陷,也克服了以实质人权保障为根本追求、以法官为焦点的实质合法化范式的弊端。就目前而言,商谈合法化范式无疑是一种相对最优的政府行为合法化范式。

1. 商谈的程序规则

商谈并非不受任何形式规则的约束。阿列克西认为:"对于商谈理论而言,决定性的并不是共识,而是商谈程序的施行。"⑤关于商谈程序,阿列克西提出了 28 个程序规则,⑥但他认为最重要的商谈程序规则有三个:(1)任何一个能够讲话者,均应允许参加商谈;(2)任何人可以质疑、提出任何主张,任何人都可以表达态度、愿望和需求;(3)任何人不得受内外部强制。⑦ 程序规则是商谈有效进行的必要条件。商谈程序规则应当遵循

---

① Jürgen Habermas: Faktizität und Geltung: Beiträge zur Diskurstheorie des Rechts und des demokratischen Rechtsstaats, Suhrkamp Verlag, 277(1992).

② Vgl. Jürgen Habermas: Wahrheitstheorien, in: Helmut Fahrenbach (Hrsg.), Wirklichkeit und Reflexion: Walter Schulz zum 60. Geburtstag, Neske, 255(1973).

③ 参见沈岿:《公法的变迁与合法性》,法律出版社 2010 年版,第 19 页。

④ [德]魏德士:《法理学》,丁晓春、吴越译,法律出版社 2005 年版,第 262 页。

⑤ Robert Alexy, Recht, Vernunft, Diskurs, Suhrkamp Verlag, 119 (1995).

⑥ Vgl. Robert Alexy, Theorie der juristischen Argumentation: Die Theorie des rationalen Diskurses als Theorie der juristischen Begründung; Nachwort (1991): Antwort auf einige Kritiker, Suhrkamp Verlag, 234-257(2001).

⑦ Robert Alexy, Recht, Vernunft, Diskurs, Suhrkamp Verlag, 130 (1995).

两点核心要求:第一是平等,应保障所有参与者拥有平等的参与权和平等的论辩权;第二是自由,应保障所有参与者不受任何压制进行自由的论辩。

2. 商谈的展开

所有利益相关方都有参与商谈的权利,但却没有义务必须参与商谈。在自愿的条件下,个人可以放弃商谈。商谈参与者的人数受商谈内容的影响。一般来说,"公共论坛的专业性和个人性成分越多,商谈的领域就越受限制,因为它对社会大众只有微弱的吸引力;公共论坛的伦理学和政治性成分越多,就越能引起更一般化的兴趣,因而就会有更多的受众参与讨论。"①

3. 商谈的共识

商谈可以产生真理,但通过商谈获得的真理只是一种相对真理,通过商谈所达成的共识也只是一种相对共识。由于商谈规则、对商谈规则的履行程度、参与者、时刻点存在相对性,所以通过商谈所达成的共识只是具有相对正确性。②"在短期内,一些'错误'的决定,一些'事故'可能确实会发生",③但由于商谈所产生的共识在任何时候都能被重新质疑,所以商谈的共识就会一直处于商谈的监督控制中。④ 正如考夫曼所认为,没有任何已达成的共识是最终的,"每一个观点、结论及论点原则上都是无法避免错误的,也就说都是可能被修正的。"⑤

在一些情形下,商谈可能产生不了任何结果。一个潜在无限的理想商谈,本身并不排除无法达成共识;同样,一个潜在无限的理想商谈也无法确定,某次达成的共识是否是最终的或确定的共识。⑥ 商谈无止境,但决定的作出具有时效性。由于情势所需,在某个时间点必须作出决定,此时就需要以商谈的暂时结果为依据进行决断。由于是以商谈的暂时结果为依据,所以该决断只是在当时具有一时的可接受性。随着时间的推移,随着新一轮商谈的展开,该决断的可接受性可能会慢慢降低,甚至会完全失去,新一轮共识又会达成。

---

① Mark Van Hoecke, Law as Communication, Hart Publishing,177(2002).
② Robert Alexy, Recht, Vernunft, Diskurs, Suhrkamp Verlag,124 (1995).
③ Mark Van Hoecke, Law as Communication, Hart Publishing,178(2002).
④ Vgl. Robert Alexy, Recht, Vernunft, Diskurs, Suhrkamp Verlag,149 (1995).
⑤ [德]阿图尔·考夫曼:《法律哲学》(第二版),刘幸义译,法律出版社2011年版,第301页。
⑥ Vgl. Robert Alexy, Recht, Vernunft, Diskurs, Suhrkamp Verlag,116 (1995).

4. 商谈合法化法范式的功能与缺陷

通过商谈可以实现价值理性,但商谈不仅仅只是通往价值理性的桥梁。商谈合法化范式具有以下功能:第一,有利于破除形式的代议制民主的弊端,促进实质的直接民主的发展。当代民主主要还是一种间接形式的民主,其实质就是少数的议员制定的形式规则,统治绝大多数的人民。商谈理论是一种实质的直接民主论。在商谈中,通过商谈者的直接参与,就公共问题相互论辩沟通,才能真正实现人民当家做主的权利。第二,有助于实现法律的开放反思式发展。商谈合法化范式打破了国家对法律的垄断。在公共空间的商谈中,任何人既可以批评、质疑任何已有的法律制度,也可以提出、论辩任何新的法律理论、新的法律规则、新的法律原则、新的法律解释。这样一来,商谈合法化范式不仅有利于反思现行法律制度,而且还能不断开放吸纳新的价值,从而实现法律的良性发展。"从长远来看,商谈性立法已被证明可以创造出更好的法律。"[1]第三,有利于从根本上保障人权。人权保障不能全寄希望于立法者,也不能全寄希望于法官与行政者。只有人人成为自己权利的保护者,人人为权利而斗争,才能保障权利不被不当侵犯。让所有人都成为决定者,通过共同商谈,不仅可以监督政府对权利的不当侵害,而且还能为政府保障人权提供足够的动力与压力。由于商谈扩大了司法判决的"信息基础",所以商谈还可以增加人权案件判决的理性,正如阿列克西所言:"判决理性问题的解决办法只能依靠法律商谈理论。"[2]

然而,正如任何理论都存在缺陷一样,商谈合法化范式也面临诸多批判。商谈合法化范式的最大缺陷在于难以有效实施。有人称商谈理论为"乌托邦现实主义",哈贝马斯这样回答:"决不能把乌托邦与幻想等同起来,幻想是建立在无根据的想象上,是永远无法实现的;而乌托邦则蕴含着希望,体现了对一个与现实完全不同的未来的向往,为开辟未来提供了精神动力。乌托邦的核心精神是批判,批判经验现实中不合理、反理性的东西,并提出一套供选择的方案。……许多曾经是乌托邦的东西,通过人们的努力,或迟或早会实现。"[3]

完全的商谈合法化范式是一种理想类型,但无疑是优于形式合法化范

---

[1] Mark Van Hoecke, Law as Communication, Hart Publishing, 178 (2002).
[2] Robert Alexy, Recht, Vernunft, Diskurs, Suhrkamp Verlag,172 (1995).
[3] [德]尤尔根·哈贝马斯、米夏埃尔·哈勒:《作为未来的过去——与著名哲学家哈贝马斯对话》,章国锋译,浙江人民出版社2001年版,第122-123页。

式和实质合法化范式的。尽管无法完全实现商谈合法化范式,但如果以商谈为标杆,不断理性改进现世的法律制度,也是有巨大价值的。

(二) 比例原则的适用:商谈与正义

合比例性就是正义。但要实现正义,或许需要借助于商谈。在"权利泛化"的当代,一方面权利种类不断增加,另一方面越来越多的权利不再具有绝对的"王牌"地位,出于正当目的而限制公民权利的政府行为日益增多。或许只有通过程序性的商谈,才能从合比例性的"诸多正解"中,找到一个大家一时都能接受的"正解",从而使政府行为具有更高的可接受性。

在很多情形下,立法者、行政者凭借自身的直觉或经验,法官凭借自身的职业"法感"或简单推理,就可以判定某个手段是否具有合比例性。然而,在一些疑难案件中,对于究竟什么是合比例性的,往往没有"唯一正解"。对于某一项政府行为,究竟是否具有合比例性,不同的人可能有完全不同的看法。"公说公有理,婆说婆有理",任何一方的看法都可能有一定的道理。因此,对于疑难案件,获取合比例性的"正解",或许只能借助于程序性的商谈。"如果做到了商谈性分析,比例原则将总会以某种形式发挥重要作用。"[①]或许也只有通过程序性的商谈,才能从合比例性的"诸多正解"中,找到一个大家一时都能接受的"正解"。

依据目的正当性原则,政府只有出于正当目的才能限制公民权利,但在一些疑难情形下,政府的真实目的往往无法辨明,某项限制权利的政府行为的目的正当性就会受到质疑。此时唯一的办法或许只有通过商谈,政府与利益相关方就限制权利行为的目的进行平等的论辩沟通,才可能消除公众疑虑,获得公众的高度信任。

对于适当性原则的适用,由于科学的不确定性而无法判断手段与目的是否存在实质关联性时,或者在政府的事实预测同公众的感知存在明显差异时,只有以公众的商谈信息为基础,才既能提高事实预测的准确性,也能提高事实预测的可接受性。例如,在风险规制中,当政府无法准确预测风险是否会发生以及风险的发生概率时,当政府及专家的风险评估结果同公众的风险感知不一致时,只有借助于商谈,让利益相关方同政府、专家之间进行充分的论辩沟通,才能真正认清风险消除分歧,从而解决风险规制"决

---

① Peter Hulsroj, The Principle of Proportionality, Springer, xiii (2013).

策于未知"的合法性争议。

对于必要性原则的适用,权利损害大小往往无法准确计算,而且权利损害大小在一些情形下是一个仁者见仁、智者见智的判断,某些人可能觉得某项限制权利的政府行为所造成的损害很小,另一些人则可能觉得损害很大。如果让所有权利受损方参与到公共论坛,就不同手段的权利损害大小进行论辩,不仅可以让政府认清某项手段对权利的"真实损害"大小,并最终挑选出一个相对最小损害的手段,而且还有利于纠正公众对某项手段所造成的损害大小的错误认识。

对于均衡性原则的适用,判断手段造成的损害同其所促进的公共利益是否成比例,往往需要进行价值判断。对于价值判断,即使立法者、行政者、法官是神明,也无法总是能够毫无争议地正确解决价值之争。只有在商谈中,价值冲突方对不同的价值进行理性论辩沟通,才能产生理解与包容,最终化解合比例性与否的价值分歧。

理性源于沟通,沟通始于商谈。在疑难情形下通过商谈,而非仅仅只是过度追求比例原则的精确化,或许才是获取合比例性"正解"实现理性的最佳方式。商谈对比例原则的适用不仅具有工具性价值,即商谈有利于政府找到真正客观"合比例性"的手段,而且更为重要的是,商谈还具有自身的独立价值。商谈所追求的是一种沟通理性。在比例原则适用的商谈机制中,利益相关方就所争议的问题进行平等的充分论辩沟通,从而达成"共识",最终可以使政府行为获得更高的可接受性。即使某项政府行为在客观上可能"不合比例",但由于是商谈的共识,该行为就应当被认为在当时具有"合比例性",属于理性的"正解"。

尽管赞歌与哀声同行、胡萝卜与棍棒齐飞,但比例原则的全球适用已经成为无法阻挡的历史潮流。从18世纪末的德国警察法原则,迅速发展成为21世纪许多国家的宪法原则,比例原则的全球化已经取得了巨大胜利。比例原则之所以具有如此强大的传播力量,同其追求平衡的规范理念和保障权利的价值追求是分不开的。比例原则否定了公共利益至上的理念,追求权力与权利的平衡。尽管公共利益很重要,但权力只能对权利进行合比例性的外在与内在限制。虽然权利很重要,但权利并不是绝对的,行使权利不能超出必要的边界。行使权力和权利,皆不应过度,其准则就是比例原则。

无论是公权力机关,还是私权利主体,都应当择手段实现正当目的。

作为解决权力与权利、权利与权利之冲突的普遍原则,比例原则是助推全球法律体系不断融合的重要动力。"比例原则通过将基本的分配正义原则融入每个共同体对其的各自理解中,能有效地整合现实与理想、地方与普遍。"[1]尽管存在精确性缺陷的比例原则,在适用时容易产生非正义,但不能由此因噎废食地主张抛弃。在全球日益重视人格尊严的实质法治国时代,比例原则必将大放异彩,发挥日益重要的指引与规范功能!

---

[1] David M. Beatty, The Ultimate Rule of Law, Oxford University Press, 168(2004).

结语　理性迈向合比例性的法律帝国

合比例性就是正义,但要实现正义则需要理性。比例原则较为抽象灵活,具有滑动标尺的功能,可以实现最完美的正义,但也能带来最糟糕的不正义。合比例性分析方法与技术的匮乏,语义上的宽泛性与模糊性,导致比例原则存在适用危机。无法全面衡量客观利益,合比例性裁量容易被滥用,结果导向的合比例性分析,使得正义的实现绝非易事。有效破解比例原则的适用危机,理性迈向合比例性的法律帝国,需要不断推进比例原则的精确化。

其一,应当引入目的正当性原则,完善比例原则的逻辑结构。目的是行为的出发点,目的正当是手段正当的前提。比例原则本质在于调整目的与手段的理性关系,不应仅仅只关注手段的正当性,还应对目的正当与否进行评判。引入目的正当性原则而确立现代"四阶"比例原则,有利于限制立法者、行政者的目的设定裁量,有利于实现实质正义,充分保障人权,还有利于促进民主反思,改善民主质量。逻辑结构完整的比例原则,应包括目的正当性原则、适当性原则、必要性原则和均衡性原则四个子原则。法官在个案中首先应当查明立法者、行政者的真实目的,否定明显不正当的目的,然后以适度的司法克制与尊让综合评判目的的正当性。应处理好目的正当性分析与成本收益分析的关系。目的不正当的行为,不管能带来多大的收益,都是令人不能接受的。

其二,适当性原则要求手段与目的之间具有实质关联性。适当性原则并非是指手段应当完全实现目的。只要手段有助于目的的实现,哪怕程度非常小,也是符合适当性原则的。立法者、行政者应当通过科学的方法进行事实预测,排除同目的不具有实质关联性的手段。由于是对手段的事实预测进行司法审查,适当性原则的司法适用存在困境。法官对立法者、行政者设定的手段,应当区分情形进行客观适当性和主观适当性审查。对于正在发生效力的手段,应进行客观适当性审查,以决定是否应当继续适用该手段。对于已经实施完毕的手段,应进行主观适当性审查,以更好的尊重立法者、行政者的事实预测。

其三，必要性原则要求选择相对最小损害的手段，尽可能确定不同手段的损害究竟是多大，然后进行比较。比较不同手段的损害大小，不能忽视不同手段对目的实现程度的差异，即不同手段的有效性差异。如果多个适当性的手段均具有相同的有效性，只是单纯比较各手段的损害大小，就可以确定出一个最小损害的手段。倘若多个适当性的手段的有效性均不同，或只有部分手段的有效性相同，这些手段的不同有效性也都是可接受的，此时就需要将这些异同有效性的手段转化为"相同有效性"的手段，然后再选择出一个相对最小损害的手段。通过成本收益分析方法，再借助于手段的相对损害计算公式，对异同有效性的手段进行损害大小比较，就能有效破解最小损害性难以客观判定的难题。

其四，最小损害的手段并不一定就是正当的，须要根据均衡性原则判断其是否具有均衡性。即使某项手段是最小损害的，但对当事人来说也可能过于严厉。而且，该最小损害手段还可能耗费过大的财政支出成本。对于经必要性分析而挑选出的最小损害手段，应进行审慎的成本收益分析，使相冲突的多元利益达至均衡。均衡性原则的本质为目的必要性分析，其功能在于保障权利不被过度侵害和促进社会整体福利。为了最大程度地消除均衡性判断的非理性，在必要情形下，通过吸收成本收益分析方法，并借助于均衡性判断公式，计算出某个最小损害性手段所促进的公共利益与所造成的损害的比例值，然后再根据均衡性判断法则，具体权衡该最小损害性手段是否具有均衡性。然而，成本收益分析不应当成为均衡性判断的全部。毕竟，法律是追求善良公平的艺术。虽然均衡性原则的适用需要进行成本收益分析，但也不能过于强调效率而牺牲公平。

其五，对于比例原则的精确化而言，立法者、行政者可以运用成本收益分析等经济学方法，辅助合比例性分析。但法官往往只精通法律，法院一般并不会雇佣经济学家。比例原则的适用危机同样存在于司法中。为了更有效的弥补比例原则的精确性缺陷，为了更公正的实现法院的司法监督功能，有必要构建类型化的比例原则审查基准体系。应根据比例原则的规范内涵与逻辑结构，综合考量受侵害权利的属性与种类、侵害的方式与程度、公共利益的属性与种类、事务的专业性程度等因素，构建比例原则的宽松审查、中度审查和严格审查三种审查基准类型。在合比例性宽松审查中，法官作出合比例性推定，即只要不存在"一望即知"明显违反比例原则的情形，就应推定争讼行为符合比例原则。在合比例性中度审查中，法官持合比例性保留态度，对争讼行为进行过程性审查，立法者、行政者应当提供可支持性的证据证明合比例性分析过程的审慎合理性。在合比例性严格审查中,法官作出不合比例性推定,全面以自己的判断取代立法者、行政者的判断,立法者、行政者必须提供足够充分的实质证据证明争讼行为符合比例原则。然而,比例原则审查基准的类型化不应成为终极追求目标,法官在个案中的合比例性裁量需要限缩,但不应受到过度挤压。

偏重于定性分析、更强调公平、更注重保障个人权利但相对空洞的比例原则,如果适度引入偏重于定量分析、更强调效率、更注重社会福利最大化的经济学中的成本收益分析,有利于使不同的手段具有共同可比较的数字化基础,有利于客观量化多元利益,从而减少法律帝国中合比例性判断的主观性过大缺陷。然而,由于价值理性的缺失、成本收益的量化困境和未来事实的不确定性,比例原则的精确化存在限度。虽然成本收益分析可以辅助合比例性分析,但绝不能也无法取代比例原则。成本收益分析具有一定的科学性,但只是可以辅助合比例性分析最重要的方法之一。比例原则需要精确化,更多的方法值得进一步探索。

比例原则的适用危机,实质上是形式法治与实质法治的分歧。比例原则的精确化过程,本质上是消除实质合法化范式弊端,而向形式合法化范式转换的过程。然而,无论再怎么精确化,也不可能将比例原则完全精确化为分毫不差的形式规则。况且,形式合法化范式自身也存在诸多弊端。获取合比例性的"正解",最大程度地减少政府行为的合法性争议,需要超越形式合法化和实质合法化两种传统范式,迈向商谈合法化范式。在疑难情形下通过商谈,而非仅仅只是过度追求比例原则的精确化,或许是获取合比例性"正解"实现理性的最佳方式。在比例原则适用的商谈机制中,利益相关方就所争议的问题进行平等的充分论辩沟通,从而就某个问题达成"共识",最终可以使政府行为获得更高的可接受性。即使某项政府行为在客观上可能"不合比例",但由于是商谈的共识,该行为也应当被认为在当时具有"合比例性",属于理性的"正解"。

比例原则是人类社会永恒、终极的法律原则。行使权力和权利,皆不应过度,其准则就是比例原则。无论是公权力机关,还是私权利主体,在追求正当目的时都应当选择具有合比例性的正当手段。无论是平时状态,还是紧急状态,都应受比例原则的约束。比例原则是自然正义的化身,只要还有人类的状态,就不能抛弃比例原则。哪里有权力和权利,哪里就应当有比例原则。法律帝国如果没有比例原则的理性适用,则良法善治将只会是一个无法实现的美好梦想。

参 考 文 献

一、中文文献
（一）著作类

徐鹏：《海上执法比例原则研究》，上海交通大学出版社 2015 年版；

蒋红珍：《论比例原则——政府规制工具选择的司法评价》，法律出版社 2010 年版；

姜昕：《比例原则研究——一个宪政的视角》，法律出版社 2008 年版；

许玉镇：《比例原则的法理研究》，中国社会科学出版社 2009 年版；

韩秀丽：《论 WTO 法中的比例原则》，厦门大学出版社 2007 年版；

应松年：《从依法行政到建设法治政府》，中国政法大学出版社 2019 年版；

马怀德：《行政法前沿问题研究》，中国政法大学出版社 2019 年版；

周佑勇：《行政法基本原则研究》（第二版），法律出版社 2019 年版；

夏正林：《从基本权利到宪法权利》，法律出版社 2018 年版；

张翔：《基本权利的规范建构》（修订版），法律出版社 2017 年版；

王贵松：《行政裁量的构造与审查》，中国人民大学出版社 2016 年版；

梁上上：《利益衡量论》（第二版），法律出版社 2016 年版；

郑春燕：《现代行政中的裁量及其规制》，法律出版社 2015 年版；

陈征：《国家权力与公民权利的宪法界限》，清华大学出版社 2015 年版；

王敬波等：《欧盟行政法研究》，法律出版社 2013 年版；

朱新力、唐明良等：《行政法基础理论改革的基本图谱——"合法性"与"最佳性"二维结构的展开路径》，法律出版社 2013 年版；

徐国栋：《民法基本原则解释：诚信原则的历史、实务、法理研究》（再造版），法律出版社 2013 年版；

尹建国：《行政法中的不确定法律概念研究》，中国社会科学出版社 2012 年版；

何志鹏：《权利基本理论：反思与构建》，北京大学出版社 2012 年版；

沈岿：《公法的变迁与合法性》，法律出版社 2010 年版；

郑贤君：《基本权利原理》，法律出版社 2010 年版；

何海波：《实质法治：寻求行政判决的合法性》，法律出版社 2009 年版；

何永红：《基本权利限制的宪法审查：以审查基准及其类型化为焦点》，法律出版社 2009 年版；

周汉华：《政府规制与行政法》，北京大学出版社 2007 年版；

于飞:《公序良俗原则研究——以基本原则的具体化为中心》,北京大学出版社 2006 年版;

石佑启:《论公共行政与行政法学范式转换》,北京大学出版社 2005 年版;

孙笑侠:《法律对行政的控制》,山东人民出版社 1999 年版;

[德]鲁道夫·冯·耶林:《为权利而斗争》,刘权译,法律出版社 2019 年版;

[美]圭多·卡拉布雷西:《法和经济学的未来》,郑戈译,中国政法大学出版社 2019 年版;

[英]科林·斯科特:《规制、治理与法律:前沿问题研究》,安永康译,宋华琳校,清华大学出版社 2018 版;

[日]芦部信喜:《宪法》(第六版),[日]高桥和之补订,林来梵、凌维慈、龙绚丽译,清华大学出版社 2018 年版;

[日]田村悦一:《自由裁量及其界限》,李哲范译,王丹红校,中国政法大学出版社 2016 年版;

[加]大卫·戴岑豪斯:《合法性与正当性——魏玛时代的施米特、凯尔森与海勒》,刘毅译,商务印书馆 2013 年版;

[德]奥拓·迈耶:《德国行政法》,刘飞译,何意志校,法律出版社 2013 年版;

[美]理查德·波斯纳:《法律的经济分析》(第七版),蒋兆康译,法律出版社 2012 年版;

[德]罗伯特·阿列克西:《法、理性、商谈:法哲学研究》,朱光、雷磊译,中国法制出版社 2011 年版;

[美]阿德里安·沃缪勒:《不确定状态下的裁判:法律解释的制度理论》,梁迎修、孟庆友译,北京大学出版社 2011 年版;

[德]马克斯·韦伯:《经济与社会》(第二卷),阎克文译,上海世纪出版集团、上海人民出版社 2010 年;

[美]肯尼斯·卡尔普·戴维斯:《裁量正义——一项初步的研究》,毕洪海译,商务印书馆 2009 年版;

[英]约翰·穆勒:《功利主义》,徐大建译,世纪出版集团、上海人民出版社 2008 年版;

[英]安东尼·奥格斯:《规制:法律形式与经济学理论》,骆梅英译,苏苗罕校,中国人民大学出版社 2008 年版;

[德]尤尔根·哈贝马斯、米夏埃尔·哈勒:《作为未来的过去——与著名哲学家哈贝马斯对话》,章国锋译,浙江人民出版社 2001 年版;

[法]莱昂·狄骥:《公法的变迁·法律与国家》,郑戈、冷静译,辽海出版社、春风文艺出版社 1999 年版;

[德]康德:《法的形而上学原理——权利的科学》,沈叔平译,林荣远校,商务印书馆 1991 年版;

陈慈阳:《基本权核心理论之实证化及其难题》(二版),翰芦图书出版有限公司

2007 年版；

城仲模主编：《行政法之一般法律原则（一）》，三民书局 1999 年版；

城仲模主编：《行政法之一般法律原则（二）》，三民书局 1999 年版；

（二）论文类

刘权：《权利滥用、权利边界与比例原则——从〈民法典〉第 132 条切入》，载《法制与社会发展》2021 年第 3 期；

刘权：《比例原则审查基准的构建与适用》，载《现代法学》2021 年第 1 期；

蒋红珍：《比例原则适用的规范基础及其路径：行政法视角的观察》，载《法学评论》2021 年第 1 期；

于柏华：《比例原则的权利内置论》，载《法商研究》2020 年第 4 期；

涂少彬：《论法学表达数学化的可能及限度——基于经济学与比例原则的切入》，载《法学评论》2020 年第 4 期；

梅扬：《比例原则在给付行政中的适用》，载《财经法学》2020 年第 4 期；

陈征：《论比例原则对立法权的约束及其界限》，载《中国法学》2020 年第 3 期；

梅扬：《比例原则的适用范围与限度》，载《法学研究》2020 年第 2 期；

焦海涛：《我国反垄断法修订中比例原则的引入》，载《华东政法大学学报》2020 年第 2 期；

王蕾：《比例原则在美国合宪性审查中的类型化运用及其成因》，载《比较法研究》2020 年第 1 期；

蔡宏伟：《作为限制公权力滥用的比例原则》，载《法制与社会发展》2019 年第 6 期；

蓝学友：《规制抽象危险犯的新路径：双层法益与比例原则的融合》，载《法学研究》2019 年第 6 期；

刘权：《行政判决中比例原则的适用》，载《中国法学》2019 年第 3 期；

蒋红珍：《目的正当性审查在比例原则中的定位》，载《浙江工商大学学报》2019 年第 2 期；

崔梦豪：《比例原则在行政诉讼中的适用——以 28 个典型案例为分析对象》，载《财经法学》2019 年第 2 期；

占善刚、张博：《比例原则在民事诉讼中的适用与展开》，载《学习与实践》2019 年年第 1 期；

戴昕、张永健：《比例原则还是成本收益分析：法学方法的批判性重构》，载《中外法学》2018 年第 6 期；

范进学：《论宪法比例原则》，载《比较法研究》2018 年第 5 期；

李海平：《比例原则在民法中适用的条件和路径——以民事审判实践为中心》，载《法制与社会发展》2018 年第 5 期；

于改之、吕小红：《比例原则的刑法适用及其展开》，载《现代法学》2018 年第 4 期；

陈景辉：《比例原则的普遍化与基本权利的性质》，载《中国法学》2017 年第 5 期；

张明楷：《法益保护与比例原则》，载《中国社会科学》2017 年第 7 期；

黄学贤、杨红：《我国行政法中比例原则的理论研究与实践发展》，载《财经法学》2017 年第 5 期；

王建学：《授权地方改革试点决定应遵循比例原则》，载《法学》2017 年第 5 期；

王静：《比例原则在行政实践中的适用》，载《财经法学》2017 年第 5 期；

成协中：《法国行政法上的合比例监督》，载《财经法学》2017 年第 5 期；

刘权、应亮亮：《比例原则适用的跨学科审视与反思》，载《财经法学》2017 年第 5 期；

杨登峰、李晴：《行政处罚中比例原则与过罚相当原则的关系之辨》，载《交大法学》2017 年第 4 期；

王静：《比例原则在中国行政判决中的适用》，载《交大法学》2017 年第 4 期；

阎天：《劳动规章性质三分说：以比例原则为检验标准》，载《交大法学》2017 年第 4 期；

冯威：《基本权利的紧张关系与权衡裁判——以德国雷巴赫案对一般人格权的保护为例》，载《交大法学》2017 年第 4 期；

刘权：《均衡性原则的具体化》，载《法学家》2017 年第 2 期；

裴炜：《比例原则视域下电子侦查取证程序性规则构建》，载《环球法律评论》2017 年第 1 期；

杨登峰：《从合理原则走向统一的比例原则》，载《中国法学》2016 年第 3 期；

纪海龙：《比例原则在私法中的普适性及其例证》，载《政法论坛》2016 年第 3 期；

郑晓剑：《比例原则在民法上的适用及展开》，载《中国法学》2016 年第 2 期；

刘权：《适当性原则的适用困境与出路》，载《政治与法律》2016 年第 7 期；

陈璇：《正当防卫与比例原则——刑法条文合宪性解释的尝试》，载《环球法律评论》2016 年第 6 期；

秦策：《刑事程序比例构造方法论探析》，载《法学研究》2016 年第 5 期；

刘权：《论必要性原则的客观化》，载《中国法学》2016 年第 5 期；

张翔：《机动车限行、财产权限制与比例原则》，载《法学》2015 年第 2 期；

杨登杰：《执中行权的宪法比例原则：兼与美国多元审查基准比较》，载《中外法学》2015 年第 2 期；

门中敬：《比例原则的宪法地位与规范依据——以宪法意义上的宽容理念为分析视角》，载《法学论坛》2014 年第 5 期；

刘权：《目的正当性与比例原则的重构》，载《中国法学》2014 年第 4 期；

姜涛：《追寻理性的罪刑模式：把比例原则植入刑法理论》，载《法律科学》2013 年第 1 期；

刘海燕：《比例原则在司法审查中的运用》，载《人民司法》2013 年第 13 期；

谢绍静、占善刚：《比例原则视角下我国民事诉讼罚款制度的立法完善——以〈民事诉讼法〉修改决定增加罚款数额为切入》，载《内蒙古社会科学（汉文版）》2013 年第

3 期；

叶金育、顾德瑞：《税收优惠的规范审查与实施评估——以比例原则为分析工具》，载《现代法学》2013 年第 6 期；

程雪阳、沈开举：《比例原则视角下的社会管理创新》，载《现代法学》2012 年第 2 期；

高秦伟：《论欧盟行政法上的比例原则》，载《政法论丛》2012 年第 2 期；

赵真：《比例原则在反歧视诉讼中的适用——以香港平等机会委员会诉教育署案为例》，载《行政法学研究》2012 年第 1 期；

翟翌：《比例原则的正当性拷问及其"比例技术"的重新定位——基于"无人有义务做不可能之事"的正义原则》，载《法学论坛》2012 年第 6 期；

黄忠：《比例原则下的无效合同判定之展开》，载《法制与社会发展》2012 年第 4 期；

柳砚涛、李栋：《比例行政原则的经济分析研究》，载《烟台大学学报（哲学社会科学版）》2011 年第 4 期；

钱福臣：《法学研究中的卢梭式数学定律法及其评价》，载《苏州大学学报（哲学社会科学版）》2011 年第 4 期；

钱福臣：《解析阿列克西宪法权利适用的比例原则》，载《环球法律评论》2011 年第 4 期；

孙国平：《英国行政法中的合理性原则与比例原则在劳动法上之适用——兼谈我国的相关实践》，载《环球法律评论》2011 年第 6 期；

谭冰霖：《行政裁量行为司法审查标准之选择——德国比例原则与英国温斯伯里不合理性原则比较》，载《湖北行政学院学报》2011 年第 1 期；

樊奕君：《比例原则视角下刑事强制措施价值平衡研究》，载《中国刑事法杂志》2011 年第 12 期；

蒋红珍：《论适当性原则——引入立法事实的类型化审查强度理论》，载《中国法学》2010 年第 3 期；

王书成：《论比例原则中的利益衡量》，载《甘肃政法学院学报》2008 年第 2 期；

胡建淼、蒋红珍：《论最小侵害原则在行政强制法中的适用》，载《法学家》2006 年第 3 期；

何渊：《从售鸡禁令看行政自由裁量与比例原则》，载《学习月刊》2006 年第 3 期；

王名扬、冯俊波：《论比例原则》，载《时代法学》2005 年第 4 期；

郑春燕：《必要性原则内涵之重构》，载《政法论丛》2004 年第 6 期；

郝银钟、席作立：《宪政视角下的比例原则》，载《法商研究》2004 年第 6 期；

湛中乐：《行政法上的比例原则及其司法运用——汇丰实业发展有限公司诉哈尔滨市规划局案的法律分析》，载《行政法学研究》2003 年第 1 期；

叶必丰：《行政合理性原则的比较与实证研究》，载《江海学刊》2002 年第 6 期；

余凌云：《论行政法上的比例原则》，载《法学家》2002 年第 2 期；

赵娟：《合理性原则与比例原则的比较研究——一个以判例为基础的思考》，载《南京大学学报（哲学、人文科学、社会科学版）》2002 年第 1 期；

杨临宏：《行政法中的比例原则研究》，载《法制与社会发展》2001 年第 6 期；

黄学贤：《行政法中的比例原则研究》，载《法律科学》2001 年第 1 期；

范剑虹：《欧盟与德国的比例原则——内涵、渊源、适用与在中国的借鉴》，载《浙江大学学报（人文社会科学版）》2000 年第 5 期；

王桂源：《论法国行政法中的均衡原则》，载《法学研究》1994 年第 3 期；

罗豪才、袁曙宏、李文栋：《现代行政法的理论基础——论行政机关与相对一方的权利义务平衡》，载《中国法学》1993 年第 1 期；

刘作翔：《社会利益问题：理论与实践的背反及其争论》，载《东方法学》2013 年第 5 期；

赵宏：《限制的限制：德国基本权利限制模式的内在机理》，载《法学家》2011 年第 2 期；

王锡锌：《依法行政的合法化逻辑及其现实情境》，载《中国法学》2008 年第 5 期；

夏正林：《从基本权利到宪法权利》，载《法学研究》2007 年第 6 期；

胡建淼、邢益精：《公共利益概念透析》，载《法学》2004 年第 10 期；

杨寅：《公共利益的程序主义考量》，载《法学》2004 年第 10 期；

邵建东：《从形式法治到实质法治——德国"法治国家"的经验教训及启示》，载《南京大学法律评论》（2004 年秋季号），法律出版社 2004 年版；

张康之：《公共行政：超越工具理性》，载《浙江社会科学》2002 年第 4 期；

高鸿钧：《现代西方法治的冲突与整合》，载《清华法治论衡》，清华大学出版社 2000 年版；

［德］安德烈亚斯·冯·阿尔诺：《欧洲基本权利保护的理论与方法——以比例原则为例》，刘权译，载《比较法研究》2014 年第 1 期；

［以色列］摩西·科恩-埃利亚、易多波·拉特：《比例原则与正当理由文化》，刘权译，载《南京大学法律评论》（2012 年秋季卷），法律出版社 2012 年版；

［日］青柳幸一：《基本人权的侵犯与比例原则》，华夏译，载《比较法研究》1988 年第 1 期；

林明锵：《比例原则之功能与危机》，载《月旦法学杂志》2014 年第 8 期；

许宗力：《比例原则之操作试验》，载《法与国家权力》（二），元照出版公司 2007 年版；

黄昭元：《宪法权利限制的司法审查标准：美国类型化多元标准模式的比较分析》，载《台大法学论丛》2004 年第 33 卷第 3 期；

蔡茂寅：《比例原则的界限与问题性》，载《月旦法学杂志》2000 年第 4 期。

二、德语文献

（一）著作类

Niels Petersen, Verhältnismässigkeit als Rationalitätskontrolle: Eine rechtsempirische Studie verfassungsgerichtlicher Rechtsprechung zu den Freiheitsgrundrechten, Mohr Siebeck,

(2015).

Steffen Detterbeck, Allgemeines Verwaltungsrecht: mit Verwaltungsprozessrecht, 10. Aufl., Beck, (2012).

Michael Stürner, Der Grundsatz der Verhältnismäßigkeit im Schuldvertragsrecht: Zur Dogmatik einer Privatrehtsimmanenten Begrenzung von vertraglichen Rechten und Pflichten, Mohr Siebeck, (2010).

Katja Hauke, Verhältnismäßigkeit im europäischen Wirtschaftsverwaltungsrecht: eine Untersuchung zur Kontrolldichte des Europäischen Gerichtshofs, Peter Lang, (2005).

Oliver Koch, Der Grundsatz der Verhältnismäßigkeit in der Rechtsprechung des Gerichtshofs der Europäischen Gemeinschaften, Duncker & Humblot, (2003).

Andreas Heusch, Der Grundsatz der Verhältnismäßigkeit im Staatsorganisationsrecht, Duncker & Humblot, (2003).

Robert Alexy, Theorie der juristischen Argumentation: Die Theorie des rationalen Diskurses als Theorie der juristischen Begründung; Nachwort (1991): Antwort auf einige Kritiker, Suhrkamp Verlag, (2001).

Bernhard Schlink, Der Grundsatz der Verhältnismäßigkeit, in: Peter Badura/Horst Dreier, Festschrift 50 Jahre Bundesverfassungsgericht, Klärung und Fortbildung des Verfassungsrechts, Mohr Siebeck, (2001).

Laura Clérico, Die Struktur der Verhältnismäßigkeit, Nomos Verlagsgesellschaft, (2001).

Walter Leisner, Der Abwägungsstaat: Verhältnismäßigkeit als Gerechtigkeit? Duncker & Humblot GmbH, (1997).

Robert Alexy, Recht, Vernunft, Diskurs, Suhrkamp Verlag, (1995).

Jürgen Habermas: Faktizität und Geltung: Beiträge zur Diskurstheorie des Rechts und des demokratischen Rechtsstaats, Suhrkamp Verlag, (1992).

Eberhard Wieser, Der Grundsatz der Verhältnismäßigkeit in der Zwangsvollstreckung, Heymann, (1989).

Robert Alexy, Theorie der Grundrechte, Suhrkamp Verlag, (1986).

Michael Ch. Jakobs, Der Grundsatz der Verhältnismäßigkeit: mit einer exemplarischen Darstellung seiner Geltung im Atomrecht, Heymanns, (1985).

Fritz Ossenbuhl, Zumutharkelt als Vefassungsmaßstab, Freiheit und Verantwortung im Verfassungsstaat: Festgabe zum 10-jährigen Jubiläum der Gesellschaft für Rechtspolitik, Hrsg. von B. Rüthers und K. Stern, Beck, (1984).

Lothar Hirschberg, Der Grundsatz der Verhältnismäßigkeit, Schwartz, (1981).

Albert Bleckmann, Allgemeine Grundrechtslehren, Heymanns, (1979).

Jürgen Habermas: Wahrheitstheorien, in: Helmut Fahrenbach (Hrsg.), Wirklichkeit und Reflexion: Walter Schulz zum 60. Geburtstag, Neske, (1973).

Uwe Langheineken, Der Grundsatz der Verhältnismäßigkeit in der Rechtsprechung des Bundesverfassungsgerichts unter besonderer Berücksichtigung der Judikatur zu Art. 12 Abs. 1 Satz 2 GG, Inaugural-Dissertation, (1972).

Karl Englisch, Einführung in das juristische Denken, 5. Aufl., Verlag W. Kohlhammer, (1971).

Peter Lerche, Übermaß und Verfassungsrecht: zur Bindung des Gesetzgebers an die Grundsätze der Verhältnismäßigkeit und der Erforderlichkeit, Carl Heymanns Verlag, (1961).

Carl Gottlieb Svarez, Vorträge über Recht und Staat, Hrsg. von Hermann Conrad und Gerd Kleinheyer, Westdeutscher Verlag, (1960).

Ottmar Pohl, Ist der Gesetzgeber bei Eingriffen in die Grundrechte an den Grundsatz der Verhältnismäßigkeit gebunden? Kleikamp, (1959).

Rupprecht von Krauss, Der Grundsatz der Verhältnismässigkeit in seiner Bedeutung für die Notwendigkeit des Mittels im Verwaltungsrecht, Appel, (1955).

Fritz Fleiner, Institutionen des deutschen Verwaltungsrechts, neubearb. Aufl. 8., Mohr, (1928).

Otto Mayer, Deutsches Verwaltungsrecht, Duncker & Humblot, (1895).

Günther Heinrich von Berg, Handbuch des Teutschen Policeyrechts, Zweyte verb. Aufl., Hahn, (1802).

（二）论文类

Matthias Klatt and Moritz Meister, Der Grundsatz der Verhältnismäßigkeit, JuS 193, (2014).

Gerd Winter, Ökologische Verhältnismäßigkeit, ZUR 387, (2013).

Jan Vollmeyer, Zweckprüfung und Zwecksetzung: wie weit gehen die legislativen Befugnisse des Bundesverfassungsgerichts, DÖV45, (2009).

Timo Hebeler, 50 Jahre Apotheken-Urteil des Bundesverfassungsgerichts-Was ist geblieben? JA 413, (2008).

Bernhard Schlink, Der Grundsatz der Verhältnismäßigkeit, in: Peter Badura/Horst Dreier, Festschrift 50 Jahre Bundesverfassungsgericht, Klärung und Fortbildung des Verfassungsrechts, Mohr Siebeck, (2001).

Fritz Ossenbühl, Der Grundsatz der Verhältnismäßigkeit (Übermaßverbot) in der Rechtsprechung Verwaltungsgerichte, 12 Jura 617, (1997).

Joachim Rott, 100 Jahre "Kreuzberg-Urteil" des PrOVG, NVwZ363, (1982).

Eberhard Grabitz, Der Grundsatz der Verhältnismäßigkeit in der Rechtsprechung des Bundesverfassungsgerichts, AöR98, (1973).

三、英语文献
（一）著作类

João Andrade Neto, Borrowing Justification for Proportionality-Springer International Publishing (2018).

Vicki C. Jackson & Mark Tushnet (eds.), Proportionality: New Frontiers, New Challenges, Cambridge University Press, (2017).

Francisco J. Urbina, A Critique of Proportionality and Balancing, Cambridge University Press, (2017).

Grant Huscroft, Bradley W. Miller, Grégoire Webber-Proportionality and the Rule of Law: Rights, Justification, Reasoning, Cambridge University Press (2016).

Proportionality and the Rule of Law: Rights, Justification and Reasoning, Edited by Grant Huscroft, Bradley W. Miller, Gregoire Webber, Cambridge University Press, (2014).

Michael Newton and Larry May, Proportionality in International Law, Oxford University Press, (2014).

Moshe Cohen-Eliya and Iddo Porat, Proportionality and constitutional culture, Cambridge University Press, (2013).

Peter Hulsroj, The Principle of Proportionality, Springer, xiii (2013).

Benedikt Pirker, Proportionality Analysis and Models of Judicial Review: A Theoretical and Comparative Study, Europa Law Publishing, (2013).

Aharon Barak, Proportionality: Constitutional Rights and their Limitations, Cambridge University Press, (2012).

Matthias Klatt and Moritz Meister, The Constitutional Structure of Proportionality, Oxford University Press, (2012).

Andrew Legg, The Margin of Appreciation in International Human Rights Law: Deference and Proportionality, Oxford University Press, (2012).

Davor Šušnjar, Proportionality, Fundamental Rights and Balance of Powers, Nijhoff Publishing, (2010).

Jonas Christoffersen, Fair Balance: Proportionality, Subsidiarity and Primarity in the European Convention on Human Rights, Martinus Nijhoff, (2009).

Erwin Chemerinsky, Constitutional Law: Principles and policies, 3rd Edition, Aspen Publishers, (2006).

Damian Chalmers et al., European Union Law, Cambridge University press, (2006).

Takis Tridimas, The general principles of EU law, Cambridge University press,

(2006).

David M. Beatty, The Ultimate Rule of Law, Oxford University Press, (2004).

Aristotle, Nicomachean Ethics, translated and edited by Roger Crisp, Book V, Cambridge University press, (2004).

Robert Alexy, A Theory of Constitutional Rights, translated by Julian Rivers, Oxford University Press, (2002).

Mark Van Hoecke, Law as Communication, Hart Publishing, (2002).

Saint Thomas Aquinas, Treatise on Law, translated, with Introduction, Notes, and Glossary, by Richard J. Regan, Hackett Publishing Company, (2000).

Walter van Gerven, The Effect of Proportionality on the Actions of Member States of the European Community: National Viewpoints from Continental Europe, in The Principle of Proportionality in the Laws of Europe 37, (Evelyn Ellis ed., 1999).

Anthony E. Boardman, David H. Greenberg, Aidan R. Vining, and David L. Weimer, Cost-Benefit Analysis: Concepts and Practice, Upper Saddle River, Prentice Hall, (1996).

Ronald Dworkin, Taking Rights Seriously, Harvard University Press, (1977).

John Rawls, A Theory of Justice, The Belknap Press of Harvard University Press, (1971).

Hugo Grotius, The Rights of War and Peace, translated from the Original Latin of Grotius, with Notes and Illustrations from Political and Legal Writers, by A.C. Campbell, A. M., with an Introduction by David J.Hill, M.Walter Dunne, (1901).

(二) 论文类

David T. Lee, The Principle of Proportionality in Maritime Armed Conflict: A Comparative Analysis of the Law of Naval Warfare and Modern International Humanitarian Law, 27 Sw. J. INT'l L. 119 (2021).

H. D. Gunnarsdottir, M. S. Sinha, S. Gerke & T. Minssen, Applying the Proportionality Principle to COVID-19 Antibody Testing, 7 J. L. & Biosciences 1 (2020).

Waseem Ahmad Qureshi, Applying the Principle of Proportionality to the War on Terror, 22 Rich. Pub. Int. L. Rev. 379 (2019).

Donald L. Beschle, No More Tiers? Proportionality as an Alternative to Multiple Levels of Scrutiny in Individual Rights Cases, 38 Pace L. Rev. 384 (2018).

Mark S. Kende, The Unmasking of Balancing and Proportionality Review in U.S. Constitutional Law, 25 Cardozo J. Int'l & Comp. L. 417 (2017).

Alex Gewanter, Has Judicial Review on Substantive Grounds Evolved from Wednesbury towards Proportionality, 44 Exeter L. Rev. 60 (2017).

Caroline Henckels, Proportionality and the Separation of Powers in Constitutional Review: Examining the Role of Judicial Deference, 45 Fed. L. Rev. 181(2017).

Zlatan Meskic & Darko Samardzic, The Strict Necessity Test on Data Protection by the CJEU: A Proportionality Test to Face the Challenges at the Beginning of a New Digital Era in the Midst of Security Concerns, 13 Croatian Y.B. Eur. L. & Pol'y 133 (2017).

Raanan Sulitzeanu-Kenan; Mordechai Kremnitzer; Sharon Alon, Facts, Preferences, and Doctrine: An Empirical Analysis of Proportionality Judgment, 50 Law & Soc'y Rev. 348 (2016).

Iryna Ponomarenko, The Unbearable Lightness of Balancing: Towards a Theoretical Framework for the Doctrinal Complexity in Proportionality Analysis in Constitutional Adjudication, 49 U.B.C. L. Rev. 1103 (2016).

Connor Bildfell, Corporate Decision Making in the Human Rights Context: Using Proportionality as a Supplement to the Guiding Principles, 15 Asper Rev. Int'l Bus. & Trade L. 87 (2015).

Francisco J. Urbina, Is it Really That Easy? A Critique of Proportionality and "Balancing as Reasoning", 27 Can. J. L. & Jurisprudence 167, (2014).

Giovanni Sartor, The Logic of Proportionality: Reasoning with Non-Numerical Magnitudes, 14 German L.J. 1419, (2013).

Wojciech Zatuski, Remarks on Giovanni Sartor's Paper, The Logic of Proportionality: Reasoning with Non-Numerical Magnitudes, 14 German L.J. 1457, (2013).

Jordan M. Singer, Proportionality's Cultural Foudation, 52 Santa Clara L. Rev. 145, (2012).

Bernhard Schlink, Proportionality In Constitutional Law: Why Everywhere But Here? 22 Duke J. Comp. & Int'l L. 291, (2011-2012).

Kai Möller, Proportionality: Challenging the critics, 10 Int'l J. Const. L. 709, (2012).

Francisco J. Urbina, A Critique of Proportionality, 57 Am. J. Juris.49, (2012).

Virgílio Afonso Da Silva, Comparing the Incommensurable: Constitutional Principles, Balancing and Rational Decision, 31 Oxford Journal of Legal Studies 273, (2011).

John F. Stinneford, Rethinking Proportionality under the Cruel and Unusual Punishments Clause, 97 Va. L. Rev. 899, (2011).

Cass R. Sunstein, Humanizing Cost-Benefit Analysis, 2011Eur. J. Risk Reg. 3, (2011).

Grégoire C. N. Webber, Proportionality, Balancing, and the Cultof Constitutional Rights Scholarship, Canadian Journal of Law and Jurisprudence179, (2010).

Stavros Tsakyrakis, Proportionality: An assault on human rights?: A rejoinder to Madhav Khosla, 8 I · CON 307, (2010).

Robert Alexy, The Construction of Constitutional Rights, 4 Law & Ethics of Human Rights20, (2010).

Alec Stone Sweet and Jud Mathews, Proportionality Balancing and Global Constitutionalism, 47 Columbia Journal of Transnational Law 73, (2008).

Tom Hickman, The substance and structure of proportionality, P. L. 694, (2008).

Jennifer Nou, Regulating the Rulemakers: A Proposal for Deliberative Cost-Benefit Analysis, 26 Yale L. & Pol'y Rev. 601, (2008).

Calvin Massey, The Role of Governmental Purpose in Constitutional Judicial Review, 59 S.C. L. Rew. 1, (2007).

Richard O. Zerbe Jr., The Legal Foundation of Cost-Benefit Analysis, 2 Charleston L. Rev. 93, (2007).

Dieter Grimm, Proportionality in Canadian and Geraman Constitutional Jurisprudence, 57 University of Toronto Law Journal 383, (2007).

Aharon Barak, Proportional Effect: The Israeli Experience, 57 University of Toronto Law journal 369, (2007).

Julian Rivers, Proportionality and Variable Intensity of Review, 65(1)Cambridge L. J. 174, (2006).

T. Jeremy Gunn, Deconstructing Proportionality in Limitations Analysis, 19 Emory Int'l L. Rev. 465, (2005).

Richard S. Frase, Excessive Prison Sentences, Punishment Goals, and the Eighth Amendment: "Proportionality" Relative to What, 89 Minn. L. Rev. 571, (2005).

Robert Alexy, On Balancing and Subsumption. A Structural Comparison, 16Ratio Juris433, (2003).

Kyung S. Park, Korean Principle of Proportionality, American Multi-leveled Scrutiny, and Empiricist Elements in U.S.-Korean Constitutional Jurisprudence, 1 J. Korean L. 105, (2001).

George F. Loewenstein et al., Risk As Feelings, 127 Psychol. Bull. 267, (2001).

Cass R. Sunstein, Cost-Benefit Default Principles, 99 Mich. L. Rev. 1651, (2001).

Eric A. Posner, Controlling Agencies with Cost-Benefit Analysis: A Positive Political Theory Perspective, 68 U. Chi. L. Rev. 1137, (2001).

Joel P. Trachtman, International Trade as a Vector in Domestic Regulatory Reform: Discrimination, Cost-benefit Analysis, and Negotiations, 24 Fordham Int'l L. J. 726, (2000).

Richard O. Zerbe Jr., Is Cost-Benefit Analysis Legal? Three Rules, 17 Journal of Policy Analysis and Management 419, (1998).

Edward R. Morrison, Judicial Review of Discount Rates Used in Regulatory Cost-Benefit Analysis, 65 U. Chi. L. Rew. 1333, (1998).

Ashutosh Bhagwat, Purpose Scrutiny in Constitutional Analysis, 85 Cal. L. Rev. 297, (1997).

Cass R. Sunstein, Congress, Constitutional Moments, and the Cost-Benefit State, 48 Stan. L. Rev. 247, (1996).

Richard H. Pildes & Cass R. Sunstein, Reinventing the Regulatory State, 62 U. Chi. L. Rev. 1, (1995).

Etienne Mureinik, A Bridge to Where? Introducing the Interim Bill of Rights, 10 S. Afr. J. Hum. Rts. 31, (1994).

Charles Walter Schwartz, Eighth Amendment Proportionality Analysis and the Compelling Case of William Rummel, 71 J. Crim. L. & Criminology 378, (1980).

后　　记

　　本书是在博士论文基础上修改而成的。对于后记，我觉得至少应当包括两方面的内容：一是简要阐明作品的创作过程；二是感谢为作品完成提供过帮助的人。

　　2012年金秋，我拖着28寸的拉杆箱，背着塞得满满的双肩包，带着"比例原则与成本收益分析关系"的困惑，踏上从北京飞往德国的航班，开启了赴汉堡大学的博士生访学之旅。来到德国，不仅被风景秀丽的自然景观所陶醉，更是被大量有关比例原则的学术文献所震撼。德国是比例原则的发源国，学者们在公私法领域对比例原则的适用进行了多角度的研究。随着阅读的深入，发现要完成此前的博士论文选题，或许是一个难以实现的任务。

　　比例原则是法律基本原则，成本收益分析是经济学方法，二者存在本质区别，可能无法进行直接有效的关系比较。然而，比例原则的适用存在较大的主观性与不确定性，如果适度借助成本收益分析辅助合比例性分析，则有利于使比例原则得到更加理性的适用。于是同导师商量稍微改变下选题，聚焦于研究比例原则适用本身存在的问题，获得同意。博士论文的写作是一次艰难的凤凰涅槃之旅，写作过程中的痛苦、迷茫、焦虑、喜悦等各种心情，只有写过的人才能深切体会。2014年初夏，最终以近15万字的论文《论比例原则的精确化》，顺利通过了北大法学院博士论文答辩。

　　入职中财法学院后，除了尝试新领域探讨数字时代的行政法外，仍然继续跟进研究比例原则。近七年时间，围绕比例原则的全球化、合比例性审查基准、行政判决中的比例原则、私法中的比例原则、比例原则的宪法依据等主题，展开了多方位研究，成果字数也已近15万字。这些主题已无法被博士论文题目所覆盖，实际上已经涉及比例原则适用的多个方面。在征求多位师友的建议后，最终将本书命名为《比例原则》。合比例性教义学博大精深。虽然从2012年发表第一篇比例原则的论文迄今已近十年，但时常深感对比例原则知之甚少。

　　特别感谢我的博士生导师沈岿教授。从博士论文的选题到定大纲，再到初稿修改,最后到本书出版,无不凝聚着沈岿老师的心血。"你论文的每一页我都看了。"当听到沈老师这句话时,感动与敬佩之情油然而生。在研究生被"放养"成风的当下,导师能认真读完学生毕业论文的每一页,特别是冗长的博士论文,而且还给出很多详细的修改意见,实在是难能可贵。何况沈老师当时还担任着北大法学院副院长的职务,学术与行政"双肩挑",每天都要承担繁重的事务。沈老师不仅胸怀宽广、治学严谨,而且为人正派、敢于讲真话,值得我辈终身学习。

另一位需要特别感谢的老师,是我的硕士生导师石佑启教授。石老师是我的学术启蒙导师,是他引导我迈入到了宪法学与行政法学的学术殿堂。石老师学识渊博、为人谦逊,做事一丝不苟。在中南财经政法大学三年硕士研究生学习期间,石老师给予了我许多有益的教诲和无私的帮助。在北大读博四年期间,石老师也经常询问我的学业与生活情况。

"80后"高龄的应松年教授,欣然答应为"80后"的拙著作序,不胜感激!送书稿到应老师在法大的办公室时,有幸作了简短交流。虽然属于行政法学界泰斗人物,但应老师非常和蔼可亲,谈吐思路特别清晰。

感谢国家社会科学基金后期资助项目认真负责的五位匿名评审专家,对本书初稿提出了宝贵翔实的修改建议。同行评议是一个良心活儿,本人付出他人受益。感谢清华大学出版社朱玉霞编辑细致而高效的编校工作。

最后,要特别感谢我的家人。亲情和爱情的正能量是无穷大的。从小学到大学,从学士到博士,寒窗二十三载,父母的支撑始终都是我不断前进的动力。亲爱的妻子一直在背后默默支持与鼓励我,为家庭付出太多。五年前为了一家的团聚,舍弃了在广州三年的安稳工作,携子赴京。故犬子取名广骞,字面之意为从广州迁入(北京);实质之涵乃希望他学识广博,人生骞腾。

从小学时的小河流到大学时的晓南湖和未名湖,再到工作地的学院南路和沙河,时空变换,冬去春来,给予我无私帮助与关怀的师友不计其数,在此一并表示最诚挚的谢意!唯有更加发奋努力,不忘初心,砥砺前行,方能报答各位师友如山的恩情和所有亲人似海的深情!

是以为记。

2021年6月26日于学院南路